Handbuch Management Audit

Innovatives Management

Handbuch Management Audit

hrsg. von Klaus Wübbelmann

Herausgeber der Reihe:
Prof. Dr. Siegfried Greif

Handbuch Management Audit

herausgegeben von
Klaus Wübbelmann

HOGREFE

Dipl.-Psych. Dipl.-Theol. Klaus Wübbelmann, geb. 1961, studierte Theologie und Psychologie an den Universitäten Münster und Tübingen und wechselte nach wissenschaftlicher Tätigkeit am Psychologischen Institut (Organisationspsychologie) der Universität Münster in die Unternehmensberatung. Sein Arbeitsschwerpunkt liegt in der Konzipierung und Durchführung von Management Audits für Kunden unterschiedlicher Branchen. Darüber hinaus entwickelt er Führungssysteme zu Zielvereinbarung, Beurteilung und Feedback und ist nach entsprechender Ausbildung als Coach und Mediator tätig. Seit 2002 ist er in Münster selbstständig mit der Level M Managemententwicklung (www.LevelM.de).

Bibliografische Information Der Deutschen Bibliothek

Die Deutsche Bibliothek verzeichnet diese Publikation in der Deutschen Nationalbibliografie; detaillierte bibliografische Daten sind im Internet über http://dnb.ddb.de abrufbar

---

© 2005 Hogrefe Verlag GmbH & Co. KG
Göttingen · Bern · Wien · Toronto · Seattle · Oxford · Prag
Rohnsweg 25, 37085 Göttingen

http://www.hogrefe.de
Aktuelle Informationen · Weitere Titel zum Thema · Ergänzende Materialien

Das Werk einschließlich aller seiner Teile ist urheberrechtlich geschützt. Jede Verwertung außerhalb der engen Grenzen des Urheberrechtsgesetzes ist ohne Zustimmung des Verlages unzulässig und strafbar. Das gilt insbesondere für Vervielfältigungen, Übersetzungen, Mikroverfilmungen und die Einspeicherung und Verarbeitung in elektronischen Systemen.

Umschlaggrafik: Dierk Kellermann, Osnabrück. Verwendung der Spielkartenbilder mit Genehmigung der Spielkartenfabrik Altenburg GmbH, Marke ASS Altenburg
Gesamtherstellung: Druckerei Hubert & Co, Göttingen
Printed in Germany
Auf säurefreiem Papier gedruckt

ISBN 3-8017-1883-2

Inhaltsverzeichnis

Vorwort 13

Einleitung
Klaus Wübbelmann

1 Nachgefragt: Was ist ein Management Audit? 17
2 Management Audit als Potenzialeinschätzung 19
3 Kritik am Management Audit 21
3.1 Keine neuen Erkenntnisse 21
3.2 Methodische Untiefen 25
3.3 Ideologieverdacht 26
3.4 Systemvergessenheit 28
4 Blicke in die Praxis 31
Literatur 37

Subjektive Erfolgstheorien von Management Audits – eine Expertenbefragung
Bernd Runde

1 Einleitung 39
2 Subjektabhängigkeit von Befragungen 40
3 Studie 42
3.1 Stichprobe 42
3.2 Fragebogen 44
3.3 Ergebnisse 45
4 Fazit 51
Literatur 53

Beraterauswahl und Beratersteuerung im Management Audit
Christoph Treichler

1	Einleitung	55
2	Beratungsnachfrage und -angebot – ein Überblick	56
2.1	Beratungsumsätze	56
2.2	Beratungsgebiete/-bedarfe	56
2.3	Beratungsangebot	57
3	Professioneller Umgang mit Beratern	58
3.1	Einsatz von Beratern	59
3.2	Elemente eines effektiven Beratermanagements	60
3.3	Lösungsansätze	61
3.4	Nutzen des professionellen Beratungsmanagements	62
4	Beraterauswahl	63
4.1	Auswahlprozess	63
4.2	„Common Pitfalls"	64
5	Beraterauswahl und -steuerung in Management Audit-Projekten	72
5.1	Projektdefinition und Bedarfsermittlung	72
5.2	Evaluation	74
5.3	Steuerung (Beratermanagement)	77
	Literatur	78

Deutsche Bahn AG: Management Audits und strategische Führungskräfteentwicklung
Hagen Ringshausen

1	Ausgangsbedingungen	79
2	Unternehmenssituation	80
3	Der Managementplanungsprozess MPP	81
3.1	Ziele	81
3.2	Ablauf	82
4	Zusammenfassung	88
	Literatur	89

Inhaltsverzeichnis 7

Das Interaktive Management Audit von Roland Berger & Partner
Ingo Richthoff & Robert Bornemann

1	Konzept und Prozess	91
2	Praxisbeispiel 1	96
2.1	Zielsetzungen und Vorgehenskonzept	96
2.2	Interviewstruktur	97
2.3	Ergebnisse	100
3	Praxisbeispiel 2	101
3.1	Ausgangssituation	101
3.2	Erfolgsfaktoren	102
3.3	Ergebnisse	103
4	Fazit	104

Die MANN+HUMMEL Potenzialanalyse – eine Alternative zum externen Management Audit
Thomas Batsching

1	Einführung	105
2	Die MANN+HUMMEL Gruppe	106
3	Die MANN+HUMMEL Potenzialanalyse – Das Konzept	107
3.1	Das Ziel der MANN+HUMMEL Potenzialanalyse	107
3.2	Einschätzung der persönlichen Entwicklungsmöglichkeiten	108
3.3	Einschätzung der längerfristigen Leistung	108
3.4	Abgleich der Potenzialanalyse-Werte	112
4	Was nach der Einschätzung geschieht	112
5	Die Erfahrungen	113

Unternehmen sucht Unternehmer
Reinhold Petermann & Franz Josef Schatz

1	Das bfw – Unternehmen für Bildung – gibt sich eine neue Struktur	115
1.1	Ausgangslage	116
1.2	Neue Struktur	116
2	Neue Strukturen bedingen neue Wege	117
2.1	Zielsetzungen und Schwerpunkte im Audit- und Auswahlprozess	117
2.2	Konzeption des Verfahrens	118
2.3	Methoden des Auswahlverfahrens	120
2.4	Der Gesamtprozess und die Rolle des Betriebsrats	125
3	Neue Wege bieten Chancen und Grenzen	127
3.1	Nutzen für den Einzelnen – Nutzen für das Unternehmen	127
3.2	Ergebnisse für weitere Prozesse nutzen	128

Management Audits bei der Fresenius AG – Erfahrungen und Empfehlungen
Patrizia Westermann & Christian Stöwe

1	Fresenius: Das Unternehmen	131
2	Das erste Audit-Projekt für einen Geschäftsbereich	132
2.1	Ziele des Audits bei KSBC	132
2.2	Schnelle Durchführung	133
2.3	Der laufende Prozess	134
2.4	Die Feedback-Gespräche	135
2.5	Ergebnisse und Konsequenzen	135
3	Was haben wir aus der ersten Durchführung gelernt?	136
3.1	Zur Wiederholung geeignet	136
3.2	Nötige Optimierungen	137
4	Erfahrungen umgesetzt – ein aktuelles Audit-Projekt	138
4.1	Die Zielstellung und die Pilotierung	138
4.2	Der Audit-Prozess und die Instrumente	139
4.3	Ergebnisse und Konsequenzen	144

4.4 Erfolgsfaktoren unserer Audits	147
Literatur	148

Prozessmanagement und Kommunikation – Erfolgsfaktoren im Management Audit
Christof Fertsch-Röver

Vorbemerkung	149
1 Planung und Vorbereitung eines Management Audits	149
1.1 Anlässe und Ziele	149
1.2 Umfeldanalyse	150
1.3 Zielklärung	151
1.4 Zeitrahmen und Zeitplanung	152
1.5 National oder international	153
1.6 Projektmanagement und Sponsoren	155
1.7 Einbeziehung und Aufbereitung vorhandener Informationen	155
1.8 Wahl des Verfahrens	156
1.9 Auswahl der Auditoren	158
2 Begleitende Kommunikation	160
3 Umsetzung eines Management Audits	161
3.1 Nach dem Audit ist vor dem Audit	161
3.2 Durchführung des Management Audits	162
3.3 Aufbereitung der Ergebnisse	163
4 Zusammenfassung	165
Literatur	166

Management Audit – eine Betrachtung aus rechtlicher Sicht
Cornelia Agel

1 Grundsätzliches und Gang der Darstellung	167
2 Management Audit und Fragerecht des Arbeitgebers	169
2.1 Freiwilligkeit der Teilnahme	169
2.2 Was steht dem Arbeitgeber zu?	171

3	Einbindung des Betriebsrats	174
3.1	Grundsätzliches	174
3.2	Informationsrechte	175
3.3	Mitbestimmungsrechte	176
4	Vertragsgestaltung zwischen Arbeitgeber und externem Dienstleister	180
5	Rechtsstellung des Managers	185
5.1	Datenschutz	186
5.2	Recht auf Unterlassung/Abwehranspruch	187
5.3	Recht auf Schadensersatz	191
6	Ergebnis	193
Anhang: Mustervertrag Management Audit		195

Kompetenzmodelle als Basis von Management Audits

Heinrich Wottawa

1	Konzeptuelle Grundlagen der Management-Diagnostik	205
1.1	Der „Glaube" an Verfahren als Basis für die Gestaltung von Audits	205
1.2	Anforderungsanalysen als rationale Basis von Audits	206
1.3	Strukturierungshilfen	208
2	Kompetenzmodelle als Grundlage von Audits	209
2.1	„Kompetenz = Eigenschaft"	209
2.2	„Kompetenz = Richtiges Verhalten in Aufgabenclustern"	212
3	Auswahl der im Audit eingesetzten Instrumente	214
4	Testverfahren in Führungskräfte-Audits?	218
4.1	Berechtigte Argumente gegen den Einsatz von Tests in Audits	219
4.2	Zusammenhang von Testergebnissen und „subjektivem Eindruck"	220
4.3	Der Sonderfall „situative Testverfahren" für Kompetenzmodelle und Leitlinien	222
4.4	Liegt alles an der Person? Das Problem der Passung zur Management-Umgebung	225
5	Ausblick: Leistungsstarke Managementdiagnostik im Methodenmix	227
Literatur		228

Inhaltsverzeichnis

Hierarchischer Wandel von Management-Kompetenzen
Michael Heinßen

1	Ziel	229
2	Strukturierungsmodell für Anforderungen im mittleren Management	230
3	Ableitung eines Management-Kompetenz-Modells	233
4	Der Einfluss von Hierarchie auf die Ausprägung von Management-Kompetenzen	239
5	Fazit	247

Wünschenswerte Trends aus Sicht der Management-Diagnostik: Wohin sollte die Audit-Praxis gehen?
Werner Sarges

1	Einführung	249
2	Anforderungsmerkmale zur Potenzialeinschätzung	251
3	Messinstrumente zur Potenzialeinschätzung	253
4	Psychometrische Tests als instrumentelle Ergänzung von Audit-Interviews	254
5	360-Grad-Beurteilungen als weitere Ergänzung von Audit-Interviews	255
6	Was sollte nach einem Management Audit passieren?	258
7	Nachbemerkungen und Ausblick	260
	Literatur	261

Perspektiven für das Management Audit
Klaus Wübbelmann

1	Einleitung	265
2	Thesen zur Entwicklung des Management Audits	266
3	Zusammenfassung	275

Angaben zu den Autorinnen und Autoren 277

Stichwortverzeichnis 281

Vorwort

Management Audits sind heute hochaktuell. Das ist sicher kein Zufall. Unternehmen brauchen ein besseres Management, weil es schwieriger geworden ist, Unternehmen zum Erfolg zu führen. In früheren Zeiten mit fast automatischem Wachstum war es leichter als Manager erfolgreich zu erscheinen. Es genügte, den Erfolg zu verwalten oder die Veränderungen einzuführen, die alle anderen in der Branche bereits vorher eingeführt hatten. Bei hartem globalen Wettbewerb steigen die Anforderungen an das Management fast sprunghaft an. Schönwetter-Manager brechen ein und mit ihnen ihre Unternehmen. Manager werden gebraucht, die ihr Geschäft, ihr Unternehmen und ihre Mitarbeiter/innen auch unter schwierigen Bedingungen erfolgreich führen können. Für das Unternehmen kann es in dieser Situation überlebenswichtig werden, regelmäßig Management Audits zur Überprüfung der Potenziale und Leistungen der Manager durchzuführen und auf dieser Grundlage Maßnahmen zur Verbesserung der Potenziale der Manager einzuführen.

Management Audits werden nicht nur zur Potenzialanalyse und Förderung von einzelnen Führungskräften als Personen benötigt. Wie Wübbelmann im Einleitungskapitel sehr klar herausarbeitet, dient ein professionelles Management Audit im Ideal zur Analyse und Verbesserung des gesamten Managements und der Managementprozesse in der Organisation. Bei einem Management Audit werden durchaus Einzelinterviews oder Einzel-Assessments mit den Führungskräften durchgeführt. Aber der typische Anlass ist nicht ein Verbesserungsbedarf der Kompetenzen einzelner Personen, sondern die Veränderung und Neuordnung des gesamten Managements. Das ist ein sehr hoher Anspruch!

Wie dieser hohe Anspruch praktisch eingelöst werden kann, wird von den Autoren des Buches in einer interessanten Mischung konzeptioneller, empirischer, praktischer und methodischer Beiträge beschrieben. Das Buch beantwortet die praktischen Fragen, wie ein Management Audit vorbereitet und eingeführt wird, welche Methoden und Instrumente eingesetzt und welche Veränderungen der Managementstrukturen und -prozesse dadurch erreicht werden können. Dargestellt werden die Ergebnisse einer der wenigen Befragungen von Praktiker/innen zu Management Audits. Die Ergebnisse der Studie liefern einen Überblick über typische Ziele, Zielerreichungsgrade, Erfolgs- und Misserfolgsfaktoren. Andere Kapitel schildern interessante Beispielprojekte aus der Praxis unterschiedlicher Unternehmen. In den konzeptionellen Beiträgen des Buchs wird das Management Audit facettenreich reflektiert und systematisiert. Sie klären, was ein Management Audit ist, welche Kompetenzmodelle zugrunde gelegt werden können und wovon der Erfolg eines Management Audits abhängt, aber auch welche rechtlichen Aspekte zu berücksichtigen sind und wie die Berater ausgewählt und unternehmensbezogen gesteuert werden können.

Behandelt werden auch die Zukunftstrends in diesem Feld und die Perspektiven der Praxis und Forschung. Wer vor der Entscheidung steht, ob in der eigenen Organisation ein Management Audit durchgeführt werden soll und wie, wird in diesem Buch viele hilfreiche Informationen finden. Aber auch wer sich mit der Konzeption von Management Audits auseinander setzen will, wird dazu durch differenzierte Analysen und grundlegende Beiträge angeregt.

Die Autor/innen des Buchs kommen überwiegend aus der Praxis. Einige sind Wissenschaftler mit ausgewiesener praktischer Erfahrung. Sie behandeln jeweils ganz verschiedene Facetten des Themas. Ihre Beiträge konvergieren aber darin, dass eine gründliche und rechtzeitige Information der Betroffenen Voraussetzung für den Erfolg von Management Audits darstellt und dass für Management Audits methodische Vielfalt und Professionalität wichtig sind. Das Abschlusskapitel fasst die Quintessenz des Buchs in acht prägnanten Thesen zusammen.

Die Verschlechterung des früher sehr positiven Images der Manager in der Öffentlichkeit ist ein Spiegel für das Scheitern zu vieler Manager und Unternehmen unter heute härteren Wettbewerbsbedingungen. Das schlechte Image wird durch die Ergebnisse der weltweiten Repräsentivbefragung belegt, die Gallup International im Auftrag des World Economic Forums 2004 an 50.000 Menschen durchgeführt hat. (Diese Erhebung läuft jährlich unter der Bezeichnung „Voice of the people".) Danach ist das Image der Manager in den meisten Ländern negativ. Besonders schlecht ist es aber anscheinend in Deutschland. Die Deutschen misstrauen der Kompetenz und Moral ihrer Manager fast so sehr wie der ihrer Politiker! 80 Prozent werfen den Managern eine zu große Machtfülle vor. 70 Prozent halten die Manager sogar für unehrlich. Nur in Costa Rica und in Albanien sind die Beurteilungen noch negativer. „Die Bürger rund um den Globus wollen Führungskräfte, die in der Lage sind, mutige und langfristige Entscheidungen zu treffen", kommentierte Klaus Schwab, der Gründer des Forums die Ergebnisse der Umfrage bei ihrer Präsentation auf dem Weltwirtschaftsforum in Davos (Die WELT, 19.11.2004). Fast täglich werden Manager in den Medien für Fehlentscheidungen kritisiert, durch die sie ihre Unternehmen in Krisen gebracht haben und Mitarbeiter/innen entlassen werden mussten.

Massive Image- und Glaubwürdigkeitsverluste der Politiker und Manager sind empirisch belegt. Eine pauschale negative Diskriminierung der Manager, wie sie sich in den Umfrageergebnissen in Deutschland abzeichnet, ist aber nicht berechtigt. Falsch ist es ganz sicher, die Manager allein als Sündenböcke für die Misserfolge ihres Unternehmens und den Abbau von Arbeitsplätzen verantwortlich zu machen. Um Unternehmenserfolge erzielen zu können, muss das Unternehmen mit seinen Produkten und Dienstleistungen insgesamt wettbewerbsfähig und kundenorientiert aufgestellt sein, muss die Unternehmensleitung, unterstützt durch den Aufsichtsrat oder die Gesellschafter, für eine ungewisse Zukunft die voraussichtlich „richtigen" strategischen Entscheidungen treffen (dass sie „falsch" waren, können die öffentlichen Besserwisser hinterher leicht behaupten), müssen Management und Mitarbeiter/innen kooperativ und effizient zusammenarbeiten, müssen die Chancen auf dem Markt und die weltwirtschaftlichen und nationalen Rahmenbedingungen stimmen und nicht zuletzt ausreichende Möglichkeiten zur Finanzierung der erforderlichen Investitionen vorhanden sein. Viele Mitglieder aller Ebenen und Bereiche müssen sich anstrengen und viele neue Anforderungen gemeinsam bewältigen, damit sich Erfolge einstellen können.

Das Management ist gar nicht so mächtig, wie die Befragten der weltweiten Umfrage anscheinend meinen. Das dokumentierte Misstrauen gegen die Manager und die von ihnen initiierten Veränderungen kann ein viel mächtigerer Misserfolgsfaktor sein. Die Befragten haben als Mitarbeiter/innen in ihren Unternehmen ja oft genügend Einfluss, um gemeinsam die Entscheidungen ihrer Manager auszubremsen. Es gibt Hinweise, dass die Veränderungswiderstände der Mitarbeiter/innen und damit die Hürden, Erfolge bei Veränderungen zu erzielen, in Deutschland für das Management besonders hoch sind. Sind die Managementanforderungen in anderen Ländern einfacher zu bewältigen? Ist dies neben der oft gescholtenen staatlich verordneten bürokratischen Überregulierung und neben hohen Arbeitskosten einer der rätselhaften Gründe, warum Unternehmer trotz deutlich verbesserter Unternehmenssteuern und Erträge in Deutschland bei Unternehmensgründungen und Arbeitsplätzen unternehmerisch heute lieber in anderen Ländern investieren?

Wir erwarten von Managern, dass sie trotz schwierigster Anforderungen einen wesentlichen Teil der Verantwortung für den Erfolg ihres Unternehmens übernehmen. Zu fordern ist dies aber nicht nur von allen Führungskräften individuell, sondern wie dies Wübbelmann ähnlich in einer These im Schlusskapitel formuliert vom gesamten Managementsystem der Organisation. Trotz schwierigster Voraussetzungen sollen die Manager gemeinsam die jeweils strategisch besten Lösungen finden und konsequent umsetzen. Ein professionelles Management Audit kann der Führung helfen herauszufinden, wo Schwachstellen und Stärken in ihrem Managementsystem und den Kernprozessen liegen und welche Kompetenzen und Prozesse verbessert werden müssen. Manager sollten ihre Macht nicht dafür nutzen, sich gegen solche Management Audits zu sperren, sondern sie im eigenen Interesse nachdrücklich fördern. Wenn sie sich selbst gemeinsam einer Überprüfung stellen, kann dadurch auch ihre Glaubwürdigkeit bei ihren Mitarbeiter/innen wieder steigen, denen sie ja bereits routinemäßig Feedback zu Stärken und Schwächen geben und von denen sie selbstverständlich eine ständige berufliche Weiterbildung und eine Optimierung der Arbeitsabläufe fordern.

Osnabrück, im März 2005   Siegfried Greif

Einleitung

Klaus Wübbelmann

1 Nachgefragt: Was ist ein Management Audit?

„Sagen Sie mir bitte in ein bis drei Sätzen spontan und ohne irgendwo nachzuschlagen, was Sie unter einem Management Audit verstehen!" So lautete meine Aufforderung an etwa 90 Führungskräfte, HR-Verantwortliche und HR- oder Management-Berater. Die Antworten lassen zwar einen Grundkonsens ahnen, verdeutlichen aber noch mehr die Breite der Vorstellungen, die mit dem Begriff Management Audit assoziiert sind.

Begriffsverständnis

Der Grundkonsens kann in etwa wie folgt festgehalten werden:

- Ein Management Audit ist ein Verfahren zur Potenzialeinschätzung.
- Es bezieht sich auf die individuelle Leistungsfähigkeit von Führungskräften.
- Es dient entweder Auswahlzwecken oder der Managemententwicklung.

Die in Tabelle 1 aufgeführten Beispiele zeigen auf, dass die konkreteren Vorstellungen sich jenseits dieses Konsenses zum Teil deutlich voneinander unterscheiden. Nun mag man gelassen an die Sache herangehen und den Grundkonsens, der sich trotz aller Unterschiede zwischen den meisten Diskussionsteilnehmern abzeichnet, für ausreichend halten, um die gröbsten Missverständnisse zu vermeiden. Allerdings blciben dafür m. E. zu viele Fragen offen. In der aktuellen Diskussion tut sich insbesondere die Unklarheit auf, ob ein Management Audit etwas anderes sei als eine Potenzialeinschätzung. Die zitierten Begriffsbestimmungen (s. Tabelle 1) deuten wohl an, dass viele Experten auch andere Aspekte in einem Management Audit sehen. Worin könnten die Unterschiede bestehen?

Gemeinsamkeiten und Unterschiede

Es bieten sich zwei sinnvolle Möglichkeiten an, Management Audits von Potenzialeinschätzungsverfahren zu unterscheiden: Der erste Weg besteht darin, sie als Sonderfall von Potenzialeinschätzungen aufzufassen. Beim zweiten Weg würde man sie inhaltlich weiter fassen – und dabei die auf Personen bezogene Potenzialeinschätzung als Teilmenge eines Audits verstehen. Reflektieren wir zunächst den ersten Weg etwas genauer, bevor wir auf den zweiten Weg zu sprechen kommen.

Tabelle 1: Was Führungskräfte, HR-Verantwortliche und HR- oder Management-Berater unter einem Management Audit verstehen

Was ist ein Management Audit? – Beispielhafte Antworten	
„Ein Management Audit ist ein strukturiertes Verfahren der Potentialanalyse. Sie wird bei einer breiteren Führungspopulation durchgeführt, um zu einem Zeitpunkt einen Überblick über das vorhandene Managementpotential zu erhalten. Bevorzugte Methoden: Strukturiertes und halbstandardisiertes Interview. Andere Verfahren können zur Ergänzung eingesetzt werden."	„...ein paar Leute, die sich für Experten halten, führen Interviews (selten mehr) mit Managern und schreiben dann mehr oder weniger qualifizierte Berichte über die einzelnen Leute (was man mit ihnen machen soll bzw. kann), manches Mal auch eine „tolle" Zusammenfassung über das Unternehmen."
„...eine Überprüfung oder Bestandsaufnahme der Managementstruktur/von Management Teams im Hinblick auf Zusammensetzung und Größe sowie damit verbundener Entscheidungsprozesse (und deren Effizienz); Einsatz im Kontext einer Restrukturierung, Zertifizierung oder für eine gezielte Personalbesetzung auf Managementebene."	„Potentialüberprüfung für/in Top-Position."
	„...würde ich Management Audit begreifen als die Analyse und Bewertung sämtlicher Managementprozesse in Unternehmen (Organisationsentwicklung, Personalentwicklung, Marktanalyse, Kundenzufriedenheit, Produktentwicklung usw.) im Hinblick auf Qualitätssicherung und Qualitätsoptimierung."
„Auditierung des gesamten Managements (Manager auf allen Ebenen) hinsichtlich des Vorhandenseins und der Anwendung der für ein erfolgreiches Unternehmen erforderlichen Management-Tools wie: Unternehmensvision, Unternehmensstrategie (lang- und mittelfristig), Zielsetzungs- und Verfolgungsprozess	„Die Überprüfung der Frage, ob ein Mitarbeiter in einer Managementposition über angemessene Führungsqualifikationen verfügt."
	„Ensuring that processes are in place to make effective decisions."
	Assessment of the so called management by a 360 degree feedback thereby considering criterions like

(Objective-Prozess/ Balanced Score Card,...), Reporting-Tools (Balanced Score Card, finanzieller Fabrikbericht, IT-Systeme,...), Kommunikationsmodell." "Management Audit ist ein kurzfristiges Verfahren, das Unternehmen via externe Berater einsetzen, wenn Sie sich über das eigene Führungspotential (kein MD-Konzept vorhanden) nicht im klaren sind, und sich doch mit möglichen internen Beförderungen statt mit teuren und unsicheren externen Rekrutierungen befassen möchten."	leadership capabilities, management tools and technical skills. " „Unter Management Audit verstehe ich die systematische Diagnose der überfachlichen Stärken und Schwächen von Führungskräften und deren Commitment zum Unternehmen und dessen Strategie." „Management Audit ist eine ganzheitliche Bestandsaufnahme der Geschäftssituation im soften Bereich und eignet sich hervorragend als Grundlage für Veränderungsinitiativen."

2 Management Audit als Potenzialeinschätzung

Die Sonderfall-Variante könnte lauten: Man spricht bei Potenzialeinschätzungen immer dann von einem Management Audit, wenn die eingeschätzten Personen Manager der obersten Führungsebenen sind und/oder wenn das Audit zu bestimmten Anlässen durchgeführt wird und/oder eine ganze Gruppe von Managern einbezogen wird. Was im Einzelfall als „oberste Führungsebenen" bezeichnet wird, liegt letztendlich im Ermessen des durchführenden Unternehmens. Die angesprochenen „bestimmten Anlässe" sind alle Fälle, in denen neu festgelegt werden muss, wer im Unternehmen zukünftig welche Rolle spielen und welche Aufgaben übernehmen kann und soll. Das können Unternehmenskäufe, Fusionen oder komplexe Reorganisationen, aber auch andere Szenarien sein. Die untersuchte „ganze Gruppe von Managern" kann die komplette Führungsmannschaft umfassen oder auch alle Führungskräfte bestimmter Unternehmenseinheiten.

Sonderfall

Die heute weitestverbreitete Praxis spiegelt sicherlich diesen Fall wider, in dem auf individuelle Manager bezogene Potenzialeinschätzungen als Management Audit bezeichnet werden, weil einer oder mehrere der genannten Aspekte zutreffen – die ja allesamt formale Aspekte sind. In der Sache handelt es sich um individuelle Potenzialeinschätzungen.

Einschätzung des Individuums

Abbildung 1 zeigt die wesentlichen Dimensionen, deren Ausprägungen in der Regel darüber entscheiden, ob man von einem Management Audit spricht oder nicht.

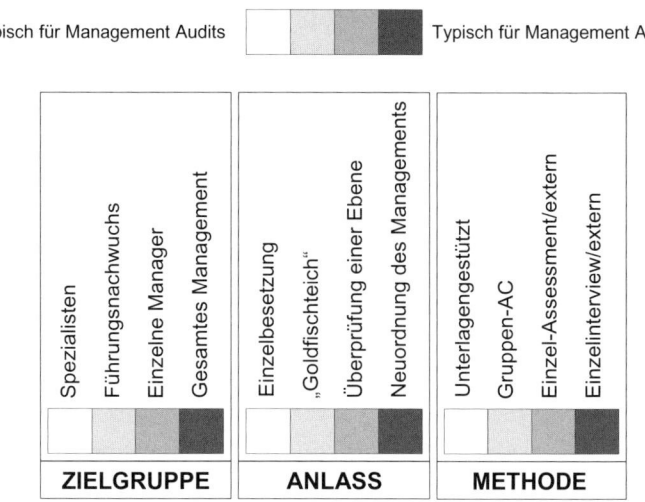

Abbildung 1: Das Management Audit als Sonderfall der Potenzialeinschätzung – Dimensionen der Unterscheidung

Zielgruppen, Anlässe und Methoden

Im Hinblick auf die *Zielgruppe* wird man in der Regel eher von einem Management Audit sprechen, wenn das gesamte Management betroffen ist, ggf. noch, wenn einzelne hochrangige Manager eingeschätzt werden, im Hinblick auf den *Anlass* wird die Überprüfung von Managementebenen oder die Neuordnung von Managementstrukturen im Spiel sein und im Hinblick auf die eingesetzte *Methode* wird in der Regel eine externe Durchführung von Einzel-Assessments oder Interviews für ein Management Audit als typisch angesehen werden.

Die Übergänge sind fließend und Betroffene wie Experten nehmen sich die Freiheit, nach eigenem Gutdünken die jeweils konkrete Konstellation im Hinblick auf diese Dimensionen als Management Audit einzustufen oder nicht. Einig werden sich wiederum alle sein, dass beispielsweise die Einschätzung von Führungsnachwuchskräften im Gruppen-AC zur Bildung eines „Goldfischteichs" kein Management Audit, sondern eine Potenzialeinschätzung sei.

Abgrenzung

Streng genommen muss festgestellt werden: Alle diese Varianten sind Einschätzungen des Potenzials auf individueller Basis, es werden lediglich bestimmte Sonderfälle ausgegrenzt und mit dem Namen „Management Audit" versehen, um deutlich zu machen, dass es um besondere Personen und/oder einen besonderen Anlass geht, die bzw. der dann auch besondere Methoden verlangen bzw. verlangt.

3 Kritik am Management Audit

„Allein schon der Begriff „Management Audit" macht mich skeptisch. Weshalb ein „Management Audit"? Kennt ein Unternehmen seine Führungskräfte nicht am besten? Weshalb dann ein (schlimmstenfalls) externes Audit? Wird da nicht etwas versteckt, was man sich nicht traut, offen zu sagen? Gibt es etwa eine „hidden agenda", unliebsame und schwächere Führungskräfte loszuwerden?" Vermutlich spricht hier ein Personalmanager eine Skepsis aus, die viele andere auch empfinden.

Die Kritik am Management Audit in der Praxis bezieht sich in der Regel implizit oder explizit auf Management Audits als Sonderfall von Potenzialeinschätzungsverfahren. Sie lässt sich wohl auf drei wesentliche Punkte bringen:

3 Kritikpunkte

▶ Das Management Audit bringt keine neuen Erkenntnisse, sondern bestätigt bestenfalls bekanntes Wissen über die Betroffenen.
▶ Das Management Audit ist methodisch in aller Regel ausgesprochen dünn und daher fragwürdig.
▶ Das Management Audit ist ein teurer Rechtfertigungsakt für längst beschlossene Managemententscheidungen.

3.1 Keine neuen Erkenntnisse

Kritiker, die diese These vertreten, Management Audits brächten keine neuen Erkenntnisse, sondern bestätigten bestenfalls bekanntes Wissen über die Betroffenen, machen auf das Faktum aufmerksam, dass in aller Regel im Management Audit Personen eingeschätzt werden, die seit Jahren im Unternehmen tätig sind, also dort eine bedeutsame persönliche Leistungsgeschichte haben. Häufig sind es die Betroffenen selbst, die diesen Punkt hervorheben, wenn sie beispielsweise sagen: „Nun bin ich seit zwölf Jahren in diesem Unternehmen tätig und seit Jahren auch in einer wichtigen Managementfunktion. Man weiß doch sehr genau, was ich kann. Was soll eine Schlaglichtbetrachtung in wenigen Stunden Neues herausfinden? – Im Gegenteil, es wird viel weniger herausfinden als man ohnehin schon weiß." Aber nicht nur die Betroffenen, auch viele HR-

Was bringt ein Management Audit?

Verantwortliche und Vorstände oder Geschäftsführer, die vor der Frage stehen, ob sie ein Audit durchführen sollen, hegen diese Bedenken.

In der Tat wird man sich fragen, ob nicht die langfristige Möglichkeit, Manager in Leistung und Persönlichkeit wahrzunehmen und einzuschätzen, eine ausreichende Basis liefern sollte, um Entscheidungen für die Zukunft zu fällen. In den meisten Karriereetappen von Managern wird auch genau das getan. Wer seinen Job gut oder sogar außerordentlich gut gemacht hat, erscheint prädestiniert dafür, auch auf der nächsten Stufe oder in einer anderen Funktion segensreich zu wirken – und wird entsprechend dorthin „befördert".

Implizite Annahmen

Der genannten Kritik und dem skizzierten üblichen Vorgehen wohnen allerdings implizite Annahmen inne, deren bewusste Betrachtung durchaus skeptisch stimmen kann.

Vorhersage zukünftiger Leistung

Die erste Annahme: Ein Management Audit habe das Ziel, genau dasselbe herauszuarbeiten, was auch eine angemessene Langfristbetrachtung der Leistung und des Verhaltens einer Führungskraft herausbringen will und kann – nämlich die Leistungsfähigkeit in bisherigen und/oder aktuellen Funktionen. Wäre diese Annahme zutreffend, müsste in der Tat jeder noch so gewiefte Management Auditor feuchte Hände bekommen. Er hätte es mit einem zu großen Wettbewerber zu tun. In aller Regel ist es aber nicht die Absicht, im Management Audit die Leistungsfähigkeit im Hinblick auf aktuelle Aufgaben zu bestimmen, sondern einen Blick in die Zukunft zu wagen und die Frage zu beantworten: Wie wird sich jemand in bestimmten zukünftigen Aufgaben und Funktionen, unter veränderten Rahmenbedingungen und Anforderungen bewähren? Um diese Frage zu beantworten, braucht man mehr als das Wissen über bisherige Leistungen. Sie stellen eine wichtige und notwendige Basis einer soliden Einschätzung dar, reichen aber nicht aus – es sei denn, man will sich auf die Zuversicht stützen, die betreffende Person werde schon mit ihren Aufgaben wachsen. Die Vorhersage zukünftiger Leistung ausschließlich auf der Basis bisheriger Leistung ist nur dann eine vernünftige Heuristik, wenn die zukünftig erwartete Leistung und dementsprechend zukünftige Anforderungen den aktuellen im Wesentlichen entsprechen.

Bedeutung internen Wissens

Die zweite Annahme: Die Behauptung, im Unternehmen wisse man deutlich mehr über eine Person als man im Audit herausfinden könnte, verlangt im nächsten Schritt, dass dieses Wissen auch in halbwegs strukturierter Form verfügbar und nicht in ungebührendem Ausmaß durch langjährige Wahrnehmungs- und Interpretationstendenzen geprägt ist. Das bedeutet: Die Kritik unterstellt eine gewisse „Datenqualität" dieses Wissens. Aller Erfahrung nach ist diese Qualität sehr häufig nicht gegeben.

Entweder gibt es über Leistungen vergangener Zeiträume gar keine brauchbaren Aufzeichnungen, etwa in Form kontinuierlicher und strukturierter Leistungsbeurteilungen, oder diese Beurteilungen sind sehr aussageschwach und differenzieren nicht ausreichend zwischen den Führungskräften. In beiden Fällen bliebe man auf irgendwie entstandene subjektive Meinungen, allgemeine Eindrücke etc. angewiesen. Deren Belastbarkeit im Fall wichtiger Karriereentscheidungen ist überaus gering und weder für Betroffene selbst noch ggf. für eine Interessenvertretung akzeptabel.

Die dritte Annahme: Im Management Audit verfüge man nicht über Methoden, die in besserer Weise geeignet sind, zu tief gehenden und pointierten Einschätzungen oder Schlussfolgerungen im Hinblick auf Kompetenz und Persönlichkeit einer Führungskraft zu gelangen als unstrukturierte Wahrnehmungs- und Einschätzungsprozesse im Rahmen einer langjährigen Zusammenarbeit. Diese Annahme verkennt wesentliche methodische Unterschiede zwischen beiden Herangehensweisen. Die *diachrone Beurteilung,* also die Beurteilung über die Zeit hinweg (klassische Leistungsbeurteilung in Organisationen) ist methodisch betrachtet auf die Person des Wahrnehmenden beschränkt, der – wenn es gut läuft – zur Strukturierung seiner Eindrücke ein Beurteilungssystem zur Verfügung hat. Dieses System hilft aber nur, vorhandene Eindrücke zu systematisieren, deren Entstehung verdanken wir ausschließlich dem Wahrnehmungs- und Interpretationsapparat der einschätzenden Person. Im Management Audit, einer klassischen *synchronen Beurteilung,* also einer Beurteilung zu einem bestimmten Zeitpunkt, können systematische und vielseitige Methoden angewendet werden. Sie liefern auch eigenständige, von der Wahrnehmung der einschätzenden Person unabhängige Daten. Das klassische Beispiel dafür sind Ergebnisse von Tests und Computersimulationen. Darüber hinaus sind durch Schulung und Erfahrung die Wahrnehmungs- und Interpretationsprozesse bei Auditoren deutlich strukturierter und reflektierter und die Erhebung von Kompetenzen erfolgt deutlich systematischer.

Eignung der Methoden

Diachrone und synchrone Beurteilung

Wege zu neuen Erkenntnissen

In aller Regel geht es in Situationen, in denen Verantwortliche zu einem Management Audit greifen, um die Vorhersage zukünftiger Leistungen von Führungskräften. Es kann eine Vorhersage für eine ganz bestimmte Funktion erforderlich sein oder auch eine allgemeinere Aussage über Fähigkeiten und Möglichkeiten einer Person im Hinblick auf noch nicht definierte oder aber wechselnde Aufgabenstellungen in der Zukunft. In beiden Fällen wird die bisherige Leistung und das Wissen um Stärken und Schwächen eine erste unverzichtbare Annäherung an eine Antwort darstellen. Zweifellos wird man aber zum einen Einschätzungsmängel kom-

Systematische und präzise Analysen

pensieren und zum anderen spezielle Schwerpunkte einschätzen wollen, die in der bisherigen Leistungsgeschichte keine Rolle gespielt haben. Dazu bedarf es einer systematischen Analyse der Person, ihrer Eigenschaften, Fähigkeiten und Fertigkeiten. Je klarer zukünftige Anforderungen sind und je präziser die Analyse auf eine spezielle Funktion zugeschnitten werden soll, desto differenzierter wird sie diese zukünftigen Anforderungen in angemessenen Aufgabenstellungen abbilden, um einen Eindruck zu ermöglichen. Je diffuser, noch nicht definierbar oder in Zukunft wechselnd die Anforderungen sind bzw. sein werden, desto mehr wird ein Modell erforderlich sein, das auf generelle, in der Mehrzahl der Managementfunktionen und unter unterschiedlichen Rahmenbedingungen gültige und wichtige Aspekte zielt. Man wird in diesem Fall unbedingt die methodische Expertise des professionellen Audits benötigen, um Persönlichkeitsprofile, Grundhaltungen und Werte sowie Motivstrukturen von Führungskräften dem bekannten Erfahrungsprofil aus den bisherigen Tätigkeiten an die Seite zu stellen.

In jedem Fall wird die Verknüpfung eines professionellen Audits mit dem Wissen über bisherige Leistungen einer Führungskraft neue und tiefer gehende Erkenntnisse liefern als die jeweils isolierte Vorgehensweise. Wer sich bei wesentlichen personellen Entscheidungen ausschließlich auf die Ergebnisse eines Management Audits stützt, ohne die bisherigen Leistungen näher zu hinterfragen, begeht ebenso einen Fehler wie derjenige, der blind auf das Prinzip vertraut: „past performance predicts future performance" und wesentliche Veränderungen in den Anforderungen ausblendet.

Explikation von internem Wissen

Bisher wurde unterstellt, dass das interne Wissen über die Leistungsgeschichte eines Managers relativ problemlos und in ausreichender Güte greifbar ist. Erfahrungsgemäß ist das aber nicht immer der Fall. Bleibt dann nur der Verzicht auf diesen an sich wertvollen Beitrag zu einer brauchbaren Leistungsprognose? Bevor man diese Konsequenz zieht, kann es eine sehr sinnvolle Aufgabe eines Management Audits sein, vorhandenes, aber nicht oder in unzureichender Systematik dokumentiertes Wissen zu explizieren. Die Audit-Experten sollten Methoden liefern, um Wissensträger zu identifizieren und zu befragen, damit man auf diese Weise eine angemessene Einschätzung zu wichtigen Anforderungsaspekten erhält.

3.2 Methodische Untiefen

Immer wieder kritisieren Experten, die etwas von Managementdiagnostik verstehen, dass in krassem Widerspruch zur Bedeutung der anstehenden Entscheidungen in Management Audits eine nur sehr begrenzte Methodik eingesetzt wird. Diese Kritik ist immer dann absolut berechtigt, wenn die verfügbaren und im konkreten Fall einsetzbaren diagnostischen Instrumente nicht genutzt werden und man sich stattdessen auf einzelne Verfahren beschränkt, die immer nur bestimmte Facetten des komplexen Bedingungsgefüges für gewünschte zukünftige Leistungen und Ergebnisse begreifen können (für einen Überblick zu diagnostischen Verfahren vgl. Sarges & Wottawa, 2001) Wie Wottawa in seinem Beitrag zu diesem Band überzeugend darlegt, entstehen Leistungen und Erfolge einer Person immer aus dem Zusammenspiel von Wissen, Wollen und Können. Fachkenntnisse und Erfahrungen, Einstellungen und Motive sowie Fähigkeiten und Fertigkeiten wirken zusammen – und es gibt keine einzelne Methodik, die alle Aspekte gültig erfassen kann. **Multiple Wirkfaktoren**

Methodenvielfalt

Immer wieder berichten Betroffene und die Experten selbst von Management Audits, die sich ganz wesentlich auf die Interviewmethodik stützen. Zweifellos zählen Interviews, zumindest wenn sie strukturiert durchgeführt und systematisch ausgewertet werden, zu den brauchbarsten Bausteinen der psychologischen Diagnostik. Wenig hilfreich ist allerdings, wenn Interviewer diese Gestaltungsprinzipien der Interviewführung nicht anwenden und wenn sie ihre persönliche Erfahrung über die Systematik einer Methode stellen. Man hört in diesem Zusammenhang vielfach das Argument, für eine angemessene Einschätzung sei das Branchen- und Funktionswissen eines Interviewers wichtiger als psychologische Methodenkenntnis. Darauf kann es nur eine Antwort geben: Branchenwissen und Funktionswissen sind sehr wichtige Bausteine für einen angemessenen Bezugsrahmen über die Erfolgsfaktoren in einer Branche oder Funktion – zumindest wenn sie nicht rein subjektive Interpretationsschemata darstellen. Aber niemand konnte bisher durch seine Branchenexpertise eine überzeugende Persönlichkeitsdiagnostik betreiben, die es ernsthaft mit den Ergebnissen jahrzehntelanger psychologischer Forschung aufnehmen könnte (vgl. Hossiep, Paschen & Mülhaus, 2000). Das Wissen über die Erfolgsfaktoren in einer Funktion bringt kaum einen Schritt weiter in der Frage, ob eine konkrete Person diese Erfolgsfaktoren kennt, sie in ihren Vorgehensweisen realisieren kann und dies aller Voraussicht nach auch tun wird. Das Generieren der wichtigen Daten ist Methodensache, die Bewertung der so generierten Daten gelingt dann umso besser, je angemessener der Bezugsrahmen über die Erfolgsfaktoren ist. **Interviews im Vordergrund**

Branchen- *und* Funktionswissen

Methodenvielfalt Diese Ausführungen über die Interviewmethodik gelten analog für jede andere methodische Einseitigkeit und Naivität. Insbesondere die Psychologie stellt Konzepte und Methoden zur Verfügung, die es erlauben, unterschiedliche Facetten des Wissens, Wollens und Könnens von Personen zu beleuchten. Der Audit-Experte sollte ein Methodenexperte sein, der diese Instrumente kennt, ihre konkrete Brauchbarkeit einschätzen, sie angemessen anwenden und auswerten kann. Wenn ihm die Branchenkenntnis fehlen sollte, ließe sich das allemal durch eine Erweiterung des Audit-

Audit-Leistung = Teamleistung Teams um einen Kompetenzträger dieser Couleur kompensieren. Auch die Audit-Leistung ist in der Regel sinnvoller Weise als Teamleistung zu entwickeln.

3.3 Ideologieverdacht

Die sicherlich schärfste Klinge, die ein Management Audit treffen kann, ist die Behauptung, es diene lediglich dazu, bereits getroffene Entscheidungen im Nachhinein zu bestätigen. Die Kritiker unterstellen dem Top-Management Feigheit vor dem Feind, der in diesem Fall die eigenen Führungskräfte sind. Die Grundthese: Man wolle im Management hart durchgreifen, schwer durchsetzbare Personalentscheidungen treffen und möglichst schnell umsetzen und brauche zu diesem Zweck eine belastbare Rechtfertigungsbasis und einen Puffer, der direkte Konflikte zwischen Entscheidungsträgern und Betroffenen abfedere. Für beides eigne sich der Anbieter eines „neutralen" Management Audits geradezu vorzüglich und werde deswegen gern in Anspruch genommen. Sein Markensiegel genieße hohen öffentlichen Glauben, seine behauptete Neutralität nehme vielen Argumenten der Interessenvertretung die Spitze und seine Ergebnisse stopften die Rechtfertigungslücken in der Story des Top-Managements. Die perfideste Variante wird in diesem unerfreulichen Spektrum dann erkannt, wenn im Vorfeld von einer neutralen Stärken-Schwächen-Analyse gesprochen werde, die ausschließlich der individuellen Entwicklung von Führungskräften diene, im Nachhinein aber schmerzhafte Konsequenzen an der Tagesordnung seien. Die Kritiker unterstellen hier die Absicht, durch die beschwichtigende Kommunikation unwahrer Zielsetzungen bei den Betroffenen Akzeptanz und Offenheit erzeugen zu wollen, um die dadurch gewonnen Einblicke schamlos für die Begründung sehr nachteiliger Entscheidungen zu verwenden. Dieses Vorgehen erfüllte wohl offenkundig den Tatbestand der ideologischen Kommunikation.

„Bumerang-Effekt" Wo immer diese Kritik aufkommt, kann übrigens eine ausgeprägte Schwäche in der Methodik des Audits zum Bumerang werden: Je dünner die Methodik ist, desto schärfer kann diese Kritik argumentieren. Für die Kritiker wird die Annahme nahe liegen, dass man sich deswegen mit einer erkennbar dürftigen Methodik zufrieden gibt, weil man tiefer gehende

Einschätzungen gar nicht braucht. Im Zweifel wären sie sogar störend, wenn sie nämlich dem vorgefertigten Urteil nicht entsprächen. Wer schon weiß, was herauskommen soll, braucht leicht manipulierbare Methoden und weiß Kostensenkungen durch geringen methodischen Aufwand zu schätzen.

Sehr häufig bangen Manager, die an einem Audit teilnehmen sollen, um ihren Job bzw. um ihre Zukunft im Unternehmen. Für viele, insbesondere ältere Betroffene, reichen diese Sorgen bis an Existenzängste heran. Da diese Sorgen Betroffener sehr weit verbreitet und nicht an bestimmte Branchen oder Funktionen geknüpft sind, erschiene es nicht überzeugend, sie als hysterische Phänomene zu klassifizieren, die der zugestandener Maßen hohen psychischen Belastung in einer solchen Situation zuzuschreiben sind. Es wird mehr oder weniger krasse Fälle solcher ideologischen Kommunikation geben. Weder scheint es aber sinnvoll, sie zu verharmlosen oder in Abrede zu stellen, noch sie als zwangsläufig jedem Management Audit anhaftende Struktur anzunehmen. Entscheidend ist angesichts dieser Kritik die Erkenntnis, dass hier die persönliche Integrität handelnder Personen und nicht inhaltliche oder methodische Fragen des Management Audits zu diskutieren sind. Wir reden über eine Frage der Moral, nicht über eine Frage der Technik.

Ängste der Manager

In allen umfassenderen Management Audit-Prozessen, also immer dann, wenn eine erhebliche Anzahl von Führungskräften, ganze Bereiche, Ebenen oder Managementgruppen in Frage stehen, hängt der weitere Unternehmens- oder Bereichserfolg sehr eng mit dem Erfolg des Projekts zusammen. Und immer wieder zeigt sich, dass neben anderen wichtigen Aspekten die Akzeptanz des Vorgehens bei den Betroffenen zu den wichtigsten Erfolgsfaktoren gehört. Diese Akzeptanz wiederum hängt ganz entscheidend mit der Glaubwürdigkeit des Top-Managements und seiner Botschaften im Zusammenhang mit dem Audit und den daraus entstehenden Konsequenzen zusammen. Eine ideologische Kommunikation wird zwangsläufig durch den Gang der Ereignisse als solche entlarvt werden. Sie kann sich nicht lohnen. Denn sie entzieht dem Top-Management den Rückhalt in der eigenen Führungsmannschaft und gefährdet die Leistungsbereitschaft im Management erheblich.

Akzeptanz und Glaubwürdigkeit der Führung als Erfolgsfaktoren

Eine Offensive gegen den Ideologieverdacht geht von der Integrität und dem Mut der handelnden Top-Manager aus. Wer weiß, was er will, sagt was er tun wird und tut, was er gesagt hat, sollte noch seiner Verpflichtung zur Sorgfalt bei der Auswahl seines Beraters und dessen Methode genügen, um aus dem Management Audit keine wertvernichtende Veranstaltung zu machen, sondern ein sinnvolles und akzeptiertes Instrument der Unternehmensführung.

Integrität und Mut

3.4 Systemvergessenheit

Neben den drei genannten, häufig zu hörenden Kritikpunkten am Management Audit gibt es einen weiteren wichtigen Aspekt, den ich sehr ausführlich an anderer Stelle dargelegt habe (vgl. Wübbelmann, 2001). Im gängigen Verständnis und in der üblichen Praxis sind Management Audits ausschließlich auf die Betrachtung, Analyse und Bewertung auf individueller Ebene ausgerichtet. Ein Management Audit hat eine Zielperson. Das ist der einzelne Manager, dessen Persönlichkeit, Motivation, Einstellungen und Kompetenzen betrachtet werden. Sobald man aber den Blick über dessen leibliche Grenzen hinauswandern lässt, wird einem auffallen, dass es auch außerhalb der einzelnen Person erhebliche Leistungsvoraussetzungen und Bedingungen für Erfolg oder Misserfolg gibt. Das klassische individuenbezogene Audit neigt zur Systemvergessenheit. Es vernachlässigt Aspekte, die die Wirksamkeit und Wirkmöglichkeit der Person stark beeinflussen, aber außerhalb ihrer selbst liegen. Zwei Ebenen des typischen Managementsystems in Unternehmen sind von dieser Ausblendung besonders betroffen: zum einen das unmittelbare persönliche Umfeld des einzelnen Managers, nämlich das Management Team, in das er eingebunden ist; zum anderen der Management Kontext, d. h. die weiteren Rahmenbedingungen, die besonderen Einfluss auf die Leistung und Leistungsfähigkeit im Management haben.

Das Management Team

Die meisten Manager sind eng in Management Teams eingebunden. Strukturen und Prozesse dieser Management Teams werden immer einen erheblichen Einfluss auf den einzelnen Manager ausüben. Dieser Einfluss hat verschiedene, miteinander interagierende Dimensionen, von denen folgende die wichtigsten sind:

- ▶ die normative Dimension des Management Teams,
- ▶ die dynamisierende Dimension des Management Teams,
- ▶ die unterstützende Dimension des Management Teams.

In seiner *normativen Dimension* prägt das Management Team die Werte und Einstellungen der Mitglieder. Es wirkt zum einen auf die Wahrnehmung und Interpretation all dessen ein, was für das Management als relevant angesehen wird. Im Hinblick auf die Bewertung externer Aspekte spielt hier vor allem die Betrachtung der unternehmerischen Rahmenbedingungen, die Deutung von Veränderungen am Markt, der angemessenen strategischen Ausrichtung und Ziele etc. eine Rolle. Im Hinblick auf die Zusammenarbeit im Team selbst normiert es die Wahrnehmung der Rollen, insbesondere der Führung im Team sowie aller wesentlichen Prozesse der Zusammenarbeit. Über die deutende Funktion hinaus stellt das Team

Verhaltensnormen auf. Es definiert Leistungsnormen, Rollennormen und Interaktionsnormen. Ohne hier vertiefend einsteigen zu können – es liegt auf der Hand, dass Art und Handhabung normativer Prozesse im Management Team den Wahrnehmungs- und Verhaltensspielraum des einzelnen Managers im Team erheblich beeinflussen.

In seiner *dynamisierenden Funktion* spielt das Management Team eine entscheidende Rolle für die Leistungsentfaltung bei den einzelnen Mitgliedern. Einige wichtige leistungs- und engagementbezogene Teamprozesse spielen hier eine Rolle: **Individuelle Leistungsentfaltung**

- Führung im Team,
- Effektivitätserwartung im Team,
- Zielsetzung und Feedback im Team,
- Kommunikation im Team,
- Konfliktlösung im Team,
- Innovationsfähigkeit des Teams.

Je nach Ausprägung vermögen diese Teamprozesse einzelne Mitglieder anzuspornen, zu motivieren und Leistungshemmnisse, insbesondere durch destruktive Konflikte, abzubauen. Der einzelne Manager kann in hohem Maß von dynamisierenden Teamprozessen profitieren, kann aber ebenso durch fehlende oder blockierende Teamdynamik in seiner persönlichen Leistungsfähigkeit stark eingeschränkt werden. **Teamdynamik**

In seiner *unterstützenden Funktion* sorgt das Management Team dafür, dass einzelne Mitglieder auch mit Schwierigkeiten und Defiziten konstruktiv umgehen können. Unterstützende Management Teams haben ein Klima entwickelt und Interaktionsroutinen ausgebildet, die sicherstellen, dass Vertrauen untereinander wachsen und herrschen kann, dass Probleme einzelner erkannt und geklärt werden, gegenseitige Hilfe möglich ist und akzeptiert wird. Die wichtige Teamvariable „Kohäsion" oder Zusammengehörigkeitsgefühl spielt in diesem Zusammenhang eine wesentliche Rolle. Das Ausmaß an Kooperation und Unterstützung wirkt sich nicht nur auf die Leistungsfähigkeit des Einzelnen, sondern mittelbar auch auf wichtige Kriterien des Unternehmenserfolgs aus. **Kohäsion**

Normative, dynamisierende und unterstützende Wirkungen des Management Teams auf den einzelnen Manager stellen zentrale Bedingungen seiner persönlichen Leistungsentfaltung dar. Es kann einem Kunstfehler der psychologischen Diagnostik gleichkommen, solche Aspekte zu übersehen, wenn eine Erfolgsprognose für eine wichtige Managementfunktion abzugeben ist.

Der Management Kontext

Im weiteren Umfeld des einzelnen Managers liegen zusätzliche Systeme und Prozesse, die sein Verhalten und seine Leistung stark beeinflussen können. Gemeint sind hier vor allem Systeme und Prozesse für Management und Führung, die ein Unternehmen zum einen einsetzt, um einzelne Führungskräfte zu steuern, die es ihnen zugleich aber an die Hand gibt, um selbst die eigene Management- und Führungsaufgabe erfolgreich wahrzunehmen. Hier spielen vor allem folgende Aspekte eine wesentliche Rolle:

- Führungsleitbilder und Führungsgrundsätze,
- Informations- und Kommunikationssysteme,
- Zielsetzungs- und Zielverpflichtungssysteme,
- Beurteilungs- und Belohnungssysteme,
- Systeme für Feedback zu Leistung und Verhalten,
- Systeme zur Generierung und Absicherung von Entscheidungen,
- Konfliktlösungssysteme.

Je klarer und konsequenter solche Systeme und Prozesse im Unternehmen implementiert sind, umso klarer können die Einzelleistungen der Führungskräfte auf übergeordnete Zielsetzungen ausgerichtet und integriert werden. Je weniger Systeme es gibt oder je diffuser sie gestaltet sind, desto weniger hilfreich sind sie in der Steuerung von Führungskräften und für Führungskräfte.

Auch die Frage nach diesen Systemen kann das Bild der Leistungsbedingungen im Management vervollständigen und moderierende Wirkungen auf die Leistung einzelner Manager deutlich machen.

Die Relevanz der beiden Systemebenen Management Kontext und Management Team ist sehr ausführlich in Wübbelmann (2001) beschrieben und soll hier nur angedeutet werden.

Insgesamt scheint die Systemvergessenheit der Management Audit-Praxis der am wenigsten realisierte oder der am weitesten akzeptierte Defekt in diesem Handlungsfeld zu sein. Die Festigkeit, mit der viele Verantwortliche hier in den Konzepten einer monokausalen, auf das Individuum zentrierten Weltsicht verhaftet sind, überrascht bisweilen sehr. Man mag ihnen zugute halten, dass die Individuumszentrierung in westlichen Gesellschaften lange Tradition hat (vgl. McNamee & Gergen, 1997) und die eigenen konzeptionellen Grenzen einem in der Regel nicht auffallen, so lange man in ihnen lebt, sondern man sie erst erkennt, wenn man (wodurch auch immer) einmal von außen auf das eigene Denkgebäude geschaut hat.

4 Blicke in die Praxis

Die dargestellte Kritik am Management Audit vermag durchaus skeptisch zu stimmen, spricht sie doch erhebliche potenzielle Defizite an, deren Auftreten die Leistungsfähigkeit des Unternehmens beeinträchtigen, den Rückhalt des Top-Managements in der eigenen Führungsmannschaft schädigen und/oder die Brauchbarkeit der Ergebnisse eines Audits stark einschränken kann. Bevor wir weitere Schlussfolgerungen aus den kritischen Sichtweisen ziehen, soll ein ausführlicher Blick in die Praxis des Management Audits das Bild erweitern und weitere Anregungen für die Frage liefern, wohin sich Konzepte und Methoden im Management Audit entwickeln werden bzw. entwickeln sollten.

Die Autoren und ihre zentralen Aussagen werden hier in Kürze vorgestellt, um Überblick und Vorgeschmack für die weitere Lektüre zu geben:

Im Anschluss an dieses einleitende Kapitel stellt Bernd Runde die Ergebnisse einer der sehr wenigen empirischen Studien zur Verbreitung und zu den Erfolgsfaktoren für Management Audit-Projekte vor. Er hebt vor allem auf die subjektiven Erfolgstheorien der unterschiedlichen Projektbeteiligten ab und betont die Notwendigkeit, sie in die Identifikation von Erfolgsfaktoren einzubeziehen. Sein Fazit: In Management Audits dominieren immer noch traditionelle Methoden, vor allem das Interview. Management Audits sind nach wie vor personenzentriert und vernachlässigen Team- und Kontextaspekte. Im Hinblick auf zukünftige Innovationen plädiert der Autor daher für Multimodalität im Management Audit. Abschließend stellt er fest, dass viele sich den Erfolg von Audits zuschreiben, der Misserfolg aber ganz überwiegend den Fehlleistungen des initiierenden Top-Managements zugeordnet wird. Bernd Runde ist Mitarbeiter im Fachbereich Management und Führung des Instituts für Aus- und Fortbildung der Polizei NRW sowie Gesellschafter des Instituts für wirtschaftspsychologische Forschung und Beratung (IwFB GmbH).

Christoph Treichler liefert einen ausgesprochen praxisrelevanten Beitrag, der vor allem all diejenigen interessieren wird, die vor der Frage stehen, den passenden Berater zu finden und ihn dann angemessen in das eigene Prozessmanagement zu integrieren. Sein Fazit: Die Klarheit über die Ziele und erwarteten Ergebnisse eines Management Audit-Projekts sowie über die Art des Einsatzes und die Anforderungen an einen Management Audit-Berater sind wesentliche Voraussetzungen für die Wahl des richtigen Beraters. Bei der Evaluation sind v.a. die Erfahrungen mit Management Audit-Projekten, die Methoden- und Prozesskompetenz, die Rollensensibilität und Integrität des Beraters entscheidend. Die erfolgreiche Steuerung des eingesetzten Beraters erfolgt über eine klare Rollen- und Aufgabenvereinbarung und erfordert ein nicht unbedeutendes Engagement der Auftraggeber im Management Audit-Projekt. Christoph Treichler ist Managing Partner bei der Cardea AG, einem Unternehmen aus der Schweiz, das Meta-Beratung anbietet und Auftraggeber bei der Beschaffung, beim Einsatz und beim Management externer Unternehmensberater unterstützt.

Im zweiten Teil des Buches folgen zunächst einige Praxisbeispiele, deren wesentliche Intention es ist, darzulegen, welchen Stellenwert Management Audits für die Unternehmen haben, für welche Zielsetzungen sie sie einsetzen und welche Erfolgsfaktoren die Verantwortlichen sehen.

Hagen Ringshausen stellt aus Sicht eines deutschen Großkonzerns, der seit Jahren massive Veränderungen in Angriff nimmt und gestaltet, die Relevanz des Management Audits als Instrument der strategischen Unternehmensführung und der aktiven Organisationsentwicklung dar. Es wird die Einbindung der Potenzialeinschätzung in einen strukturierten Managementplanungsprozess erläutert, der komplett in interner Verantwortung liegt und insbesondere das Management selbst als Träger der Potenzialfindung und -förderung in die Pflicht nimmt. Die Darstellung der Prozesse und Instrumente gewährt einen tiefen und aufschlussreichen Einblick in Philosophie, Vorgehen und Bedeutung der Managemententwicklung in Konzernstrukturen. Sein Fazit: Der standardisierte Managementplanungsprozess MPP der Deutschen Bahn AG als Kernstück der strategischen Managemententwicklung sichert systematisch die frühzeitige und regelmäßige Identifikation von Leistungs- und Potenzialträgern und deren aktive Förderung und Entwicklung im Konzern. Hagen Ringshausen ist tätig als Personalleiter in den Zentralen des Unternehmensbereichs Personenverkehr im Konzern Deutsche Bahn AG. Er ist verantwortlich für das operative Personalmanagement in den Zentralen der Geschäftsfelder Fernverkehr, Nahverkehr (Regio) und Stadtverkehr, die insgesamt etwa 2.500 Mitarbeiter an den Standorten Frankfurt, Berlin, Kassel umfassen.

Das „Interaktive Management Audit" stellt einen mehrstufigen Interviewprozess dar, dessen Gestaltung und Auswertung sehr eng an die jeweilige strategische Unternehmensentwicklung angebunden wird. Ingo Richthoff stellt das Vorgehen des Interaktiven Management Audits vor und veranschaulicht an zwei interessanten und sehr unterschiedlichen Fallbeispielen das Vorgehen und die Erfolgsfaktoren. Sein Fazit: Ausschlaggebend für den Erfolg eines Management Audit-Projektes ist vor allem die individuelle Anpassung der Auditierungstools an die jeweilige unternehmensspezifische Ausgangssituation, sowie eine sehr offene Kommunikation und transparente Vorgehensweise. Ingo Richthoff und Robert Bornemann verfügen über jahrelange Beratungserfahrung bei namhaften international ausgerichteten Unternehmensberatungen. Als Berater und Coach haben sie zahlreiche nationale und internationale Management Audits durchgeführt.

Es gibt auch Personalverantwortliche, die sich gegen eine externe Audit-Durchführung entscheiden und alternative unternehmensinterne Vorgehensweisen entwickeln. Ein Vertreter dieser Position ist Thomas Batsching, der in seinem Beitrag die Vorgehensweise seines Unternehmens erläutert und seine Erfahrungen darlegt. Sein Fazit: Die MANN+ HUMMEL Potenzialanalyse hat sich als Instrument bewährt, macht individuelle, längerfristige Leistungseinschätzungen transparent und leistet einen wichtigen Beitrag zur besseren Entwicklungs- und Qualifizierungsplanung von Führungskräften – und die betroffenen Führungskräfte bewerten dies sehr positiv! Thomas Batsching ist Leiter International Affairs und Senior Executives der MANN+HUMMEL Gruppe.

Reinhold Petermann und Franz-Josef Schatz, verantwortlich für Personal und Personalentwicklung in ihrem Unternehmen, schildern den Wandel der Führungsstruktur in ihrer Organisation. Im Rahmen dieses Wandels erhielt eine große Zahl von Führungskräften die Gelegenheit, sich in einem Management Audit für die Aufgabe der Leitung neu geschaffener Geschäftsstellen zu qualifizieren. Neben der Darstellung des systematischen Auswahlprozesses geben die Autoren einen spezifischen Einblick in eine Organisation, die durch die Eigentümerstruktur und ihr Geschäft in vielen Dingen anders funktioniert als die meisten Unternehmen. Der Beitrag bietet unter anderem eine differenzierte Betrachtung der Einbindung des Betriebsrats in Management Audit-Prozesse. Das Fazit der Autoren: Ein systematischer und transparenter Auswahlprozess professionalisiert die Personalarbeit im Unternehmen erheblich, führt zur Akzeptanz wichtiger Personalentscheidungen und ermöglicht die Sicherung internen Know-hows. Die rechtzeitige Einbindung des Betriebsrats stellt die Nachhaltigkeit der Managementauswahl und -entwicklung sicher. Im Berufsfortbildungswerk Gemeinnützige Bildungseinrichtung des DGB ist Reinhold Petermann Zentralabteilungsleiter Personal und Franz-Josef Schatz Leiter Personalentwicklung.

Patrizia Westermann und Christian Stöwe zeigen einen Prozess der stufenweisen Einführung des Management Audits als Instrument der Managemententwicklung auf. Sie verdeutlichen den eigenen Lernprozess und arbeiten Erfolgsfaktoren heraus. Ihr Fazit: Neben einer sauberen Prozessqualität, die auf rechtzeitige und transparente Abstimmung und Information Wert legt, können vor allem der Einsatz eines neutralen externen Partners, die Integration von Fremd- und Selbstbildern sowie die klare und strukturierte Erarbeitung von Einschätzungen und Maßnahmen als Erfolgsfaktoren angesehen werden. Patrizia Westermann ist Leiterin der Personalentwicklung und des Personalmarketings der Fresenius AG. In dieser Funktion beschäftigt sie sich u. a. mit Auswahl und Implementierung von Konzepten und Instrumenten wie z. B. Potenzial-Audits, 360-Grad-Feedbacks und Maßnahmen der Organisationsentwicklung. Christian Stöwe, Dipl.-Psychologe, ist Managing Partner der Profil M Beratung für Human Resources Management. Als Berater, Trainer und Coach beschäftigt er sich mit der Potenzialanalyse und Entwicklung von Führungskräften. Er ist Autor zahlreicher Fachpublikationen zu den Themen Management-Diagnostik und Mitarbeiterführung.

Die zweite Hälfte des zweiten Teils dieses Buches ist von Praxisreflexionen geprägt, die über die Grenzen des einzelnen Projekts und des jeweils spezifischen Unternehmens hinausblicken. Sie widmen sich den übergeordneten Fragen der Einführung und Implementierung des Management Audits als Instrument oder auch als einmaliges Projekt.

Christof Fersch-Röver legt kenntnisreich und differenziert dar, wie ein sauberer Management Audit-Prozess gestaltet sein sollte. Er weist auf viele wichtige Fallstricke und Fehler hin, die leider allzu zahlreich übersehen bzw. gemacht wurden und immer noch werden. Sein Prozessmodell stellt eine sehr nützliche Hilfe für jeden dar, der sich an die Implementierung eines Management Audits begibt. Sein Fazit: Neben klaren Vorstellungen über die gewünschten Kompetenzen und validen diagnostischen Instrumenten kommt es bei der erfolgreichen Durchführung eines Management Audits vor allem auf offene Kommunikation, einen gut strukturierten Prozess und frühzeitige Planung an. Christof Fertsch-Röver ist Diplom-Psychologe und Partner bei Dr. Sourisseaux, Lüdemann & Partner in Darmstadt und beschäftigt sich seit mehr als 15 Jahren mit Management-Diagnostik. Ein weiterer Schwerpunkt seiner Arbeit ist die Begleitung von Veränderungsprozessen. Er arbeitet sowohl national als auch international.

Der Beitrag von Cornelia Agel zu rechtlichen Aspekten des Management Audits bereichert den Band sehr. Zum einen liefert er eine sehr strukturierte und umfassende Stellungnahme auch zu unbequemen Aspekten der Auditierung – insbesondere zur Frage der Beteiligungsrechte des Betriebsrates, die von den Verantwortlichen für Audit-Prozesse allzu häufig negiert werden, vielleicht eher um Auseinandersetzungen zu vermeiden als aus nüchterner Reflexion. Aber auch in einer weiteren Hinsicht geht dieser Beitrag über bisher in diesem Bereich erschienene Ansätze hinaus: Er betrachtet die Fragen der Vertragsgestaltung zwischen Auftraggebern und externen Dienstleistern und stellt einen Mustervertrag zur Verfügung. Ein weiterer Nutzen besteht darin, dass die Fragen nach Rechten des betroffenen Managers im Dreiecksverhältnis zum eigenen Arbeitgeber und dem externen Dienstleister in diesem Zusammenhang dargestellt werden. Das Fazit des Beitrags: Eine gründliche und mit den erforderlichen Zeitreserven versehene Vorbereitung des Audits durch klare Vertragsgestaltung und durch Einbindung des Betriebsrats ist ein dringendes Erfordernis, um eine reibungslose Umsetzung ohne juristischen Streit und aus Konflikten resultierende Verwerfungen sicherzustellen. Auch die Akzeptanz der Ergebnisse kann nur durch klare und transparente Regeln der Datenaufnahme und -speicherung erreicht werden. Die Einschaltung eines externen Dienstleisters ist dringend anzuraten, wenn tiefere persönlichkeitsbezogene Analysen erforderlich sind, um ein Entwicklungs- oder Eignungsprofil zu erstellen. Cornelia Agel ist seit über 18 Jahren im Personalmanagement und als Justitiarin/Rechtsanwältin tätig. Sie ist unter anderem ausgewiesene Expertin im Arbeitsrecht. Sie ist heute Personaldirektorin bei BT (Germany), der deutschen Tochtergesellschaft der British Telecom.

Der dritte Teil des Buches gehört der Frage: Wohin wird es gehen mit dem Management Audit? Welche Entwicklungen zeichnen sich bereits ab und welche Perspektiven bieten dem Management Audit einen berechtigten und bedeutsamen Platz als Instrument der strategischen Unternehmensführung?

Heinrich Wottawa arbeitet mit Logik und Konsequenz wichtige Schlussfolgerungen für eine der wichtigsten Gestaltungsgrundlagen für jedes Management Audit heraus: Kompetenzmodelle. Sein Beitrag profitiert von reichlicher eigener Erfahrung in der Gestaltung von Kompetenzmodellen und Audit-Systemen und besticht durch direkte und klare Argumentation. Aus der Frage der Gestaltung von Kompetenzmodellen hinaus entwickelt er ein überzeugendes Plädoyer für methodische Vielfalt im Management Audit. Die Beachtung beider Aspekte ist für die zukünftige Audit-Praxis von elementarer Bedeutung. Sein Fazit: Audits können eine sehr wichtige Hilfe sein, wenn sie nicht als isolierte, von außen in das Unternehmen hinein getragene Instrumente verstanden werden, sondern im Rahmen des Gesamtprozesses der Personalarbeit in Inhalten und Methodik für das Unternehmen maßgeschneidert werden. Heinrich Wottawa ist Inhaber des Lehrstuhls für Methodenlehre und Diagnostik am Fachbereich Psychologie der Ruhr-Universität Bochum.

Michael Heinßen arbeitet klar heraus, dass Anforderungen an Top-Manager nicht einfach aus allgemeinen Managementanforderungen bzw. aus Anforderungen an Führungskräfte im mittleren Management übernommen oder abgeleitet werden können. Im Top-Management gelten andere Rahmenbedingungen und es sind vor allem andere, nicht einfach höhere Kompetenzen erforderlich. Die hohe Heterogenität von Zielsetzungen, die ein Top-Manager parallel verfolgen muss, die hohe Unschärfe, in der Ziele und Wege der Zielerreichung definiert sind sowie weitgehend fehlende Orientierung durch Feedback und Führung verlangen spezifische Persönliche, Soziale und Management-Kompetenz, die klar herausgearbeitet werden: Michael Heinßen ist Partner in der Human Performance Group und beschäftigt sich seit mehr als 15 Jahren als HR-Consultant und Personaldirektor mit dem Thema Management-Diagnostik. Er verfügt über intensive Erfahrungen mit Management Audits auf mittleren und oberen Führungsebenen im deutschen und internationalen Umfeld.

Werner Sarges zeigt wesentliche Grundlinien der bisherigen Entwicklung der Management Audit-Praxis auf, vor allem aus methodischer Sicht, und fordert unmissverständlich die methodische Bereicherung als den wesentlichen Anspruch an die zukünftige Diagnostik im Management Audit. Die psychologische Forschung stellt die dafür erforderlichen Instrumente zur Verfügung. Werner Sarges ist Professor für Quantitative Methoden an der Universität der Bundeswehr Hamburg (Helmut Schmidt Universität) und seit 1984 zugleich Leiter des Instituts für Management-Diagnostik, Prof. Sarges & Partner, in Barnitz (bei Hamburg). Er ist Autor und Herausgeber zahlreicher renommierter Bücher und Beiträge im Bereich der Management-Diagnostik.

In meinem eigenen abschließenden Beitrag entwickle ich acht Thesen als Perspektiven für das Management Audit, das sich als Instrument zur strategischen Unternehmensentwicklung etabliert und dessen Einsatzgebiet sich zunehmend verbreitet: Es werden nicht mehr nur Top-Führungskräfte mit ihrer Hilfe evaluiert, sondern auch mittleres Management. Es werden nicht mehr nur Platzierungsentscheidungen durch sie optimiert, sondern auch die Managemententwicklung vorangetrieben. Die methodische Breite und Tiefe hat zugenommen und wird weiter zunehmen, um spezifischer werdende Zielsetzungen und Fragestellungen bedienen zu können. Die Zukunft des Management Audits wird bestimmt sein von methodisch anspruchsvollen Herangehensweisen, hohen Anforderungen an Transparenz und Professionalität in der Diskussion mit Teilnehmern sowie komplexeren Anwendungssituationen unter Beteiligung interner Managemententwickler und Top-Manager. Berater werden systematischer evaluiert und ausgewählt werden und der Qualitätsanspruch wird insgesamt steigen. Es wird zudem eine engere Vernetzung zwischen Managemententwicklung und Organisationsentwicklung entstehen. Diese Vernetzung ist außerordentlich wünschenswert, um größere Spielräume zur Unterstützung der Leistungsentfaltung im Management zu erreichen.

Literatur

Hossiep, R., Paschen, M. & Mühlhaus, O. (2000). *Persönlichkeitstests im Personalmanagement – Grundlagen, Instrumente und Anwendungen.* Göttingen: Hogrefe.

McNamee, S. & Gergen, K. (Eds.). (1997). *Relational responsibility: Resources for sustainable dialogue.* Thousand Oaks: Sage.

Sarges, W. & Wottawa, H. (2001). *Handbuch wirtschaftspsychologischer Testverfahren.* Lengerich: Pabst.

Wübbelmann, K. (2001). *Management Audit. Unternehmenskontext, Teams und Managerleistung systematisch analysieren.* Wiesbaden: Gabler.

Subjektive Erfolgstheorien von Management Audits – eine Expertenbefragung

Bernd Runde

1 Einleitung

Management und Führung sind Begriffe, deren Gebrauch branchenübergreifend nach wie vor und trotz langer und intensiver Auseinandersetzung zu zahlreichen Missverständnissen und mehr oder weniger unerquicklichen, da primär theoretischen Diskussionen führt. Der Grund hierfür ist vor allem in der Komplexität der Begriffe selbst zu finden. Wird Führung vordergründig als die soziale Einflussnahme einer Führungsperson auf eine oder mehrere Geführte im Dienste der Unternehmensziele verstanden, beschränkt sich dieses Verständnis nur auf die personale Führung. Zusätzlich sollten jedoch wenigstens zwei weitere Facetten Berücksichtigung finden, um der Komplexität des Führungsbegriffs gerecht zu werden.

Management und Führung

Zum einen impliziert Führung auch Unternehmensführung, verstanden als alle Maßnahmen mit Blick auf Beschaffung, Verteilung, Nutzung, Kontrolle und Entwicklung weitgehend sachlicher Ressourcen, die das Überleben des Unternehmens sichern. Auch im Hinblick auf die Menschen in einer Organisation ist Führung mehr als persönliche Einflussnahme: Sie beinhaltet Personalmanagement im umfassenden Verständnis, also die Steuerung und Entwicklung der personellen Ressourcen der Organisation durch strukturierte Systeme und Prozesse (vgl. Wegge & Rosenstiel, 2004).

Insofern findet Führung im Unternehmensalltag sowohl personalisiert (durch direkte Anweisungen, Diskussionen, Feedback etc.) als auch losgelöst von der einzelnen Führungsperson statt. Organisationsstrukturen, Anreizsysteme, Kulturgegebenheiten, Werte und vieles mehr sind Mediatoren, die den Führungsalltag wesentlich beeinflussen.

Dieses Verständnis von Führung integriert die häufig voneinander getrennten Begriffe „Management" und „Führung" wieder in einem umfassenden Führungsbegriff.

Für das zentrale Thema dieses Buches, dem Management bzw. Führungs-Audit, führen diese Begriffserklärungen zu einem Verständnis von Management Audit, das sich sehr eng am Konzept von Wübbelmann (2001) orientiert. Für die Evaluation des Managements ist es danach nicht ausreichend, sich allein auf die Kompetenzen und Potenziale des einzelnen Managers zu beschränken. Dieser ist, wie eben dargestellt, vielmehr vom sozialen und technischen System des Unternehmens abhängig. Hierzu gehören Steuerungs- und Führungsinstrumente ebenso wie all die Rahmenbedingungen, die sich aus der Tatsache ergeben, dass jeder Manager als Rollenträger in der situativ für ihn relevanten Gruppe agiert.

Zielgrößen

Wübbelmann (2001) nennt diese drei Zielgrößen, auf denen ein umfassendes Management Audit basiert:

- Managerkompetenz,
- Management Team,
- Management Kontext.

Personenbezogene Analysen

So wesentlich und alltagsangemessen dieses Verständnis des Managements bzw. Management Audits erscheint, so erstaunlich ist die Tatsache, dass in den wenigsten Auditierungen dieses breite Verständnis zu finden ist. In den Unternehmensdarstellungen der großen Beratungen dominieren sehr eindeutig Analysen allein auf der *personalen* Ebene. Durchaus wissenschaftlich fundiert werden hier fast ausschließlich Diagnosetools für Potenziale und Kompetenzen der Führungsverantwortlichen angeboten. Nun spiegeln die auf Verständnis und Prägnanz ausgerichteten Firmendarstellungen nicht immer den gesamten Auditierungsansatz wider. Daher bestand das Ziel dieser Untersuchung darin, aus Sicht von Experten die konkrete Praxis des Management Audits zu beleuchten. Weiterhin sollten Erfolgsfaktoren identifiziert werden, die der erfolgreichen Gestaltung von Management Audits dienen.

2 Subjektabhängigkeit von Befragungen

Bevor auf die konkrete Befragung und deren Ergebnis eingegangen wird, sollen jedoch kurz noch einige einleitende Überlegungen zur Einordnung des hier realisierten Ansatzes vorgestellt werden.

In dieser Studie zu Erfolgsfaktoren im Management Audit wurden Experten befragt. Als solche gelten uns neben den Projektleitern und Audit-Beratern vor allem auch diejenigen, die als Führungskraft an einem Management Audit teilnehmen und auch diejenigen, die eine solche Maßnahme beauftragen. Insgesamt gibt es also einen größeren Kreis von Schlüsselpersonen oder auch Schlüsselgruppen im Unternehmen, die einen solchen Management Audit-Prozess gestalten und auch bewerten. Wenn diese Personen oder Gruppen über „*Erfolg*" oder „*Misserfolg*" (vgl. Greif, Runde & Seeberg, 2004) von Management Audits sprechen, sind dies sprachliche Etiketten, welche die Schlüsselpersonen und -gruppen dem Auditierungspozess zuweisen. Dabei handelt es sich allerdings nicht um eine präzise wissenschaftliche Definition, sondern um eine *soziale Konstruktion*. Sie beruht auf alltagssprachlichen Begriffen und bekannten organisationalen Bewertungskriterien. Für die Effekte, die ein Audit im Unternehmen auslöst und die Konsequenzen, die aus einem Audit-Prozess gezogen werden, ist schließlich weniger die Frage relevant, woran der Erfolg bestimmt wurde, sondern ob es von wesentlichen Gestaltern als Erfolg betrachtet wird – worin auch immer sie diesen Erfolg im Einzelnen sehen. Wenn ein Audit übereinstimmend von Schlüsselpersonen oder -gruppen als hundertprozentiger Erfolg oder als kompletter Misserfolg bezeichnet wird, wird das unmittelbare praktische Folgen haben, völlig unabhängig von der Frage, ob sie eine im Vergleich zu anderen Unternehmen sinnvolle, angemessene, nützliche oder unsinnige, unangemessene bzw. unnütze Erfolgsdefinition verwenden. Wenn die Manager, bei denen die Veränderungen (z. B. Coaching-Maßnahmen, Aufgabenzuordnungen) aus dem Prozess umgesetzt werden sollen, das Audit als Misserfolg einschätzen, wird die Umsetzung erschwert. Wenn die Geschäftsführung das Management Audit als Erfolg ansieht, fördert dies erfahrungsgemäß die rasche Umsetzung.

Expertenwissen

Erfolg und Misserfolg als soziale Konstruktion

Die Studie orientiert sich in methodischer Hinsicht im Wesentlichen an dem bereits bewährten Ansatz von Greif, Runde und Seeberg (2004). Mit der Befragung von praxiserfahrenen Experten streben wir an, die beobachtbaren Bewertungen zu beschreiben und psychologisch zu erklären. Diese Betonung der informellen Bewertungen bedeutet keineswegs, dass die beschriebenen informellen Evaluationen gegenüber „objektiven" formalen Bewertungen durch Experten oder systematische Ergebnisanalysen nach wissenschaftlichen Standards bevorzugt werden. Für eine systematische und für zukünftige Projekte nutzbare Evaluation ergänzen sich vielmehr beide Vorgehensweisen zu einem „Mehrebenenansatz" der Evaluation von Management Audits. Im Rahmen dieses Ansatzes sollten in gleicher Weise so genannte hard-facts (oftmals basierend auf ökonomischen Kennzahlen) wie auch subjektive Bewertungen der betroffenen und beteiligten Personen zu einer Gesamtaussage zusammengefasst werden.

Expertenbefragung

3 Studie

Fragestellung

Auf der Grundlage der bisherigen Ausführungen besteht das Ziel der Studie in der Analyse subjektiver Erfolgstheorien für Management Audits. Hinter dieser abstrakten Zielformulierung stehen folgende zentrale Fragestellungen:

- ▶ Was sind die wesentlichen Strukturmerkmale derzeit praktizierter Management Audits?
- ▶ Was sind aus Sicht von Experten die Erfolgsfaktoren für Management Audits?

3.1 Stichprobe

Ende 2003 bzw. Anfang 2004 haben sich hierzu im Rahmen einer Internetbefragung 119 Personen bereit erklärt, 22 Fragen zu beantworten, die Rückschlüsse auf die subjektiven Erfolgstheorien der Auskunftspersonen zuließen.

Befragung von Schlüsselpersonen

Die Stichprobe wurde bewusst nicht auf diejenige Klientel beschränkt, die sich als „operative Experten" mit dem Thema Management Audit befassen. Auch die Sicht betroffener Manager, Projektverantwortlicher oder weiterer Schlüsselpersonen interessierte in dieser Studie, da auch im unternehmerischen Alltag erst die Summe der Einschätzungen aussagekräftige Rückschlüsse auf Erfolg oder Misserfolg eines Projekts zulässt. Die Stichprobe wurde einerseits über informelle Netzwerke rekrutiert, andererseits über Informationsseiten und entsprechende Werbung in relevanten HR-Portalen.

Tabelle 1: Zusammensetzung der Stichprobe nach Rollen (N = 119)

Rolle im Projekt	%-Anteil
Auftraggeber	1,7
Projektleiter	5,9
Projektgruppenmitglied	17,6
Person aus Zielgruppe der Manager	47,1
Auditor	-
Berater	27,7
Sonstiges	-

Wie Tabelle 1 zeigt, besteht fast die Hälfte der Stichprobe aus betroffenen Managern. Gut ein Viertel der Auskunftspersonen sind als Berater für Management Audits tätig.

Tabelle 2: Zusammensetzung der Stichprobe nach Branchen (N = 119)

Branche	%-Anteil
Banken/Finanzdienstleister	2,5
Hoch- und Tiefbau/Bauzulieferer	-
IT/Telekommunikation	24,4
Konsumgüter	-
Unternehmensberatung	27,7
Autoindustrie	21,8
Tourismus	-
Chemieindustrie	-
Energie/Versorgung	10,1
Maschinen-/Anlagenbau	-
Öffentliche Verwaltung	10,9
Pharmaindustrie	-
Sonstiges	2,5

Branchenverteilung

Die Stichprobe deckt nur einen geringen Teil möglicher Branchen ab. Dominiert werden die Aussagen durch Auskunftspersonen aus den Bereichen IT/Telekommunikation, Consulting und Automobilindustrie (s. Tab. 2).

Wie Tabelle 3 zeigt, variiert die Größe der Unternehmen in Bezug auf Beschäftigtenzahl innerhalb der Stichprobe stark. Mehr als die Hälfte der Auskunftspersonen stammen jedoch aus großen Unternehmen, was insofern nachvollziehbar ist, als vorwiegend diese Unternehmen sich mit entsprechenden HR-Maßnahmen befassen.

Beschäftigtenzahl

Tabelle 3: Zusammensetzung der Stichprobe nach Mitarbeiterzahl (N = 119)

Anzahl Mitarbeiter	%-Anteil
0-10	1,7
11-100	2,5
101-300	19,3
301-800	10,1
800-1500	28,6
1500 und mehr	37,8

3.2 Fragebogen

Onlinebefragung mit „ask better"

Der Fragebogen wurde internetgestützt von den Auskunftspersonen bearbeitet. Für die Entwicklung wurde das professionelle Befragungstool ask better® (Gediga & Runde, 2002) eingesetzt.

Neben soziodemografischen Daten sollten folgende Kernthemen durch den Fragebogen (22 Fragen) abgedeckt werden:

Kernthemen

- ▶ Ziele, die mit der Durchführung des Management Audit verbunden wurden,
- ▶ Zielerreichungsgrad,
- ▶ Methoden, die im Rahmen des Management Audit zum Einsatz kamen,
- ▶ Aspekte (Personen, Gruppen etc.), die im Rahmen des Management Audit auditiert wurden,
- ▶ allgemeine Erfolgseinschätzung,
- ▶ strukturierte Vorgabe wesentlicher aus der Literatur abgeleiteter Erfolgs- und Misserfolgsfaktoren,
- ▶ Strukturmerkmale des Audits (Kosten, Unterstützung etc.).

3.3 Ergebnisse

Ziele und Zielerreichungsgrade

Zur thematischen Einordnung der unterschiedlichen Zielaussagen eines Management Audit wurde folgendes Kategoriensystem induktiv nach Analyse der Aussagen entwickelt:

- *Diagnose:* Informationen über das Wirkungsprofil des Führungsverhaltens im Sinne von Stärken und Schwächen als isolierte, eher einmalige Maßnahme.
- *Entwicklung:* Präzisierung von Veränderungsbedarf, Ableitung gezielter PE-Maßnahmen für auditierte Manager.
- *Kontrolle:* Überprüfung der Verbesserungen/Veränderungen durch turnusmäßiges Führungsfeedback, Überprüfung der Führungsleitlinien.
- *Selektion:* (Kompetenzanalyse oder Potenzialeinschätzung im Hinblick auf zu besetzende Funktionen/Positionen).

Kategorisierung der Ergebnisse

Die insgesamt 189 Zielformulierungen wurden von drei unabhängigen Ratern dem Kategoriensystem zugeordnet. Die mittlere Beobachterübereinstimmung (Cohen's Kappa) betrug $r = .89$, was auf eine zufrieden stellende Güte des Kategoriensystems schließen lässt.

Die genannten Ziele beziehen sich zum größten Teil auf die Diagnosefunktion von Management Audits (vgl. Abb. 1). Selektionsentscheidungen wurden in dieser Stichprobe eher selten mit einem Management Audit verbunden. Auffallend ist die Tatsache, dass nur 14 % der Äußerungen sich auf Zielvorstellungen beziehen, die über die rein individuelle Einschätzung zu den Managern hinausgeht und team- bzw. kontextbezogene Facetten integriert. Diese Äußerungen verteilen sich größtenteils auf die Kategorien Entwicklung (55 %) und Kontrolle (34 %).

Intentionen von Management Audits

Der Zielerreichungsgrad des Management Audits variiert sehr stark in Abhängigkeit von der Rolle, die die Auskunftspersonen im Projekt inne hatten (s. Abb. 2). Vor allem die verantwortlichen Berater und die Projektleiter schätzen den Zielerreichungsgrad und somit den Erfolg des Projekts signifikant höher ein als die anderen Rollenträger ($F = 2{,}8$; $df = 4$; $p < .05$), wobei die geringe Zahl der Projektleiter und Auftraggeber in der Stichprobe berücksichtigt werden muss.

Zielerreichungsgrad und Bewertung des Erfolgs

Die Projektleiter und Berater als verantwortliche Personen dürften darüber hinaus eine deutlich höhere Tendenz zur positiven Bewertung haben, da andersartige Bewertungen zwangsläufig die eigene Leistung und – abhängig von der jeweiligen Persönlichkeit – auch den Selbstwert der Person in Frage stellen würden.

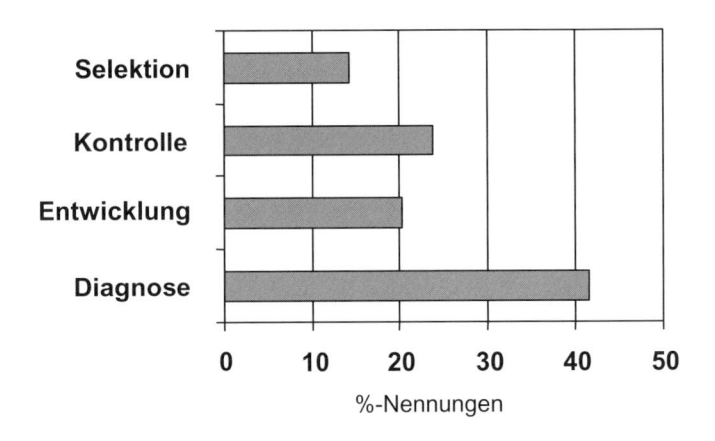

Abbildung 1: Ziele des Management Audit

Einschätzung betroffener Manager	Manager, die an einem Audit teilgenommen und unseren Fragebogen beantwortet haben, dokumentieren ihre Meinung, dass die gesteckten Ziele nur mit mittlerer Ausprägung erreicht wurden. Dieses Ergebnis deckt sich mit vielen informellen Eindrücken aus Gesprächen über die Reaktion von Führungskräften auf ein Audit, an dem sie teilgenommen haben. In der Regel bleibt neben einer grundsätzlichen Zustimmung zur Notwendigkeit systematischer Auswahl- und Entwicklungsprozesse eine gehörige Portion Skepsis und Zweifel über Sinn und Nutzen des Management Audits zurück. Im Hinblick auf die weitergehende empirische Forschung zum Management Audit wäre es sehr interessant, herauszuarbeiten, welche konkreten Erwartungen und Ziele Führungskräfte selbst mit einem Audit verbinden, wie groß hier die interindividuelle Variabilität ist und wie stringent die Bewertung eines Audit-Prozesses durch teilnehmende Führungskräfte entlang der Erreichung dieser individuellen Ziele durchgeführt wird.
Zusammenhang zwischen Intention und Ergebnis	Wie oben dargestellt, verbinden die Auskunftspersonen unterschiedliche Zielvorstellungen mit dem Management Audit. Es stellt sich die Frage, inwiefern diese Zielvorstellungen im Zusammenhang stehen mit dem Zielerreichungsgrad, also ob Management Audits mit dem Fokus auf Diagnose erfolgreicher eingeschätzt werden im Vergleich zu Management Audits, die vor allem zur Entwicklung der Manager initiiert wurden.
	Es zeigt sich jedoch, dass der angegebene Zielerreichungsgrad sich nicht in Abhängigkeit vom Zielsystem des Management Audits unterscheidet ($F = 1{,}09$; $df = 3$; $p = 0{,}35$).

Neben dem Zielerreichungsgrad wurden auch die investierten Kosten erhoben. Auch bezogen auf dieses Strukturmerkmal wurde überprüft, inwieweit der Erfolg eines Management Audits durch die Kosten beeinflusst wird. Jedoch finden sich auch hier keine Unterschiede im Zielerreichungsgrad zwischen hoch- und niedrigpreisigen Management Audits (F = 1,78; df = 4; p = .14). Die Kostenverteilung ist in Tabelle 4 aufgelistet. Da nur Gesamtvolumina angegeben sind, die aufgrund der Datenlage nicht in Pro-Kopf-Kosten umgerechnet werden können, sind weitere Schlussfolgerungen an dieser Stelle nicht möglich.

Kostenaspekte

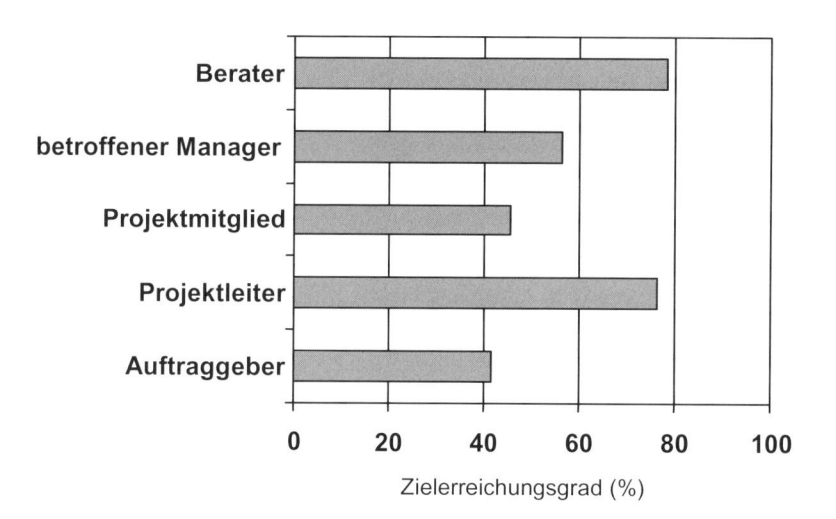

Abbildung 2: Zielerreichungsgrad in Abhängigkeit von der Rolle im Projekt (N = 119)

Tabelle 4: Kosten des Management Audits (N = 119)

Kosten pro Management Audit	%-Anteil
0-20 T.Euro	26,1
21-50 T.Euro	28,6
51-80 T.Euro	26,1
81-120 T.Euro	10,9
mehr als 120 T.Euro	8,4

Methoden und auditierte Aspekte

Methodenspektrum

Die folgende Abbildung 3 zeigt die Häufigkeit der im Management Audit eingesetzten Methoden. Erwartungsgemäß werden Interviewmethoden mit Abstand am häufigsten eingesetzt. Fallstudien und Simulationen werden ebenfalls von mehr als der Hälfte der Auskunftspersonen als wesentliche Methoden des Management Audits genannt. Es folgen papiergestützte Testverfahren sowie Assessment-Center ähnliche Methoden. Trotz zunehmender Verbreitung geben die wenigsten Auskunftspersonen an, computergestützte Testverfahren einzusetzen. Die Beobachtung von Arbeitsabläufen vor Ort, Dokumentenanalysen sowie die Einschätzung von für den Manager relevanten Stakeholdern ist in der Anwendungshäufigkeit am Ende der Liste platziert (vgl. Abb. 3).

Bereits an dieser Stelle wird durch die Häufigkeitsverteilung der genannten Methoden deutlich, dass ein starker Fokus auf rein personenbezogene Einschätzungen gelegt wird. Die Einbindung des Managers in den Unternehmenskontext sowie die Erfolgsabhängigkeit seines Handelns von der Funktionsfähigkeit des ihn umgebenden Teams wird nicht in angemessenem Ausmaß berücksichtigt.

Diese Einschätzung wird gestützt durch die Angaben auf die Frage, welche Aspekte des Managements auditiert wurden.

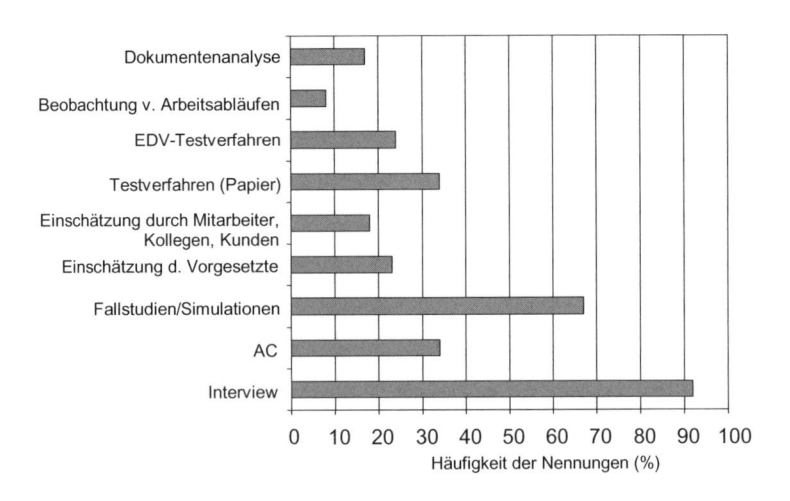

Abbildung 3: Methoden im Management Audit

Alle Auskunftspersonen gaben an, auf individueller Ebene Einschätzungen vorzunehmen. Bei nur einem Drittel der fokussierten Audits wurden Einschätzungen funktionierender Teamkonstellationen vorgenommen. In fast keinem Audit spielten kontextbezogene Facetten eine dominante Rolle. In der Vielzahl der Unternehmen sind somit weder Führungsinstrumente noch organisationskulturelle Aspekte auditiert worden.

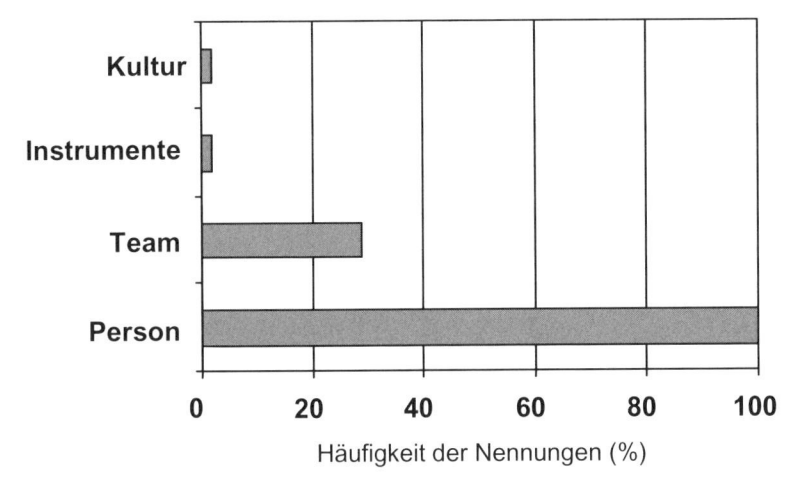

Personen- statt system- und kontextbezogener Fokus

Abbildung 4: Bereiche, die im Management Audit auditiert werden

Erfolgs- und Misserfolgsfaktoren

In einem letzten Schritt wurden die Auskunftspersonen gebeten, das Ausmaß bestimmter Erfolgs- bzw. Misserfolgsfaktoren anzugeben, mit dem diese das Projekt gefördert bzw. beeinträchtigt haben. Obgleich die Auskunftspersonen die Option hatten, eigene Erfolgsfaktoren zu nennen, wurde diese Möglichkeit sehr selten genutzt, so dass sich die Auswertung auf die folgenden, vorgegebenen Faktoren beschränken konnte:

- Zielformulierung (klar vs. unklar),
- Information (vollständig vs. unvollständig),
- Kompetenzen der Auditoren,
- Transparenz der eingesetzten Methoden, Abläufe und Verwendung der Ergebnisse,
- Unterstützung des Managements bei der Bereitstellung von Ressourcen,
- Qualität des Feedbacks an die Manager,
- Tatsächliche Umsetzung der Konsequenzen und Empfehlungen des Audits,
- Unterstützung des Managements bei der Umsetzung der Ergebnisse.

Ursachen für Erfolg und Misserfolg eines Management Audits

Mit Hilfe multipler Regressionsanalysen wurden die Gewichte der einzelnen Faktoren bestimmt. Die folgenden beiden Abbildungen 5 und 6 verdeutlichen die Ergebnisse.

```
Klare Zielformulierung ─────.23─────╲
Frühzeitige und vollständige ───.29──→ Projekterfolg
Information              .21╱
Qualität des Feedbacks ──.19╱
Umsetzung der Konsequenzen
```

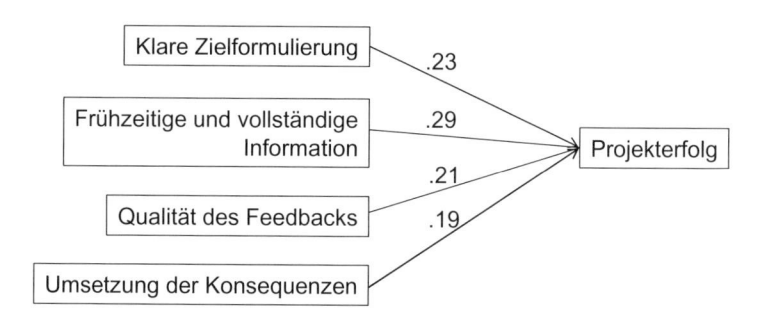

Abbildung 5: Erfolgsfaktoren (N = 119, abgebildet sind nur die signifikanten, standardisierten Regressionskoeffizienten)

Erfolgsfaktoren

Erfolgsfördernd wirken aus Sicht der Auskunftspersonen vor allem eine klare Zielformulierung sowie ein professionelles Informationsmanagement, das den beteiligten Personen eine angemessene Einschätzung der Chancen und Risiken des Projekts erlaubt. Darüber hinaus sind die Qualität des Feedbacks sowie ein nachhaltiges Umsetzungskonzept von großer Bedeutung.

```
Unklare Zielformulierung ─────.22─────╲
Mangelnde Unterstützung des ──.30──→ Projekterfolg
Managements bei Umsetzung      .18╱
Mangelnde Unterstützung
bei Ressourcen
```

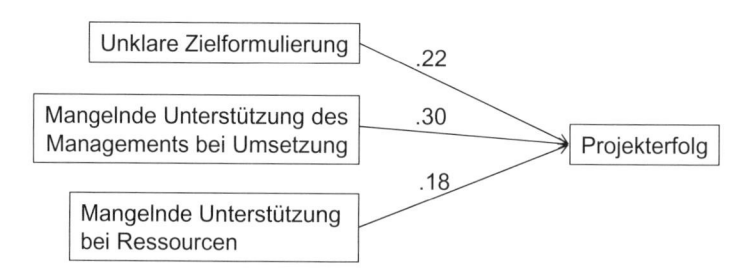

Abbildung 6: Misserfolgsfaktoren (N = 119, abgebildet sind nur die signifkanten, standardisierten Regressionskoeffizienten)

Misserfolgsfaktoren

Demgegenüber können vor allem managementbezogene Aspekte den Projekterfolg beeinträchtigen. Mangelnde Ressourcenübertragung sowie ein fehlendes Commitment des oberen Managements sind die meistgenannten Gründe für mangelnden Projekterfolg (vgl. Abb. 6).

Die von Beginn an klare und nachvollziehbare Zielformulierung determiniert sowohl Projekterfolge als auch Misserfolge, was den Stellenwert dieses Gestaltungsfaktors unterstreicht.

4 Fazit

Was macht ein erfolgreiches Management Audit aus? Praktiker/innen erwarten, dass Wissenschaftler auf diese Frage eine allgemein gültige Antwort geben können und dass der Erfolg durch objektive wissenschaftliche Kriterien messbar ist. Erfolg kann jedoch nicht nur formal an der Erreichung der quantifizierbaren Ziele gemessen werden. Um zu klären, was darunter verstanden werden kann, ist eine Auseinandersetzung mit objektiven und subjektiven Bewertungsmerkmalen sowie mit unterschiedlichen Auffassungen und Perspektiven notwendig. In der vorliegenden Befragung ist ein Teil dieser unterschiedlichen Perspektiven berücksichtigt worden. Es wurden Betroffene und Beteiligte nach ihrem komplexen Bewertungssystem befragt.

Objektive und subjektive Bewertungskriterien

Die Schlussfolgerungen aus dieser Befragung müssen aufgrund mangelnder Branchenbreite und Größe der Stichprobe vorsichtig gezogen werden, dennoch lässt sich Folgendes festhalten:

1. Die Praxis des Management Audits hat sich in den letzten Jahren nur unwesentlich verändert. Es dominieren bewährte Methoden wie z. B. Interviewverfahren und Simulationen. Der Einzug so genannter e-Diagnostik hat für den Bereich des Management Audits bis heute nur sehr begrenzt stattgefunden. Inwiefern dieser Befund auf mangelnde Qualität bestehender Verfahren, eingeschränkte Bekanntheit oder gar Technikreserviertheit in der Zielgruppe zurückzuführen ist, lässt sich durch die Befragung nicht entscheiden.

   Kaum praktische Veränderungen

2. Ein Management Audit wird in vielen Bereichen nach wie vor auf die Einschätzung kompetenzbezogener Merkmale der Zielperson reduziert. Die Tatsache, dass der Manager in seinem Verhalten auch durch den Unternehmenskontext und die ihn umgebenden Personen geprägt wird, findet keinen Niederschlag in der Komplexität der Methodik bzw. der auditierten Facetten.

   Kontext und Team bleiben unberücksichtigt

3. Insofern muss zukünftig vor allem das Prinzip der *Multimodalität* Einzug in die Praxis des Management Audits halten. Hinter diesem Begriff verbirgt sich nicht mehr und nicht weniger als eine methodische Realisierung des durch Wübbelmann (2001) geforderten umfassenden Begriffs eines Management Audits. Multimodalität bedeutet, dass anstelle eines eng umschriebenen Zugangs zur Frage der Funktionalität und Güte des Managements ein Vorgehen gewählt wird, das der Komplexität dieses Problembereichs gerecht wird. Hierzu sollten unterschiedliche Kategorien möglicher Datenzugänge unterschieden werden (vgl. Seidensticker & Baumann, 1987):

   Prinzip der Multimodalität

- Datenebenen (grundlegende Kategorien, in die ein Verhalten gegliedert werden kann),
- Datenquellen (Informationsquellen),
- Konstrukte/Funktionsbereiche.

Auf den Konstruktbereich im Rahmen von Management Audits muss an dieser Stelle nicht weiter eingegangen werden, da sich die Konstrukte in aller Regel aus dem Kompetenzmodell des Unternehmens ableiten lassen sollten. Bezogen auf die Datenquellen lässt sich festhalten, dass einzelne Beurteiler bzw. Auditoren aufgrund ihrer spezifischen Urteilsperspektiven einzeln keine vollständigen Auskünfte über alle Aspekte der Ausprägung des Managers geben können. Daher sind weitere Datenquellen nötig. Zu unterscheiden sind als Informationsgeber der Befragte selbst, andere Personen (geschulte Beurteiler, Vorgesetzte etc.) und Instrumente, wie z. B. standardisierte Tests, Leistungsmaße, Verhaltensbeobachtung.

Vielfalt und Komination von Datenebenen und -quellen

Bezogen auf die Datenebenen können das Verhalten, das Erleben und die Leistungen des Managers als Ergebnis relativ unabhängiger Systemteile bzw. psychischer Funktionen verstanden werden. Zur Erfassung des Managementverhaltens und des Erlebens sind neben der psychologischen Ebene (z. B. Persönlichkeitseigenschaften) auch die soziale Ebene (z. B. Führungsverständnis) und die ökologische Ebene (z. B. ökonomische Kennzahlen des eigenen Arbeitsbereichs) zu berücksichtigen.

Für eine umfassende Aussage zur Funktionsfähigkeit des Managements sollte zunächst keine spezifische Datenebene ausgeschlossen werden. Die Verabsolutierung einzelner Datenebenen führt zu Verkürzungen und fehleranfälliger Komplexitätsreduktion in der Betrachtung des Managements.

Wesentliche erfolgskritische Faktoren

4. Der Erfolg eines Management Audits hat viele Väter, der Misserfolg ist aus Sicht der Auskunftspersonen eng mit dem oberen Management verknüpft. Damit werden die Ergebnisse internationaler Studien (z. B. Greif, Runde & Seeberg, 2004), nach denen das Führungsverhalten ein zentraler erfolgskritischer Faktor ist, bestätigt. Neben nachvollziehbaren und transparenten Zielformulierungen spielt vor allem ein sorgfältig geplantes Umsetzungskonzept, das auf einem professionellen Feedbacksystem basiert, eine wesentliche Rolle.

Literatur

Gediga, G. & Runde, B. (2002). *Befragungstool ask better*®. Osnabrück: Institut für wirtschaftspsychologische Forschung und Beratung. Eigenentwicklung.

Greif, S., Runde, B. & Seeberg, I. (2004). *Erfolge und Misserfolge beim Change Management*. Göttingen: Hogrefe.

Seidensticker, G. & Baumann, U. (1987). Multimethodale Diagnostik. In U. Baumann, H. Berbalk & G. G. Seidensticker (Hrsg.), *Klinische Psychologie – Trends in Forschung und Praxis (Band 1)* (S. 134-182.). Bern: Huber.

Wegge, J. & Rosenstiel, L. v. (2004). Führung. In H. Schuler (Hrsg.), *Lehrbuch der Organisationspsychologie* (S. 475-513). Bern: Huber.

Wübbelmann, K. (2001). *Management Audit. Unternehmenskontext, Teams und Managerleistung systematisch analysieren*. Wiesbaden: Gabler.

Beraterauswahl und Beratersteuerung im Management Audit

Christoph Treichler

1 Einleitung

Die Beratungsbranche ist in jüngster Zeit (wieder einmal) verstärkt in das Schweinwerferlicht des öffentlichen und unternehmerischen Interesses geraten. Nach den jahrelangen Wachstumshöhenflügen unabhängig von den allgemeinen konjunkturellen Schwankungen wurde die Beratungsbranche mit dem Zusammenbruch der „New Economy" ebenso von der wirtschaftlichen Krise betroffen. Umsatzeinbrüche und notwendige Redimensionierung waren die Folge. Einige Autoren sprechen sogar von einer Trendwende im Beratungsgeschäft. Im folgenden Artikel soll versucht werden, einige der wesentlichen beobachtbaren Veränderungen der Beratungsnachfrage und des Beratungsangebots sowie des Verhaltens von nachfragenden Unternehmen im Umgang mit externen Beratern darzulegen. Als wesentliche Veränderungen werden dabei der selektivere und professionellere (auch Kosten sparendere) Einsatz externer Berater genannt werden. Es soll aufgezeigt werden, welche Elemente und welchen Nutzen ein solches professionelles Beratermanagement beinhaltet. Anhand der im Rahmen des Beratermanagement zentralen Prozesse der Beraterauswahl und der Beratersteuerung werden zuerst idealtypische und generelle Prinzipien und Lösungen eines modernen Beratermanagement aufgezeigt, um diese dann konkret auf Management Audit-Projekte angewandt darzustellen.

Wandel in der Beratungsbranche

Professionelles Beratermanagement

2 Beratungsnachfrage und -angebot – ein Überblick

2.1 Beratungsumsätze

Rückblick und Prognosen

Die Bereitschaft der Unternehmen, Investitionen zu tätigen, hat in der zweiten Hälfte 2003 deutlich zugenommen, vor allem die Bereitstellung von Budgets für wachstumsorientierte Projekte, wie z. B. Produkt- und Prozessinnovationen. Dies nach einer Phase, die von Restrukturierungs- und Kostensenkungsmaßnahmen sowie genereller Zurückhaltung bei der Durchführung größerer, kostenintensiver Projekte geprägt war. Dies spürt auch die Beratungsbranche: Nach Jahren stagnierender und zum Teil rückläufiger Umsätze prognostiziert der Bundesverband Deutscher Unternehmensberater (BDU) für Deutschland und die FEACO für Europa eine leichte Umsatzzunahme für das Jahr 2004 (BDU, 2004; FEACO, 2004). Während sich besonders in den beiden ersten Quartalen 2003 die ungünstige Entwicklung des Vorjahres fortsetzte, beeinflusste das vierte Quartal die Ergebnisse des gesamten Geschäftsjahres positiv und trug damit wesentlich zur Stabilisierung bei. Der Branchenumsatz in Deutschland ist 2003 insgesamt gegenüber dem Vorjahr um 0,5 Prozent gesunken und liegt nunmehr bei 12,23 Milliarden Euro (2002: 12,29 Milliarden Euro).

2.2 Beratungsgebiete/-bedarfe

Strategische Investitionen und Wachstumspotenziale

Nachfrageseitig werden vermehrt wieder strategische Investitionen in Wachstums- und Innovationsprojekte Anteil gut machen. Beratungsfelder mit Wachstumspotenzial sind daher (neben den nach wie vor relevanten Kostenreduktions- und Effizienzsteigerungsprogrammen) Produkt- und Prozessinnovationen, Human Capital Development, Mergers und Acquisitions, CRM/Distribution sowie IT-Erneuerungsprojekte. Daneben kommen aber auch neuere Themen wie z. B. Corporate Governance-Beratung oder Business Process Outsourcing/Business Technology Optimization auf. Dies belegt auch eine vom Schweizer Beraterverband (ASCO) durchgeführte Umfrage bei CEO's in der Schweiz (siehe Abb. 1) (ASCO, 2004).

2.3 Beratungsangebot

Die Angebotsseite bleibt von den wirtschaftlichen Bedingungen und Marktentwicklungen nicht unangetastet. Sie steht insgesamt vor einer Bereinigung. Nach Jahren sehr erfolgreichen Wachstums müssen auch die Unternehmensberater vermehrt auf ihre Kosten und Produktivität schauen. Dies äußert sich in Umstrukturierungen, Personalreduktionen und Anpassungen des Angebotsspektrums. Als auffälligste Erscheinungen dieses Wandels kann man nennen:

Veränderungen im Angebotsspektrum

- Steigende Anzahl und Größe von Zusammenschlüssen zwischen Beratern (Marktkonsolidierung).
- Zunehmende Konzentration als Resultat des Ausbaus der Beratungsdienstleistungen (Erschließung neuer Geschäftsmöglichkeiten durch umfassende Beratung der Kunden).

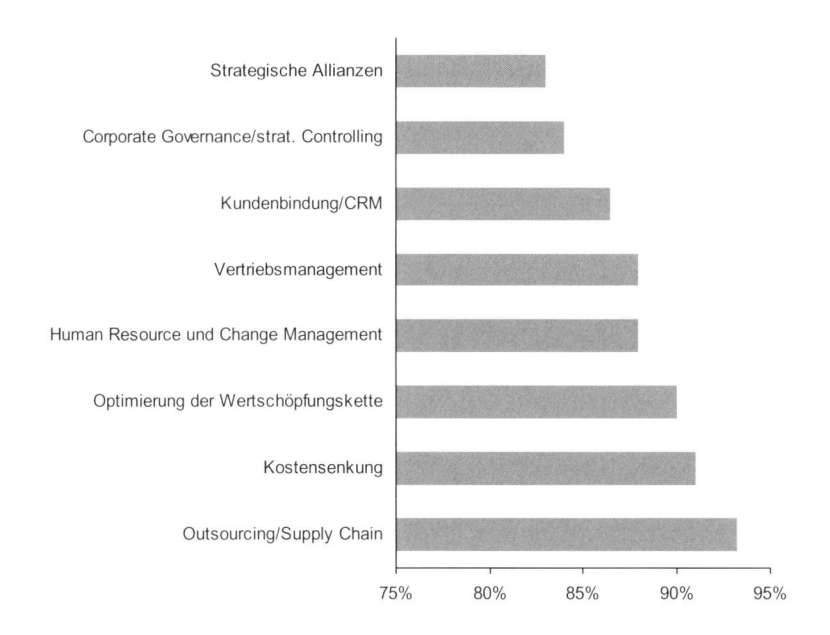

Abbildung 1: Beratungsthemen mit steigendem oder gleich bleibendem Bedarf (Quelle: ASCO CEO-Umfrage 2003)

Merkmale des Wandels

- Zunehmende Attraktivität von Marktnischen, die durch kleine bis mittelständische Spezialisten-Anbieter abgedeckt werden.
- Erhöhte Konkurrenz, da (große) Beratungsfirmen in Märkte drängen, die sie vorher nicht bedient haben (z. B. Beratung für mittelständische Unternehmen, für öffentliche Verwaltungen, „Akzeptanz" kleinerer Projektvolumina).
- Preis wird zunehmend zu einem Wettbewerbsfaktor (Preissenkungen).
- Aufbau langfristiger/Verstärkung der Beziehungen zu Kunden/ Partnerschaften (Vertrauen als Basis, um neue Projekte zu gewinnen).
- Betonung des „value for money": Begleitung der Kunden bis effektive Resultate erzielt werden.
- Anpassung der „Staffing"-Politik (vermehrter Einsatz erfahrener Berater).
- Verlagerung vom Verkauf von Konzepten hin zu Verkauf von Lösungen.
- (Internes) Qualitätsmanagement, Wissensmanagement und fundierte/erprobte Methoden erfahren neben der Erfahrung/Ausbildung der Berater größere Bedeutung in der Abgrenzung gegenüber Konkurrenten.

3 Professioneller Umgang mit Beratern

Ziele der Professionalisierung

Von den vielen Trends, von denen im Zusammenhang mit Unternehmensberatung gesprochen wird, ist sicher einer sehr offensichtlich: Mit zunehmendem Kostendruck gewinnt die Professionalisierung des Einkaufs und des Managements externer Berater eine hohe Priorität in Unternehmen. Projekte zur Professionalisierung des Einkaufs und des Managements externer Berater sind mittelfristige Veränderungsvorhaben, die in der Regel mit den Zielsetzungen einer verbesserten Einsatz- und Kostenkontrolle, der Standardisierung von Prozessen und der Erhöhung von Qualität und Wirtschaftlichkeit von Beratereinsätzen erfolgen.

3.1 Einsatz von Beratern

Obwohl Unternehmen heutzutage generell zurückhaltender und selektiver bei der Vergabe von externen Mandaten geworden sind, ist der zeitlich begrenzte Beizug von externem Expertenwissen aufgrund der höheren Anforderungen an die Flexibilität und Reaktionszeit von Unternehmungen sowie der ständig sinkenden Halbwertszeit des Wissens für die meisten Unternehmungen trotzdem situativ eine Notwendigkeit geblieben. Mit dem Einsatz externer Berater können Ressourcen genutzt werden, die bedarfsgerecht eingesetzt und wieder abgebaut werden können sowie berechenbare Kosten verursachen. Im Einzelnen kann das Bedürfnis nach externer Beratung ganz verschiedene Gründe haben. Im Vordergrund stehen oftmals mangelnde Kapazitäten qualitativer und quantitativer Natur: Fehlendes Know-how und Ressourcen werden in Form von Spezialisten von außen zugekauft. Oftmals steht auch weniger der fachliche Aspekt im Vordergrund, sondern es wird ein neutraler Dritter gesucht, der unbelastet von den internen Gegebenheiten ein Projekt leitet und einen objektiven Standpunkt vertritt (Überwindung der „Betriebsblindheit"). Eine weitere wichtige Funktion, die Berater übernehmen können, ist das Coaching in Konfliktsituationen, wo vor allem soziale Kompetenzen und Hilfe zur Selbsthilfe gefragt sind. Ebenfalls nicht zu unterschätzen ist die Legitimationsfunktion, die Beratern zugeschrieben wird. Einem Projekt oder einer unternehmerischen Entscheidung wird unter Umständen ein größeres Gewicht beigemessen, wenn eine bekannte Beratungsunternehmung oder Personen aus der Wissenschaft mit ihrer Fachkompetenz mitwirken.

Bedarf externen Expertenwissens

Funktionen externer Beratung

Die Vorteile, die sich aus einer Zusammenarbeit mit externen Beratern ergeben, lassen sich wie folgt beschreiben:

- Nutzung der breiten (ganzheitlichen) und tiefen Kenntnis bestimmter Problemstellungen und Lösungsansätze (Spezialistenwissen).
- Nutzung von methodischem Know-how, wie ein bestimmtes Thema zielgerichtet angegangen und implementiert wird.
- Nutzung branchenübergreifender Erfahrungen und Zugang zu relevanten Kennzahlen (Benchmarks).
- Nutzung eines flexiblen Ressourcenpools, um ein Projekt innerhalb nützlicher Frist durchzuführen.
- Nutzung der Unabhängigkeit, Durchsetzungskraft und politischen Mediationsfähigkeit externer Ressourcen.
- Nutzung der Neutralität eines Außenstehenden für die Bearbeitung „heikler" Themen (wie z. B. Teammediationen, Audits).

Vorteile der Zusammenarbeit mit externen Beratern

Eine genaue Bedarfsprüfung bzw. die Klarheit über die Motive und Gründe eines Einsatzes externer Berater ist zwar eine wesentliche Voraussetzung, jedoch nicht hinreichend für die Sicherung des Erfolgs eines Beraterprojekts.

3.2 Elemente eines effektiven Beratermanagements

Erfolgskriterien

Die Frage, was den Erfolg von Beraterprojekten ausmacht, steht heute vielfach im Zentrum des Interesses von Unternehmen. Der Erfolg bzw. die Effizienz von Beraterprojekten wird gemessen anhand der Kosten, die für ein Projekt aufgewendet werden, im Vergleich zum Nutzen, der aus dem Einsatz externer Beratung gewonnen werden kann. Die Messung des Beratungserfolgs ist jedoch nicht einfach, da viele Faktoren, welche die Effizienz eines Beraterprojektes beeinflussen, sich der quantitativen Messung entziehen. Wir wollen uns hier einem Aspekt, der den Erfolg von Beratungsprojekten wesentlich beeinflusst, zuwenden: nämlich der Frage nach dem effizienten Umgang mit Beratern. Als Meta-Consultant hat Cardea spezialisierte Lösungen für die Professionalisierung ihrer Kunden im Bereich des Beratungsmanagement entwickelt. Im Folgenden sollen daher ausgewählte Ansatzpunkte zur Professionalisierung des Beratungsmanagement aufgezeigt werden.

Die Bemühungen von Unternehmen zur Professionalisierung des Umgangs mit externen Beratern setzen sowohl auf strategischer wie operativer Ebene an. Die wesentlichen Elemente eines professionellen Beratungsmanagement sind in Abbildung 2 festgehalten.

Voraussetzungen und Elemente von Projekten zur Professionalisierung des Einkaufs und des Managements externer Berater

▶ Initiative des Top-Managements, i.d.R. mit dem Ziel, die Kosten des Einsatzes externer Berater zu senken.

▶ Definition von Bedarfsstrategien und Strategien der Lieferantenzusammenarbeit.

▶ Lösungen zur zentralen Koordination des Einkaufs und des Managements externer Berater.

▶ Optimierung und Standardisierung der Prozesse und Systeme des Einkaufs und des Managements externer Berater.

▶ Knowledge Management über Berater/Reviews von Beraterprojekten und Beratern.

▶ Begleitende Change Management- und Ausbildungsmaßnahmen zur Implementierung der Veränderungen.

Abbildung 2: Professionalisierung des Einkaufs und des Managements externer Berater (Quelle: Cardea)

„Top-down"-Prozess

Die Einführung von professionellen und einheitlichen Prozessen und Regeln für den Umgang mit Beratern auf operativer Ebene setzt ein „Top-down"-Prozess voraus, der auf strategischer Ebene entsprechende Umsetzungsweisungen und -richtlinien, die Qualifikation der Mitarbeiter (Ausbildung und Change Management) und die Etablierung geeigneter Instrumente zur Kontrolle sowie zur Bewertung (Lieferantenbeurteilung) des Einsatzes externer Berater sicherstellt.

3.3 Lösungsansätze

Im Folgenden sollen Beispiellösungen für die Neuausrichtung des Einkaufs externer Berater gezeigt werden für die Bereiche

▶ Bedarfs- und Lieferantenstrategien,
▶ Zentrale Koordination des Einkaufs,
▶ Einkaufsprozesse.

Strategische und operative Elemente

Bedarfs- und Lieferantenstrategien

Die Bestimmung geeigneter Bedarfs- und Lieferantenstrategien für den Einkauf externer Beratungsdienstleistungen geht von den unternehmensspezifischen Bedarfs- und Lieferantenportfolios aus. Für die Kategorisierung des Bedarfs werden zwei wesentliche Determinanten herangezogen: die Komplexität des Bedarfs und das Ausgabenvolumen. Auf der Basis dieser Kategorisierung von Bedarfsbereichen und der Zuordnung entsprechender Beratungsunternehmen werden unterschiedliche Optimierungsmaßnahmen zur Professionalisierung des Einkaufs definiert (beispielhaft beschrieben mit Maßnahme A und B). Für den Bedarfsbereich A (komplexe Aufgaben, hohe Ausgabenvolumen) werden häufig statische oder dynamische Preferred Supplier-Strategien etabliert, um in diesem kritischen Bedarfsbereich optimale Sicherheit bezüglich Qualität, Zuverlässigkeit, Verfügbarkeit und Wirtschaftlichkeit der extern beschafften Ressourcen zu erreichen. Für den Bedarfsbereich B (niedrige Komplexität, niedrige Ausgabenvolumen) eignen sich Maßnahmen zur Reduktion der Lieferanten sowie möglichst hohe Standardisierung und Vereinfachung der Einkaufsprozesse.

Komplexität des Bedarfs und Ausgabenvolumens

Zentrale Koordination des Einkaufs

Qualitäts- und Informationsmanagement

Die Beschaffung und der Einsatz von externen Beratern erfolgt häufig dezentral bei den entsprechenden fachlichen Bedarfsträgern. Dies macht eine zentrale Koordination bestimmter Aufgaben, eine aggregierte Informationssammlung sowie eine unabhängige, gesamtheitliche Überwachung unabdingbar. Das Lösungsspektrum für die Regelung der Rollen und Verantwortlichkeiten einer zentralen Koordinationsstelle für den unternehmensweiten Einkauf externer Beratungsdienstleistungen bewegt sich dabei entlang eines Kontinuums, das von der Übernahme der Preis- und Vertragsverhandlungen am Ende des Beschaffungsprozesses bis hin zur durchgängigen Steuerung und (Qualitäts-)Überwachung des gesamten Beschaffungsprozesses und des zentralen Informationsmanagements über alle Beratereinsätze reicht.

Einkaufsprozesse

Rollenverteilung und Verantwortlichkeiten

Einsatz neuer Technologien und Outsourcing

Bei der Festlegung der operativen Beschaffungsprozesse geht es um die Definition der Rollenverteilungen, der detaillierten Arbeitsabläufe sowie der Hilfsmittel und Tools (inkl. IT) für den gesamten Einkaufsprozess von der Bedarfsspezifikation über die Evaluation und Auswahl bis hin zum Vertragsabschluss und dem Management externer Beraterprojekte. Die Beschaffungsprozesse können nach unterschiedlichen „Beschaffungstypen" (z. B. IT-Dienstleistungen, Personaldienstleistungen, Managementberatung) differieren, sollten aber immer durch über alle Bereiche geltende strategische und organisatorische Grundsätze soweit wie möglich vereinheitlicht werden. Neue technologische Entwicklungen bieten zudem weitere Potenziale zur Optimierung der Beschaffungsprozesse für externe Beratung. Zu nennen sind hier Lösungen im Bereich e-bidding/e-RFP (elektronische Ausschreibungen), e-auctioning, elektronisch unterstütztes Invoicing und Lieferantenmanagement. Ebenfalls zu den Varianten der Optimierung der Einkaufsprozesse für externe Beratungen gilt es das Outsourcing der projektspezifischen Suche, Evaluation und Auswahl externer Berater bis hin zum Outsourcing des Lieferantenmanagements für gewisse Bedarfsbereiche zu zählen.

3.4 Nutzen des professionellen Beratungsmanagements

Mit der Neuausrichtung der Supply Chain für Beratungsdienstleistungen können Unternehmen Einsparungspotenziale realisieren, die je nach Ausgangslage und Beschaffungsstrukturen in den Unternehmen zwischen 15 % bis 30 % des Einkaufsvolumens betragen. Die realisierten Einsparungs-potenziale sind dabei gleichzeitig auf Kosten- und Zeitreduktionen sowie Qualitätsverbesserungen zurückzuführen. Diese lassen sich im Wesentlichen durch die Realisierung folgender Potenziale erzielen:

▶ Synergiepotenziale (z. B. Einkaufsbündelungen, Einsatzkoordination),
▶ Günstige Preise durch optimale Vertragsverhandlungen und Vertragsgestaltungen sowie optimales Staffing von Beraterprojekten,
▶ Effizienzsteigerungspotenziale durch standardisierte und optimierte Prozesse sowie Systeme der Identifikation, Evaluation, Auswahl und des Managements externer Berater,
▶ Steigerung der Projekteffektivität durch optimalen Einsatz und optimale Steuerung externer Berater.

Optimierungs- und Einsparungspotenziale

4 Beraterauswahl

4.1 Auswahlprozess

Die Beraterauswahl ist einer der zentralen und kritischsten Prozesse im Rahmen eines professionellen Beratungsmanagement, weshalb es sich lohnt, auf diesen Prozess etwas genauer einzugehen. Die wesentlichen Teilschritte reichen von der Projekt- und Bedarfsdefinition, über die Ausschreibung und Evaluation bis hin zur definitiven Auswahl und Vertragsgestaltung.

Auswahlelemente

Das breite Spektrum an angebotenen Beratungsdienstleistungen, -ansätzen und -methoden (allein in Deutschland werden gemäß BDU, 2003, für das Jahr 2002 mehr als 14.000 Beratungsunternehmen gezählt) macht die Auswahl des richtigen Beraters für eine bestimmte Problemstellung nicht gerade einfach. Dazu kommt eine mehr oder minder große (Markt-)Intransparenz über das effektive Leistungsangebot und die Qualität der Beratungsunternehmen. Bei sehr spezifischen Anforderungen gleicht die Suche nach dem richtigen Berater sprichwörtlich der Suche „nach der Nadel im Heuhaufen". Dabei ist der „Match" zwischen den Anforderungen an den externen Berater und den Kompetenzen und Erfahrungen des Beratungsunternehmens und dessen Berater absolut entscheidend für den Erfolg eines Beratereinsatzes.

Problem der Marktintransparenz

Matching-Prozess

4.2 „Common Pitfalls"

Risiken eines Fehlentscheids

Wenn wir hier von „common pitfalls" sprechen, so muss gleich zu Anfang relativiert werden, dass nicht alle Projekte, für welche die Beraterauswahl nicht dem vorgestellten (Ideal-)Prozess folgt, von vornherein zum Scheitern verurteilt sind. Es muss aber festgehalten werden, dass die Auslassung wesentlicher Bestandteile des Auswahlprozesses das Risiko eines Fehlentscheides wesentlich erhöht. Die Folgen sind hinlänglich bekannt: Projektverzögerungen, Unzufriedenheit mit den erarbeiteten Resultaten, Budgetüberschreitungen, Probleme in der Zusammenarbeit bis hin zum Projektabbruch. Die Tatsache, dass gemäß Umfragen zur Zufriedenheit mit externen Beratern durchschnittlich 30 % der Projekte die Erwartungen der Kunden nicht oder nur teilweise erfüllen, beweist, dass der systematischen Auswahl eine nicht unerhebliche Bedeutung zukommt (obwohl nicht alle Projektmisserfolge allein der „falschen" Auswahl eines externen Beraters zugeschrieben werden können).

„Stolpersteine"

Um die Wahrscheinlichkeit der richtigen Beraterwahl bzw. der erfolgreichen Projektdurchführung zu erhöhen, sind folgende „Stolpersteine" möglichst zu vermeiden:

Pitfall 1: „Quick fixes"

Problem der Dringlichkeit

Wenn Probleme in einer Unternehmung gelöst werden müssen, sind diese meist sehr dringlich. Um schnelle Lösungen vorweisen zu können, wird auf eine detaillierte Definition des Beratungsbedarfs und der zu erbringenden Aufgaben und zu liefernden Ergebnisse des Beraters verzichtet. Die fehlende Untersuchung bzw. Kenntnis der Problemursachen und erwarteten Lösungen verhindern eine klare Beschreibung der Erwartungen an den externen Berater sowie der erforderlichen Erfahrungen und Kompetenzen des Beraters. Die Gefahr besteht, dass (zusammen mit dem Berater) zu schnell an Lösungen gearbeitet wird, die schließlich nicht den Anforderungen des Unternehmens genügen und nicht umsetzbar sind. Ist die Problemdefinition am Anfang des Projektes nicht möglich, so empfiehlt sich die Aufteilung des Projekts in einzelne Phasen (Problemidentifikation und -beschreibung sowie Lösungserarbeitung). Für beide Phasen sind dann konkrete Aufgaben und messbare Resultate zu definieren sowie die Erfahrungen des Beraters gegen diese Anforderungen zu prüfen.

Pitfall 2: „Mein Kollege Hans"

Vielfach wird bei der Beraterauswahl auf das persönliche Netzwerk und Empfehlungen Dritter zurückgegriffen. Von einer systematischen Marktanalyse wird aus Zeit- und Kostengründen abgesehen. Dies ist grundsätzlich nicht falsch, wenn man vor der Auswahl aus eigener Erfahrung bekannter oder empfohlener Berater seine Hausaufgaben gemacht hat, d. h. den „fit" zwischen den projektspezifischen Anforderungen und den Erfahrungen, Referenzen und den Kompetenzen des Beraters geprüft hat. Vielfach empfiehlt sich auch in diesen Fällen, mindestens ein Vergleichsangebot einzuholen. Eine Auftragsvergabe auf der alleinigen Basis guter persönlicher Beziehungen ist jedoch äußerst gefährlich.

Fehlende Marktanalyse

Pitfall 3: „Ungenaue Vorstellungen"

Auch wenn ein Projekt von langer Hand geplant wird, kann man immer wieder beobachten, dass wenig genaue Vorstellungen über die erforderliche Art des Einsatzes externer Berater vorherrschen. Die Vielfalt der verschiedenen Beratungsansätze und -methoden und damit die Vielfalt der Einsatzmöglichkeiten des externen Beraters erfordern eine detaillierte Definition der gewünschten Rolle und Wirkung des externen Beratereinsatzes sowie der Ziele der Zusammenarbeit mit dem externen Berater. Unklare oder ungenaue Beschreibungen der zu übernehmenden Aufgaben, Rollen und zu liefernden Ergebnisse (Meilensteine) erschweren eine Beurteilung des „fit" eines Beraters und erhöhen die Gefahr der Unzufriedenheit mit den Leistungen eingesetzter Berater (z. B. infolge „scope creep" oder ständiger Rollendiskussionen).

Definition der Wünsche und Erwartungen an die Beratung

Pitfall 4: „Äpfel und Birnen"

Der Vergleich und die Bewertung von Beratungsangeboten erweist sich aufgrund der Unterschiedlichkeit der angebotenen Leistungen und Vorgehensweisen zuweilen sehr schwierig, auch wenn genaue Vorstellungen über die Art der zu lösenden Probleme bestehen und grundsätzlich kompetente Beratungsunternehmen zur Auswahl stehen. Wird von einer detaillierten Beschreibung der benötigten Informationen und der Kriterien, die ein Berater erfüllen muss, abgesehen, läuft man Gefahr, „Äpfel mit Birnen zu vergleichen" und eine unfundierte Auswahl zu treffen. Ein vertieftes Verständnis der Leistungen und Vorgehensweisen der Berater ist erforderlich, um eine Vergleichbarkeit der Angebote zu erreichen und die für das eigene Unternehmen beste Lösung wählen zu können. Um dies zu erreichen, ist die Einholung von Referenzauskünften über die Arbeit der Berater auf ähnlichen Projekten in ähnlichem Umfeld sehr hilfreich.

Vergleiche auf der Basis von Referenzen

Anforderungen an Beratungserfahrungen

Pitfall 5: „Kultureller Misfit"

Die besten Fachkenntnisse und ausgewiesensten Erfahrungen eines externen Beraters nützen nichts, wenn die erarbeiteten Lösungen nicht in das unternehmensspezifische Umfeld und die Kultur einer Unternehmung passen. Der „kulturelle Fit" ist ein wesentliches Auswahlkriterium, das häufig zu wenig stark berücksichtigt wird: Die Erfahrungen eines externen Beraters müssen aus Unternehmen der gleichen Größe und Komplexität, allenfalls sogar der gleichen Branche, und aus Unternehmen in ähnlichen Situationen und mit ähnlichen Kulturen stammen. Wenn der „kulturelle Fit" nicht stimmt, läuft man Gefahr, dass die erarbeiteten Lösungen im eigenen Unternehmen nicht umgesetzt werden können.

Einbeziehung der Betroffenen und Beteiligten

Pitfall 6: „Falsche Stakeholder"

Bei der Auswahl eines externen Beraters ist es entscheidend, dass die wichtigsten betroffenen Stakeholder involviert sind. „Vergisst" man, die von der Arbeit eines externen Beraters direkt betroffenen und in der Zusammenarbeit mit dem externen Berater direkt involvierten Mitarbeiter nach ihrem Input und ihren Erwartungen zu fragen bzw. in den Entscheidungsprozess einzubeziehen, ist die Gefahr der Nichtakzeptanz und der Zusammenarbeitsprobleme groß, auch wenn der externe Berater hervorragende (fachliche) Arbeit leistet.

Sorgfältige Vertragsgestaltung

Pitfall 7: „Ungenügendes Contracting"

Auch wenn man alles richtig gemacht hat und den geeignetsten Berater ausgewählt hat, kommt es vor, dass die Zusammenarbeit mit dem externen Berater in ungenügender Weise vertraglich formalisiert wird. Es empfiehlt sich, sämtliche inhaltlichen, zeitlichen, organisatorischen, rechtlichen und finanziellen Bestandteile der Projektzusammenarbeit und des Beraterangebots in einem verbindlichen Beratervertrag schriftlich zu dokumentieren. Eine ungenügende Vertragsgrundlage erhöht das Risiko von Uneinigkeiten und Missverständnissen und verhindert eine effektive Erfolgskontrolle der Arbeiten und qualitativen Leistungen des externen Beraters.

Pitfall 8: „Abhängigkeit"

Die Auswahl des richtigen Beraters ist das eine, das Management der eingesetzten Berater ist jedoch genauso wichtig für die erfolgreiche Durchführung von Beraterprojekten. Um eine Abhängigkeit von einmal eingesetzten externen Beratern zu vermeiden, ist die Führung des Projektes und der Berater, die in dem Projekt arbeiten, die Sicherstellung des Knowhow-Transfers sowie ein effektives Knowledge Sharing über Beratereinsätze durch den Kunden unabdingbare Voraussetzung. Vielfach fehlen in Unternehmen die entsprechenden Instrumente im Rahmen der (meistens intern vorhandenen) Projektmanagement-Methoden, um genau diese Beraterprojekt-spezifischen Aufgaben professionell übernehmen zu können.

Führung, Knowhow-Transfer und Knowledge Sharing

Systematische Auswahl externer Berater und Rolle des Meta-Consultants

Im Zusammenhang mit der Diskussion von Entwicklungstrends der Professionalisierung von Unternehmen im Umgang mit externen Beratern darf ein Thema nicht fehlen: nämlich die Dienstleistungen von Meta-Consultants. Meta-Consultants bieten „Beratung im Umgang mit externer Beratung". Sie sind einerseits Outsourcing-Partner bei der Durchführung von Ausschreibungen, Evaluationen und Selektionen geeigneter Beratungsunternehmen für projektspezifische Kundenbedarfe, andererseits Berater für Kunden beim Aufbau von „State-of-the-art"-Strategien, Strukturen, Prozessen und Systemen für die Beschaffung, den Einsatz und das Management von externen Beratern.

Beratung im Umgang mit externen Beratern

Die Forderung nach mehr Transparenz, Unabhängigkeit/Neutralität (insbesondere auch im Zusammenhang mit der Diskussion über die Corporate Governance von Unternehmen) und Professionalisierung der Beschaffung, des Einsatzes und des Management externer Berater macht den Beizug eines Meta-Consultants für Unternehmen in bestimmten Situationen sinnvoll. Der Nutzen eines Meta-Consultants besteht in der professionellen Begleitung/Durchführung der Projekt- und Bedarfsdefinition, der Suche, Evaluation und Auswahl externer Consultants sowie der Vertragsverhandlungen und der Erfolgssicherung der Beraterprojekte (siehe Abb. 3).

Transparenz, Neutralität und Professionalität

> - Sicherheit in der Bedarfs- und Anforderungsspezifikation (Prüfung der Projektvoraussetzungen).
> - Schneller Zugang zu den besten Anbietern durch effiziente Such- und Evaluationsprozesse und vorhandene Erfahrungswerte sowie Marktkenntnisse (Marktbeobachtung).
> - Neutrale und objektive Expertenmeinung sowie Empfehlungen zu Beratungsfirmen und Lösungsansätzen.
> - Qualitätsgarantie durch die projektspezifische Prüfung der Beraterressourcen.
> - Reduktion der internen Evaluationskosten.
> - Reduktion der externen Beraterkosten (Benchmark-Vergleiche und Optimierung des Preis-/Leistungsverhältnisses beim Beratereinsatz).

Abbildung 3: Nutzen des Outsourcing der Suche, Evaluation und Auswahl externer Beratung (Quelle: Cardea)

Schritte im Auswahlprozess

Im Folgenden sollen die wesentlichsten Schritte und Instrumente eines systematischen und professionellen Auswahlprozesses aufgezeigt werden als beste Vorbeugung zur Vermeidung der Risiken einer falschen Beraterwahl. Der Auswahlprozess wird anhand des Beispiels des Beitrags eines Meta-Consultants im Rahmen der Suche, Evaluation und Auswahl eines externen Beraters aufgezeigt (siehe Abb. 4).

Projektdefinition

Ausgangssituation, Umfang, Vorgehen, Aufgaben und Ziele

Eine detaillierte Beschreibung des Projekts, beinhaltend die Projektausgangslage und -umfang, die Aufgabenstellungen, die Projektziele, die erwarteten Resultate, das Vorgehen, die zeitlichen und finanziellen Budgets sowie die (interne und externe) Ressourcenplanung, bildet eine wesentliche Voraussetzung für die Durchführung der Bedarfsprüfung und für die Definition der Anforderungen an einen externen Berater. Es lohnt sich, in der Planungsphase eines konkreten Projekts diese Beschreibung sehr gründlich vorzunehmen und eine genaue Vorstellung zu entwickeln, wozu und wie der externe Berater beigezogen werden soll. Die Erfahrungen eines Meta-Consultants helfen hier aufgrund der Kenntnis der Vielfalt der verfügbaren Angebote, den geeigneten Einsatz des externen Beraters zu definieren, damit das Projekt optimal „gestafft" und erfolgreich durchgeführt werden kann.

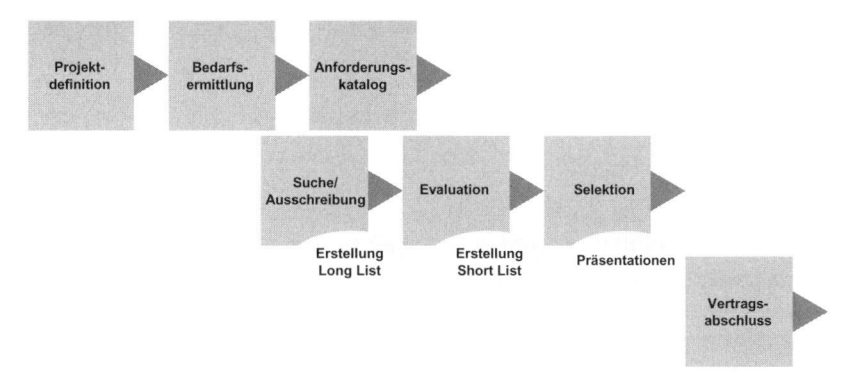

Abbildung 4: Prozess der Beraterauswahl (Quelle: Cardea)

Bedarfsermittlung und Anforderungsspezifikation

Auf der Basis der Beschreibung des durchzuführenden Projekts ist es notwendig, sich Zeit zu nehmen für eine detaillierte Analyse des Bedarfs nach externem Know-how. Wie bereits erwähnt, gibt es für bestimmte Themengebiete die verschiedensten Beratungsansätze und -methoden. Deshalb ist es notwendig, auf Basis der präzisen Bestimmung der durch den externen Berater

Analyse des Know-how-Bedarfs

▶ zu leistenden Aufgaben,
▶ abzudeckenden Projektumfang,
▶ zu liefernden Ergebnisse,
▶ zu übernehmenden Rolle(n),
▶ zu verwendenden Methodik und Vorgehensweisen

den projektspezifischen Anforderungskatalog (Auswahlkriterien) festzulegen. Der Anforderungskatalog definiert dabei, welche wesentlichen (Projekt-)Erfahrungen, Kompetenzen, Charakteristiken und Ressourcen ein externer Berater mitbringen muss, und legt weitere Auswahlkriterien wie z. B. Verfügbarkeit/Kapazität, Kosten (Honorare), Image, Größe, Standort des Beratungsunternehmens, etc. fest. Die Anforderungs-/Auswahlkriterien sind projektspezifisch immer unterschiedlich, weshalb es keinen „Standardkatalog" geben kann. Wesentlich ist, dass man sich Gedanken darüber macht, was der Berater mitbringen muss bzw. an Anforderungen erfüllen muss, damit das Projekt erfolgreich durchgeführt werden kann. Je präziser die Anforderungen definiert werden, desto „einfacher" ist nachher die Suche und Auswahl des am besten passenden Beraters. In der Praxis empfiehlt es sich, die Anforderungs- bzw. Auswahlkriterien nach Wichtigkeit zu ordnen und zum Beispiel in „must" und „nice-to-have" einzuteilen. Die Kenntnis der Funktionsweise und Rollen

Definition der benötigten Expertisen, Kompetenzen und Ressourcen

„Must's" und „Nice-to have's"

der Beratung unterstützen in dieser Phase die Formulierung realistischer Anforderungen und Auswahlkriterien.

Suche und Ausschreibung

Systematisches Markt- und „Netzwerk"-Screening

Die Phase der Suche und Ausschreibung beginnt mit der Definition des Suchfelds und der Anzahl zu evaluierender Beratungsunternehmen. Die Angebote zu bestimmten Beratungsthemen sind in der Regel so vielfältig, dass sich nur durch ein systematisches Markt- und „Netzwerk"-Screening ein Überblick über das vorhandene Angebot gewinnen lässt. Bei einer Beschränkung der Suche auf nur sehr wenige potenzielle Anbieter besteht die Gefahr, dass sehr qualifizierte und erfahrene Beratungsunternehmen übersehen, innovative Vorgehensweisen verpasst und attraktive Preis-/Leistungsangebote nicht berücksichtigt werden. Allerdings darf die Anzahl der potenziell in Frage kommenden Beratungsunternehmen auch nicht zu groß sein, da sonst der Such- und Evaluationsaufwand in vernünftiger Zeit nicht mehr bewältigbar ist. Die Erfahrungen zeigen, dass die Wahl der im Rahmen einer Ausschreibung anzugehenden Beratungsunternehmen sehr entscheidend ist. Mit der richtigen Wahl können Unternehmen im Rahmen des Screenings und der Vorgespräche mit potenziell in Frage kommenden Beratungsunternehmen bereits viel über Leistungen, Vorgehensweisen, Referenzprojekte und Honorarmodelle der Beratungsunternehmen lernen und sind in der Lage, eine repräsentative Long List mit den besten Anbietern für den gesuchten Bereich zu erstellen. Die Erfahrungen eines Meta-Consultants helfen in dieser Phase auf jeden Fall in der Bestimmung einer geeigneten Long List.

Erstellung einer Long List

Evaluation

Erstellung einer Short List

Die Wahl geeigneter Evaluationsmethoden und -kriterien ist projektabhängig. Die Evaluation beruht in der Regel auf einer Vergleichsevaluation der Beratungsangebote im Rahmen der Ausschreibung (Request for Proposal) und/oder persönlichen Interviews und Präsentationen der in Frage kommenden Beratungsfirmen. Ziel der Evaluation ist es, mittels Bewertung der Erfüllung der (gewichteten) Anforderungs-/Auswahlkriterien durch jedes Beratungsunternehmen, die 2 bis 5 am besten geeigneten Beratungsunternehmen zu identifizieren (Short List). Die Anforderungs- bzw. Auswahlkriterien erstrecken sich idealerweise auf drei Bereiche:

Auswahlkriterien

- ▶ Kriterien zum Beratungsunternehmen,
- ▶ Kriterien zu den einzelnen Beratern,
- ▶ Kriterien zum Angebot.

Die Anzahl der für die Evaluation anzuwendenden Auswahlkriterien ist abhängig von der Komplexität einer Thematik bzw. eines Projektes. Unabhängig von der Anzahl der angewendeten Kriterien muss jedoch für jedes einzelne Kriterium genau und objektiv definiert werden, was und wie bewertet wird, damit eine neutrale und nachvollziehbare/transparente Bewertung der Erfüllung der Auswahlkriterien stattfinden kann. Dabei ist es durchaus zulässig bzw. notwendig, auch subjektive Eindrücke einfließen zu lassen, z. B. bei der Bewertung der Persönlichkeit eines Beraters oder der „Chemie" zwischen Berater und Kunde. Meta-Consultants können in dieser Phase erprobte Evaluations- und Bewertungsmethoden sowie eine neutrale und objektive Expertenmeinung einbringen, die unabhängig von „politischen Gegebenheiten und Vorlieben" in Unternehmungen sind, und damit helfen, schnelle, zeit- und Kosten sparende sowie bestmögliche Lösungen zu finden.

Projektspezifische Definition der Evaluationskriterien

Selektion

Wenn die Evaluation der Beratungsunternehmen professionell durchgeführt wurde, ist die Entscheidung, welche der Beratungsunternehmen schlussendlich den Zuschlag erhält entweder sehr einfach oder sehr schwer. Einfach ist die Entscheidung dann, wenn die Evaluationsergebnisse eindeutige und relevante Unterschiede in der Erfüllung der Auswahlkriterien durch die evaluierten Beratungsunternehmen aufzeigen. Dann ist das am besten abschneidende Beratungsunternehmen der „Sieger". Schwer ist die Entscheidung dann, wenn die evaluierten Beratungsunternehmen vergleichbare Leistungsausweise und ein ähnliches „Matching" aufweisen, d. h. bezüglich der Bewertungsergebnisse kaum Unterschiede aufweisen. In diesem Fall sollten einige wenige Zusatzkriterien definiert werden („nice-to-have's"), die bei den jeweiligen Beratern nochmals geprüft werden, um zu einer Entscheidung zu kommen. Durch den Einbezug der für den Entscheidungsprozess relevanten Stakeholder sowie durch die gedankliche Berücksichtigung der „Interessen" der im Projekt involvierten und betroffenen Mitarbeiter wird sich dadurch die präferierte Beratungsunternehmung „herausschälen" lassen.

Einfache oder schwere Entscheidung?

Vertragsabschluss

Ist ein Beratungsunternehmen ausgewählt, gilt es, das Beratungsmandat in einen entsprechenden Beratervertrag zu „gießen". Dabei sind zwei wesentliche Vertragsbestandteile zu unterscheiden: nämlich die Regelung der generellen Zusammenarbeit mit externen Beratern sowie die Regelung der projektspezifischen Leistungsparameter des Mandats. Für Ersteres kommen in vielen Unternehmen Standard- oder Rahmenverträge zur

Zwei Vertragsbestandteile

Vorteile einer sorgfältigen Vertragsgestaltung

Anwendung. Vielfach fehlt den Beraterverträgen die notwendige Genauigkeit und Detaillierung der zu regelnden Vertragsbestandteile. Eine genaue Definition der zu erbringenden Leistungen, der Termine, der Verantwortlichkeitszuordnungen sowie der Qualitätskriterien ist nicht nur aus rechtlicher Sicht notwendig, sondern auch wesentliche Voraussetzung für die Evaluation und das laufende Controlling des Projektfortschritts und der Beraterleistungen. Die Regelung dieser Tatbestände in einem Vertrag fördert das gemeinsame Auftragsverständnis, die Verbindlichkeit sowie die gemeinsame Verpflichtung zur Erbringung der vereinbarten Leistungen. Die Erfahrungen zeigen, dass sich mit einem guten Vertragswerk entscheidende Kostenvorteile und (Projekt-)Effizienzgewinne erzielen lassen.

5 Beraterauswahl und -steuerung in Management Audit-Projekten

Jedes Projekt und jedes Beratungsfeld entwickelt spezifische Anforderungen an die Auswahl und das Management von Beratern. So auch Management Audit-Projekte. Im Folgenden sollen deshalb die im vorangehenden Abschnitt ausgeführten Überlegungen zur systematischen und professionellen Auswahl externer Berater auf Management Audit-Projekte angewendet werden.

5.1 Projektdefinition und Bedarfsermittlung

Management Audits können zu verschiedenen Zwecken durchgeführt werden, wie z. B. zur Ermittlung von Managementpotenzialen als Basis

Intention eines Management Audits

▶ für den strategiekompatiblen Einsatz der bestehenden Führungskräfte bei sich verändernden Erfolgsfaktoren der Märkte,
▶ für die Einleitung von strategischen Personalentwicklungsmaßnahmen für Führungskräfte,
▶ für optimale Personalentscheidungen nach Fusionen, Übernahmen oder Restrukturierungen von Unternehmen.

Aufgaben	▶ Unternehmens- und Marktanalyse ▶ Definition der Ziele des Management Audits ▶ Erstellung von Anforderungsprofilen auf Basis der unternehmerischen und personalpolitischen Grundsätze und Strategien ▶ Definition der zu bewertenden Schlüsselkompetenzen bzw. Audit-Themen ▶ Auswahl der zu verwendenden Methode(n) ▶ Konzeption, Kommunikation, Vorbereitung und Durchführung der Audits ▶ Aufbereitung der Audit-Ergebnisse und Moderation der Entscheidungsfindung durch das Management ▶ Kandidatenfeedback ▶ Definition und Begleitung von Personalentwicklungsmaßnahmen
Projektumfang & Ausgestaltung des Audits	▶ Einmaliges/periodisches Management Audit ▶ Einzel-/Gruppenaudit ▶ Individualdiagnostik/Team- und kulturelle Diagnostik (Manager Competence Audit, Management Team Audit, Management Context Audit) ▶ Entwicklungs-/Selektionsaudit ▶ Lokales/internationales Management Audit ▶ Kompetenzanalyse und/oder Potenzialanalyse
Ergebnisse	▶ Klärung von Unternehmenszielen, strategischer Ausrichtung und Schlüsselaufgaben ▶ Dokumentation von Anforderungsprofilen und Schlüsselkompetenzen ▶ Stärken-/Schwächenanalyse ▶ Entscheidungsgrundlagen durch: Potenzialaussage, Platzierungsempfehlung, Selektionsempfehlung, Personalentwicklungsempfehlung ▶ Externe Benchmarks ▶ Feedbacks/Standortbestimmungen
Methoden	▶ Anforderungsanalysen und Kompetenzmodelle ▶ Validierungsinstrumente ▶ (Teil-)Strukturierte Interviews ▶ Fragebögen & Tests ▶ Persönlichkeitsinventare ▶ Spezifische Selbst-/Fremdbildinstrumente, 360-Grad-Feedbacks ▶ Leistungsbeurteilungen ▶ Case Studies, Übungen, Rollenspiele, Simulationen
Rollen	▶ Prozessberater bzw. Prozessmanager ▶ Methodenberater und Methodenlieferant ▶ Fachberater (Analyse – Konzeption – Umsetzung) ▶ Reviewer/Second Opinion ▶ Entscheidungshelfer und Umsetzungsbegleiter

Abbildung 5: Beratungsleistungen in Management Audit-Projekten

Beratungsdienst-leistungen in Management Audit-Projekten

Abhängig von den Zielen des Management Audits werden sich die Anforderungen an den Einsatz externer Berater bezüglich der zu übernehmenden Rolle, des Leistungsumfangs, der einzusetzenden Methoden, der Ergebnisse, etc. verändern. Ausgangspunkt und Grundlage der projekt- und zielspezifischen Definition des Beratungsanlasses und des notwendigen und sinnvollen Beratungseinsatzes bildet ein Grundraster der typischerweise und grundsätzlich angebotenen Dienstleistungen im Bereich Management Audits, auf dessen Basis die unternehmens- und projektspezifischen Anpassungen erfolgen können. Ein solches Grundraster kann sich nach den im vorhergehenden Abschnitt beschriebenen Eckparameter für die Bestimmung des projektspezifischen Anforderungskatalogs richten (siehe auch Punkt 3 dieses Kapitels). Abbildung 5 zeigt deshalb ein generisches Dienstleistungsangebot in Bezug auf Aufgaben, Projektumfang, Ergebnisse, Rolle(n), Methodik und Vorgehensweisen im Rahmen von Management Audit-Projekten.

Definition von Beratungsanlass und Bedarf

Aus diesen grundsätzlichen Eckparametern und der Definition der intern bzw. extern zu übernehmenden Tätigkeiten lässt sich der eigene Beratungsanlass und Bedarf bestimmen. Es empfiehlt sich, für die Steuerung von Management Audits und aller damit verbundenen Aufgaben gemischte Projektteams aus internen und externen Mitarbeitern einzusetzen. Der daraus abzuleitende Anforderungskatalog an die externen Mitarbeiter definiert dann, welche wesentlichen (Projekt-)Erfahrungen, Kompetenzen, Charakteristiken und Ressourcen ein externer Berater mitbringen muss (siehe auch Punkt 3 dieses Kapitels).

5.2 Evaluation

Auswahl-kriterien für Management Audit-Berater

Hat man eine Vorstellung entwickelt, zu welchem Zweck, in welchem Umfang, für welche Zielgruppen, etc. man ein Management Audit durchführen und wozu man einen externen Berater beiziehen will, gilt es, die spezifischen Anforderungs- bzw. Evaluationskriterien zu definieren. Diese hängen natürlich von der Projektdefinition und Bedarfsermittlung ab, da diese die Grundlage dafür darstellen, welche Art von Beratung erforderlich ist bzw. Sinn macht. So wird beispielsweise die Definition und Beurteilung der von einem Berater notwendig mitzubringenden Erfahrungen abhängig vom Umfang der zu übernehmenden Aufgaben, der Art des Audits, von der zu übernehmenden Rolle des Beraters, etc. unterschiedlich ausfallen. Daneben gibt es aber auch generelle Kriterien, auf die bei der Auswahl eines Management Audit-Beraters geachtet werden sollte. Auf diese möchte ich in den nächsten Abschnitten eingehen.

Strategische Anforderungsanalyse

Damit sich die bewerteten Führungsfähigkeiten an den kritischen Anforderungen für die jeweils zu erfüllende Aufgabe orientieren und damit eine effektive Vorhersage bzw. Einschätzung der beruflichen Leistungen und des Entwicklungspotenzials einer Führungskraft erfolgen kann, muss der eingesetzte Berater über ausgewiesene Erfahrungen und Expertise im Bereich dezidierter Potenzial- und Anforderungsanalysen sowie der Ableitung entsprechender Schlüsselkompetenzen verfügen. Dies erfordert in der Regel Erfahrungen des Beraters aus Unternehmen der gleichen oder mindestens vergleichbarer Branchen sowie betriebswirtschaftliches Wissen zur Analyse und Beurteilung von Unternehmens- und Personalstrategien. „Bedenklich stimmen gelegentliche Versuche von Auftraggebern und Beratungsfirmen, auch ohne (relative) Klarheit über die mittelfristige Strategie und Struktur des Unternehmens und entlang so genannter Standardkompetenzfelder und -kriterien zu beurteilen, ob eine Führungskraft die künftigen Erfolgsvoraussetzungen erfüllt" (Trauth & Samland, 2003, S. 6).

Eignungsdiagnostische Expertise, Branchen- und betriebswirtschaftliche Kenntnisse

Methodenkompetenz

Insbesondere der Nachweis des Nutzens und der Validität der von einem Berater eingesetzten Methoden zur Prüfung zentraler Führungsfähigkeiten ist von höchster Bedeutung. Obwohl die Verantwortung für eine fundierte Methodik beim externen Berater liegt, ist es die Pflicht des Kunden, die Professionalität seines Beraters an dieser Stelle genau zu hinterfragen. Noch immer werden (leider) viel zu häufig unfundierte Methoden eingesetzt. Die Berufung auf Menschenkenntnis, Branchen- und Führungserfahrung seitens des Beraters garantiert in den seltensten Fällen befriedigende Resultate. Dasselbe gilt für die Anwendung eindimensionaler Verfahren anstatt eines Methodenmix. Dies monieren auch Trauth und Samland (2003, S. 13), wenn sie schreiben: „Manche Berater glauben tatsächlich (oder erwecken den Anschein), sie könnten mit relativ standardisierten Verfahren in einem zweistündigen Interview die aktuelle und künftige Leistungsfähigkeit einer Führungskraft valide einschätzen und auf Basis dieser Momentaufnahme weit reichende Empfehlungen für deren weiteren Einsatz an den Auftraggeber liefern."

Anwendung fundierter Methoden

Prozesskompetenz

Ein weiteres wesentliches Beurteilungsmerkmal für die Qualität und Seriosität eines externen Management Audit-Beraters offenbart sich im Know-how bezüglich Konzeption und Zielsetzungen von Management Audits sowie bezüglich Verfahrensdurchführung, Kommunikation und

Verwertung der Ergebnisse. Professionalität, Erfahrung und Prozessqualität beeinflussen insbesondere die Zielgerichtetheit und Richtigkeit der Einschätzungen der Führungskräfte, die Vertraulichkeit der Ergebnisse, die Klarheit der Feedbacks sowie die Ableitung adäquater personalpolitischer Maßnahmen. Nur durch diese Professionalität und dieses Knowhow können die wesentlichen Prozessrisiken erfolgreich gesteuert werden. Fehlende Transparenz der Ziele, des Ablaufs, der Methode und der Verwendung der Ergebnisse des Audits, unklare Feedbacks, widersprüchliche Aussagen, falsche Einschätzungen, Nichteinhaltung der Vertraulichkeit führen zu extremer Verunsicherung und zu einem Vertrauensverlust bei den Führungskräften.

Rollenklarheit und Sensibilität

Selbstverständnis und Integrität

Sowohl der Auftraggeber als auch der Auftragnehmer (externe Berater) und die auditierten Führungskräfte nehmen Rollen wahr und generieren Rollenerwartungen sowie Interessen. Beim Management Audit übernimmt der externe Berater hauptsächlich die Rolle des neutralen und objektiven Sachverständigen und Beurteilers. Ob ein Berater diese Rolle glaubwürdig ausfüllen kann, hängt neben der Methoden- und Prozessqualität auch vom Selbstverständnis und der Integrität des externen Beraters ab. Jeder Berater handelt notwendigerweise im Interesse der Person(en) des Auftraggebers. Die spezifische Qualität und Zielsetzungen von Management Audits bedingen jedoch eine starke Interferenz mit den Interessen und (beruflichen) Schicksalen der Betroffenen. Die Verantwortlichen müssen sich bewusst sein, dass sie mit einem Management Audit in der Regel massiver in die persönliche Stabilität der Betroffenen eingreifen als in anderen personalbezogenen Beratungsfeldern wie Coachings, Einführung von Leistungsbeurteilungen, Anreiz- und Vergütungssysteme, Entwicklung von Management Development Programmen, etc.

Integrität gegenüber Vereinnahmung

Ethisch nicht vertretbare Instrumentalisierung

Die häufig sehr politischen Rahmenbedingungen reduzieren die wahrgenommenen Entscheidungsspielräume der Entscheidungsträger und bergen die Gefahr einer unzulässigen und ethisch nicht vertretbaren Instrumentalisierung des Instruments und des Beraters zu Legitimationszwecken des Auftraggebers. Abwesenheit von Interessenkonflikten, Sensibilität für die persönliche Relevanz des eigenen Tuns für Betroffene sowie die Integrität und Ehrlichkeit der konkret im Management Audit involvierten externen Berater sind daher entscheidende (und zu prüfende) Voraussetzungen für die erfolgreiche Durchführung von Management Audits. Seniorität, Ausbildung, Lebens- und Berufserfahrung (Linien- und Führungserfahrung in vergleichbarem unternehmerischen, strukturellen und kulturellen Umfeld), Referenzauskünfte und Persönlichkeit der zum Einsatz kommenden Berater sind dabei objektivier- und prüfbare Kriterien.

Das Angebot an Beratungsfirmen für Management Audits ist (wie in der Personalberatung generell üblich) sehr breit gefächert. Die große Nachfrage nach Management Audits seit den 90er Jahren hat eine Vielzahl kleiner und mittlerer Beratungsunternehmen hervorgebracht und große, bekannte Beratungshäuser dazu bewogen, ihr Leistungsangebot zu ergänzen und entsprechende Kompetenzen aufzubauen. Die Tragweite eines Management Audit und die Komplexität der fachlichen, methodischen und menschlichen Anforderungen an diejenigen Personen, die das Audit durchführen, machen es in allen Fällen sehr ratsam, die Leistungen und Erfahrungen eines externen Beraters sehr genau zu prüfen, und zwar sowohl auf der Ebene der Beratungsfirma und der Berater als auch der angebotenen Methode und Prozessqualität. Dabei sind die Breite und Qualität der Erfahrungen der Berater mit der Durchführung von Management Audits in vergleichbarem kulturellen Umfeld, die Möglichkeit, Referenzen zu prüfen, sowie die Nachvollziehbarkeit und Validität der Methodik wohl die entscheidendsten Kriterien.

Komplexität und Tragweite erfordern Genauigkeit bei der Beraterauswahl

5.3 Steuerung (Beratermanagement)

Die Steuerung von Beraterprojekten hat ihren Ausgangspunkt einerseits in einer klaren Projektdefinition (siehe weiter oben) sowie einer gemeinsam vereinbarten Aufgaben- und Rollenteilung und Zuordnung von Ergebnisverantwortungen. Neben den externen Beratern sind in Management Audit-Projekten die Auftraggeber, die Personalabteilung sowie die beurteilten Führungskräfte die wesentlichen weiteren Aufgaben- und Verantwortungsträger. Die komplette Delegation eines Management Audit-Projekts an einen externen Berater ist in aller Regel nicht sinnvoll, da der Erfolg von Management Audit-Projekten wesentlich von den notwendigen unternehmens- und positionsspezifischen Anpassungen abhängt, die ein externer Berater nur in Zusammenarbeit mit dem Auftraggeber erarbeiten kann. Die Einschätzung der Führungsfähigkeiten und Entwicklungspotenziale des eigenen Managements ist im Grundsatz eine nicht delegierbare Aufgabe und Verantwortung, die der Auftraggeber selbst übernehmen muss. Dabei kann/soll er sich durchaus von einem externen Berater beraten lassen, sei es für die prozessuale und methodische Unterstützung, sei es, um die eigene Einschätzung mit einer Fremdeinschätzung abzustimmen. Der Auftraggeber wird aber nicht darum herumkommen, wesentliche Parameter der Durchführung des Management Audit intern zu bestimmen. Dazu gehören beispielsweise die Festlegung der Zielsetzung, die Definition der zu prüfenden Schlüsselkompetenzen, die Teil-

Management Audits sollten nicht vollständig delegiert werden

nehmerauswahl sowie die Auswahl geeigneter Diagnoseverfahren. Die Vereinbarung und Formulierung der Erwartungen an den externen Berater sowie der von diesem zu übernehmenden Aufgaben und zu liefernden Ergebnisse ist daher ein wesentlicher Erfolgsfaktor für die Durchführung eines Management Audit-Projekts, außerdem verhindern sie Missverständnisse, ständige Rollendiskussionen sowie Projektineffizienzen. Zusätzlich dienen sie als geeignete Grundlage für die Kontrolle und Bewertung der vom externen Berater erbrachten Leistungen.

Literatur

Association of Management Consultants Switzerland ASCO (2004). *ASCO-Marktstudie, Fakten und Trends zum Management Consulting Schweiz*. Zürich.

Bundesverband Deutscher Unternehmensberater BDU e. V. (2003). *Facts & Figures*. Bonn.

Bundesverband Deutscher Unternehmensberater BDU e. V. (2004). *Der Deutsche Unternehmensberatermarkt in Zahlen*. Bonn.

European Federation of Management Consultancy Associations FEACO (2004). *Survey of the European Management Consultancy Market 2003*. Brussels.

Trauth, F. & Samland, J. (2003). *Management-Audit. Personalmanagement-Box, Lexikon 2* (S. 1-22). Neuwied: Luchterhand.

Deutsche Bahn AG: Management Audits und strategische Führungskräfteentwicklung

Hagen Ringshausen

1 Ausgangsbedingungen

In Zeiten einer sukzessiven demografischen Überalterung der europäischen Bevölkerung und damit einhergehender langfristig rückläufiger Hochschulabsolventenzahlen in Deutschland und Europa (Statistische Veröffentlichungen der Kultusministerkonferenz, 6/2003) bedarf es keiner ausführlichen Erläuterung, dass der „war for talents" um die besten Führungsnachwuchskräfte in Deutschland in den nächsten Jahren an Schärfe noch deutlich zunehmen wird.

War for talents

Der Anbietermarkt der Personalberatungen und Jobvermittler musste sich bereits durch strukturelle Spezialisierungs- und Professionalisierungsreaktionen auf die neue Situation einstellen: Zunächst vorüber scheinen die goldenen Zeiten der aus dem Boden schießenden Personalberatungen und Headhunter, die sich vor Suchaufträgen „kaum mehr retten konnten". Professionelle Personalsuche mit externer Unterstützung ist zwar auch weiterhin im Fokus insbesondere größerer Unternehmen und Konzerne. Doch die aktuellen Marktbedingungen der Personalberatungsbranche haben sich unter den Einflüssen der gesellschaftlichen Verbreitung der Internetnutzung, des allgemeinen Nachfragerückganges an Arbeitskräften in Deutschland und der zunehmenden Automatisierung der firmeneigenen Personalsuche dramatisch gewandelt. Die Wege der Kontaktvermittlung bzw. der Rekrutierung im mittleren Managementbereich via Internet sind für die Unternehmen in aller Regel deutlich kostengünstiger gegenüber vergleichsweise hochpreisigen Direktsuchaufträge für Headhunter. Kooperationsvereinbarungen mit einschlägigen Internetjobbörsen und unternehmenseigene e-Recruiting Prozesse decken mittlerweile einen Großteil der Personalsuchaktivitäten vieler Großfirmen vor allem bei Spezialisten-

Rekrutierungsprozesse

positionen und Funktionen im mittleren Management ab und sind in Deutschland nicht mehr aus dem Markt wegzudenken.

Top-Managment
Ebenso wie sich als eine wesentliche Folge daraus innerhalb der Personalberatungsbranche in zunehmendem Maße branchenspezifische Spezialisten herausbilden, wie etwa für die Automobil-, IT- oder die Telekommunikationsbranche, ist auch der konsequente Trend zur Konzentration auf Top-Management-Positionen festzustellen. Interessant ist hierbei auch, dass gleichzeitig der Professionalisierungsdruck auf Personalberatungen im Sinne eines wettbewerbsrelevanten Differenzierungskriteriums deutlich gestiegen ist. Seitens der Unternehmen wird also von Personalberatungen zunehmend eine höhere eignungsdiagnostische Beratungskompetenz zur Sicherstellung der Besetzungsqualität eingefordert. Dies erfordert nicht nur eine umfassende Kenntnis über die kulturellen Bedingungen und politischen Konstellationen des beauftragenden Unternehmens, sondern auch die Kompetenz zur differenzierten Potenzialbeurteilung von Top-Management-Kandidaten. Mit dem Zurückfahren der Personalsuchaktivitäten über externe Personalberatungen erhöht sich zusätzlich der interne Professionalisierungsdruck der Unternehmen zur optimierten Bindung und Pflege von Mitarbeitern, insbesondere von Potenzialträgern.

Unternehmensinterner Professionalisierungsdruck
Die konsequente Frage vieler (Groß-)Unternehmen und ihrer Personalentwicklungsabteilungen angesichts dieser allgemeinen Marktentwicklung ist die, mit welchen Instrumenten und Prozessen die interne Gewinnung, Förderung, Entwicklung und Bindung von Managementpotenzialen effektiv realisiert werden kann, um sich auf der einen Seite weitestgehend unabhängig von externem „Berater-Know-how" (vgl.: Bühner, 2004; Höselbarth, 2000) aufzustellen und um zum anderen die internen Humanressourcen nachhaltig wertschöpfend binden zu können.

2 Unternehmenssituation

Managemententwicklung bei der Deutschen Bahn AG
Die Deutsche Bahn AG als internationaler Logistik- und Mobilitätsanbieter ist im Wesentlichen in fünf Unternehmensbereichen aufgestellt: Personenverkehr, Transport & Logistik / Railion, Personenbahnhöfe, Fahrweg, Dienstleistungen. Bei einer komplexen Flächenorganisation wie dem Unternehmensbereich Personenverkehr mit etwa 78.000 Mitarbeitern noch dazu mit den Personalbeständen des Konzerns der Deutschen Bahn AG mit etwa zusätzlichen 170.000 Mitarbeitern im Hintergrund erscheint es durchaus sinnvoll, sich beim Thema Managemententwicklung konzeptionell einmal mehr Gedanken zu machen über die personalwirtschaftlichen Wertschöpfungspotenziale im Sinne eines konzernweiten Arbeitsmarktes. Die enorme strategische Bedeutung der Managemententwick-

lung wird zusätzlich durch die zunehmende Internationalisierung des Konzerns untermauert: Durch die Unternehmenszukäufe von Stinnes und Schenker im Unternehmensbereich Transport & Logistik / Railion zu Beginn des Jahres 2004 verfügt der Konzern damit über ca. 30.000 zusätzliche Mitarbeiter, die weltweit in 130 Ländern eingesetzt sind und damit die organisationale Basis für attraktive internationale Karriereoptionen bieten.

Internationalität

Betrachtet man die Prozesskette der Managemententwicklung von der frühzeitigen Potenzialerkennung bis zum karriere- und entwicklungsorientierten Personaleinsatz in Managementfunktionen im Sinne des Lebenszyklus-Ansatzes (vgl.: Sonntag, 1999) stellt sich die Frage, welche grundlegenden Anreizbedingungen und Voraussetzungen geschaffen werden müssen, um die Förderung und Entwicklung des Managements nach einheitlichen Qualitätsstandards und in enger Verzahnung mit den übrigen Prozessen und Instrumenten der Personalentwicklung fest in der Organisation zu verankern. In einem solchen strategischen Verständnis integrierter Managemententwicklung sind die Übergänge zur Organisationsentwicklung fließend (Ringshausen, 2000). Dazu wurde 2001 der Managementplanungsprozess im Konzern der Deutschen Bahn AG, zunächst im Unternehmensbereich Personenverkehr eingeführt, der im Folgenden vorgestellt wird.

Lebenszyklus-Ansatz

Integrierte Managemententwicklung

3 Der Managementplanungsprozess MPP

3.1 Ziele

Der Managementplanungsprozess, kurz MPP, verfolgt das strategische Ziel einer konsequenten und systematischen Führungskräfteplanung und -entwicklung. Dies geschieht auf der Grundlage eines Management Audits, also einer systematischen Potenzialanalyse über das gesamte Management einschließlich angehender Führungskräfte. Das Ziel des MPP impliziert zum einen den quantitativen Anspruch einer relativen Unabhängigkeit bei der Besetzung von Führungspositionen gegenüber dem externen Arbeitsmarkt, zum anderen den qualitativen Anspruch, die Besetzungsqualität auf allen Schlüsselpositionen weiter zu verbessern. Während vor Einführung des MPP noch ca. 70 % aller Führungspositionen durch externe Kandidaten besetzt wurden, ist dieser Anteil auf etwa 30 % reduziert worden und steht damit in einem ausbalancierten Verhältnis zur Sicherstellung des internen Know-hows und gleichzeitiger Integration neuen externen Fach-, Methoden- und Managementwissens. Eine

Systematische Führungskräfteplanung und -entwicklung

Sicherung internen Know-hows

Betrachtung der in 2001 definierten Potenziale und ihrer Entwicklung und heutigen Positionierung innerhalb der Gesamtorganisation bestätigt die Validität des Instruments im Sinne einer deutlich gesteigerten Besetzungsqualität und einer frühzeitigeren Einbindung der Potenzial- und Leistungsträger in interne Managemententwicklungsprogramme. Die hohe personalstrategische Bedeutung des MPP für das Unternehmen steht damit außer Frage und das Ziel ist es, den MPP über alle Konzern- und Unternehmensbereichsstrukturen zu etablieren.

Systematische Karriere- und Nachfolgeplanung

Die Basis des MPP ist die Identifikation von Leistungsträgern und vorhandener Potenziale, also von Führungskräften mit ausreichendem Leistungsvermögen zur Übernahme weiterführender Managementaufgaben und -funktionen auf einer nächsthöheren Führungsebene. Eine nachhaltige Entwicklung der Potenzialträger wird dadurch abgesichert, dass ihnen im Rahmen einer frühzeitigen und systematischen Karriere- und Nachfolgeplanung Perspektiven im Unternehmen eröffnet und entsprechende Entwicklungsmaßnahmen vereinbart, umgesetzt und überprüft werden. Zur Vermeidung von „Kaminkarrieren" werden nicht nur Wechsel in andere Funktionen bzw. Unternehmen des Personenverkehrs bzw. des Konzerns geprüft, sondern auch solche zwischen Projekt- und Linienfunktionen, Stabs- und operativen Funktionen, Job Rotation auf derselben Führungsebene bzw. Zielpositionen im Ausland.

Darüber hinaus liefert der MPP wichtige strategische Kenngrößen zur Planung und Steuerung aller Maßnahmen der Führungskräfteentwicklung, wie etwa innere Führungskräfteverteilungsstruktur nach Ebenen, durchschnittlicher Zielerreichungsgrad sowie Potenzial- und Bedarfsdeckungsquote.

Beurteilungs- und Prozessstandards

Die Vorbereitung, Koordination, Durchführung und interne Kommunikation des Managementplanungsprozesses MPP liegt in der zentralen Verantwortung der Personalentwicklung des Unternehmensbereichs mit ihren Mitarbeitern der Führungskräfteentwicklung. Damit wird nicht nur eine einheitliche Umsetzung von Beurteilungs- und Prozessstandards auf einem professionellen Niveau gewährleistet, sondern auch eine kurzfristige unternehmensweite Ergebnisnutzung erreicht

3.2 Ablauf

4-stufiges Vorgehen

Der MPP verläuft nach einer vorgeschriebenen zeitlichen und inhaltlichen Systematik, die vier Stufen mit begleitendem Review über 12 Monate umfasst: Potenzialeinschätzung, Potenzialvalidierung, Maßnahmenvereinbarung und Maßnahmenumsetzung (vgl. Abb. 1).

Erste Stufe: Potenzialeinschätzung

Die Einschätzung des individuellen Managementpotenzials ist eine originäre Führungsaufgabe und fällt damit in die Verantwortung der direkten Führungskraft/des Disziplinarvorgesetzten des Mitarbeiters. Die Ausprägung der DB Managementkompetenzen wird auf Basis der zu erwartenden zukünftigen Anforderungen bezogen auf die aktuelle Funktion des Mitarbeiters (MA) eingeschätzt. So können sich beispielsweise die zukünftigen Anforderungen an einen heutigen Key Account Manager Vertrieb Deutschland deutlich erweitern (Job Enrichment), wenn zum Beispiel durch absehbare Internationalisierungstendenzen die zukünftigen etwa sprachlichen, (inter-)kulturellen oder auch Mobilitätsanforderungen an dieselbe Person verbreitern.

Aufgabe des direkten Vorgesetzten

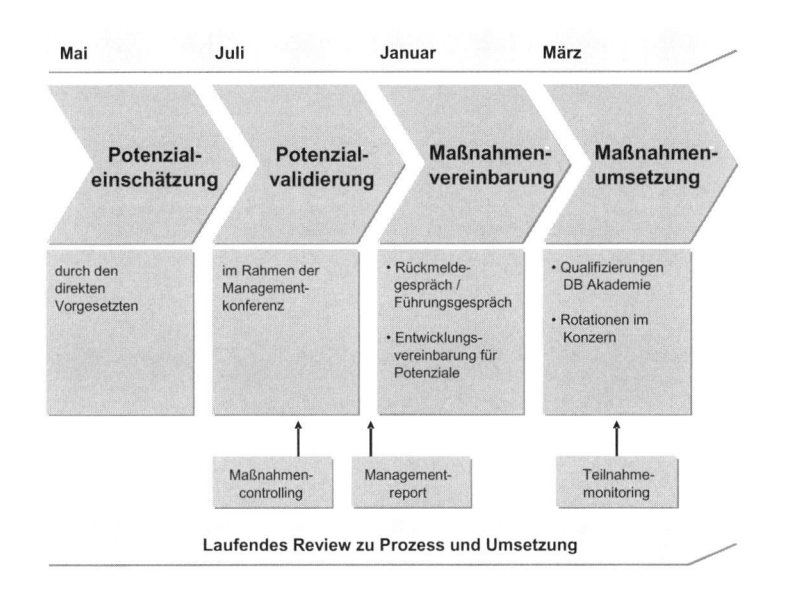

Abbildung 1: Ablauf MPP

Die DB Managementkompetenzen sind standardisiert und in drei Bereiche unterteilt: Unternehmerkompetenz, Führungskompetenz und soziale Kompetenz. Die Gesamteinschätzung des Potenzials erfolgt auf einer Skala mit 5 Bewertungsstufen und ergibt sich aus der Gesamtbetrachtung der drei Kompetenzbereiche. Der Wert der Gesamteinschätzung muss sich dabei nicht rechnerisch als arithmetisches Mittel ergeben, sondern obliegt der individuellen Gewichtung des Vorgesetzten (vgl. Abb. 2).

Unternehmer-, Führungs- und soziale Kompetenz

Kompetenz-bereiche und Kompetenzen

Jeder der drei Kompetenzbereiche ist wiederum in mehrere Kompetenzen aufgegliedert, so dass der Vorgesetzte die Potenzialeinschätzung des gesamten Kompetenzbereiches als Summe seiner Einzelbewertungen einzelner Fähigkeiten und Verhaltenseigenschaften bestimmen kann: Der Kompetenzbereich „Unternehmerkompetenz" ist zum Beispiel zusammengesetzt aus Kompetenzen wie Kunden-, Ergebnis- und Zielorientierung, Treiber von Veränderungen etc. Der Bereich „Führungskompetenz" beinhaltet Kompetenzen wie Delegationsfähigkeit, Durchsetzungsfähigkeit, Fähigkeit zur Komplexitätsreduktion u. a. Der dritte Kompetenzbereich „Soziale Kompetenz" beschreibt einen Gesamteindruck aus Kompetenzen wie Selbstreflexion, Kommunikationsfähigkeit, Konfliktfähigkeit etc.

5	MA übertrifft die Anforderungen an die Managementkompetenzen in allen Bereichen deutlich.	Potenzial über 2 Ebenen	Herausragendes Potenzial
4	MA übertrifft insgesamt die Anforderungen an die Managementkompetenzen.	Potenzial für nächsthöhere Ebene	Überdurchschnittliches Potenzial
3	MA erfüllt die Anforderungen an die Managementkompetenzen.	Potenzial für Rotationen auf gleicher Ebene	Ausgewogenes Potenzial
2	MA erfüllt die Anforderungen an die Managementkompetenzen in einigen Bereichen nicht.	Potenzial für die aktuelle Aufgabe erst nach weiterer Entwicklung	Schwaches Potenzial
1	MA erfüllt die Anforderungen an die Managementkompetenzen in wesentlichen Teilen nicht.	Kein Potenzial für die aktuelle Aufgabe	Aktuell kein Potenzial

Unternehmerkompetenz — Führungskompetenz — Soziale Kompetenz

DB Managementkompetenzen
Einschätzung durch den Vorgesetzten

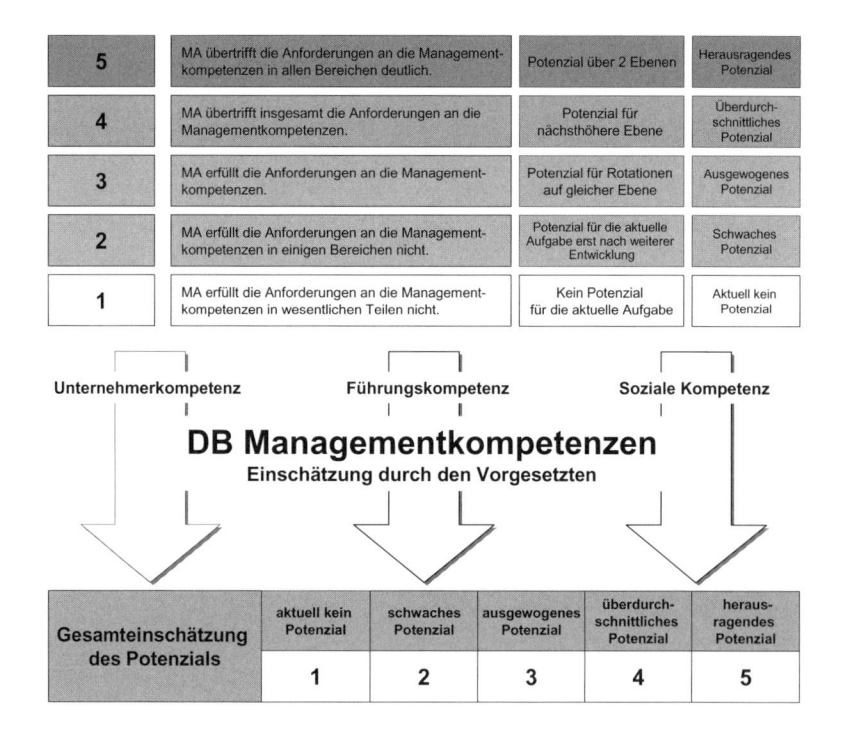

Gesamteinschätzung des Potenzials	aktuell kein Potenzial	schwaches Potenzial	ausgewogenes Potenzial	überdurchschnittliches Potenzial	herausragendes Potenzial
	1	2	3	4	5

Abbildung 2: Potenzialeinschätzung MPP

Standardisierte Aufzeichnung

Mithilfe dieser konzernweit einheitlichen DB Managementkompetenzen sowie durch einen standardisierten Aufzeichnungsbogen werden vergleichbare und transparente Maßstäbe erreicht. Ein kompaktes Ein-Tages-Training bereitet die Führungskräfte auf die praktische Durchführung des MPP und ihre Aufgaben in diesem Prozess vor. Hierbei wird nicht nur ein einheitliches Verständnis über die Kriterien zur Beurteilung von Potenzialen auf Basis der DB Managementkompetenzen entwickelt, sondern z. B. auch die wichtige Differenzierung zwischen Leistungs- und Potenzialträgern erläutert sowie praktische Hilfestellung zur Vermeidung typischer Beurteilungsfehler gegeben. Ein weiterer Trainingsschwerpunkt ist das Handling sämtlicher MPP Standardtools, deren Einsatz an praktischen Anschauungsbeispielen eingeübt wird. Insgesamt bietet die rein intern organisierte Potenzialeinschätzung m. E. einen wichtigen personalpolitischen Vorteil gegenüber dem Alternativmodell „Kooperation mit externer Unterstützung": Zum einen entsteht durch die standardisierte Einbindung der Führungskräfte über den gesamten MPP mit aktiven Rollen eine deutliche höhere Verbindlichkeit bei den Führungskräften in Bezug auf ihre Personalentwicklungsverantwortung gegenüber ihren Mitarbeitern, zum anderen können so auch „im etwas informellen Kollegenkreis" im Rahmen der Potenzialvalidierung auch Leistungseindrücke aus früheren Projekten bzw. Tätigkeiten des einzuschätzenden Mitarbeiters diskutiert und eingebracht werden.

Inhalte des MPP-Trainings für Führungskräfte

Abbildung 3: Zusammensetzung Managementkonferenz MPP

Zweite Stufe: Potenzialvalidierung

Im Rahmen der einmal jährlich stattfindenden Managementkonferenz besprechen die Führungskräfte einer Führungsebene mit dem gemeinsamen nächsthöheren Vorgesetzten die aktuelle Potenzialsituation ihres Bereichs. Jede Führungskraft erläutert dazu die von ihr vorgenommene Potenzialeinschätzung ihrer Mitarbeiter. Diese Einschätzungen können

Managementkonferenz

durch Beobachtungen und Eindrücke von Kollegen der beurteilenden Führungskraft ergänzt, bestätigt oder differenziert werden, so dass insgesamt über die Managementkonferenz eine Validierung der Potenzialeinschätzungen stattfindet. Üblicherweise unterstützt ein Mitarbeiter der Personalentwicklung in allen Phasen des MPP, insbesondere das Prozesscontrolling, das Führungskräftetraining zur Durchführung und die Moderation der Managementkonferenz (vgl. Abb. 3).

„Quality gate" Die Managementkonferenz stellt damit nicht nur die wichtige Funktion eines „quality gate" für die zweite Stufe des MPP dar, sondern hat auch den Effekt, dass Potenzialträger kontinuierlich im Fokus des Managements stehen und so im Falle einer plötzlichen Vakanz sehr zeitnah konkrete Besetzungsvorschläge auf Basis der Konferenzergebnisse diskutiert werden können.

Potenzial- und Leistungsportfolio Am Ende der Managementkonferenz wird als erstes Ergebnis für jeden Bereich ein Potenzial- und Leistungsportfolio über alle Mitarbeiter (MA) erstellt, das wiederum eine wichtige Ausgangsbasis für den MPP des Folgejahres bildet. Hierbei lassen sich auch Untergruppen wie Talente oder Stars definieren (vgl. Abb. 4).

Ein zweites Ergebnis ist die Vereinbarung und Dokumentation verbindlicher Maßnahmen für die besprochenen Personen, z. B. mögliche Zielpositionen oder konkret einzuleitende Fördermaßnahmen. Abschließend legen

Verbindlichkeit und Nachhaltigkeit die in der Konferenz anwesenden Führungskräfte die Nachfolgeplanungen für das eigene Ressort bzw. den eigenen Bereich fest und dokumentieren sie. Die Umsetzung aller Vereinbarungen ist ebenfalls Gegenstand des MPP im Folgejahr, um Verbindlichkeit und Nachhaltigkeit der Managementplanung auf einem hohen Niveau zu halten.

Dritte Stufe: Maßnahmenvereinbarung

Die in der Managementkonferenz festgelegten Entwicklungsmaßnahmen sind nun im nächsten Schritt mit dem Mitarbeiter zu besprechen und zu

Rückmeldegespräch vereinbaren. Die Rückmeldung der zugrunde liegenden Potenzialeinschätzung durch den Vorgesetzten an den Mitarbeiter erfolgt in der Regel zeitnah im Rahmen des jährlichen Führungsgesprächs oder ggf. auch in einem separaten Rückmeldegespräch. Der Mitarbeiter bereitet sich auf das

Abgleich von Vorgesetztenbeurteilung und Selbsteinschätzung Gespräch vor, indem er den Bogen „Selbsteinschätzung Potenzial" ausfüllt. Dieser ist analog dem Bogen „Vorgesetztenbeurteilung" auf Basis der vorgestellten 5er Ratings strukturiert. Im Vorfeld der Selbsteinschätzung erhält der Mitarbeiter von seiner Führungskraft einen schriftlichen und Selbsteinschätzung der Mitarbeiter Leitfaden, der ihm insbesondere die DB Managementkompetenzen anhand alltagstypischer Verhaltensbeispiele erklärt und ihn mit der Systematik des MPP vertraut macht. Nachdem Führungskraft und Mitarbeiter Gemeinsamkeiten und insbesondere Abweichungen in der Potenzialeinschätzung diskutiert haben, legt der Vorgesetzte konkrete und verbindliche Entwicklungs- und Fördermaßnahmen im Aufzeichnungsbogen des Führungsgesprächs fest.

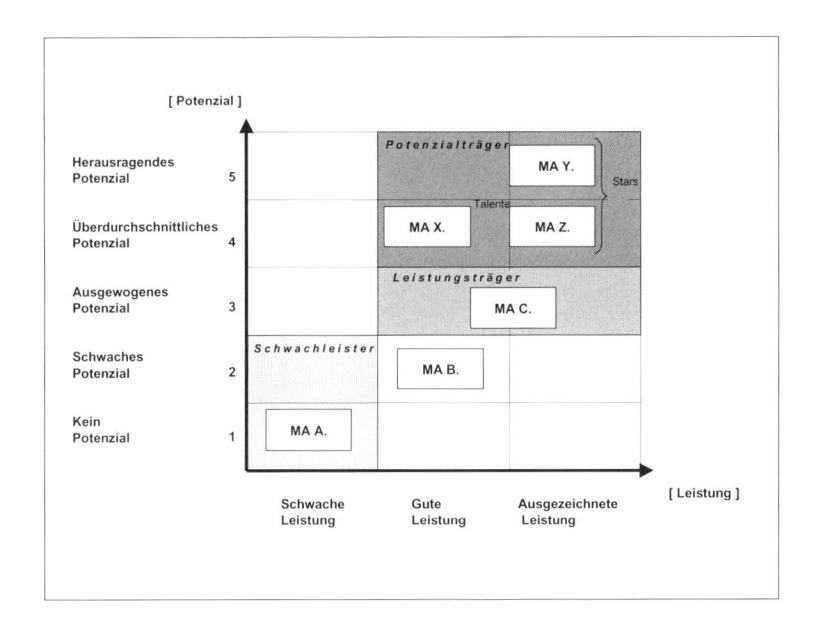

Abbildung 4: MPP Portfolio

Für Mitarbeiter mit weiterführendem Potenzial der Stufen 4 und 5 wird in einem gesonderten Gespräch – unter Beteiligung der zentralen Führungskräfteentwicklung – eine individuelle Entwicklungsvereinbarung geschlossen.

Vierte Stufe: Maßnahmenumsetzung

Führungskraft und Mitarbeiter tragen gemeinsam die Verantwortung für die konsequente Umsetzung der vereinbarten Maßnahmen. Die Führungskräfteentwicklung unterstützt die Umsetzung. Job Rotations zwischen verschiedenen Funktionen oder Unternehmensbereichen erweitern die Kompetenzen der Führungskräfte „on the job" und sind so Basis für individuelle Karrieren und konzernübergreifende Nachfolgeplanungen. Daneben nehmen die identifizierten Leistungs- und Potenzialträger verbindlich an entsprechenden Qualifizierungsprogrammen der DB Akade-

Gemeinsame Umsetzungsverantwortung

Qualifizierungs-programme an DB Akademie

Incentive

mie teil. Die DB Akademie in Potsdam stellt nicht nur aufgrund ihrer historischen Vergangenheit als ehemaliger Kaiserbahnhof zu Zeiten Friedrich Wilhelms II, sondern auch als Kommunikationsplattform für den Managementerfahrungsaustausch mit anderen Unternehmen für die Führungskräfte des Konzerns eine herausragende Trainingsmaßnahme „off the job" dar. Geplant sind hier ab 2005 Trainingskapazitäten für rund 800 Führungskräfte pro Jahr. Entwicklungsmaßnahmen in diesem exklusiven Rahmen besitzen damit einen hohen Incentivecharakter und fördern gezielt die Bindung wertvoller Leistungs- und Potenzialträger an das Unternehmen. Darüber führen hochwertige Qualifizierungsprogramme zu einheitlichen Qualifizierungsstandards im Konzern der Deutschen Bahn AG und unterstützen den Aufbau eines gemeinsamen Führungsverständnisses durch konzernübergreifende Lernerlebnisse.

Review

Management-report

Wie dargestellt wurde, kommt dem Managementplanungsprozess MPP eine strategisch existenzielle Bedeutung für die Entwicklung und Förderung der Führungskräfte aber auch für die gesamte Führungskultur zu. Aus diesem Grund werden hohe Anstrengungen unternommen, um den MPP in allen Unternehmensbereichen des Konzerns zu etablieren und den konzernweiten Arbeitsmarkt auch für den Managementbereich weiterzuentwickeln, was zunehmend auch durch intelligente Personalsysteme beschleunigt wird. Die konsequente Umsetzung des Managementplanungsprozesses MPP sowie die Einhaltung der festgeschriebenen Qualitätsstandards werden durch einen systematischen, regelmäßigen Managementreport sichergestellt. Dieser beinhaltet sämtliche relevanten Kenngrößen zur Steuerung der Führungskräfteentwicklung im Konzern und liefert damit auch den Personalvorständen der fünf Unternehmensbereiche und dem Konzernvorstand die Entscheidungsgrundlage zur Festlegung der Investitionsbudgets im Bereich Führungskräfteentwicklung.

4 Zusammenfassung

„State of the art"

Der Managementplanungsprozess stellt ein professionelles Management Audit-Verfahren zur Förderung und Entwicklung von Leistungs- und Potenzialträgern für die Deutsche Bahn AG dar, der auch im Industrievergleich mit anderen Unternehmen als „state of the art" bezeichnet werden kann. Seine durchstrukturierte Systematik ergänzt durch praktische Tools zur Durchführung gewährleisten eine zügige Umsetzung und Etablierung in allen Organisationsbereichen des Konzerns. Der MPP hat in den vergangenen Jahren für den Unternehmensbereich Personenverkehr, der diese Entwicklung im Konzern anführt, nachweislich positive Effekte in Bezug auf den entwicklungsorientierten Personaleinsatz und die Bindung von Führungskräften erzeugt. Nicht weniger effektiv ist die Unterstützungsfunktion des MPP für die Führungskultur im Hinblick auf die Entwicklung eines gemeinsamen Führungsverständnisses zu bewerten, die durch die interaktiven Abstimmungsprozesse im Rahmen der Managementkonferenz insbesondere im Unternehmensbereich Personenverkehr zu einer nachhaltig hohen Durchdringung der Organisation beigetragen hat. Damit hat der MPP insgesamt die Förderung des konzernweiten Arbeitsmarktes für den Führungskräftebereich wesentlich unterstützt und die Attraktivität der Deutschen Bahn AG als Arbeitgeber intern und extern deutlich erhöht. Schließlich konnte mit dem MPP die Zusammenarbeit des Unternehmensbereichs mit externen Personalberatungen primär auf Spezialistenfunktionen und Top-Management-Positionen fokussiert werden.

Unterstützung der Führungskultur

Literatur

Bühner, R. (2004). *Mitarbeiterkompetenzen als Qualitätsfaktor. Strategieorientierte Personalentwicklung mit dem House of Competence.* München: Carl Hanser.

Höselbarth, F., Lay R. & Lopez de Arriortua, I. (2000). *Die Berater. Einstieg, Aufstieg, Wechsel.* Frankfurt am Main: FAZ.

Ringshausen, H. (2000). *Die Bedeutung von Organisationstheorien für die betriebliche Weiterbildung.* München: Rainer Hampp.

Sekretariat der Ständigen Konferenz der Kultusminister der Länder der Bundesrepublik Deutschland (Hrsg.). (2003). Fächerspezifische Prognose der Hochschulabsolventen bis 2015. *Statistische Veröffentlichungen der Kultusministerkonferenz.* Dokumentation Nr. 168. Juni 2003. Bonn.

Sonntag, K. (Hrsg.). (1999). *Personalentwicklung in Organisationen. Psychologische Grundlagen, Methoden und Strategien* (2. Aufl.). Göttingen: Hogrefe.

Das Interaktive Management Audit von Roland Berger & Partner

Ingo Richthoff & Robert Bornemann

1 Konzept und Prozess

Umsatzrückgänge, Gewinneinbrüche, Personalreduzierungen und Insolvenzen – allein eine kurze Analyse aktueller Schlagzeilen deutscher Tageszeitungen und Wirtschaftsmagazine verdeutlicht die Zeichen der Zeit. Die Notwendigkeit harter Einschnitte und damit Unternehmensrestrukturierungen betrifft eine immer größere Anzahl von Firmen.

Zeit des Wandels

Diese besondere Situation der organisatorischen Neuordnung eines Geschäftsfeldes oder die Möglichkeit, Marktchancen besser auszunutzen, sind Ansatzpunkte, die eine kurzfristige Besetzungsentscheidung verlangen können. Gleichzeitig möchte man sich einen Überblick über die Potenzialträger und „Problemfälle" im Unternehmen verschaffen, um Handlungsengpässe besser aufzudecken bzw. klaren Handlungsbedarf zu benennen. Hierzu eignet sich die von Roland Berger & Partner entwickelte Methodik des Interaktiven Management Audits als Baustein zur Potenzialbeurteilung von Führungskräften.

Potenzialbeurteilung von Führungskräften

Das Interaktive Management Audit von Roland Berger soll im Folgenden aus der Sicht einer der führenden internationalen Top-Management-Beratungen praxisbezogen analysiert werden.

Erfolgreiche Unternehmensführung wird mehr denn je durch die optimale Ausschöpfung der internen und externen Ressourcen bestimmt. Die Führungskräfte eines Unternehmens bilden dabei einen wesentlichen Schlüsselfaktor für den Erfolg.

Schlüsselfaktor Führungskraft

Das Interaktive Management Audit verschafft den Klienten einen Überblick über die vorhandenen Management-Kompetenzen und Potenziale ihrer Führungskräfte. Sie erhalten aussagekräftige Rückschlüsse, inwieweit ihre Mitarbeiter in Führungspositionen sowohl den gegenwärtigen

	als auch den zukünftigen Anforderungen ihres Unternehmens gerecht werden.
Entscheidungs-hilfen	Die Unternehmensführung erhält durch die Auditierung schnelle und abgesicherte Entscheidungshilfen in Fragen der Personalbesetzung und der Führungskräfteentwicklung unter Beachtung der strategischen Zielsetzungen. Die Gefahr einer kapitalintensiven Fehlentscheidung kann somit frühzeitig umgangen werden.
	Der langjährige Erfolg des Interaktiven Management Audits zeigt, dass diese auf die unternehmensspezifische Situation abgestimmte Potenzialanalyse entscheidend zu einer nachhaltigen Wertschöpfungssteigerung oder Wertschöpfungssicherung der Klienten beiträgt.
Integratives Bewertungs-system	Das Management Audit liefert methodisch ein Optimum an objektiviertem Informationsgehalt bezüglich der beurteilten Führungskraft, da allgemeingültige Beurteilungskriterien der Managementeffektivität mit unternehmenseigenen Führungssystemen kombiniert und in die Bewertung integriert werden. Ein Management Audit-Projekt von Roland Berger kann in einer schematisierten Form in sieben Arbeitsschritte, die nachstehend kurz zusammengefasst sind, gegliedert werden:

Schritt 1: Strategie- und Struktur-Briefing

Start-Workshop	Den Start eines interaktiven Management Audit bildet ein ein- bis zweitägiger Workshop, der der Plausibilitätsprüfung des strategischen und organisatorischen Unternehmenskonzepts dient und den Management-Konsens über die wichtigsten Grundannahmen der Unternehmens-Entwicklung abklärt. Das Berater-Team entwickelt dabei das nötige Grundverständnis für die Wertschöpfungsstruktur und die kritischen Ressourcen des Unternehmens, ohne selbst vertiefende Analysen durchzuführen. Offene Fragen werden später in die Interviewleitfäden übernommen, und das Berater-Team wird im Verlauf des Workshops mehr und mehr mit den Unternehmensabläufen und -gegebenheiten konfrontiert.

Schritt 2: Erarbeitung dynamischer Anforderungsprofile

Schlüssel-positionen	Unter der Annahme einer mittelfristig weitgehend stabilen Organisationsstruktur entwickelt das Berater-Team im zweiten Schritt für alle Schlüsselpositionen die wichtigsten Aufgabenkomplexe. Im Unterschied zu klassischen Stellenbeschreibungen wird aus dem Rollenbündel eines Managers sein dynamisches Anforderungsprofil für die kommenden Jahre abgeleitet.

Schritt 3: Multiple Audit-Interviews

Während der Interviewphase verbringt jeder der einbezogenen Manager über einen Zeitraum von ca. drei Wochen mit drei Senior-Beratern jeweils ca. drei bis vier Stunden in halbstrukturierten Interviews. Auf diese Weise werden Tagesform-Fragen ausgeschaltet und über die Gespräche hinweg erzielt die auditierte Führungskraft eine Lernkurve.

Halbstrukturierte Interviews

Zwischen den Interviews ist jeweils Zeit für die Reflexion besprochener Themen. Neben der größeren Objektivität des „Mehr-Augen-Prinzips" wird die Konsensbildung über spätere Empfehlungen für individuelle Entwicklungsschritte und Maßnahmen erleichtert.

Im Rahmen der Diskussion über die Unternehmensstrategie, aktueller Stärken und Schwachstellen im Unternehmen, über Entwicklungsmöglichkeiten in der Firmenorganisation, der vorhandenen Systemunterstützung und Entscheidungsprozesse, der Personalpolitik und des Umgehens miteinander, lernen Berater und Manager einander relativ gründlich kennen. Auch wahrgenommene Erfahrungslücken, eigene Ambitionen und Motivationsrisiken können auf der dabei entstehenden Vertrauensbasis offen erörtert werden. Hypothesen über wahrscheinliche, eher unwahrscheinliche oder noch unklare Erfolgsvoraussetzungen der einzelnen Führungskräfte im Abgleich zu ihrem zukünftigen Anforderungsprofil und zu möglichen Einsatzalternativen werden offen durchgesprochen.

Gemeinsame Themenreflexion

Beim Interaktiven Management Audit steht nicht das *Urteil* über die erforderlichen Leistungsvoraussetzungen im Vordergrund der Interviews, sondern die *Suche* danach, unter welchen Voraussetzungen eine Führungskraft ihrer zukünftigen Aufgabe vermutlich gewachsen sein wird und wie sie dafür in Eigeninitiative oder durch unternehmensseitige Programme die persönlichen Erfolgsvoraussetzungen verbessern kann.

Suche statt *Beurteilung* von **Leistungsanforderungen**

Die gemeinsame Auswertung der Audit Interviews durch die Interviewer und die anschließende Dokumentation der individuellen Eignungsprofile erfolgt entlang schlüssiger Beobachtungskriterien. Das verwendete Kriterien-Raster entstammt der psychologischen Eignungsdiagnostik und wurde durch Expertengespräche und eine empirische Studie über Erfolgskriterien im Management (1.500 Fragebogen) mit europäischen Führungskräften validiert.

Auswertung mittels valider und psychologisch fundierter Kriterien

Nach den gewonnenen Erkenntnissen lassen „Initiative", „Kompetenz", „Kompatibilität" und „Urteilsvermögen" in ihrer Verknüpfung valide Aussagen zur relativen „Zukunfts-Sicherheit" einer Führungs-Besetzung zu.

Auf die Dimension der erwarteten Initiative wird im Interaktiven Management Audit von Roland Berger besonders geachtet:

Erfolgskriterium „Initiative"	▶ Marketing-Innovationen: Neue Initiativen zur Kundenbindung, -akquisition und bei der Identifikation neuer Märkte. ▶ Angebots-Innovationen: Initiativen der Produkt-, System-, und Dienstleistungsentwicklung oder im Kostenwettbewerb. ▶ Strategie-Innovationen: Wachstums- und Investitions-Initiativen, intelligente Geschäftsfeld-Segmentierungen, Mut zur Kräftekonzentration etc. ▶ Prozess-Innovationen: Eliminieren von Wertvernichtern, Zeitmanagement, Quantensprünge in der Kosten-Restrukturierung und konsequentes Qualitätsmanagement. ▶ Kultur-Innovationen: Beiträge zur Entwicklung neuer Fähigkeiten, Motivation eigenverantwortlicher Mitarbeiter und Kopplung von Vergütungsstrukturen an Leistung.

Schritt 4: Intersubjektive Plausibilitätsprüfung

Bewertung der Interviewergebnisse	Nach Abschluss aller Interviews diskutiert das Berater-Team die gewonnenen Ergebnisse und bewertet inwieweit die Aussagen der Kandidaten vergleichbar oder unterschiedlich im Hinblick auf die zu erwartenden Anforderungen sind Konkrete Maßnahmen zur Verbesserung oder Klärung der Voraussetzungen werden in einem Arbeitsbericht dokumentiert und später in Klausur mit dem Top-Management und im Feedback-Gespräch mit den einzelnen Gesprächspartnern abgestimmt.

Schritt 5: Dokumentation individueller Stärken/Schwächen-Profile

Personenbezogener und organisatorischer Handlungsbedarf	Für jede in ein Management Audit einbezogene Führungskraft dokumentiert das Berater-Team entlang der definierten Beurteilungskriterien die gewonnenen Gesprächseindrücke und gibt Antwort auf die Frage, welche Stärken der jeweilige Manager wahrscheinlich selbst und in Verbindung mit anderen Ressourcen für die kommenden Jahre in die Strategie-Realisierung des Unternehmens einbringen wird. Zugleich wird auf mögliche Schwachstellen hingewiesen, die für zukünftige Einsätze ein Risikofaktor sein können. Der personenbezogene und organisatorische Handlungsbedarf aus Beratersicht wird dargestellt. Über die individuellen Entwicklungsmaßnahmen hinaus fasst das Berater-Team auch den Gesamteindruck des Management-Teams zusammen.

Schritt 6: Ergebnis-Klausurtagung

Wichtigstes Ergebnis eines Roland Berger Audits ist nicht die Dokumentation der einzelnen Gesprächsergebnisse, sondern die gemeinsame Bewertung der bestehenden Möglichkeiten für personalpolitisches Handeln und persönliche Entwicklungs-Investitionen mit dem Top-Management.

Die Ergebnispräsentation des Interaktiven Management Audits erfolgt im Rahmen einer Klausurtagung, in der das Top-Management die Interviewergebnisse durch eigene Erfahrungen aus der laufenden Zusammenarbeit ergänzt. Individuelle Stärken-Schwächen-Profile der in das Projekt einbezogenen Führungskräfte werden im Verlauf der Klausur gemeinsam überdacht, und die abgeleiteten Perspektiven werden für das Feedback an die Teilnehmer dokumentiert.

Ergebnispräsentation

Schritt 7: Persönliches Teilnehmer-Feedback

Ein professionell durchgeführtes Interaktives Management Audit schließt damit ab, dass die zusammenfassende Einschätzung der gegebenen Erfolgsvoraussetzungen und die daraus abgeleiteten Empfehlungen zur persönlichen Weiterentwicklung mit den einbezogenen Führungskräften durchgesprochen werden.

Der Berater erläutert dabei die Team-Einschätzung und die vom Team empfohlenen Maßnahmen. Der Gesprächspartner erhält ausgiebig Gelegenheit, sein Selbstbild mit dem Fremdbild der Berater zu vergleichen.

Die beschriebenen Arbeitsschritte können nur von einem Team erfahrener Berater sach- und sozialkompetent durchgeführt werden. Ein Interaktives Management Audit hat deshalb nur als Kette von Dialogen einen Sinn, bei denen Führungskräfte und Berater gemeinsam Perspektiven ausloten und statt zu einem Urteil zu Handlungsempfehlungen gelangen.

Dialog zwischen Führungskraft und Berater

Im Folgenden werden wir an Hand von Praxisbeispielen die oben aufgeführte Vorgehensweise mit allen aufgetretenen Schwierigkeiten und Erfolgen näher beleuchten.

2 Praxisbeispiel 1

2.1 Zielsetzungen und Vorgehenskonzept

Bei einer international ausgerichteten Handelsgesellschaft mit zahlreichen Filialen wurde Roland Berger nach einer Unternehmensleitbildentwicklung mit der Durchführung eines Management Audit Prozesses beauftragt. Ziele des Projektes waren

Ziele des Management Audit-Projekts

- Identifizierung von Führungskräften, die die notwendigen Veränderungen in den Filialen bereits in der Gegenwart aktiv vorantreiben,
- Identifizierung von Führungskräften, die gegebenenfalls nach Schließung von Qualifikationslücken auch zukünftig in der Lage sind, ihre Aufgabe operativ zuverlässig auszufüllen,
- Identifizierung von Führungskräften, die stark gefährdet bzw. auch auf Sicht nicht in der Lage sind, die mit der Position verbundene Verantwortlichkeit eigenständig auszufüllen.

Definition der Zielpersonen

In einem ersten Strategiebriefing des obersten Managements der Handelsgesellschaft an das Roland Berger Projektteam wurde zuerst der zu auditierende Personenkreis definiert. Im Audit sollten letztendlich 129 Führungskräfte, darunter 19 Direktoren, 89 Geschäftsführer und 21 Bereichsleiter diagnostiziert werden. Ebenfalls wurde schriftlich festgehalten und begründet, welcher Personenkreis nicht der Auditierung unterzogen werden sollte. So wurden im Vorfeld Führungskräfte ausgeschlossen, welche direkt dem Vorstand angebunden waren, eine bestimmte Altersstufe bereits erreicht hatten und sich kurz vor dem Ruhestand befanden.

Transparente Kommunikation

Wichtig in einer solchen Vorselektion war es, dass sie klar und offen nach außen kommuniziert wurde. Die Selektion sollte die Sinnhaftigkeit und damit die Akzeptanz des Auditierungsprozesses in der Gesamtheit weiter unterstreichen, indem unnötige Auditierungen, wie im Beispiel der kurz vor dem Ausscheiden aus dem Unternehmen stehenden Führungskräfte, bereits im Vorfeld ausgeklammert wurden. Der Auditierungsprozess gewann dadurch stärker das Profil einer Entwicklungsmaßnahme und weniger das einer Überprüfung. Das Vorgehen durch die Beteiligten im anschließenden Kick-off mit entsprechender Begründung weitestgehend akzeptiert.

Strategisches Anforderungsprofil

Nach Festlegung des zu auditierenden Personenkreises wurde in Anlehnung an das neue Unternehmensleitbild und unter Berücksichtigung der strategischen Ausrichtung ein für jede Ebene speziell definiertes Anforderungsprofil mit einem Expertenkreis aus Unternehmensvertretern und Roland Berger Beratern in mehreren Workshops erarbeitet.

Darüber hinaus wurde parallel dazu die weitere Vorgehensweise des Gesamtprozesses einschließlich Zeitplan festgelegt. Insgesamt wurden drei Kernmaßnahmen bestimmt:

▶ Durchführung einer Potenzialdiagnose für jede Führungskraft in Form von 2 an unterschiedlichen Tagen durchgeführten Interviews.
▶ Abschließende Gesamteinschätzung je besprochene Führungskraft in der Gesprächsrunde.
▶ Protokollierung der Einzelergebnisse als Ausgangsbasis für ein Mitarbeitergespräch mit dem direkten Vorgesetzten.

Kernmaßnahmen

Als Besonderheit in diesem Projekt wurden zur Qualifikationseinschätzung für die verschiedenartigen Aufgaben, aber vor allem, um die unterschiedlichen Filialgrößen vergleichbar zu machen, die Ergebnisse mit Hilfe einer Punktesystematik zusammengefasst. Die Punktesystematik war folgender Maßen aufgebaut:

5 Punkte:	Leistungsträger und Impulsgeber für den Veränderungsprozess; Potenzial für die nächste Hierarchiestufe.	**Punktesystematik**
4 Punkte:	Potenzial für größere Verantwortung in gleicher Hierarchiestufe.	
3 Punkte:	Operativ richtig, richtiger Mitarbeiter am richtigen Platz.	
2 Punkte:	Signifikanter Verbesserungsbedarf für Verbleib in aktueller Aufgabe.	
1 Punkt:	Nur begrenzte Zuversicht in Bezug auf mittelfristige zufrieden stellende Ausfüllung der aktuellen Aufgaben, sehr gefährdet.	

Mit Beendigung der Vorbereitungsphase konnte bereits zwei Wochen nach Projektvergabe mit den ersten Audit Interviews gestartet werden.

2.2 Interviewstruktur

Grundlage für die ca. 3-stündigen Audit Interviews bildete ein halbstrukturierter Gesprächsleitfaden, der das zuvor festgelegte Anforderungsprofil von verschiedenen Perspektiven beleuchtete.

Halbstrukturierter Interviewleitfaden

Das Interview bestand aus einem gezielten Mix verschiedener Fragearten, die im Folgenden kurz vorgestellt werden.

Fragearten

Problemlöse-Fragen

Fragen, deren Beantwortung darin bestand, dass ein vorgegebenes Problem einer – konvergenten (übereinstimmenden) oder divergenten (gegensätzlichen) – Lösung entgegengeführt wurde.

▶ Glauben Sie, dass die xyz als eigenständige Filiale weiter bestehen kann oder dass man strategische Allianzen mit anderen Filialbetrieben eingehen muss?

▶ Wenn man der Ansicht ist, dass Allianzen gebildet werden müssen, dann ist hier eine divergente Logistik gefordert: Mit wem? Mit wem auf keinen Fall? Wie bringt man die Partner dazu? Was sind die Probleme?

Die Bearbeitung eines Problems erlaubte den Einblick in analytische Denkvorgänge, Strukturierungsfähigkeit, Logik des Argumentierens. Bei divergenten Problemen ließen sich Flexibilität, Kreativität und Standpunktwechsel beobachten.

---

12. Warum glauben Sie, sind Sie in Ihre jetzige Position berufen worden?

19. Waren Sie ein „neuer Besen", als Sie hierher kamen? Welche Wege haben Sie beschritten? Waren „unorthodoxe" Lösungsansätze dabei? (Beispiele/Vorschläge)

24. Welchen Beitrag werden Sie in den nächsten Jahren leisten, wo denken Sie, haben Sie die größte Wirkung? Welches Vorhaben/Projekt liegt Ihnen aktuell besonders am Herzen?

46. Nach der mittelfristigen Planung sollen in den nächsten Jahren die Vertriebskosten bei gleichzeitiger Erschließung neuer Märkte drastisch gesenkt werden. Ist das Ziel der Kostenreduzierung eigentlich realistisch? Welche Abweichungen würden Sie prognostizieren und warum?

55. Welche Strategie würden Sie dem Vorstand zur Weiterentwicklung der xyz vorschlagen? Lässt sich diese Strategie besser aus eigener Kraft, mit einem Partner oder durch Akquisition realisieren?

Abbildung 1: Ausschnitt Gesprächsleitfaden

Transfer-Fragen

Fragen, in denen z. B. aufgrund einer spezifischen eigenen Erfahrung Grundsätze eines Problems herauskristallisiert wurden.

▶ Sie haben ja bereits im Ausland gelebt. Was waren Ihre wichtigsten Erfahrungen dabei? Was machen wir dort noch falsch?
▶ Bevor Sie in das Unternehmen xy eingetreten sind, waren Sie in leitender Funktion bei xz beschäftigt. Was konnten Sie hier aufgrund ihrer Erfahrungen bei xz verändern?

Erfahrungsbasierte Übertragungen

Die Antworten erlaubten den Schluss, inwieweit der Befragte in der Lage war, Übertragbarkeit überhaupt zu erkennen, deren Grenzen zu sehen (Strukturungleichheit), von eigenen (und anderen) Erfahrungen zu profitieren.

Pro-Contra-Fragen

Hier ergingen die Aufforderungen, Pro- und Contra-Aspekte eines Sachverhaltes darzulegen und ggf. eine eigene Position zu beziehen

▶ Wie beurteilen Sie die Entscheidung zur neuen Konzernstruktur? Was glauben Sie, welche unternehmensstrategischen Gedanken dahinter standen?
▶ Wie beurteilen Sie die Gedanken, die im Vertrieb zurzeit unter dem Stichwort „Regionalisierung" diskutiert werden?
▶ Sie kennen die Diskussion um das Thema „Dienstwagen für E4". Welche Gründe sprechen aus Ihrer Sicht dafür bzw. dagegen?

Diese Fragen verlangten vom Befragten, möglichst viele Argumente für und wider eine strittige Position zu finden. Die Antworten waren damit Indikator für Durchdringung des Problems, für Fundiertheit der eigenen Meinung, für Ausgewogenheit des Urteils, für die Fähigkeit zum Perspektivenwechsel.

Problemdurchdringung

Situative Fragen

Im Rahmen der situativen Fragen schilderten die Interviewer Ihrem Gesprächspartner eine kritische Situation, wie sie auch im beruflichen Alltag auftreten könnte, und fragten ihn, wie er in diesem Fall handeln würde bzw. was er in diesem Fall getan hätte.

Kritische berufliche Situationen

Die situative Fragetechnik bot sich dann an, wenn zu einer bestimmten Dimension (z. B. Führungskompetenz) etwas über den Kandidaten in Erfahrung gebracht werden sollte, im Gespräch aber keine Möglichkeit bestand, das interessierende Verhalten zu beobachten. Beispiel für eine situative Frage zur Führungskompetenz:

▶ „Sie sollen als Externer eine neu geschaffene Stelle als Führungskraft antreten. Die Zahl der Mitarbeiter in diesem Bereich ist so angestiegen, dass eine erste Hierarchieebene zwischen dem Leiter und den Mitarbeitern eingezogen werden muss. Auf diese Stelle hat natürlich auch schon der eine und andere aus dem bereits anwesenden Personalbestand spekuliert. Wie werden Sie die ersten 4 Wochen als Führungskraft in dieser Institution gestalten?"

Fallbearbeitung

Intellektuelle Kompetenz

Bei der Fallbearbeitung wurde der Gesprächspartner aufgefordert, eine konkrete Problemstellung, die der Interviewer vorgab, sozusagen „laut denkend" zu analysieren und Problemlösungen zu entwickeln; bei der Fallbearbeitung standen mithin Aspekte der intellektuellen Kompetenz des Mitarbeiters im Vordergrund.

2.3 Ergebnisse

Klausurtagung

Nach Beendigung der Interviewphase und der Gesprächsmoderation für die 129 Teilnehmer wurde mit dem Management der Handelsgruppe eine zweitägige Klausurtagung durchgeführt. Der Ablauf und der Inhalt der Klausurtagung sahen folgendermaßen aus:

▶ Präsentation der Einzelergebnisse.
▶ Diskussion der Potenzialeinschätzung bei differierenden Sichtweisen, um letztendlich ein objektives und von allen Seiten getragenes Ergebnis zu bekommen.
▶ Vermittlung eines Gesamteindruckes aus der Potenzialdiagnose.

Aus dem Auditierungsprozess konnten beispielhaft folgende Ergebnisse abgeleitet werden:

Exemplarische Ergebnisse

▶ Bestätigung einer guten operativen Kompetenz bei allen auditierten Führungskräften.
▶ Defizite in der Sozial- und Führungskompetenz.
▶ Insgesamt 41 Führungskräften wurde eine ausgeprägte Veränderungsenergie attestiert, die man gezielt aktivieren und systematisch als Multiplikatoren sowie als Ausbildungsstationen nutzen konnte.
▶ Identifikation von sieben Führungskräften, bei denen aus damaliger Sicht die Vermutung bestand, dass sie für hierarchisch verantwortungsvollere Aufgaben oder eine Geschäftsführungsaufgabe in den Tochtergesellschaften geeignet waren.

▶ Zur Abdeckung des mittel- und langfristigen Bedarfs an Führungskräften Aufbau eines gezielten Management Development Programms.

Auf Grundlage dieser Erkenntnisse konnte somit ein gezieltes Personalentwicklungskonzept initiiert werden, das auf der einen Seite das neue Unternehmensleitbild stärker förderte und andererseits die Erschließung von Karriereperspektiven für gute Manager auch ohne aktuell verfügbare adäquate Einsatzmöglichkeiten im Unternehmen schuf.	**Ableitung eines PE-Konzepts**
Die anschließenden Feedbackgespräche mit den Audit-Teilnehmern führten ein Berater und der jeweilige direkte Vorgesetzte gemeinsam, was bei den Beteiligten auf eine sehr positive Resonanz stieß, da in einigen Fällen der Berater moderierend wirken konnte.	**Moderationsfunktion des Beraters**

3 Praxisbeispiel 2

3.1 Ausgangssituation

Ein anderer Auditierungsprozess soll im zweiten Praxisbeispiel näher beleuchtet werden. Hier war der Klient ein mittelständischer Betrieb mit dem Schwerpunkt in der Elektronikherstellung. Das Unternehmen befand sich zum damaligen Zeitpunkt in einer schwierigen wirtschaftlichen Situation.	
Das Unternehmen hatte einen permanenten Kostenanstieg im operativen Bereich. Die Geschäftsergebnisse der letzten beiden Jahre waren negativ und der Markt für das angebotene Produktportfolio verengte sich mehr und mehr. Technische Veränderungen verlangten eine gezielte Anpassung an die aktuellen Markterfordernisse.	**Schwierige wirtschaftliche Ausgangssituation**
Diese wirtschaftliche Ausgangssituation erforderte eine strategische Neuausrichtung und den genauen Personaleinsatz der Führungskräfte. Leider verlief allerdings die Entwicklung der Unternehmensführung anders als geplant.	
Der Unternehmensgründer schied aus Altersgründen aus dem operativen Bereich des Unternehmens aus und ernannte seinen Nachfolger. Dieser allerdings fiel ebenfalls durch plötzlichen Tod aus und ein weiterer Know-how-Träger aus der Geschäftsführung verließ die Firma, so dass ein Führungsvakuum entstand. Die organisierte Unternehmensnachfolge war somit gescheitert.	**Veränderungen in der Unternehmensführung**

Minimalkompromiss

Infolge dieser Geschehnisse kam es zu einer Bildung stark opponierender Fraktionen bei den verbleibenden Führungskräften, die die Kommunikation untereinander abbrachen. Der Versuch von Seiten der Gesellschafter stärker wieder auf die operative Führung zu wirken, scheiterte ebenfalls. Um die vollständige Führungslosigkeit des Unternehmens zu vermeiden, wurde letztendlich ein Geschäftsführer ernannt, der bei den einzelnen in der Zwischenzeit erstarkten Parteien, als Minimalkompromiss, galt.

Personalpolitische Sackgasse

Das Unternehmen war somit in einer personalpolitischen Sackgasse und das wirtschaftliche Umfeld drohte die Firma zu überfahren. Letztendlich war es die Hausbank, die die betroffenen Verantwortungsträger davon überzeugte, sich der Analyse eines objektiv Dritten zu unterziehen. Roland Berger erhielt den Zuschlag, eine Übersicht über die personellen Kompetenzen und die damit verbundenen Möglichkeiten zu schaffen.

3.2 Erfolgsfaktoren

Akzeptanz- und Vertrauenssicherung

In dieser speziellen Ausgangssituation ergaben sich natürlich verschiedene Problemfelder: Es bestand eine extrem hohe Skepsis bei den betroffenen Führungskräften hinsichtlich der Methodik des Interaktiven Management Audits und der Umsetzung der notwendigen Personalentwicklungsmaßnahmen. Erste und wichtigste Hauptaufgabe war es somit, zuerst eine Akzeptanzsicherung und die nötige Vertrauensbasis für den bevorstehenden Prozess herzustellen. In einem ersten Kick-Off-Workshop wurde deshalb besonderen Wert auf die Klarstellung und Verdeutlichung folgender Themen gelegt:

Themen des Kick-Off-Workshops

- Der Management Audit Prozess von Roland Berger bietet nicht nur Informationen für das Unternehmen, sondern jede einzelne Führungskraft erhält wertvolle persönliche Tipps zu seiner eigenen Performance im Vergleich zum externen Benchmark mit anderen Führungskräften.
- Die Organisation und die Systematik, vor allem die Bewertungskriterien und die Handhabung der gefundenen Ergebnisse, werden den Teilnehmern detailliert erläutert.
- Mit Hilfe von Best Practice-Beispielen und vergleichbaren Ausgangssituationen wird der Unternehmensführung der Nutzen eines Auditierungsprozesses anschaulich und praxisnah verdeutlicht.

Auch wenn letztendlich nicht bei allen Teilnehmern die Vorbehalte in der Gesamtheit abgebaut werden konnten, wurde dennoch eine ansatzweise Öffnung für den Auditierungsprozess erreicht. Der Startschuss konnte somit fallen.

In der Organisation der Gespräche wurde jetzt insbesondere darauf geachtet, dass diese unmittelbar nach dem Kick-Off-Workshop angesetzt wurden. Des Weiteren wurde eine absolut fehlerfreie Ablauforganisation und eine hundertprozentige Termintreue in den Interviewterminen abgesichert.

Fehlerfreiheit und Termintreue

Nur durch diese Fehlervermeidung im eigentlichen Prozessumfeld konnte man auch bewussten Boykott durch vereinzelte Führungskräfte wirkungsvoll begegnen, die immer wieder versuchten durch vermeintliche Terminverschiebungen und Ausweichmanöver sich der Auditierung einerseits zu entziehen und andererseits den gesamten Ablauf in Misskredit zu bringen.

Boykott-Prävention

Die permanente Transparenz und die fehlerfreie Organisation in der Auditierung ließen allerdings solche Manöver schnell für alle Beteiligten erkennbar werden, so dass diese nach kurzer Zeit eingestellt wurden.

Die Gespräche an sich wurden dann auch von den Führungskräften als sehr zielführend empfunden, da durch eine sorgfältige Vorauswahl und eine intensive Schulung der Interviewer hier nicht das Gefühl eines Prüfungsverfahrens, sondern die Atmosphäre eines Expertengesprächs entstand. Die ernste Lage des Unternehmens und ein dringend nötiger Handlungsbedarf wurden schließlich von allen einbezogenen Personen akzeptiert.

Selektion und Training der Interviewer

3.3 Ergebnisse

In der Abschlusspräsentation vor den Gesellschaftern und Vertretern der Hausbank konnten unter anderem zwei entscheidende Kernergebnisse präsentiert werden.

Zum einen wurde auf oberster Führungsebene ein verdeckter und bisher nicht aufgefallener Störer identifiziert. Diese Führungskraft war unauffällig für die entstandenen Grabenkämpfe im Unternehmen verantwortlich, blockierte über Dritte wichtige Entscheidungsprozesse und multiplizierte ohne Bezug auf seine eigene Person negative Tendenzen in der Unternehmensstrategie. Die Beratung als objektiver und unabhängiger Dritter, konnte diese Person mit ihrem Verhalten schadensfrei für die anderen Beteiligten im Unternehmen konfrontieren. Durch eine sachlich geführte und gefühlsfreie Diskussion, gestützt auf die Ergebnisberichte des Management Audits, war es möglich, die betroffene Person für einen alternativen Berufsweg außerhalb des Unternehmens zu überzeugen und damit eine ungeliebte, aber nicht auffällig gewordene Partnerschaft, zu beenden.

Identifizierung eines „Störers"

Andererseits wurden aber gleichzeitig auf der zweiten bzw. dritten Führungsebene zwei herausragende Potenzialträger entdeckt, die durch ein bis dato fehlendes Führungskräfteentwicklungsprogramm gar nicht auf-

Entdeckung von Leistungsträgern

fällig in Erscheinung getreten waren. Durch die Vereinbarung gezielter Entwicklungsmaßnahmen für diese Personen konnten sie in relativ kurzer Zeit zu absoluten Leistungsträgern des Unternehmens ausgebildet werden.

Auditergebnisse als Basis für Veränderungen

Darüber hinaus wurden die im Audit-Projekt gefundenen Ergebnisse als abgesicherte Grundlage für die Neustrukturierung der Führung des Unternehmens benutzt, so dass bessere personalpolitische Interdependenzen und abteilungsübergreifende Synergien geschaffen werden konnten.

Im Ergebnis war letztendlich das Management Audit die fehlende Ausgangstür aus der wirtschaftlichen Sackgasse des betroffenen Mittelständlers. Das Audit-Projekt lieferte die nötige Aktivierungsenergie, die notwendigen Maßnahmen auf der Führungsebene zu beginnen. Ein zwangsläufig entstandener Restrukturierungsfall konnte hier durch das Interaktive Management Audit Instrument im Vorfeld verhindert werden.

4 Fazit

Das Interaktive Management Audit kann natürlich als Tool und in seiner Vorgehensweise schematisiert dargestellt werden. Nur durch die Gewährleistung von bewährten und erfahrenen Standards, wird so eine bestimmte Mindestqualität sichergestellt.

Berücksichtigung der unternehmensspezifischen Ausgangssituation

Der eigentliche Erfolg in den immer wieder sich anders darstellenden Ausgangssituationen in den betroffenen Unternehmen wird allerdings nur durch die Individualisierung und die genaue Anpassung auf die Ausgangssituation erreicht. Nicht zu erwartende Problemfelder, unerkannte Vorbehalte und bisher nicht beachtete Defizite zum Beispiel im Unternehmensleitbild erfordern die nötige Flexibilität, aber ganz besonders die ausgeprägte Prozesserfahrung von Seiten der Unternehmensberatung im Umgang mit einem Interaktiven Management Audit. Nur auf diese Weise kann das Werkzeug Management Audit an der passenden Stelle und mit der richtigen Handhabung seine Wirkung in vollem Maße entfalten.

Die MANN+HUMMEL Potenzialanalyse – eine Alternative zum externen Management Audit

Thomas Batsching

1 Einführung

Allein schon der Begriff „Management Audit" macht mich skeptisch. Ein solches in aller Regel von externen Beratern durchgeführtes Audit löst in mir die Frage aus: Kennt ein Unternehmen seine Führungskräfte nicht am besten? Weshalb dann ein externes Audit? Wird da nicht etwas versteckt, was man sich nicht traut, offen zu sagen? Gibt es etwa eine „hidden agenda", unliebsame und schwächere Führungskräfte loszuwerden? Stehen die Kosten für ein externes Management Audit wirklich in einem guten Verhältnis zum Resultat? Was geschieht, wenn ein Unternehmen seither relativ wenig mit externen Beratern zusammengearbeitet hat und nun externe Berater die Führungskräfte beurteilen? In einem solchen Fall ist es sehr fraglich, ob ein extern durchgeführtes Management Audit zur Kultur eines Unternehmens passt. **Hidden agenda?**

Diese zugegebenermaßen sehr pointierten Aussagen bündeln vielfach geäußerte Kritik am extern durchgeführten Management Audit (zu Kritik am Management Audit s. auch Kap. 1 dieses Bandes). Dennoch soll hier nicht verkannt werden, dass der Einsatz externer Berater viele Vorteile haben kann: Eine neutrale, uneingeschränkte Sichtweise, keine persönliche Voreingenommenheit, keine Gefahr, dass – gute oder schlechte – persönliche Beziehungen die Einschätzung ungerechtfertigt beeinflussen.

MANN+HUMMEL ist dennoch einen „internen Weg" gegangen: Da unternehmensinterne Top-Manager die eigenen Führungskräfte eigentlich am besten kennen, wurden bei MANN+HUMMEL keine externen Berater eingesetzt, sondern konsequent auf interne Einschätzungen gesetzt. Wir sehen darin vor allem folgende Vorteile: **Verzicht auf externe Management Audit-Berater**

Vorteile des „internen Weges" aus der MANN+HUMMEL-Perspektive

- ▶ Klare Inanspruchnahme der Verantwortung der Führungskräfte für die Einschätzung und Entwicklung des Managements.
- ▶ Möglichkeit zur Entwicklung des Selbstverständnisses und der Beurteilungs- und Feedbackkompetenzen des Managements.
- ▶ Deutlich höhere Akzeptanz einer Potenzialanalyse bei den betroffenen Führungskräften, die ihre bisherige Leistung für das Unternehmen klarer repräsentiert sehen.
- ▶ Höheres Commitment des Managements zu Platzierungs- und Entwicklungsentscheidungen, da sie auf eigenen Beurteilungen und Gesprächen basieren.
- ▶ Konsequentere Umsetzung verabredeter Maßnahmen aufgrund dieses Commitments.
- ▶ Stärkeres Bewusstsein im Management sowohl für die besten Nachwuchs- und Führungskräfte als auch für die Problemfälle im eigenen Management.
- ▶ Geringere Kosten als im externen Audit.

2 Die MANN+HUMMEL Gruppe

Unternehmensinformationen

Die MANN+HUMMEL Gruppe ist ein weltweit aktiver Konzern. 2003 betrug der Umsatz 1,14 Milliarden Euro. Die MANN+HUMMEL Gruppe beschäftigt über 9.000 Mitarbeiter an 42 internationalen Standorten. Das Unternehmen entwickelt, produziert und vertreibt technisch anspruchsvolle Kfz-Komponenten, wie Luftfiltersysteme, Saugsysteme, Flüssigkeitsfiltersysteme und Innenraumfilter für die Automobilindustrie sowie Filterelemente für die Wartung und Reparatur von Kraftfahrzeugen. Für den Maschienbau, die Verfahrenstechnik und die industrielle Fertigung umfasst das Herstellprogramm Industriefilter, Filteranlagen und Anlagen sowie Geräte zum Material-Handling. Die Kunden von MANN+HUMMEL kommen aus vielen Branchen, wobei das Seriengeschäft mit der Automobilindustrie eine Schlüsselposition einnimmt. Weitere Informationen hierzu finden Sie unter http://www.mann-hummel.com.

3 Die MANN+HUMMEL Potenzialanalyse – Das Konzept

Ein einfaches Konzept für ein Audit – „MANN+HUMMEL Potenzialanalyse" genannt – wurde im Unternehmen entwickelt und mit Erfolg eingeführt.

3.1 Das Ziel der MANN+HUMMEL Potenzialanalyse

Ziel der MANN+HUMMEL Potenzialanalyse ist es,

▶ persönliche Entwicklungsmöglichkeiten und individuelle Leistung von Führungskräften mittel- und längerfristig einzuschätzen,
▶ diejenigen Führungskräfte mit gutem Potenzial strukturiert zu fördern.

Um diese Ziele zu erreichen, wird jede Führungskraft vom jeweiligen Vorgesetzten nach den folgenden Kriterien eingestuft (vgl. auch Abb. 1): **Bewertungskriterien**

▶ persönliche Entwicklungsmöglichkeiten (Entwicklungspotenzial),
▶ längerfristige Leistung (Leistungspotenzial).

MANN+HUMMEL Potentialanalyse/ Förderkreis
- Konzept -

Die Führungskraft..

persönliche Entwicklungsmöglichkeiten

.. hat bereits heute das Potential für eine weiterführende, erweiterte Aufgabe.	4			**Förderkreis**
.. hat in absehbarer Zeit (ca. 3 Jahre) das Potential für eine weiterführende, erweiterte Aufgabe.	3			
.. ist eine gute Besetzung für die Stelle; keine Entwicklungsmöglichkeit.	2			
.. ist eher eine schwache Besetzung für die Stelle.	1			
	1	2	3	4	Leistung

Die Führungskraft füllt die derzeitige Aufgabe ..
.. teilweise aus | .. fast vollständig aus | .. voll aus | .. sehr gut aus

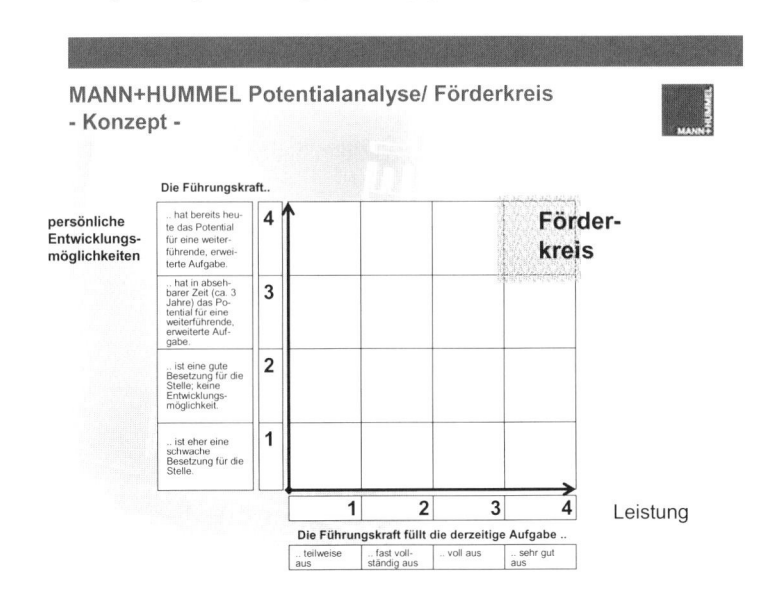

Abbildung 1: MANN+HUMMEL Potenzialanalyse – Ergebnisportfolio

3.2 Einschätzung der persönlichen Entwicklungsmöglichkeiten

Die persönlichen Entwicklungsmöglichkeiten werden mit Hilfe von vier möglichen Abstufungen eingeschätzt, die von einer kritischen Bestandsaufnahme im Hinblick auf die aktuelle Funktion bis zur Möglichkeit, sofort weiterführende Aufgaben zu übernehmen, reichen. Die Stufen im Einzelnen:

Die Führungskraft ...

Entwicklungsstufen
- ▶ ... ist eine eher schwache Besetzung (1).
- ▶ ... ist eine gute Besetzung für die Stelle; keine Entwicklungsmöglichkeit (2).
- ▶ ... hat in absehbarer Zeit (ca. drei Jahre) das Potenzial für eine weiterführende, erweiterte Aufgabe (3).
- ▶ ... hat bereits heute das Potenzial für eine weiterführende, erweiterte Aufgabe (4).

Bei der Einschätzung der persönlichen Entwicklungsmöglichkeiten werden die MANN+HUMMEL Kompetenzen unterstützend eingesetzt. Die Hauptdimensionen der MANN+HUMMEL Kompetenzen sind:

Zentrale Kompetenzbereiche
- ▶ Unternehmerische Verantwortung,
- ▶ Organisationsverantwortung,
- ▶ Markt- und Kundenverantwortung.

Diese Hauptdimensionen werden durch 17 beobachtbare MANN+ HUMMEL Kompetenzen beschrieben. Konkrete Verhaltensbeschreibungen machen die Kompetenzen handhabbar und beobachtbar (für Details s. Abb. 2).

3.3 Einschätzung der längerfristigen Leistung

Die Einschätzung der längerfristigen Leistung bezieht sich auf die aktuelle Tätigkeit einer Führungskraft im Unternehmen. Sie bezieht sich ebenfalls auf vier vorgegebene Abstufungen, die den Grad der Aufgabenerfüllung insgesamt angeben. Folgende Skalierung wird eingesetzt:

Die Führungskraft füllt die derzeitige Aufgabe...

Grad der Aufgabenerfüllung
- ▶ ... teilweise aus (1).
- ▶ ... fast vollständig aus (2).
- ▶ ... voll aus (3).
- ▶ ... sehr gut aus (4).

Die längerfristige Leistung wird subjektiv auf der Grundlage der Zielerreichung vereinbarter Ziele eingeschätzt. Im Rahmen des weltweit für Führungskräfte praktizierten MANN+HUMMEL Vergütungssystems wird die individuelle Leistung auf Basis jährlich zwischen Vorgesetztem und Mitarbeiter vereinbarter und evaluierter Ziele gemessen. Ergebnis der Zielerreichung ist ein sog. Zielwert zwischen 0 und 2. Bei durchschnittlicher Erreichung aller vereinbarten Ziele wird ein Zielwert von 1 vergeben, bei übertroffenen Zielen wird ein entsprechend höher Wert, maximal jedoch der Wert 2, vergeben. Der variable Vergütungsanteil von MANN+HUMMEL Führungskräften beträgt max. 40 % der Grundvergütung, hiervon können 3/5 durch individuelle Leistung erzielt werden.

Zielvereinbarungssystem

MANN+HUMMEL POTENZIALANALYSE	
Unterstützung zur Einschätzung des Entwicklungspotenzials	
I. Unternehmerische Verantwortung	
M+H Kompetenz	**Verhaltensbeschreibung**
1. Entscheidungskompetenz	• Trifft Entscheidungen nach Ermittlung wichtiger Daten und Fakten zum richtigen Zeitpunkt • Bezieht relevante Schnittstellen in Entscheidungen ein • Belässt Entscheidungen auf den relevanten Ebenen
2. Ökonomisches Denken und Handeln	• Berücksichtigt ökonomische Aspekte zur Steuerung des Verantwortungsbereichs • Erkennt, berücksichtigt und entwickelt strategische Überlegungen, orientiert sein Handeln an der Strategie • Berücksichtigt die Auswirkungen von Entscheidungen oder Maßnahmen auf das Unternehmensergebnis
3. Innovationsvermögen	• Benutzt bei der Lösungssuche auch neue Wege • Ist offen für unkonventionelle Vorschläge • Initiiert und begleitet positive Veränderungen
4. Technologische Kompetenz	• Verfügt über Kenntnisse der neuesten technologischen oder fachlichen Standards • Stellt hohe technologische oder fachliche Ansprüche sicher • Implementiert die notwendigen und sinnvollen Technologien

Abbildung 2: MANN+HUMMEL Kompetenzmodell

II. Organisationsverantwortung	
M+H Kompetenz	Verhaltensbeschreibung
1. Führungskompetenz	• Plant, koordiniert, delegiert und kontrolliert effizient unter Ausnutzung von Stärken der Mitarbeiter • Motiviert Mitarbeiter auch in unangenehmen Situationen • Ermöglicht Mitarbeitern sich zu bewähren und fördert sie
2. Teamorientierung	• Fördert und fordert die Zusammenarbeit im Team • Geht sinnvolle Konflikte ein und löst diese konstruktiv • Vernetzt sein eigenes Team mit anderen
3. Zielorientierung	• Leitet aus Vorgaben sinnvolle eigene Ziele für sich und die Mitarbeiter ab • Verfolgt Ziele konsequent und ausdauernd • Kontrolliert die Zielerreichung und gibt entsprechendes Feedback
4. Umsetzungskompetenz	• Unterstützt Abläufe durch angemessene Systeme • Plant Vorhaben systematisch und sorgfältig • Hält Zeit- und Budgetvorgaben ein
5. Kommunikation	• Kommuniziert mit Mitarbeitern und Kollegen klar, eindeutig und effizient • Setzt sich und seine Positionen geschickt durch • Überwindet Widerstände, Blockaden und Frustrationen bei sich und anderen
6. Schnelligkeit	• Vermeidet unnötige Bürokratie und aufwändige Abstimmungsprozesse • Überwindet organisatorische Hindernisse durch flexiblen Einsatz von Ressourcen und Informationen • Fördert den Einsatz aller Beteiligten
7. Qualitätsorientierung	• Identifiziert Fehler und stellt deren Behebung sicher • Arbeitet systematisch an kontinuierlichen Verbesserungen • Übernimmt Verantwortung und steht zu Fehlern ohne Schuldzuweisungen

Abbildung 2: MANN+HUMMEL Kompetenzmodell (Forts.)

III. Markt- und Kundenverantwortung	
M+H Kompetenz	Verhaltensbeschreibung
1. Verhandlungsgeschick	• Verhandelt geschickt werthaltige Ergebnisse • Bereitet sich gut vor und stellt sich intensiv auf Verhandlungspartner ein • Benutzt schlüssige Argumentationsketten und kennt relevante Entscheidungsparameter
2. Kundenmanagement	• Übernimmt die Initiative und Verantwortung für die Betreuung der Kunden • Löst die Probleme der Kunden zu aller Zufriedenheit • Kennt den Kundenbedarf im Detail und entwickelt entsprechende Angebote, berücksichtigt dabei relevante Marktdaten
3. Vertriebsorientierung	• Erkennt und nutzt Vertriebschancen für den eigenen und fremde Unternehmensbereiche • Bietet Produkte und Leistungen aktiv an und verfolgt das Angebot konsequent • Unterstützt und fördert den Vertrieb im Rahmen seiner funktionalen Möglichkeiten
4. Internationalität	• Entwickelt überregionale Lösungen und berücksichtigt Synergien • Nutzt Ressourcen und Möglichkeiten unabhängig vom jeweiligen Standort • Berücksichtigt interkulturelle Aspekte
5. Persönliches Auftreten	• Tritt souverän und professionell auf • Bleibt auch bei Belastungen emotional stabil • Identifiziert sich mit den Unternehmenswerten und -zielen
6. Präsentation	• Vermittelt auch komplexe Sachverhalte zuhörergerecht und überzeugend • Kommuniziert klare Handlungsleitlinien und Empfehlungen • Nutzt Gelegenheiten andere von der eigenen Leistungsfähigkeit und der des Unternehmens zu begeistern

Abbildung 2: MANN+HUMMEL Kompetenzmodell (Forts.)

3.4 Abgleich der Potenzialanalyse-Werte

Geschäftsführungskonferenz

Um die jeweiligen letztlich subjektiven Potenzialanalyse-Einschätzungen zu vereinheitlichen und vergleichbar zu machen, werden die Einschätzungen zwischen den Geschäftsführungsbereichen abgeglichen und gegebenenfalls korrigiert. Der Abgleich und die Freigabe erfolgt in der so genannten Geschäftsführungskonferenz der MANN+HUMMEL Gruppe. Durch diese Praxis der Freigabe „auf höchster Ebene" soll vermieden werden, dass einzelne Führungskräfte zu hoch oder zu niedrig bewertet werden.

4 Was nach der Einschätzung geschieht

Feedbackgespräch

In einem Potenzialanalyse-Gespräch erläutert jeder Vorgesetzte der ihm zugeordneten Führungskraft einmal jährlich die jeweilige Leistungs- und Potenzialeinschätzung. An diesem Gespräch nehmen die Führungskraft und der direkte Vorgesetzte teil. Die wesentlichen Themen dieses Gesprächs sind:

Gesprächsthemen

- ▶ persönliche Vorstellungen/Erwartungen,
- ▶ Stärken und Verbesserungsbereiche,
- ▶ gewünschte Unterstützungsmaßnahmen/notwendiges Rüstzeug für weitere individuelle Entwicklung,
- ▶ individuell erwartete berufliche Veränderung,
- ▶ Mobilität.

Förderkreis

Diejenigen Führungskräfte, die auf den beiden höchsten Potenzialstufen eingestuft sind, werden dem so genannten Förderkreis zugeordnet. Mit diesen Führungskräften, wird ein spezielles Gespräch geführt, an dem zusätzlich das Personalwesen teilnimmt. Resultat eines solchen Gesprächs kann u. a. sein, dass den Betroffenen ein spezielles, individuelles Weiterbildungsprogramm angeboten wird, z. B.:

- ▶ Leitung bzw. Mitarbeit bei einem strategischen Projekt,
- ▶ Besuch von MANN+HUMMEL Gesellschaften, um Erfahrungen auszutauschen und das Verständnis für MANN+HUMMEL Themen zu vertiefen,
- ▶ Weiterbildung an Business School zur evtl. Vorbereitung auf die Übernahme einer angestrebten Funktion,
- ▶ Einladung zu speziellen Veranstaltungen, die nur einem sehr engen und ausgewählten Kreis von Führungskräften zugänglich sind, z. B. MANN+HUMMEL Führungstagung.

Ein Protokoll des Gesprächs wird durch den Vertreter des Personalwesens erstellt und allen Teilnehmern am Gespräch zur Verfügung gestellt.

Die Potenzialanalyse wird einmal jährlich, jeweils bis März d. J. durchgeführt. Das Personalwesen ist für die Durchführung verantwortlich. Wie oben dargestellt, wird über die Potenzialanalyse-Werte individuell informiert. Die Werte werden nicht veröffentlicht.

Potenzialanalyse im Jahreszyklus

5 Die Erfahrungen

Bei der erstmalig im Jahr 2002 durchgeführten MANN+HUMMEL Potenzialanalyse wurde von den betroffenen Führungskräften besonders positiv bewertet, dass,

- ▶ sie – über die jährliche Leistungsplanung und Leistungsbeurteilung hinaus – eine Information über ihre langfristige Potenzialeinschätzung erhielten,
- ▶ individuell Perspektiven und Entwicklungsmöglichkeiten besprochen wurden,
- ▶ konkrete Maßnahmen zur weiteren Entwicklung eingeleitet wurden,
- ▶ keine externen Berater am Prozess beteiligt waren und möglicherweise aufkommende Irritationen von vornherein ausgeschlossen wurden.

Positive Erfahrungswerte

Auf Unternehmensseite hat sich die Potenzialanalyse als Instrument bewährt, das individuelle, längerfristige Leistungseinschätzungen transparent macht und zur besseren Entwicklungs- und Qualifizierungsplanung von Führungskräften beiträgt.

Die Gründe für die gute Akzeptanz durch die betroffenen Führungskräfte liegen u. E. in der internen Durchführung der Potenzialanalyse, am eher einfachen Konzept, in der konsequenten Umsetzung der vereinbarten Maßnahmen und im Verzicht auf externe Berater. Überdies hat das Konzept natürlich erhebliche Kostenvorteile gegenüber einer externen Durchführung.

Einfachheit des Konzepts, Kostenvorteile und Akzeptanz

Natürlich, externe Berater werben mit ihrer hohen Professionalität, mit einem ausgefeilten Instrument und ähnlichen „Features". Aber, wenn unternehmensintern dann um Akzeptanz „gekämpft" wird, wird Kraft und Energie aller Beteiligten am falschen Ort eingesetzt – auch deshalb hat sich MANN+HUMMEL für diesen Weg entschieden!

Unternehmen sucht Unternehmer

Reinhold Petermann & Franz Josef Schatz

1 Das bfw – Unternehmen für Bildung – gibt sich eine neue Struktur

Das Berufsfortbildungswerk Gemeinnützige Bildungseinrichtung des DGB GmbH (bfw) ist seit 50 Jahren bundesweit in der beruflichen Bildung und Beratung tätig. Im bfw und seinen Tochterunternehmen Berufsfortbildungswerk GmbH (bfw), inab – Ausbildungs- und Beschäftigungsgesellschaft des bfw mbH und weitblick – Personalpartner GmbH engagieren sich rd. 2.300 Mitarbeiter/innen in ca. 230 Bildungsstätten für die Sicherung von zukunftsfähigen Arbeitsplätzen.

Der Mensch und seine berufliche Kompetenz sind Ausgangspunkt und Basis für das Dienstleistungsangebot der bfw-Unternehmen. Dazu gehören die individuelle Beratung und Betreuung, die berufliche Aus-, Fort- und Weiterbildung, Personalentwicklungsmaßnahmen, Personaltransfer, die Begleitung von Umstrukturierungen sowie die konkrete Vermittlung in den Arbeitsmarkt. *bfw-Dienstleistungsangebot*

Zum Kundenkreis zählen Berufstätige und Arbeitssuchende unterschiedlichsten Alters ebenso wie die Bundesagentur für Arbeit, Unternehmen, Verwaltungen, Ministerien, Betriebs- und Personalräte. *bfw-Kunden*

Durch die Kenntnis der speziellen Bedürfnisse der Region ist das Berufsfortbildungswerk (bfw) ein kompetenter Partner mit stets neuen und innovativen Dienstleistungsangeboten. Mit diesem Hintergrund bieten wir passgenaue Weiterbildungslösungen. Diese bedingen eine ausführliche Beratung des Einzelnen bis hin zur Durchführung von Bildungs- und Qualifizierungsanalysen.

1.1 Ausgangslage

Veränderungs-druck

Die wirtschaftlich schwierige Entwicklung in den Jahren 2000 und 2001 machte klar: *Nur wenn sich das Berufsfortbildungswerk grundlegend ändert, kann es in der Weiterbildungslandschaft überleben.* Zudem wurde immer deutlicher: *Wir müssen unsere Ertragskraft verbessern und unsere Angebotsstruktur überarbeiten.*

Die Herausforderungen der Arbeitsmarktpolitik durch die „Gesetze für moderne Dienstleistungen am Arbeitsmarkt" („*Hartz-Gesetze*") beschleunigten im Jahr 2002 zusätzlich die schon in den Vorjahren begonnenen Veränderungsüberlegungen. Bereits angestoßene Wege und Projekte wurden mit neuen und weiteren Überlegungen verknüpft, um den strukturellen Wandel des Unternehmens zu erarbeiten.

Ziele

Die Zielstellung wurde wie folgt umrissen:

- Stärkung der dezentralen Einheiten,
- Verbesserung der Kommunikation, der Führungsstruktur und Steuerungsfähigkeit im Unternehmen,
- Kostenoptimierung und Risikominimierung,
- Flexiblere Ausrichtung am Markt.

1.2 Neue Struktur

„Zukunfts- und Sanierungs-konzept 2005"

Um flexiblere und marktgerechtere Strukturen zu schaffen wurde 2003 mit dem „Zukunfts- und Sanierungskonzept 2005" eine einschneidende Veränderung der Aufbauorganisation des Konzern bfw beginnend ab 01.01.2004 beschlossen.

Strukturelle Veränderungen

Der grundlegende Umbau der Unternehmensstruktur beinhaltete im Kern die Auflösung der 12 Zweigniederlassungen und die Verankerung von 29 Geschäftsstellen und einer Sondereinrichtung in den Regionen. Das bedeutete einerseits eine völlige Umgestaltung der bisherigen bfw-Führungsstruktur und andererseits eine wesentlich dezentralere Aufstellung am Markt. Mit dieser Restrukturierung wurde der Notwendigkeit Rechnung getragen, dass die Marktoperationen schneller an den regionalen Wirtschaftsräumen und Kundenstrukturen ausgerichtet wurden. Durch die Bündelung übergreifender fachlicher Betreuungs-, Beratungs- und Steuerungsfunktionen in der Konzernzentrale des bfw wurden die Geschäftsstellen zusätzlich entlastet.

Auf der anderen Seite bedingt die neue Organisationsstruktur eine wesentlich größere Zusammenarbeit zwischen den regionalen und zentralen Organisationseinheiten und eine stärkere strategische Ausrichtung der Aufgabenstellungen der Zentralabteilungsbereiche der Konzernzentrale.

Die Organisation der Abläufe und Kommunikations- und Entscheidungsebenen im Unternehmen miteinander zu verknüpfen und gleichzeitig die Wettbewerbsfähigkeit des Gesamtkonzerns sowohl im bundesweiten Auftreten als auch in der regionalen Struktur deutlich zu positionieren ist die Herausforderung, der sich das bfw in den nächsten Jahren zu stellen hat.

2 Neue Strukturen bedingen neue Wege

Um eine hochwertige Besetzung der strategisch wichtigen Leitungspositionen in den neu geschaffenen Geschäftsstellen sicher zu stellen und zugleich den Erwartungen der Bewerberinnen und Bewerber an eine faire Auswahl gerecht zu werden, musste das Unternehmen einen systematischen, qualitativ hochwertigen Auswahlprozess aufsetzen. Im Vergleich zu den bisher üblichen Auswahl- und Besetzungspraktiken musste ein erkennbar professionellerer Weg beschritten werden. Daher fiel die Entscheidung, einen Einschätzungs- und Auswahlprozess mit externer Unterstützung für diesen Anlass spezifisch zu entwickeln.

Systematische und qualitativ hochwertige Auswahl

2.1 Zielsetzungen und Schwerpunkte im Audit- und Auswahlprozess

Die vorrangige Zielsetzung des Audit- und Auswahlprozesses war zweifellos die bestmögliche Besetzung der neuen Geschäftsstellenleitungen. Dem entsprechend wurde sehr viel Wert auf die professionelle und gründliche Gestaltung des Auswahlprozesses gelegt. Die folgenden konkreten Zielsetzungen und Schwerpunkte wurden dabei berücksichtigt:

▶ *Anforderungsorientierung:* Eine sorgfältige Definition der Kernanforderungen der Aufgabe der Geschäftsstellenleitung wurde zum Ausgangspunkt des Einschätzungs- und Auswahlprozesses gemacht. **Kernanforderungen**
▶ *Nutzung eigener Ressourcen:* Die Konzernleitung entschied sich, das Know-how seiner eigenen Führungsressourcen zu nutzen und Mitarbeiter/innen, die bisher schon Verantwortung im Konzern übernommen hatten, für die neuen Führungsaufgaben zu gewinnen. Die Auswahl und Besetzung der neuen Geschäftsstellenleitungen sollte daher im ersten Schritt eigenen Mitarbeiter/innen, die bereits im Konzern Führungserfahrung erworben hatten, Entwicklungsperspektiven bieten. Erst im zweiten Schritt sollten für evtl. nicht besetzte Geschäftsstellen externe Bewerberinnen und Bewerber gewonnen werden. Das bfw verschafft sich damit zum einen die Chance, Mitarbeiterinnen und Mitarbeitern mit hohem Potenzial ei- **Interne Führungsressourcen**

ne attraktive Aufstiegsperspektive zu bieten, um sie weiter an sich zu binden. Zum anderen wird durch die Priorisierung der internen Stellenbesetzung Kontinuität in der Führungsmannschaft gewährleistet.

Anerkennung
- *Würdigung der bisherigen Leistung:* Für interne Bewerberinnen und Bewerber ist es im Rahmen einer Auswahl von entscheidender Bedeutung, dass auch ihre bisherige Leistung gewürdigt wird. Dem sollte durch eine systematische Einschätzung dieser Leistung Rechnung getragen werden.

Neue Anforderungen
- *Dezidierte Potenzialaussage:* Andererseits stand fest, dass die neue Aufgabe an viele Bewerber/innen völlig neue Anforderungen stellen würde. Daher sollte zentraler Bestandteil der Auswahlentscheidung die Fokussierung auf diese neuen Anforderungen und eine auf sie ausgerichtete Potenzialaussage sein.

Strukturiertes Vorgehen
- *Strukturierte Vorlage für die Auswahl:* Der gesamte Prozess der Strukturierung und Umsetzung des Audits sollte schließlich zu einer sehr klaren Entscheidungsgrundlage für die Geschäftsführung gebündelt werden. Den Kern dieser Vorlage sollte eine klare Rangreihe der Bewerber/innen nach gewichteten Kriterien darstellen.
- *Strukturierte Vorlage für die Managemententwicklung:* Sowohl für ausgewählte als auch für abgelehnte Bewerber/innen sollte am Ende des Prozesses eine Datenbasis so strukturiert vorliegen, dass die Zuordnung notwendiger bzw. sinnvoller Personal- und Managemententwicklungsmaßnahmen getroffen werden kann.

Akzeptanz, Professionalität und Respekt
- *Akzeptanz des Vorgehens:* Als den ganzen Prozess maßgeblich beeinflussender Faktor sollte das Vorgehen sehr auf die Akzeptanz bei den Betroffenen achten und dem entsprechend von methodischer und prozessualer Professionalität und menschlichem Respekt gekennzeichnet sein.

2.2 Konzeption des Verfahrens

Zentraler Ausgangspunkt der Verfahrenskonzeption waren die Aufgaben und die aus ihnen resultierenden Anforderungen an die Geschäftsstellenleitung. Diese Aufgaben und Anforderungen wurden in einem sehr intensiven Diskussionsprozess erarbeitet und als verbindliche Gestaltungsgrundlage definiert.

Funktionsskizze Geschäftsstellenleitung

Die Strukturierung der Aufgaben der Geschäftsstellenleiter/innen erfolgte nach zwei wesentlichen Dimensionen: **Aufgabenstrukturierung**

- Außenperspektive der Wettbewerbsfähigkeit: Welche Aufgaben stellen
    - der Markt bzw. die Kunden?
    - die Produktentwicklung gegenwärtig und zukünftig?
    - die Kosten- und Ergebnisentwicklung?
    - die Förderlandschaft des Bildungsmarktes?
- Innenperspektive der funktionierenden Organisation: Welche Aufgaben stellen
    - die internen Prozesse und das Schnittstellenmanagement?
    - die wirtschaftliche Steuerung und das Controlling?
    - das Qualitätsmanagement?
    - die vorhandenen und zu entwickelnden Kompetenzen der Mitarbeiter/innen?
    - die Möglichkeiten des Einsatzes der Mitarbeiter/innen?

Die gefundenen Antworten auf diese Fragestellungen ergaben vier Handlungsfelder, in denen die Geschäftsstellenleiter/innen im Wesentlichen erfolgreich sein und die Ergebnisse Ihrer Arbeit erbringen müssen. Es handelt sich um die folgenden *vier Ergebnisfelder:* **4 Handlungsfelder**

- Markt und Produkte,
- Wirtschaftlichkeit,
- Prozesse und innere Organisation,
- Mitarbeiter(innen)-Führung.

Kompetenzen

Neben den Ergebnisfeldern wurden aus der Aufgabenbeschreibung die zu ihrer erfolgreichen Erledigung nötigen Kompetenzen abgeleitet und in *drei Kompetenzfelder* strukturiert: Business Development, Management und Führung (s. Tab. 1). **3 Kompetenzfelder**

Tabelle 1: Kompetenzfelder und Kompetenzen für Geschäftsstellenleiter/innen im bfw

BUSINESS DEVELOPMENT	
▶ Vertriebs-/Kundenorientierung	▶ Innovationsfähigkeit/Kreativität
▶ Ziel-/Ergebnisorientierung	▶ Flexibiltät/Anpassungsvermögen
▶ Fachliche Fähigkeiten	
MANAGEMENT	
▶ Verantwortungsbewusstsein	▶ Entscheidungsfähigkeit
▶ Organisationsfähigkeit	▶ Qualitätsorientierung
▶ Belastbarkeit	
FÜHRUNG	
▶ Kooperations-/Integrationsfähigkeit	▶ Kommunikations-/Kontaktfähigkeit
▶ Überzeugungskraft/Durchsetzung	▶ Delegationsfähigkeit
▶ Konfliktfähigkeit	▶ Mitarbeiter(innen)förderung

2.3 Methoden des Auswahlverfahrens

3-phasiges Auswahlverfahren

Um der Zielsetzung gerecht zu werden, für interne Bewerber/innen sowohl die bisherige Leistung angemessen zu würdigen als auch eine dezidierte Potenzialaussage im Hinblick auf die Geschäftsstellenleitung zu erhalten, wurde ein dreiphasiges Auswahlverfahren entwickelt (s. Abb. 1):

Auswahl- und Entscheidungsprozess

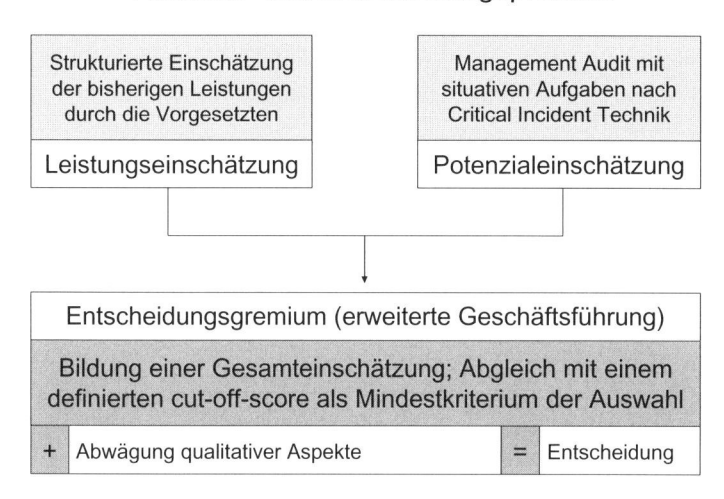

```
┌─────────────────────────┐         ┌─────────────────────────┐
│ Strukturierte Einschätzung │      │ Management Audit mit    │
│ der bisherigen Leistungen  │      │ situativen Aufgaben nach│
│ durch die Vorgesetzten     │      │ Critical Incident Technik│
└─────────────────────────┘         └─────────────────────────┘
│ Leistungseinschätzung    │         │ Potenzialeinschätzung   │
└─────────────────────────┘         └─────────────────────────┘
                │                                  │
                ▼                                  ▼
┌───────────────────────────────────────────────────────────────┐
│ Entscheidungsgremium (erweiterte Geschäftsführung)            │
├───────────────────────────────────────────────────────────────┤
│ Bildung einer Gesamteinschätzung; Abgleich mit einem          │
│ definierten cut-off-score als Mindestkriterium der Auswahl    │
├──────────────────────────────┬────────────────────────────────┤
│ + Abwägung qualitativer Aspekte │ = Entscheidung              │
└──────────────────────────────┴────────────────────────────────┘
```

Abbildung 1: Auswahl und Entscheidungsphasen in der Geschäftsstellenleiter(innen)auswahl

Einschätzung der bisherigen Leistung

Für die Einschätzung der bisherigen Leistung der internen Bewerber/innen wurde ein eigener Fragebogen entwickelt, den die jeweiligen Linien-Vorgesetzten ausfüllten. Vorab nach Ende der Bewerbungsfrist wurden alle Bewerbungen auf Erfüllung der formalen Voraussetzungen geprüft. Anschließend wurden die jeweiligen Linien-Vorgesetzten aufgefordert, die Einschätzungen auf der Basis der in den letzten 2-3 Jahren ausgeübten Funktion(en) vorzunehmen. **Fragebogenentwicklung**

Damit die Einschätzungen nach einem einheitlichen Verständnis und abgestimmten Beurteilungsstandards durchgeführt wurden, erhielten alle Linien-Vorgesetzten vorab ein spezifisch auf diese Beurteilungsaufgabe abgestimmtes Training. In diesem Training wurden alle wesentlichen Bestandteile des Einschätzungsprozesses erläutert und diskutiert, insbesondere das Verständnis der Beurteilungskriterien und die Verwendung der Beurteilungsskala. Darüber hinaus wurde das Vorgehen in den Bezugsrahmen der Auswahl von Geschäftsstellenleiter(inne)n insgesamt eingeordnet. **Beurteilertraining**

Der eingesetzte Fragebogen bestand aus zwei Teilen:

▶ Teil 1: Direkte Einschätzung jedes der 16 Kompetenzkriterien (s. Abb. 1),

Einschätzung durch Vorgesetzte	▶ Teil 2: Einschätzung von 32 verhaltensbezogenen Aussagen (je 2 Aussagen zu einem Kompetenzkriterium).
	Die Einschätzung wurde vor dem Hintergrund der Erkenntnisse, Leistungen, Erfahrungen und des Arbeitsverhaltens in den bisherigen Funktionen vorgenommen.

Potenzialeinschätzung

Orientierungsforum	Im Rahmen des Orientierungsforums (einer eintägigen Auswahlveranstaltung) bearbeiteten die Bewerber/innen vier Aufgabenstellungen. Es handelte sich um Simulationen erfolgskritischer Situationen einer Geschäftsstellenleiterin/eines Geschäftsstellenleiters, die unter Beteiligung der einzelnen Zentralabteilungsbereiche der Konzernzentrale und ausgehend von den in der „Funktionsskizze Geschäftsstellenleitung" festgelegten Anforderungen an die Geschäftsstellenleiter/innen erarbeitet worden waren:
Key-Account-Gespräch	▶ In einem Key-Account-Gespräch führte die Teilnehmerin/der Teilnehmer in seiner Funktion als Geschäftsstellenleitung ein Verkaufsgespräch mit einem Personalleiter einer größeren Firma der Region, die eine technische und vertriebliche Neuerung plant und für die Qualifizierung der Mitarbeiter/innen einen geeigneten Partner sucht.
Fallstudie	▶ In einer Fallstudie zur Internen Organisation analysierte die Teilnehmerin/der Teilnehmer die Situation seiner Geschäftsstelle auf der Basis vorgegebener Informationen und Daten. An die Analyse schloss sich eine Präsentation von Ergebnissen und Empfehlungen zur Organisationsentwicklung vor der Geschäftsführung an.
MA-Gespräch	▶ Die Teilnehmerin/der Teilnehmer führt als Geschäftsstellenleitung ein Mitarbeiter(innen)gespräch mit einer Führungskraft der eigenen Geschäftsstelle. Die Themenvorgaben für das Gespräch verlangten angesichts der verfügbaren Gesprächszeit eine klare Priorisierung der Besprechungsthemen und eine sehr strukturierte und ergebnisorientierte Gesprächsführung.
Präsentation	▶ Aufgrund komplexen Zahlenmaterials zur aktuellen wirtschaftlichen Situation einer fiktiven Geschäftsstelle präsentierte die Teilnehmerin/der Teilnehmer als Geschäftsstellenleiter/in vor der Geschäftsführung ihre Entwicklungs- und Gestaltungsvorschläge zur kurzfristigen Verbesserung des laufenden Jahresergebnisses.
	Jede dieser vier Aufgaben hatte in ihrer konkreten Gestaltung dezidierte Bezüge zu einem der vier Ergebnisfelder, die für Geschäftsstellenleiter/innen definiert wurden (s. Tab. 2).

Tabelle 2: Zuordnung von Critical-Incident-Simulationen im Potenzialeinschätzungsverfahren zu den Ergebnisfeldern der Geschäftsstellenleitung

ERGEBNISFELD DER GESCHÄFTSSTELLEN-LEITUNG	INCIDENT IM POTENZIAL-EINSCHÄTZUNGS-VERFAHREN
Markt und Produkte	Key Account Gespräch
Wirtschaftlichkeit	Fallstudie und Präsentation zur wirtschaftlichen Entwicklung
Prozesse und interne Organisation	Fallstudie und Präsentation zur Internen Organisation
Führung von Mitarbeiter/innen	Mitarbeitergespräch

Die Orientierungsforen (OF) wurden extern moderiert. Beobachter bzw. Einschätzer waren Führungskräfte des bfw, die auch für diese Beurteilungsaufgabe vorab ein spezifisches eintägiges Training erhielten. **Externe Moderation**

Nach der Ergebnisdokumentation durch die Moderatoren der Veranstaltungen in der Beobachterkonferenz erhielten alle Teilnehmer/innen ein direktes Feedback zu Stärken und Schwächen – sowohl im Hinblick auf die Einschätzung durch die Vorgesetzten (bisherige Leistung) als auch im Hinblick auf die Potenzialeinschätzung. **Teilnehmerfeedback**

Für alle Bewerber/innen wurden schriftliche Ergebnisberichte erstellt, auf deren Basis persönliche Entwicklungsempfehlungen ausgesprochen und weiter verfolgt werden können. Diese weitere Bearbeitung der individuellen Entwicklungen wurde in nachfolgenden Entwicklungsgesprächen mit jeder Teilnehmerin/jedem Teilnehmer sichergestellt. Dieses Entwicklungsgespräch war ein besonderer Aspekt des gesamten Verfahrens: Es blieb nicht nur jenen vorbehalten, die gut abgeschnitten hatten und für eine Position als Geschäftsstellenleitung benannt wurden, sondern galt für alle Bewerber/innen. Die Entwicklungsansätze der einzelnen Mitarbeiterinnen und Mitarbeiter konnten sich auf weitergehende Verantwortungen oder neue Führungsperspektiven beziehen, sehr häufig ging es aber darum, auf eine Stärkung in der gegenwärtigen Aufgabe hin zu arbeiten. Die „Verliererproblematik", die mit internen Auswahlprozessen in der Regel einhergeht, konnte durch diese Gespräche erheblich entschärft werden. **Individuelle Entwicklungsempfehlungen und -gespräche**

Das wichtige Ziel der Akzeptanz des Verfahrens wurde durch die strenge Methodik und die Beachtung des Respekts vor jedem Einzelnen erreicht, wie das Teilnehmerfeedback zeigt (s. Abb. 2).

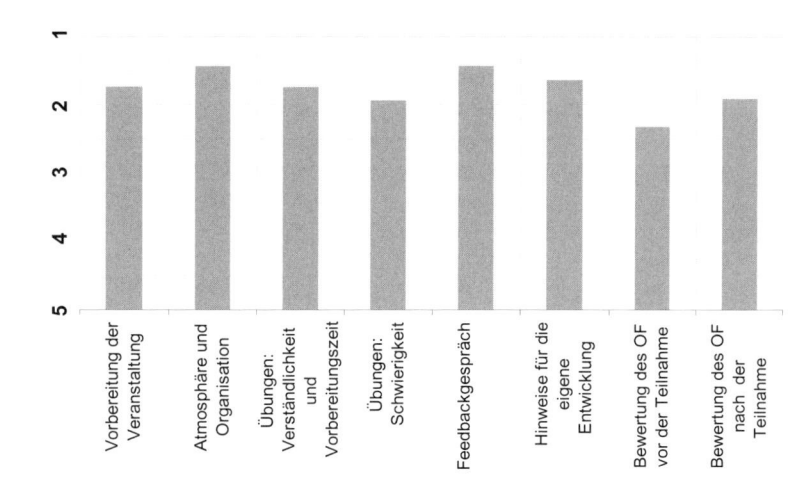

[Bar chart with categories: Vorbereitung der Veranstaltung, Atmosphäre und Organisation, Übungen: Verständlichkeit und Vorbereitungszeit, Übungen: Schwierigkeit, Feedbackgespräch, Hinweise für die eigene Entwicklung, Bewertung des OF vor der Teilnahme, Bewertung des OF nach der Teilnahme; scale 1 to 5]

Abbildung 2: Teilnehmerfeedback zum Potenzialeinschätzungsverfahren (OF) (1 = „sehr gut" bis 5 = „mangelhaft")

Entscheidungsmeeting

Definierte cut-off-scores

Im Kreis der erweiterten Geschäftsführung des bfw wurden alle Ergebnisse in strukturiert aufbereiteter Form vorgestellt. Nach definierten cut-off-scores wurden Empfehlungen zur Geschäftsstellenbesetzung formuliert. Dank des insgesamt disziplinierten methodischen Vorgehens, das auch die Geschäftsführung von der Richtigkeit der Einschätzungen überzeugte, wurden die eigenen Entscheidungsgrundsätze in jedem Fall konsequent angewandt. Diese Empfehlungen wurden für die konkrete Zuordnung von Geschäftsstellen mit folgenden qualitativen Aspekten verknüpft:

Qualitative Entscheidungsaspekte

▶ Fachliche Prioritäten aufgrund der Geschäftslage an den jeweiligen Standorten der Geschäftsstellen,
▶ Räumliche Präferenzen der Bewerber/innen aufgrund ihres Wohnsitzes,
▶ Beziehungsnetzwerk der Leiter/innen in bestimmten Regionen.

Innerhalb eines vierstündigen Meetings konnten alle wesentlichen Entscheidungen getroffen werden.

2.4 Der Gesamtprozess und die Rolle des Betriebsrats

Die folgende Abbildung 3 zeigt in der Übersicht den gesamten Einschätzungs- und Auswahlprozess und macht deutlich, dass zu Beginn des Procedere die Abstimmung und Einigung mit dem Betriebsrat über das Vorgehen stand. Da im bfw als gewerkschaftlichem Unternehmen die Betriebsratsarbeit traditionell einen hohen Stellenwert hat, soll auf diesen Aspekt im Folgenden noch näher eingegangen werden.

Die offene und breite Beteiligung gerade auch der Arbeitnehmer(innen)-vertretung an dem Strukturwandel sollte in allen Bereichen also auch bei der Auswahl und Gewinnung der „neuen Führungsmannschaft" gegeben sein. Den Betriebsrat an „Bord nehmen" stand deshalb gerade auch bei den vorbereitenden Überlegungen und den konzeptionellen Entwicklungen des Auswahlverfahrens im Vordergrund des Handelns.

Betriebsrat an „Bord nehmen"

Die Frage, ob aufgrund eines Auswahlverfahrens für „Leitende Angestellte" der Betriebsrat, neben dem Sprecherausschuss der Leitenden Angestellten, überhaupt zu beteiligen ist, wurde daher auch nicht weiter thematisiert. Es war erklärter Wille, dass gemeinsam mit den Betriebsräten (hier mit einem Konzernbetriebsratsausschuss) eine Regelung des Auswahlverfahrens beraten und verabredet wurde. Dies ergab sich vor allem auch dadurch, dass für den gesamten Prozess der Restrukturierung im Rahmen des „Zukunfts- und Sanierungskonzeptes 2005" die Betriebsratsgremien auf Gesamtbetriebs- bzw. Konzernbetriebsratsebene aktiv beteiligt wurden.

Gesamt-/ Konzernbetriebsrat

Jeder andere Weg des Vorgehens hätte von Anfang an gegenüber strukturellen Veränderungen, aber auch dahinter stehenden strategischen, unternehmerischen Zielsetzungen, eine Aversion und überwiegende Skepsis bis Ablehnung in der Belegschaft nach sich gezogen. Die Beteiligung der Betriebsräte gerade in solchen wichtigen Fragen des Unternehmens bfw hat sich in der Vergangenheit stets bewährt. Erst dadurch gelang es auch „tiefere Einschnitte" sowohl in Belegschaftsstrukturen als auch Geschäftsfeldern umzusetzen.

Selbstverständlich stehen dahinter immer auch schwierige Prozesse der Annäherung von Positionen, die aber ohne diesen Weg vor dem Hintergrund der hohen gewerkschaftlichen Nähe aller Handelnden im Unternehmen eher noch komplizierter verlaufen würden. Die Zusammenarbeit mit den Betriebsräten ist daher meist mit zeitintensiven Vorlauf- und verlängerten Entscheidungsprozessen verknüpft, kann aber, wie im Beispiel des Auswahlverfahrens für die Geschäftsstellenleitungen, sich konstruktiv auf die Akzeptanz und die schnelle Umsetzung auswirken.

Konstruktive Auswirkungen auf Akzeptanz und schnelle Umsetzung

> **1. VEREINBARUNG ÜBER DEN AUSWAHLPROZESS**
> Gemeinsam mit dem Sprecherausschuss der Leitenden Angestellten und dem Konzernbetriebsrat wurde eine Vereinbarung über den Auswahlprozess geschlossen.

> **2. AUSSCHREIBUNG DER POSITIONEN**
> Über ein internes Ausschreibungsverfahren wurden alle 30 Geschäftsstellenleiterstellen ausgeschrieben. Die Informationen für die neuen Funktionen und Bewerbungsunterlagen wurden über das interne Netz allen Beschäftigten zugänglich gemacht.

> **3. BEWERBUNGSPHASE**
> Ca. 70 Interessenten richteten über ein standardisiertes Bewerbungsformular (um die Bearbeitung zu erleichtern) ihre Bewerbung direkt an die Personalleitung

> **4. EINSCHÄTZUNG BISHERIGER LEISTUNG UND POTENZIALEINSCHÄTZUNG**
> Nach entsprechender Schulung der Einschätzer und Beobachter wurde über einen Fragebogen die bisherige Leistung und über Critical-Incident-Simulationen das Potenzial für die Geschäftsstellenleitung eingeschätzt

> **5. ENTSCHEIDUNGSMEETING**
> Die ausgewerteten Ergebnisse des Auswahlverfahrens wurden nach einer vorher festgelegten Entscheidungsregel der Geschäftsführung zur Entscheidung präsentiert. Anhand der Vorgaben wurden 30 Geschäftsstellenleiter/innen ausgewählt.

> **6. ENTWICKLUNGSGESPRÄCHE**
> Mit ausgewählten wie mit abgelehnten Bewerber/innen wurden ausführliche Gespräche über ihre weitere berufliche Entwicklung geführt und Maßnahmen für die aktuelle oder für zukünftige Aufgaben verabredet.

Abbildung 3: Verlaufsdarstellung des Einschätzungs- und Auswahlprozesses

Strenge Methodik und offene Transparenz

Die externe Beratung des Betriebsrates machte anfangs Bedenken deutlich hinsichtlich der Beurteilung in einem „AC-nahen Verfahren". Dem Betriebsrat selbst war es jedoch wichtig, dass die Auswahl von Führungskräften innerhalb eines beurteilenden Verfahrens und nicht durch die einseitige Einsetzung durch den Vorgesetzten vorgenommen wurde. Sie sahen gerade darin größere Chancen für interessierte Bewerber/innen und eine höhere Objektivität in der Auswahl. Die im Verfahren aufgezeigte strenge Methodik und offene Transparenz der Verfahrensschritte für die Beteiligten überzeugte letztendlich.

Gemeinsame Vereinbarung

Dadurch konnte eine gemeinsame Vereinbarung über das Auswahlverfahren, die sowohl von den Abläufen als auch den Inhalten die mehrheitliche Zustimmung der Betriebsräte fand, als Ergebnis des Beratungsprozesses zwischen Geschäftsführung und Arbeitnehmervertretung abgeschlossen werden. Diese Vereinbarung schuf bereits im Vorfeld des Auswahlprozesses die Basis für eine hohe Akzeptanz des Verfahrens bei allen Beteiligten.

3 Neue Wege bieten Chancen und Grenzen

3.1 Nutzen für den Einzelnen – Nutzen für das Unternehmen

Dass der Zugang zu dem Auswahlverfahren sehr offen war, kommt sowohl den Mitarbeiterinnen und Mitarbeitern als auch dem Unternehmen zugute.

Die Mitarbeiterinnen und Mitarbeiter erhielten dadurch die Möglichkeit, neben der Chance, eine neue Funktion in herausgehobener Position zu übernehmen, ihr eigenes Potenzial zu ermessen und sich ein intensives Feedback einzuholen und somit in jedem Fall eine persönliche berufliche Standortbestimmung vorzunehmen. **Berufliche Standortbestimmung**

Keiner der Bewerber/keine Bewerberin stand gänzlich auf der „Verliererseite", da für viele erstmals durch das Feedback, und zwar sowohl selbsteinschätzend als auch fremdeinschätzend ihre Führungseigenschaften bzw. aktuelle Führungsstärken aufgezeigt wurden. Für viele wurden neue Perspektiven dargestellt. **Keine Verlierer**

Das Unternehmen gewann ebenfalls einen tiefen Einblick in seine Struktur und die Haltungen seiner Mitarbeiter/innen in ihren funktionalen Aufgabenstellungen als Manager. Die Präsentationen und Simulationen – zwar unter der Situation eines „Rollenspiels" – waren dennoch überwiegend realitätsnah für das Handeln von Führungskräften im bfw.

Die Bewerber/innen drückten ihre Zufriedenheit auch in ihrem Feedback nach den Orientierungsforen aus. Weit über 80 % waren sehr zufrieden mit dem Auswahlverfahren, und zwar sowohl hinsichtlich der Information als auch bezogen auf die Durchführung. Des Weiteren ergaben dies auch die Rückmeldungen in den Entwicklungsgesprächen. Die „große Mehrheit" zeigte sich zufrieden, dass sie eine Chance hatte, sich selbst zu erfahren und auf einer „größeren Bühne" über ihre regionalen Grenzen hinaus zu präsentieren. **Zufriedenheit der Bewerber/innen**

Bei einzelnen Bewerber/innen führte es zu erklärbaren, aber durchaus in den Entwicklungsgesprächen aufgenommenen und reflektierten Enttäuschungen. Insbesondere dann, wenn sie in der Vergangenheit als herausgehobene Führungskräfte in den Regionen eingesetzt waren und nun nicht für die angestrebte Position als Geschäftsstellenleitung vorgesehen wurden. **Reflektierte Enttäuschungen**

Das Unternehmen bekam durch das Auswahlverfahren eine fundierte Basis zur Auswahl von Führungskräften für seine neuen Geschäftsstellen und darüber hinaus Kenntnis über eine breite Phalanx von Leistungsträgern im Unternehmen. Denn dadurch, dass ca. 60 % der 72 Bewerber/innen für die Aufgabe als Geschäftsstellenleiter/in für geeignet befunden wurden, stehen neben den nun ausgewählten Führungskräften weitere Mitarbeiter/innen für zukünftige Aufgabenstellungen als Leistungsträger zur Verfügung.

3.2 Ergebnisse für weitere Prozesse nutzen

Abgleich individueller Kompetenzen mit neuen Aufgaben

Die im Orientierungsforum erkannten Potenziale führen im Ergebnis nicht nur zu der Erkenntnis, hiermit ausschließlich die entsprechenden Geschäftsstellenleiter/innen gefunden zu haben, sondern machen dezidert deutlich, wo bei den Bewerberinnen und Bewerbern Potenziale vorhanden sind. Der zusätzliche Effekt liegt im Abgleich der individuellen Kompetenzen mit den Anforderungen des bfw in seinen neuen Aufgabenfeldern. Somit hat man nicht nur die Nachfolgeplanung für GSL-Besetzungen geregelt, sondern durchaus systematisch erfasste Erkenntnisse über Potenziale von Quereinsteigern in anders geartete Fachhierarchien. Der zukünftige Weg muss sein, die vorhandenen „Human-Ressourcen" besser und gekonnter im Sinne des Einzelnen und des Unternehmens einzusetzen.

Managemententwicklungsprogramm

Das Auswahlverfahren machte genau deutlich, wo Kompetenzen verbessert werden müssen. Dies geschieht aktuell einerseits für die gesamte Führungsmannschaft in Form eines Managemententwicklungsprogrammes und andererseits auch für Einzelne mit unterschiedlichen Ausprägungen in unterschiedlichen Kompetenzen, die ihre Fähigkeiten individuell zu entwickeln haben.

Anreiz zur Selbstqualifizierung

Die reflektierten Erkenntnisse, und zwar insbesondere aus den Orientierungsforen (= Potenzialeinschätzung), so mit allen Bewerberinnen und Bewerbern erörtert, sind für den Einzelnen Anreiz, selbstqualifizierend tätig zu werden. Bei allen Beteiligten zog dieser Auswahlprozess eine positive Einstellung nach sich, so dass auch andere, nur mittelbar integrierte Personen, sich das Orientierungsforum als zentralen Audit-Baustein für Besetzungsentscheidungen und Entwicklungsmaßnahmen als Instrument im Hinblick auf andere Leitungsfunktionen wünschen.

Dem Entscheiderkreis gab es zudem Stabilität und Sicherheit, die richtige Wahl getroffen zu haben.

Es bleibt noch zu prüfen, ob auch für andere interne Beurteilungen derartige Verfahren zur Anwendung kommen können. In jedem Fall ist durch die Betriebsratsbeteiligung ein Fundament gelegt, durch das die Arbeitnehmerseite nachvollziehbar an Veränderungsprozessen positiv beteiligt ist.

Die vielfältigen Erfahrungen, die sowohl alle Teilnehmer/innen als auch Beobachter im Orientierungsforum gemacht haben, wollen wir im bfw für weitere Prozesse nutzen; dabei sind inhaltlich relevante Ergebnisse ebenso bedeutsam wie die verfahrenstechnischen.

Die Entscheidungen sind eindeutiger, damit auch im negativen Fall klarer für die Nichternannten, aber eben nicht an willkürlichen Entscheidungen von einzelnen Personen festzumachen, sondern an objektivierbaren, aus dem Auswahlprozess heraus gewonnen Erkenntnissen. **Eindeutigere Entscheidungen**

Management Audits bei der Fresenius AG – Erfahrungen und Empfehlungen

Patrizia Westermann & Christian Stöwe

1 Fresenius: Das Unternehmen

Die Entwicklung der Fresenius-Gruppe lässt sich beschreiben als geglücktes Zusammenspiel von „Push"- und „Pull"-Aktivitäten aus den Wurzeln eines mittelständischen Unternehmens heraus. Durch strategische Akquisitionen wurden bereits im Vorfeld entwickelte eigene Geschäftsfelder zu effizienten „business-segments" ausgebaut. Heute ist Fresenius weltweit Marktführer in allen Dienstleistungen und Produkten rund um die Dialyse (Fresenius Medical Care AG) und das in Europa führende Unternehmen in der Ernährungs- und Infusionstherapie (Fresenius Kabi AG). Das dritte große Geschäftsfeld befasst sich mit Ingenieurs- und Serviceleistungen rund um Konzeption und Betrieb von pharmazeutischen Anlagen und Kliniken, Pflegeheimen etc. (Fresenius ProServe). Die Gruppe der Wittgensteiner Kliniken gehört seit 1998 ebenfalls zu diesem Segment des Konzerns. Neben diesen drei großen Geschäftsfeldern investiert Fresenius seit einigen Jahren in die biotechnologische Entwicklung und verfügt mit der Fresenius Biotech über ein vielversprechendes Start-up-Unternehmen. Längst ist der Standort der AG in Bad Homburg nicht mehr der größte unter den zahlreichen Standorten in 100 Ländern und auf allen Kontinenten, vor allem in den USA. Weltweit arbeiten derzeit über 66.000 Mitarbeiter für den Konzern.

Geschäftsfelder

Internationaler Konzern

Die Integration nicht nur des Produkt- und Service-Geschäfts, sondern vor allem der Mitarbeiter und der Arbeitsprozesse ist bei einem solchen Geschäfts- und Wachstumsmodell natürlich eine Aufgabe, die neben interkulturellem Fingerspitzengefühl auch geeignete Personalinstrumente erfordert. Eine Reihe davon wurden in der Vergangenheit indessen nur teilweise und oft nicht konsequent angewendet und fortgeführt. Erschwerend kam in der Vergangenheit hinzu, dass bestimmte Personal-Tools zwar in einem der business-segments zur Anwendung kamen, allerdings

Unternehmens-weite Personal-entwicklung

nicht auf die anderen Bereiche übertragen wurden, da jede Form der Verantwortung konsequent dezentral verteilt war und größtenteils heute noch ist. So existiert eine übergreifende Funktion „Personalentwicklung" im Rahmen der Holding unter Corporate Human Resources erst seit März 2002.

Fresenius Kabi hatte sich in den vergangenen Jahren aktiv mit einer Reihe von Personalinstrumenten beschäftigt und diese bereichsspezifisch eingesetzt, allerdings nicht flächendeckend. Im Folgenden soll ein Audit-Prozess bei Fresenius Kabi geschildert werden, der zum einen bereichsübergreifend innerhalb des eigenen business-segments durchgeführt wird, zum anderen nachhaltig weiterverfolgt und mit anderen Maßnahmen (z. B. dem strukturierten Mitarbeitergespräch mit Zielvereinbarungen) verzahnt wird.

Auf den nächsten Seiten wird der Audit-Prozess aus der Sicht der Personalentwicklerin und des Beraters geschildert, der seit der zweiten Phase das Audit begleitet.

2 Das erste Audit-Projekt für einen Geschäftsbereich

2.1 Ziele des Audits bei KSBC

Ausgangs-situation

Im Frühjahr 2003 – dem Start der ersten Phase des Audits bei der Fresenius Kabi – stellte sich die Situation wie folgt dar: Es hatte einige Jahre zuvor bereits ein Audit für Führungskräfte von Kabi in Deutschland gegeben. Die Zielsetzung war indessen eine völlig andere gewesen, weil es im Rahmen einer Unternehmens-Restrukturierung erfolgte und daher nicht als positiv erlebt worden war. Auch hatte es für die im Unternehmen verbliebenen Mitarbeiter keine systematisch wahrnehmbaren Folgeaktivitäten hinsichtlich ihrer Förderung gegeben, viele hatten in der durch intensives Geschäftswachstum geprägten Folgezeit innerhalb des Konzerns auch andere Arbeitsplätze übernommen. Im kollektiven Gedächtnis der Mitarbeiter aber – sofern sie nicht erst danach eingestellt wurden – gab es eine wenig spezifizierte und damit nicht positiv besetzte Erinnerung daran. Die Absicht, ein Audit durchzuführen, war Ergebnis eines Zusammenpiels verschiedener Faktoren. Ein nicht unwichtiger Teilbereich innerhalb der Kabi, nämlich das Kabi Strategic Business Center (KSBC), hatte kürzlich eine neue Leitung erhalten. Die Aufgabe der neuen Leiterin war keine leichte: KSBC sollte innerhalb der Kabi neues Gewicht als Geschäftseinheit erhalten, die so unterschiedliche Funktionen vereinte wie die internationale (und damit länderspezifische!) Zulassung von Arzneimitteln, die zukunftsgerichtete Beratung der Vorstandsbereiche (v.a. Vertrieb und Produktion) und die Entwicklung neuer Produkte (in Projektform). In der Vergangenheit hatte es stellenweise Kritik an der Leistungsfähigkeit von KSBC und seiner Mitarbeiter gegeben, über die Ursachen wurde nur spekuliert.

Vorstand und die intern aus dem Konzern stammende neue Leiterin wollten daher zunächst eine Potenzialerhebung durchführen, um Hinweise für nötige Entwicklungsmaßnahmen zu erhalten. Ziel des Audits war es daher primär, Entwicklungsbedarfe im Hinblick auf aktuelle und vor allem künftige (und bereits heute definierte) Geschäftsanforderungen dieses Bereichs aufzuspüren und in der Folge zeitnah und systematisch umzusetzen. Es war allen Beteiligten wichtig, den Mitarbeitern Wertschätzung und glaubwürdige Förderungsabsichten zu signalisieren. **Entwicklungsbedarf aufspüren und umsetzen**

2.2 Schnelle Durchführung

Die ersten Wochen und Monate unter neuer Leitung sollten recht schnell für das Audit genutzt werden, um der Leiterin frühzeitig Informationen über die Mitarbeiter zur Verfügung zu stellen. In einem früheren Projekt hatte man gute Erfahrungen mit den Interviews und Ergebnissen einer Unternehmensberaterin gemacht und diese für das geplante neue Audit verpflichtet. Zu diesem Zeitpunkt bestand noch keine Zusammenarbeit mit Profil M. In Gesprächen mit der Personalentwicklungsabteilung des Konzerns ließen sich Vorstand und KSBC-Leitung überzeugen, dass Glaubwürdigkeit und Nachhaltigkeit des Audits durch ein mehrstufiges Vorgehen gewinnen. So fiel die Entscheidung für die folgende Audit-Struktur: 1. Selbsteinschätzung der Mitarbeiter, 2. Einschätzung anhand eines Soll-Profils durch die Führungskräfte und 3. Fremdinterview durch einen Externen anhand von vorher definierten Kriterien. Die Glaubwürdigkeit eines aus mehreren Elementen und mit hoher Eigenbeteiligung der Mitarbeiter bestehenden Prozesses wurde als wesentlich höher eingeschätzt als dies bei einem rein fremdinterviewgestützten Verfahren der Fall gewesen wäre. Als Basis für die Selbsteinschätzung wählten wir das „Bochumer Inventar zur berufsbezogenen Persönlichkeitsbeschreibung" (BIP, Hossiep & Paschen, 2003), ein bereits gut im Personalmarkt eingeführtes Standardinventar zur Selbsteinschätzung, das an jeden Mitarbeiter in Papierform zusammen mit einem Anschreiben und zusätzlichen Erläuterungen versandt wurde. Außerdem erhielten alle Führungskräfte innerhalb von KSBC (also nicht nur die Bereichsleiterin) die Aufgabe, ihre Mitarbeiter anhand der vorhandenen Anforderungsprofile einzuschätzen und dies schriftlich nach von uns vorgegebenen Oberbegriffen zu dokumentieren. Die drei Elemente (Selbsteinschätzung und daraus ausgewerte-

Zusammenarbeit mit externer Beratung

Entscheidung für mehrstufiges Vorgehen

BIP

tes Profil, Interview und daraus erstelltes Gutachten, Anforderungsprofil und daraus entwickelte Vorgesetzten-Einschätzung) sollten in einer Übersicht zusammengetragen, mit der Leiterin im Hinblick auf Entwicklungspotenziale und entsprechende Maßnahmen diskutiert und schließlich mit den Audit-Teilnehmern in einem Feedback-Gespräch thematisiert werden. Insgesamt handelte es sich um 57 Mitarbeiter, zunächst nur in Deutschland und Österreich, die in einer ersten Runde auditiert werden sollten.

Informations- und Überzeugungsbedarf

Die Mitarbeiter hatten in der Vergangenheit noch nicht viel Erfahrung mit diesen Instrumenten sammeln können, daher bestand in der Anfangsphase ein verstärkter Informations- und Überzeugungsbedarf. Bereits frühzeitig war daher der Betriebsrat in mehreren Gesprächen (Einzel-Information, Betriebsratssitzung) einbezogen worden. Neben einer grundsätzlich positiven Einschätzung der Pläne herrschte von seiner Seite anfangs eine gewisse Skepsis, was die Konsequenz in der Durchführung der sich aus dem Audit ergebenden Personalentwicklungsmaßnahmen betraf. In den Gesprächen ging es also primär darum, eine Basis für den nötigen Vertrauensvorschuss in die Nachdrücklichkeit des Vorgehens zu legen. Neben einem detaillierten Informationsschreiben an alle KSBC-Mitarbeiter und einer Bereichsversammlung mit dem Betriebsrat, der Leiterin und der Personalentwicklerin zur Erläuterung der Ziele und der einzelnen Schritte wurden zahlreiche vertrauliche Einzelgespräche geführt. Der Tenor war in allen Informationsmedien der gleiche: Das Audit ist als Entwicklungs-,

Entwicklung statt Selektion!

keineswegs aber als Selektionsmaßnahme gedacht! Alle Mitarbeiter sollten in der Folgezeit nach Anforderungen und individuellem Bedarf gefördert werden.

2.3 Der laufende Prozess

Selbsteinschätzung per BIP

Bereits im Zuge der Entscheidung für das Bochumer Inventar hatten sich alle Beteiligten für Profil M (vormals FokusM) als Beratungsunternehmen entschieden, zunächst um die BIP-Auswertung und Interpretation zu unterstützen. Im Falle der Selbsteinschätzung per Bochumer Inventar bedeutete dies, das ausgewertete Ergebnisprofil für die Mitarbeiter in verständlicher Sprache und knapper, als dies mit den Standardtextbausteinen des Lizenzinhabers geschieht, zu erläutern. Jeder Mitarbeiter bekam sein Ergebnisprofil mit den textlichen Erläuterungen per Hauspost vertraulich zugesandt. Zeitlich parallel wurden die Fremdinterviews geführt, für die kein vorab definierter und unternehmensspezifischer strukturierter Leitfaden erarbeitet worden war. Die Interviews sollten vielmehr von einem

Ganzheitlicher Interviewansatz

ganzheitlichen Ansatz ausgehend die Persönlichkeit des Mitarbeiters erfassen und in einem Kurzgutachten zusammenstellen. Diese Ergebnisse wurden nicht vorab versandt, sondern der Mitarbeiter erhielt sie zu Beginn seines Feedbackgesprächs zur Lektüre.

Ebenfalls zeitnah sollte die Fremdeinschätzung durch die Führungskräfte anhand der Stellenprofile erfolgen. Vor den Feedback-Gesprächen schließlich galt es, die unterschiedlichen Ergebnisse zusammenzutragen, zu gewichten und im Gespräch zwischen der Bereichsleiterin und der Personalentwicklerin erste Vorschläge für Entwicklungsmaßnahmen zu erarbeiten und zu strukturieren. Erst nach dieser zeitintensiven Phase begannen wir mit den Mitarbeitergesprächen.

Fremdeinschätzung durch Führungskräfte

2.4 Die Feedback-Gespräche

Nach vorheriger Einladung und Terminvereinbarung wurden die Gespräche als Dreiergespräche geführt. Bei den direkten Mitarbeitern der Bereichsleiterin (und bei weiteren Gesprächen auf Wunsch eines der Beteiligten) war die Leiterin der Personalentwicklung dabei, ansonsten die Fachvorgesetzten. Dieses Schneeballverfahren hatte den Vorteil, dass die Bereichsleiterin Erfahrungen im Führen solcher Gespräche sammeln konnte, andererseits die PE-Kapazitäten zeitsparend eingesetzt werden konnten.

Dreiergespräche

Die Ergebnisse fanden bei den Mitarbeitern weitgehend Zustimmung, ebenso die Vorgehensweise, mögliche Entwicklungsmaßnahmen im Dreiergespräch zu erarbeiten und nicht einfach anzuordnen. In diesen Gesprächen zeigte sich breite Akzeptanz sowie Hoffnung und Skepsis gleichermaßen, dass die Aktivitäten fortgeführt würden. Um hier ein deutliches Zeichen zu setzen, wurden die ersten Maßnahmen bereits vor dem Ende der letzten Feedbackgespräche gestartet und deutlich kommuniziert (dem Betriebsratsgremium, den Mitarbeitern während verschiedener Bereichsmeetings).

Akzeptanz, Hoffnung und Skepsis

Zeichen setzen

2.5 Ergebnisse und Konsequenzen

Die Ergebnisse des BIP und der Interviews wurden vertraulich gehandhabt – außer den Mitarbeitern und der Führungskraft waren sie nur der Personalentwicklung und dem auftraggebenden Vorstand bekannt. Ein Ergebnis der Verhandlungen mit dem Betriebsrat im Vorfeld war auch, dass nur die vereinbarten Personalentwicklungsmaßnahmen Bestandteil der individuellen Personalakte würden, nicht aber die Gutachten (es sei denn, ein Mitarbeiter wünsche dies explizit).

Vertraulichkeit

Lediglich auf den ersten Blick erstaunlich war die Menge an Entwicklungsbedarf bei den Mitarbeitern. Allerdings war der Bereich in den vergangenen Jahren diesbezüglich nicht verwöhnt worden, zudem stand er vor neuen Herausforderungen in der nächsten Zukunft. Aus diesem Grund

**Maßnahmen-
spektrum**

entschieden wir uns dafür, die Maßnahmen über einen Zeitraum von zwei Jahren zu realisieren, um den Mitarbeitern genügend Zeit zu geben, die Entwicklungslücken zu schließen und dabei die laufenden Arbeitsprozesse nicht zu stark zu belasten. Da die beteiligten Mitarbeiter sehr unterschiedlichen spezialisierten Tätigkeitsfeldern angehören, gebot es sich, die Maßnahmen individuell, bedarfsweise in Kleingruppen zusammengefasst, umzusetzen. Die Spannbreite der Maßnahmen umfasste dabei weit mehr als den Besuch von Seminaren. So gab es z. B. eine Job-Rotation, die für beide teilnehmenden Mitarbeiter zum Erwerb von praktischen Management- und interkulturellen Fertigkeiten führen soll. Ein starker Akzent liegt auf einer Kombination aus Einzel- und Gruppencoaching für Lernprozesse im Bereich persönlicher Führungsfähigkeiten sowie prozessbegleitenden Maßnahmen z. B. im Bereich der Implementierung einer Projektstruktur. Daneben werden auch fachspezifische Vertiefungs- und Spezialisierungstrainings besucht, ebenso wie konzernintern angebotene Management-Trainings. Einen wichtigen Beitrag zum Gruppenlernen werden auch die mit Schnittstellenbereichen künftig geführten interdisziplinären Meetings leisten. Und schließlich gibt es erste ermutigende Beispiele dafür, Mitarbeiter zum Erwerb beruflicher Fähigkeiten außerhalb des eigenen Arbeitsplatzes einzusetzen – zum Beispiel im Bereich des regionalen Vertriebs. Bei allen Maßnahmen handelt es sich um sehr individuelle Lösungen, die eng zwischen Mitarbeiter, Führungskraft, Vorstand, Personalentwicklung und anderen Fachbereichen abgestimmt wurden.

3 Was haben wir aus der ersten Durchführung gelernt?

3.1 Zur Wiederholung geeignet

**Offene und
umfassende
Kommunikation
von Anfang an**

Die nach anfänglicher Skepsis hohe Erwartung aller Beteiligten brauchte kontinuierliche Bestätigung, dass wir auf dem richtigen Weg sind - das heißt also dauerhafte Kommunikation. Positiv angenommen wurde die von Anfang an offene und umfassende Kommunikation vor und bei jedem Arbeitsschritt. Auch das Ernst-Nehmen der Bedenken des Betriebsrats zeigte positive Wirkung, indem wir nachfolgend eine klare Unterstützung des Audits erhielten. Die Kommunikation geht selbstverständlich weiter, z. B. mit Zwischenstandsberichten in den jeweiligen Gremien.

**Multi-
perspektivität**

Bewährt hat sich auch die multiperspektivische Herangehensweise, also die Erhebung eines Selbstbildes der Mitarbeiter gleichberechtigt neben den beiden Fremdbildern. Dies führte auch dazu, dass nicht eine Perspek-

Management Audits bei der Fresenius AG – Erfahrungen und Empfehlungen

tive als „richtiger" als die anderen galt, sondern eventuelle Diskrepanzen als wertvoller Anknüpfungspunkt im Feedbackgespräch angesehen wurden. Gerade bei durch die Veränderungsprozesse verunsicherten Mitarbeitern wurden diese intensiven Gespräche sehr positiv aufgenommen. Grundsätzlich erscheint es uns gerade zur Personalentwicklung sehr sinnvoll, auch divergierende Ansichten über Stärken und Verbesserungsbedarfe zu erhalten und gemeinsam zu diskutieren. Die Erfahrung aus solchen Gesprächen zeigt, dass die Diskussion unterschiedlicher Sichtweisen oft schon selbst zu neuen Erkenntnissen bei den Teilnehmern führt und erste Entwicklungen auslöst. Solange es ausschließlich um mögliche Entwicklungsmaßnahmen geht, erscheint es nicht erforderlich, immer einen Konsens zu erreichen. Themen, bei denen keine Einigung erfolgt, werden zunächst von der Führungskraft und dem Teilnehmer weiter beobachtet und können zu einem späteren Zeitpunkt erneut besprochen werden. Selbstverständlich werden nur zu dem Bedarf, über den man sich gemeinsam verständigt hat, auch Entwicklungsmaßnahmen vereinbart,. Weder „Zwangsmaßnahmen" noch Aspekte, die keine Akzeptanz bei dem Vorgesetzten finden, werden positive Entwicklungen zeitigen. Die Teilnehmer müssen die eigene Entwicklung wollen und die Führungskräfte dazu bereit sein, Budget, Zeit und persönliche Unterstützung zu geben. Anders stellt sich dieser Aspekt sicher bei Audits zu Platzierungsentscheidungen dar. Hier dient ein multiperspektivischer Ansatz lediglich dazu, die Entscheidung der Führungskraft weiter zu fundieren. Es handelt sich in solchen Fällen um eine konsultative Entscheidungsfindung, bei der am Ende der Vorgesetzte alleine entscheidet und das Ergebnis verantwortet.

Keine „Zwangsmaßnahmen"

Die Individualität der Maßnahmen schließlich dürfte zu erhöhten Lerntransfer-Leistungen in der Folgezeit führen – dies ist zumindest unsere Erwartung. Da der Prozess noch andauert, können hier nur erste Indizien (Beginn von Projektarbeit, zunehmende interdisziplinäre Kooperation mit angrenzenden Bereichen, größere Selbstständigkeit und Effizienz von Mitarbeiter-Aktivitäten) als Hinweise für eine positive Entwicklung angesehen werden. Genaueres wird sich im Rahmen der nach den Maßnahmen stattfindenden Mitarbeitergespräche zeigen.

Lerntransfer-Leistungen

3.2 Nötige Optimierungen

Aus den Beschreibungen wird eines sicher deutlich – nämlich der hohe Arbeits- und Energieaufwand aller Beteiligten. Kaum eine Führungskraft kann es sich zeitlich leisten, bei der genannten Anzahl der Teilnehmer ca. 10 Stunden pro Mitarbeiter für Einschätzung der Mitarbeiter, Gutachtenlektüre, Diskussion mit der Personalentwicklung, eigene und gemeinsame Umsetzungsaktivitäten und ein erstes Feedbackgespräch zu investieren.

Hoher Arbeits- und Energieaufwand

Weiterer Optimierungsbedarf lag in der Tatsache begründet, dass die unterschiedlichen Ergebnisse nicht leicht zu integrieren waren, da sie verschiedenen Bezugssystemen angehörten. So ist der BIP ein auf 14 Auswertungskategorien beruhender Standardbogen – die Interviewkategorien folgten indessen anderen Kriterien. Unabhängig vom Wert der so erzielten Erkenntnisse liefert ein Vorgehen, bei dem die einzelnen Schritte auf denselben Kriterien beruhen, besser vergleichbare Ergebnisse und verkürzt damit den Auswertungs- und Feedbackprozess. Ebenfalls wichtig für weitere Audits erschien uns, die Interview-Ergebnisse in gleicher Weise wie die Resultate der Selbsteinschätzung vorab den Teilnehmern zur Lektüre zuzusenden. Dies war in den Feedbackgesprächen einer der Kritikpunkte der Mitarbeiter. Diese Auffassung teilen wir in der Rückschau, da die Teilnehmer sich vor dem Feedbackgespräch aktiv mit den Inhalten des Gutachtens auseinandersetzen und differenziert Stellung beziehen können. Im Vorfeld hatten wir uns gegen diese Handhabung entschieden, um dem Missbrauch entgegenzuwirken, dass Mitarbeiter ein Gutachten als Referenz in der Außendarstellung verwenden.

Kritik seitens der Mitarbeiter

4. Erfahrungen umgesetzt – ein aktuelles Audit-Projekt

Nach Beendigung des ersten Management Audits im Bereich KSBC trat der Vorstandsvorsitzende der Fresenius Kabi AG an die Personalentwicklung heran mit der Aufgabenstellung, ein Management-Audit-Projekt im Produktionsbereich durchzuführen.

4.1 Die Zielstellung und die Pilotierung

Die Zielstellung für diese Projekt war:

Pilotprojekt im Produktionsbereich

▶ die Identifikation interner Potenzialträger aus dem Kreis der aktuellen Führungskräfte,
▶ Einschätzung der derzeitigen Mobilität von Potenzial- und Leistungsträgern im Produktionsbereich,
▶ Analyse des Entwicklungsbedarfes, um eine systematische, individuelle Entwicklung der überfachlichen Kompetenzen der Führungskräfte zu ermöglichen.

Managementpositionen adäquat besetzen

Diese Zielstellungen waren vor allem vor dem Hintergrund zu sehen, dass aus den Erfahrungen beim Zukauf großer Unternehmen in der Vergangenheit deutlich wurde, wie wichtig es ist, zentrale Managementpositionen aus den eigenen Reihen adäquat besetzen zu können. Entsprechend war es dem Vorstand wichtig, die eigenen Potenzialträger zu kennen und auf weiterführende Aufgaben vorzubereiten.

Nach dem Vergleich verschiedener Anbieter und Vorgehensweisen fiel die Entscheidung, zunächst ein Pilotprojekt in diesem Bereich gemeinsam mit Profil M durchzuführen. Für dieses Pilotprojekt wurde gezielt ein Produktionsbereich gesucht, der in der Vergangenheit eine relativ kontinuierliche und stabile Entwicklung genommen hatte und ein anderer Produktionsbereich, der in der Vergangenheit häufiger umstrukturiert wurde. Diese beiden Unternehmenseinheiten sollten repräsentativ für die unterschiedlichen Niederlassungen und Standorte von Fresenius Kabi sein. Um die Verantwortlichen in beiden Standorten von vornherein einzubinden, wurden die Leiter der in Frage kommenden Standorte in die Beraterauswahl und Grundkonzeption der Vorgehensweise mit einbezogen. Im Verlauf dieses Prozesses entschied sich ein Standort, die Audit-Durchführung zunächst einmal zurückzustellen, weil weitere strategische Umstrukturierungsprozesse anstanden. Auf diesem Weg sollte vermieden werden, dass die Mitarbeiter einen Zusammenhang herstellen zwischen der Potenzialanalyse im Rahmen des Management Audits und den Entscheidungen zu einzelnen Stellenbesetzungen. Dies war wichtig, um den Personalentwicklungsschwerpunkt der Maßnahme glaubhaft erhalten zu können. Alternativ zu diesem Standort erklärte sich ein anderer repräsentativer Produktionsstandort sofort bereit, an der Pilotdurchführung teilzunehmen. Hier kam diese Vorgehensweise dem Werksleiter insofern entgegen, als dieser ohnehin Themen wie Nachfolgeplanung, Potenzialanalyse und -entwicklung zu forcieren geplant hatte.

Repräsentative Unternehmenseinheiten

Personalentwicklungsschwerpunkt der Maßnahme

4.2 Der Audit-Prozess und die Instrumente

Auf Basis der Erfahrungen bei KSBC sollten folgende Aspekte bei der Durchführung und Konzeption beachtet werden:

▶ Neben der Potenzialanalyse durch einen externen Berater sollte eine Selbsteinschätzung der Teilnehmer und eine Fremdbeurteilung durch die übergeordnete Führungskraft anhand identischer Kriterien erfolgen.
▶ Alle Führungskräfte und Teilnehmer sollten im Vorfeld persönlich und umfassend informiert werden über die Ziele, Vorgehensweisen und Anforderungskriterien.
▶ Alle drei Perspektiven, Selbstbild, Fremdbild und Einschätzung durch einen externen Berater sollten in einen gemeinsamen Ergebnisbericht integriert werden, um die Ergebnisse effektiver und effizienter verarbeiten zu können.

Konzeptionelle Aspekte auf Basis der Vorerfahrungen

▶ Die Durchführung der Potenzialanalyse mithilfe von Interviews sollte für die Teilnehmer inhaltlich anspruchsvoll, aber im Klima und persönlichen Umgang sehr wertschätzend und positiv sein.

Konzeptions-workshop

Um diesen Anforderungen gerecht zu werden, wurde zunächst einmal mit dem Produktionsvorstand, den beiden Werksleitern, dem Personalbereich und Profil M ein Konzeptionsworkshop durchgeführt, in dem die Ziele noch einmal klar abgestimmt und Vorgehensweisen und eingesetzte Instrumente definiert wurden. Wichtig war an dieser Stelle auch die Definition eines zukunftsweisenden Anforderungsprofils, das als Basis für die Selbst-, Fremdeinschätzung und Potenzialanalyse im Rahmen von Interviews dienen sollte. Die Erarbeitung des Anforderungsprofils wurde so vorbereitet, dass Profil M auf Basis des Fresenius-internen Kompetenzmodells „Unternehmer im Unternehmen" ein mögliches Anforderungsprofil skizzierte, das gemeinsam mit dem Vorstand und den Werksleitern diskutiert und abgestimmt wurde. Dabei galt es, das sehr umfassende interne Kompetenzmodell, das mit über 50 Einzeldimensionen arbeitet, auf einen im Audit handhabaren Umfang von 13 überfachlichen Dimensionen zusammenzufassen (vgl. Abb. 1). Die Skala der Werte reichte dabei von 1 = „Deutlicher Entwicklungsbedarf im Hinblick auf die aktuellen Anforderungen" bis zu 5 = „Bereits ausreichend ausgeprägte Kompetenzen und Fähigkeiten für eine weiterführende Tätigkeit". Wichtig war hier auch, dass durch die Orientierung am internen Kompetenzmodell eine leichte Integration der Ergebnisse in andere Instrumente, wie zum Beispiel Ergebnisse der alljährlichen Mitarbeiterbeurteilungsgespräche, erfolgen kann.

Anforderungs-profil auf Basis des internen Kompetenz-modells

Fresenius Kabi AG
Personal **E**ntwicklungs-**P**rogramm für Führungskräfte
Ergebnisprofil Abgleich Selbst-/Vorgesetzteneinschätzung

Fresenius Kabi
Caring for Life

Teilnehmer:

Vorgesetzter:

	1	2	3	4	5
Motive und Einstellungen					
Zielorientierung	○	○	○	○	○
Lern- und Veränderungsbereitschaft	○	○	○	○	○
Verantwortungsbereitschaft	○	○	○	○	○
Soziale Kompetenzen					
Kooperationsfähigkeit	○	○	○	○	○
Konfliktfähigkeit	○	○	○	○	○
Kommunikationsfähigkeit	○	○	○	○	○
Mitarbeitersteuerung	○	○	○	○	○
Mitarbeiterförderung	○	○	○	○	○
Problemlösekompetenz					
Analysefähigkeit	○	○	○	○	○
Fachwissen	○	○	○	○	○
Unternehmerische Kompetenz					
Externe und interne Kundenorientierung	○	○	○	○	○
Strategisches und konzeptionelles Handeln	○	○	○	○	○
Management von Veränderungen	○	○	○	○	○

● Selbsteinschätzung   ● Vorgesetzteneinschätzung

Abbildung 1: Das Anforderungsprofil

Im Wesentlichen umfasste der Projektablauf die folgenden Schritte:

> **0. Konzeptionsworkshop und Information der Teilnehmer**

> **1. Individuelle Potenzialanalyse mit 3 Perspektiven**
> (Selbsteinschätzung, Fremdbeurteilung durch die Führungskraft, halbstandardisiertes Interview mit Profil M Berater)

> **2. Definition eines individuellen Personal-Entwicklungsplans** (im Rahmen eines Nachgespräches zwischen Teilnehmer, Vorgesetztem und Personal)

> **3. Umsetzung der definierten PE-Maßnahmen**
> (lokal im jeweiligen Standort)

> **4. Nachgespräch zu erfolgten Entwicklungen**
> (je nach Maßnahmen in 6-18 Monaten)

Abbildung 2: „Das Personalentwicklungsprogramm für Führungskräfte bei der Fresenius Kabi AG – Der Prozess"

Informations-präsentation und -brief

Onlinebefragung

Um die Kommunikation im Projekt zu unterstützen, wurde eine Informationspräsentation für die Werksleiter erstellt, die diese im Rahmen eines Meetings ihren Führungskräften präsentierten, unterstützend dazu wurde ein fünfseitiger Informationsbrief formuliert, in dem die wesentlichen Zielstellungen, Vorgehensweisen und der Umgang mit den Ergebnissen für die Teilnehmer transparent beschrieben wurden. Die Erhebung der Fremdeinschätzung durch die jeweilige Führungskraft der Teilnehmer und die Selbstbeschreibung der Teilnehmer erfolgten im Rahmen einer Onlinebefragung, bei der die definierten Anforderungsdimensionen mit jeweils zwei Verhaltensbeschreibungen operationalisiert und konkretisiert wurden. Dies wurde technisch so umgesetzt, dass jeder Teilnehmer per E-Mail einen Link zugemailt bekam, der bei Anklicken eine Internetseite auf einem Sicherheitsserver öffnet, auf dem die Befragung von einem beliebigen Ort aus zu beantworten war. Den Teilnehmern und Führungskräften wurden knapp drei Wochen zur Beantwortung des Fragebogens

Management Audits bei der Fresenius AG – Erfahrungen und Empfehlungen 143

im Vorfeld der individuellen Potenzialinterviews eingeräumt, wobei nach zehn Tagen eine Erinnerungsmail erfolgte.

Abbildung 3: Auszug aus einem Interviewleitfaden

Halbstandardisierte Interviews

Die individuelle Potenzialanalyse im Rahmen des Audits wurde mit Hilfe von drei- bis vierstündigen halbstandardisierten, individuellen Interviews durchgeführt. Diese wurden auf Basis eines im Vorfeld abgestimmten Interviewleitfadens (vgl. Abb. 3) durchgeführt, der zu jedem Anforderungsbereich verschiedene Fragen als Optionen vorgab und mehrere relevante Beurteilungskriterien definierte. Halbstandardisiert bedeutete hier, dass zwar mögliche Fragen vorgegeben waren, diese aber nicht alle gestellt werden mussten. Ziel ist es hier, einerseits eine vergleichbare Vorgehensweise und Ergebnisse sicherzustellen, andererseits aber genug Spielraum zu lassen, sich auf unterschiedliche Gesprächspartner einzustellen und ein Gespräch in einem angenehmen Klima zu führen.

Anforderungsbereich „Mobilität"

Ergänzt wurde die Einschätzung im Rahmen dieses Potenzialinterviews durch den Anforderungsbereich „Mobilität", bei dem die Teilnehmer im Interview aufgefordert wurden, ihre derzeitige Mobilität eindeutig und verbindlich zu beschreiben. Die vorab erfolgten Einschätzungen aus der Selbstbeschreibung und dem Fremdbild wurden als Hintergrundinformation verwendet. Auf diese Weise konnten im Interview mögliche signifikante Unterschiede zwischen der Selbsteinschätzung und der Beurteilung durch die Führungskraft noch einmal vertieft hinterfragt und aus Sicht eines Externen beleuchtet werden.

4.3 Ergebnisse und Konsequenzen

Individuelle Ergebnisprofile

Als Ergebnis aus der Vorbefragung und den Potenzialinterviews formulierten die Berater von Profil M individuelle Ergebnisberichte, in denen einerseits ein Ergebnisprofil mit Selbst- und Fremdbeschreibung durch die Führungskraft und andererseits ein zweites Ergebnisprofil des Potenzialinterviews aufgenommen wurden. Daneben erfolgte zu allen Anforderungsbereichen eine kurze prägnante Beschreibung der Einschätzung aus dem Potenzialinterview. Markante Abweichungen zwischen den unterschiedlichen Einschätzungen wurden im Ergebnisbericht noch einmal herausgestellt und aus externer Sicht beurteilt. Neben dieser umfassenden Darstellung der Ergebnisse gab es in jedem Ergebnisgutachten eine Seite mit einer sehr kurzen Darstellung des Gesamteindrucks des jeweiligen Teilnehmers und drei bis vier wesentlichen Stärken und Entwicklungsfeldern. Diese Kurzeinschätzung dient vor allem den Vorständen, einen schnellen Eindruck von einer Vielzahl von Teilnehmern zu erlangen.

Kurzeinschätzungen für Vorstände

Management Audits bei der Fresenius AG – Erfahrungen und Empfehlungen

Wichtig bei der Einschätzung in Form individueller Ergebnisprofile war, dass diese immer vor dem Hintergrund der Anforderung der aktuellen Position durchgeführt wurde. Das bedeutet, dass auf einer Fünferskala ein Wert von drei dafür stand, dass der Teilnehmer den derzeitigen überfachlichen Anforderungen seiner Position voll entspricht. Entsprechend verwiesen Ergebniswerte von zwei oder geringer auf einen Entwicklungsbedarf in Bezug auf die jetzige Position und Ergebniswerte von vier oder fünf auf starke Potenziale für eine weiterführende Tätigkeit. Dies führt einerseits dazu, dass Teilnehmer aus unterschiedlichen Hierarchieebenen in ihren Ergebniswerten nicht mehr direkt vergleichbar sind, auf der anderen Seite erhalten die Entscheider so eine klare Aussage über die Entwicklungsbedarfe und Potenziale ihrer Führungskräfte. Dazu war es selbstverständlich wichtig, den Beratern von Profil M im Vorfeld Stellenprofile und Organigramme zur Verfügung zu stellen. Abschließend wurden in jedem Ergebnisbericht bereits schriftlich mögliche Maßnahmen der Personalentwicklung skizziert, um die identifizierten Verbesserungsfelder zu bearbeiten oder Potenziale optimal auszuschöpfen. Vor dem Hintergrund, Managementpotenziale für Akquisition und Kooperation im Ausland bereit zu halten, erfolgte selbstverständlich in einem Kapitel des Ergebnisberichtes eine kurze Einschätzung der aktuellen Mobilität des jeweiligen Teilnehmers.

Bedeutung der Skalenwerte

Skizzierung von PE-Maßnahmen

Inhalt	Seite
1. Darstellung des Verfahrens	3
2. Ergebnisprofil der Vorbefragung (Selbstsicht vs. Fremdbild der Führungskraft)	5
3. Ergebnisprofil der Potenzialanalyse durch Profil M	6
4. Erläuterung der Ergebnisse	7
5. Beschreibung der aktuellen Mobilität	17
6. Management Summary der Ergebnisse	18
7. Empfehlungen zu Personalentwicklungsmaßnahmen	19

Abbildung 4: Aufbau der individuellen Gutachten

Portfolios der Managementpotenziale

Neben den individuellen Ergebnisberichten erfolgte eine aggregierte Darstellung der Managementpotenziale in Form von zwei Portfolios, bei denen alle Teilnehmer unterschiedlichen Kategorien zugeordnet wurden. Dadurch bekommen die Entscheider u. a. einen schnellen Überblick darüber, wie viele Teilnehmer noch überfachlichen Entwicklungsbedarf in bezug auf ihre derzeitige Tätigkeit haben, und wer insgesamt Potenzial für die Übernahme einer weiterführenden Tätigkeit gezeigt hat. Dabei wurde darauf geachtet, dass auch den Entscheidern deutlich bewusst war, dass eine solche Portfoliodarstellung eine dramatische Reduktion der individuellen Komplexität der Teilnehmer darstellt und entsprechend lediglich als erste, grobe Orientierung dienen kann.

Sichtbarmachung übergreifender Handlungsfelder und Problembereiche

Neben diesen individuellen Ergebnisberichten, die den Teilnehmern im Vorfeld eines individuellen Nachgespräches bereits zugestellt wurden, und der aggregierten Auswertung in Form von Portfolios wurde durch Profil M eine Präsentation erstellt, bei der die wesentlichen Eindrücke aus allen Interviews zusammengefasst und Veränderungsnotwendigkeiten für die beiden Produktionsstandorte insgesamt skizziert wurden. Auf diese Weise wurden übergreifende Handlungsfelder und Problembereiche, aber auch Stärken sichtbar gemacht und an die Entscheider zurückgespiegelt. Zu den Ergebnissen gehörte zum Beispiel die Erkenntnis, dass alle Teilnehmer eine hohe Identifikation mit ihrem Standort aufweisen, auf der anderen Seite jedoch noch stärker übergreifend denken und arbeiten könnten. Auch zeigte sich eine starke fachliche Orientierung der Führungskräfte und ein sehr hohes Maß an Verantwortungsbewusstsein. Dies ist sicher darauf zurück zu führen, dass die Produkte von Fresenius Kabi (wie z. B. Präparate zur künstlichen Ernährung) höchsten Qualitäts- und Sicherheitsansprüchen genügen müssen.

Individuelle Nachgespräche

Nachdem im Zeitraum von etwa vier bis sechs Wochen nach Durchführung der Potenzialinterviews die Teilnehmer ihre Ergebnisberichte zugestellt bekamen, erfolgten individuelle Nachgespräche, an denen jeweils der Teilnehmer, seine direkte Führungskraft und die Leiterin Personalentwicklung teilnahmen. Im Rahmen dieser Gespräche war das vordringliche Ziel, einen konkreten, individuellen Entwicklungsplan festzulegen und zu terminieren. Diese Gespräche wurden etwa sechs bis acht Wochen nach Durchführung der Interviews geführt. Um in diesen Interviews erste Maßnahmen und Perspektiven aufzeigen zu können, wurden bereits im Rahmen der Abschlusspräsentation der Gesamtergebnisse mit den Vorständen und Werksleitern ein Rahmen von möglichen Maßnahmen, wie zum Beispiel individuelle Entwicklungsbudgets und übergeordnete Ansatzpunkte, vereinbart. Dazu gehörte beispielsweise auch die Durchführung ausführlicher Gesprächsrunden der beiden Vorstände mit den Teilnehmern in Form von Kamingesprächen in kleinen Gruppen. Diese Maßnahme resultierte unter anderem aus der Erkenntnis, dass nicht alle

Kamingespräche

Führungskräfte eine differenzierte Kenntnis der Unternehmensstrategie und deren Rückbezug zum eigenen Arbeitsbereich zeigten.

4.4 Erfolgsfaktoren unserer Audits

Nach der Durchführung dieses Pilotprojektes zeigten sich insgesamt folgende Erfolgsfaktoren für die erfolgreiche und allseits akzeptierte Durchführung von Management Audits bei der Fresenius AG:

- Integration einer Selbst- und einer Fremdeinschätzung durch die direkte Führungskraft als Abgleich zur Einschätzung durch einen externen Berater. Dies führt vor allem dazu, dass bei den Teilnehmern und Führungskräften die Botschaft ankommt, dass ihre Meinung gefragt ist und sie integriert werden, anstatt ein Audit „über sich ergehen" zu lassen. — **Selbst-Fremdbild-Integration**

- Im Vorfeld gemeinsame Konzeption und Abstimmung der Vorgehensweise und Instrumente zwischen dem Personalbereich, den Entscheidern und dem externen Berater im Rahmen eines ganztägigen Workshops. Dadurch wird erreicht, dass alle Beteiligten klar orientiert und mit der Maßnahme identifiziert sind. — **Förderung der Identifikation**

- Durchführung von Potenzialinterviews durch einen externen Berater, den die Teilnehmer als neutralen, objektiven Part erleben, der darüber hinaus die Ergebnisse auch in Relation zu anderen Unternehmen setzen kann. — **Neutraler Berater**

- Einsatz eines intern abgestimmten Interviewleitfadens, der die Anforderungsdimensionen in exemplarische Fragen und konkrete Verhaltensbeschreibung und Kriterien überführt, um ein hohes Maß an Vergleichbarkeit zu erreichen. — **Anforderungsbezug**

- Umfassende und transparente Kommunikation der Vorgehensweisen und Anforderungsdimensionen an alle Teilnehmer und Betroffene, in Form eines Informationsbriefes und einer Präsentation durch den jeweiligen Werksleiter. Auf diese Weise bleiben die direkten Vorgesetzten in der Verantwortung für die Personalentwicklung ihrer Führungskräfte und möglichen Befürchtungen und Spekulationen wird durch Information entgegengewirkt. — **Kommunikation und Information**

- Prägnante Aufbereitung der individuellen Ergebnisse in Form eines anschaulichen und übersichtlichen Ergebnisberichtes, in dem Stärken, Handlungsfelder und erste Maßnahmen zur Personalentwicklung als Option skizziert werden. — **Prägnante Ergebnisaufbereitung**

	▶ Auswertung der Gesamtergebnisse in Form einer Präsentation durch den externen Berater, nicht nur hinsichtlich der individuellen Entwicklungsbedarfe, sondern auch in Bezug auf generelle Stärken und Problembereiche aus übergeordneter Perspektive.
Teilnehmer, Vorgesetzte und PE gemeinsam	▶ Gemeinsame Definition eines individuellen Entwicklungs- und Maßnahmenplans, gemeinsam mit Teilnehmern, Vorgesetzten und der Personalentwicklung.
Verbesserungsbedarf	Als einziges Thema mit Verbesserungsbedarf zeigte sich die Terminierung der individuellen Nachgespräche auf Basis des Ergebnisberichtes. Hier wird in Zukunft bereits vor dem individuellen Potenzialinterview der nächste Termin zum gemeinsamen Gespräch festgelegt, um den Teilnehmern unmittelbar zu signalisieren, dass ein solches Nachgespräch auch sicher erfolgt. Hier traten die Teilnehmer dem Verfahren anfangs z.T. mit einer gewissen Skepsis entgegen, dass nach einem anfänglich aufwendigen Audit im Nachhinein vielleicht wenig geschehen könnte.
Nutzbare Ergebnisse und breite Akzeptanz	Insgesamt zeigte sich, dass die oben beschriebene Vorgehensweise dazu führte, dass nicht nur sehr gut nutzbare Ergebnisse entstanden, die relativ einfach in klare Handlungsnotwendigkeiten überführt werden können, sondern dass das gesamte Verfahren auf eine sehr breite Akzeptanz von allen Führungskräften und Entscheidern trifft.

Literatur

Hossiep, R. & Paschen, M. (2003). *Bochumer Inventar zur berufsbezogenen Persönlichkeitsbeschreibung (BIP)*. Göttingen: Hogrefe.

Prozessmanagement und Kommunikation – Erfolgsfaktoren im Management Audit

Christof Fertsch-Röver

Vorbemerkung

Dieses Kapitel soll Entscheidungsträgern, die vor der Durchführung eines Management Audits stehen, helfen, sich einen ersten Überblick zu verschaffen, welches die Kernfragen und zu beachtenden Aspekte in der Vorbereitung, Durchführung und Nachbereitung eines Management Audits sind. Die Darstellung orientiert sich dabei weitgehend am chronologischen Prozess.

Hilfe für Entscheidungsträger

1 Planung und Vorbereitung eines Management Audits

Der erste größere Abschnitt benennt und reflektiert zentrale Aspekte, die in einer gründlichen Planung und Vorbereitung eines Management Audits bedacht werden müssen. Sie reichen von der Zielklärung bis zur Auswahl der Methode und der Auditoren.

1.1 Anlässe und Ziele

Die häufigsten Anlässe zur Durchführung eines Management Audits sind Standortbestimmung, Unterstützung bei der Selektion sowie Managemententwicklung. Ein paar Beispiele:

▶ Ein neuer Vorstand/Vorstandsvorsitzender möchte sehr schnell wissen, wie die Qualität seines Management Teams beschaffen ist und welches seine Schlüsselpersonen sind. Die Eingrenzung der Zielgruppe des Audits erfolgt dann sehr individuell, z. B. erste und/oder

Standortbestimmung, Selektion und Managemententwicklung

zweite Ebene unter dem Vorstand, nur ein bestimmter Vorstandsbereich oder eine Business Unit.

Auftraggeber Aufsichtsrat
- Eine ähnliche Fragestellung gilt häufig, wenn ein Aufsichtsrat den Auftrag für ein Management Audit gibt.
- Bei Übernahmen: Hier möchte das erwerbende Unternehmen ebenfalls zügig wissen, wie die Managementqualität im erworbenen Unternehmen ist, wer die Keyplayer sind, wer sich möglicherweise für die Übernahme von neuen Aufgaben eignet.

Übernahmen und Fusionen
- Bei Fusionen: Im Vordergrund bei Fusionen steht oft die Frage, wer von zwei oder mehreren Funktionsträgern der Geeignetere ist. Ziel ist, die Doppelbesetzung von Funktionen, die bei Fusionen häufig vorkommt, möglichst schnell und nach nachvollziehbaren Kriterien zu beseitigen.

Restrukturierung und Downsizing
- Bei Restrukturierungen und Downsizing: Wer muss/soll das Unternehmen verlassen, weil entweder seine Funktion entfällt, oder er nicht mehr für die neuen Anforderungen geeignet ist.

Management Development Prozess
- Gerade im Rahmen von strategischen Neuausrichtungen wird ein Management Audit auch häufiger als Startpunkt eines systematischen Management Development Prozesses eingesetzt, um strategische Lücken entweder durch Qualifizierungsmaßnahmen oder auch Besetzung von außen rechtzeitig zu schließen.
- Seltener kommt der Fall vor, dass im Rahmen von größeren internen Umstrukturierungen sich Führungskräfte neu auf eine Position bewerben müssen, und dies durch einen systematischen Prozess geschieht.

Empirische Befunde

Diese Einschätzungen beruhen auf Erfahrungswerten. Sie decken sich aber im Wesentlichen mit den Ergebnissen einer der ganz wenigen aktuellen empirischen Untersuchungen, die systematisch Anlässe für Management Audits erfragt hat. Sie stammt von Bernd Runde und findet sich in diesem Band.

1.2 Umfeldanalyse

Neben der Betrachtung der internen Anlässe und Ziele empfiehlt es sich, bei der Planung eines Management Audits einen Blick auf die Umfeldbedingungen zu werfen. Da ein Management Audit, speziell wenn es zu Selektionszwecken durchgeführt wird, eine erhebliche Unruhe unter den Führungskräften auslöst, sollte bei der Planung unter anderem der Markt für Führungskräfte im Visier behalten werden. Man sollte insbesondere

Beobachtung des Führungskräfte-Marktes
einschätzen, wie groß die Gefahr ist, Führungskräfte zu verlieren, und wie gut die Chancen sind, ggf. neue gute Manager zu rekrutieren. Es wird die Frage zu stellen sein, welche Alternativen die eigenen Führungskräfte am Markt haben und anders herum, wie der Ruf des eigenen Unternehmens

bei Führungskräften im Markt ist. Kann man bei ungewollten Kündigungen schnell Ersatz besorgen? Da es ohnehin zu den Aufgaben eines HR-Managers oder Personalleiters gehört, den Führungskräfte-Markt kontinuierlich zu beobachten, ist dieser dafür prädestiniert, solche Fragen zu klären. Hilfreich sind in diesem Zusammenhang auch Kontakte zu anderen Personalverantwortlichen, sei es in Branchen- oder Berufsverbänden.

Nicht vernachlässigt werden sollten ebenfalls Investor Relations Überlegungen, gerade bei börsennotierten Unternehmen: Wie wird ein Management Audit von den Investoren bzw. von der Börse aufgenommen? Gibt es positive Reaktionen? Muss man damit rechnen, dass enttäuschte Führungskräfte vertrauliche Informationen nach außen geben? Da die meisten der börsennotierten Unternehmen inzwischen über Investor Relations Abteilungen oder Verantwortliche verfügen, wären diese die ersten Ansprechpartner, um die Fragen zu klären oder ggf. vorsichtig bei großen Investoren zu sondieren. **Investor Relations Überlegungen**

Last but not least: Wie wird der Wettbewerb reagieren, wenn er davon erfährt: Wird es gezielte Abwerbeversuche geben oder Maßnahmen am Markt, um die Phase der Unsicherheit und möglicher Entscheidungsverzögerungen auszunutzen? Ähnlich wie bei den Personalverantwortlichen helfen hier die Branchenkontakte des Top-Managements, um diese Gefahr beurteilen zu können. In der Regel „kennt man sich" in der Branche und kann dadurch ein Gefühl dafür entwickeln, ob solche Gefahren bestehen, oder ob es sogar zum Beispiel zum beiderseitigen Nutzen sein kann, wenn man verdiente Mitarbeiter woanders unterbringen kann. **Reaktionen der Wettbewerber**

1.3 Zielklärung

Erstaunlicherweise trifft man als externer Berater bei der Planung eines Management Audits des Öfteren auf die Situation, dass die Zielsetzung noch nicht vollständig oder klar genug formuliert ist. So ist zwar so gut wie immer der Anlass klar, und man weiß in etwa, welche Informationen man gewinnen will, aber schon bei der Frage, ob die Hauptstoßrichtung Selektion oder Entwicklung ist, besteht sehr oft keine Klarheit, kommt eine Aussage des „sowohl als auch". **Unklare Zielformulierung keine Seltenheit**

Hauptgründe für diese Unklarheit sind in der Regel:

▶ Es gibt unterschiedliche Fraktionen im Unternehmen bzgl. Selektion oder Entwicklung, von denen sich noch keine richtig durchgesetzt hat.
▶ Man plant Selektion, will dies aber nicht offen kommunizieren, weil man Unruhe vermeiden will. Dieses Thema wird im Kapitel Kommunikation noch einmal explizit aufgegriffen. **Gründe**

▶ Der Gedanke wurde einfach noch nicht zu Ende gedacht.

Nicht starten bei unzureichender Zielklärung

Es empfiehlt sich dringend, nicht mit einem Management Audit zu starten, bevor diese Zielklärung ausreichend stattgefunden hat. Die Hauptfrage, die sich die betroffenen Führungskräfte im Rahmen eines solchen Verfahrens stellen, ist die nach dem Ziel der Maßnahme, und was dies für sie bedeutet. Dies ist auch eine der wesentlichen Fragen, mit denen sich die Kommunikationsmaßnahmen beschäftigen müssen (s. Abschnitt 2). Solange die Ziele aber nicht klar definiert sind, wird eine Kommunikation ebenfalls unklar sein und unnötige Verwirrung und Unruhe auslösen.

Entwicklungsorientierte Management Audits

Insbesondere bei Management Audits, deren Ziel die systematischere Entwicklung von Führungskräften ist, ist die Frage, wie die gewonnenen Informationen genutzt, weiter verarbeitet und dokumentiert werden, von besonderer Bedeutung. Neben Datenschutzaspekten geht es hier vor allem um die Frage, welche Maßnahmen können oder sollen zur Entwicklung ergriffen werden und vor allem wann. Sehr oft beginnt die Planung von Entwicklungsmaßnahmen erst, wenn das eigentliche Audit vorüber ist. Dadurch wird unnötig Zeit verschenkt und vor allem die positive Motivation und Energie, die aus einem entwicklungsorientierten Management Audit entstehen kann, verpufft. Der Rahmen für mögliche Entwicklungsmaßnahmen sollte schon vor dem Audit bedacht und definiert werden.

1.4 Zeitrahmen und Zeitplanung

Realistische Projektplanung

Je nach Anlass und Zielen des Management Audits, Situation des Unternehmens, zur Verfügung stehenden Ressourcen (externe und interne), Inhalte und Methoden des Audits, zeitliche Verfügbarkeit der Führungskräfte und Aufbereitung der Ergebnisse ergeben sich völlig unterschiedliche zeitliche Rahmenbedingungen und Vorgaben. Insofern lässt sich kaum ein Musterzeitplan ableiten, sondern eine wesentliche Herausforderung für den Verantwortlichen für die Planung und Durchführung eines Management Audits besteht in der Erstellung eines realistischen Projektplans.

Dennoch gibt es einige Empfehlungen und Erfahrungswerte:

Empfehlungen und Erfahrungswerte

▶ Die eigentliche Durchführung des Management Audits sollte so zügig wie möglich erfolgen, um zum einen die Phase der Unruhe und Unklarheit so schnell wie möglich zu beseitigen, zum anderen, um mögliche Lerneffekte bei späteren Teilnehmern so gering wie möglich zu halten.

Frühzeitige Planung

Angesichts der engen Terminkalender von Führungskräften bedarf es dazu einer frühzeitigen Planung und klarer Vorgaben des Top-Managements, dass Audit-Termine Vorrang vor anderen haben bzw. innerhalb der gegebenen Frist absolviert sein müssen.

- Unabhängig davon, ob Selektion oder Entwicklung die Hauptzielrichtung ist, sollten Entscheidungen und Maßnahmen so früh wie möglich nach dem Audit getroffen bzw. veranlasst, kommuniziert und umgesetzt werden. Auch wenn Entwicklungsmaßnahmen nicht immer gleich starten können, weil sie Vorbereitung brauchen oder zeitlich nicht so dringend sind, sollte der/die Betroffene doch zumindest schon den Fahrplan kennen. — **Zeitnahe Entscheidung und Umsetzung**

- Je größer die Zahl der zu auditierenden Führungskräfte ist, desto mehr Zeit muss erfahrungsgemäß für die Vorbereitung und Nachbereitung eingeplant werden. In der Vorbereitung geht es im Wesentlichen um die Entwicklung und Durchführung der Kommunikation gegenüber den beteiligten Führungskräften sowie die Sammlung und Aufbereitung vorhandener Informationen. In der Nachbereitung sind es vor allem die Ergebnisberichte, die Feedbackgespräche sowie die Planung und Vorbereitung von Maßnahmen, die zeitintensiv sind. Engpässe treten sehr häufig bei den Feedbackgesprächen auf, da meist mehrere Beteiligte (Vorgesetzter, Führungskraft, Vertreter von HR) terminlich koordiniert werden müssen. — **Vor- und Nachbereitungszeit**

- Eine grobe Zeitplanung für ein Management Audit für 50 Führungskräfte würde etwa so aussehen: — **Beispiel-Zeitplan**
    - Vorbereitung: 6 Wochen,
    - Durchführung: 4 Wochen,
    - Nachbereitung: 8 Wochen.

- Die frühzeitige Planung von verbindlichen Terminen sowohl für das Audit selbst als auch für die Feedbackgespräche ist einer der wesentlichen Erfolgsfaktoren für die erfolgreiche Durchführung.

1.5 National oder international

Die Entscheidung, ein Management Audit länderübergreifend und gegebenenfalls in unterschiedlichen Sprachräumen und Kulturkreisen durchzuführen, erhöht die Komplexität noch einmal deutlich. — **Kulturbedingte Komplexität**

Zuerst muss eine Abwägung darüber stattfinden, in welcher Sprache bzw. welchen Sprachen das Management Audit durchgeführt wird. Wenn auch in den meisten internationalen Konzernen Englisch die „Amtssprache" ist, gibt es doch gute Gründe, die betroffenen Führungskräfte eine so wichtige Maßnahme in ihrer Muttersprache durchführen zu lassen. Zum einen ist es wahrscheinlicher, dass Manager in ihrer Muttersprache besser in der Lage sind, ihr Leistungsspektrum zu zeigen, zum anderen erhöht dieses Vorgehen die Akzeptanz des Audits, weil das Risiko der Benachteiligung nicht-englischsprachiger Manager umgangen wird. — **Sprachwahl**

Auswirkungen der Sprachwahl

Die Entscheidung über die Sprache(n) hat vielfältige Auswirkungen, unter anderem auf folgende Aspekte:

- *Auswahl der Auditoren*, egal ob interne oder externe: Gerade bei der Auswahl eines externen Beraters sollte darauf geachtet werden, dass dieser das Management Audit in den gewünschten Sprachen und Ländern durchführen kann. Dies gilt sowohl für die eingesetzten Berater als auch für die Verfahren, die er einsetzen will.
- *Einsetzbare Verfahren:* Werden zum Beispiel in einem Management Audit neben einem Interview Tests eingesetzt, ist darauf zu achten, ob diese auch in der jeweiligen Sprache verfügbar und ebenfalls dafür validiert worden sind, andernfalls sind die Ergebnisse nur bedingt vergleichbar. Ebenso gibt es diagnostische Verfahren, die in manchen Ländern nicht oder nur bedingt einsetzbar sind, da sie den Gepflogenheiten im Land oder sogar rechtlichen Vorgaben widersprechen.
- *Reports und Feedbackgespräche:* Genauso wie das Audit selbst sollte der Report, den die auditierte Führungskraft bekommt, in einer ihr vertrauten Sprache, am besten der Muttersprache, verfasst sein.
- *Zeitplanung und Kosten*: Dadurch, dass Material für das Audit und die Kommunikation übersetzt werden muss, verlängern sich die Vorlaufzeiten und erhöhen sich die Kosten um Übersetzungskosten. Hinzu kommen Reisekosten für beteiligte Auditoren und Führungskräfte.
- *Projektteam:* Es empfiehlt sich, bei einer internationalen Durchführung ein internationales Projektteam zu etablieren, in dem sowohl Führungskräfte der Zentrale als auch der Landesgesellschaften vertreten sind. Dies bringt die notwendige internationale Perspektive in das Projekt und erhöht die Akzeptanz für das Management Audit und seine Ergebnisse und Konsequenzen.

Englisch für alle

Sollten Zeit oder Ressourcen knapp und eine Durchführung in mehreren Sprachen nicht möglich sein, sollte die Sprache für alle Englisch sein, um einigermaßen vergleichbare Bedingungen für alle zu schaffen. Für Teilnehmer, die des Englischen nicht ausreichend mächtig sind, empfiehlt sich ein Auditor, der deren Landessprache beherrscht, um gegebenenfalls in diese wechseln oder übersetzen zu können.

1.6 Projektmanagement und Sponsoren

Nicht nur bei einem international orientierten Management Audit sollte das ganze Vorhaben als Projekt organisiert sein. Idealerweise sind im Projektteam Vertreter des Vorstands oder der Geschäftsführung beteiligt, um schnelle Entscheidungen treffen zu können und dem Management Audit die entsprechende Bedeutung zu geben. **Internationales Management Audit**

Daneben sollten hochrangige Vertreter der HR-Abteilungen involviert sein, da Auswahl, Entwicklung und auch Trennung bzw. Outplacement üblicherweise in deren Kompetenzfeld gehören. **Projektteam**

Je nachdem, wie das Unternehmen organisiert ist, und welche Hierarchiestufe das Audit umfassen soll, muss in manchen Fällen überlegt werden, Vertreter der Führungskräfte und/oder des Betriebsrates in das Projekt- bzw. Entscheidungsgremium einzubeziehen (vgl. dazu den Beitrag von Agel in diesem Band). **Einbindung des Betriebsrats**

Sollte kein Vorstandsmitglied im Projektteam aktiv sein, empfiehlt es sich, zumindest eine Einbindung im Lenkungsausschuss sicher zu stellen. Zudem sollte in der Kommunikation des Audits klar gemacht werden, dass der Vorstand/die Geschäftsführung diese Maßnahme will und unterstützt. **Unterstützung von oben**

1.7 Einbeziehung und Aufbereitung vorhandener Informationen

Gerade, wenn ein Management Audit von einem externen Berater durchgeführt wird, fragen sich die Führungskräfte, warum diese Sicht von außen notwendig ist, man sei ja schließlich im Unternehmen bekannt. Eine andere häufig gestellte Frage ist, in welchem Verhältnis die Einschätzung des externen Beraters zu den im Unternehmen vorhandenen Informationen und den bisher erbrachten Leistungen gewertet wird.

Diese Fragen müssen sowohl für die Kommunikation als auch möglicherweise für die konkrete Gestaltung des Management Audits berücksichtigt werden. Erfahrungsgemäß sind in den wenigsten Unternehmen die historischen Daten (Beurteilungen, Beförderungen, Skillset, etc.) einer Führungskraft auf Knopfdruck abrufbar. Meist sind diese Informationen auch nicht in einer einheitlichen Form und Struktur verfügbar. Wenn sie in die Beurteilung einbezogen werden sollen, bedarf es einer systematischen Sammlung und Aufbereitung im Vorfeld. Je nach Zahl der teilnehmenden Führungskräfte kann dies den Aufwand und die Vorlaufzeit gewaltig erhöhen. **Historische Daten einer Führungskraft**

Dem steht eine wesentlich glaubwürdigere Argumentation für die Fundierung des Urteils und die Würdigung der bisher erbrachten Leistungen ge- **Glaubwürdigere Argumentation** genüber, die sich sehr positiv auf die Akzeptanz des ganzen Verfahrens auswirkt.

Vorteile einer systematischen Vorbereitung

Abzuwägen ist ebenfalls, ob die so gesammelten und aufbereiteten Informationen dem externen Berater vor oder nach dem Audit zur Verfügung gestellt werden. Eine zur Verfügungstellung vor dem Audit hat den Vorteil, dass der Berater sich gezielter vorbereiten kann und damit möglicherweise tiefere Erkenntnisse gewinnt bzw. den Aufwand für das eigentliche Audit reduzieren kann. Der Nachteil kann sein, dass der Berater nicht mehr ganz unvoreingenommen der Führungskraft gegenüber tritt. Im Zweifelsfalle überwiegen aber die Vorteile der systematischen und gezielten Vorbereitung.

Kollegenbeurteilungen

Neben der Aufbereitung historischer Daten kommt es inzwischen häufiger vor, dass zur Abrundung des Bildes Kollegenbeurteilungen parallel oder im Vorfeld des Audits eingeholt werden, sei es in Form von ° Feedbacks, durch Ergebnisse von Mitarbeiterbefragungen oder andere Methoden. Hier gilt ebenfalls, dass dies Vorbereitungszeit und Vorbereitungsaufwand erhöht und entsprechend frühzeitig eingeplant werden muss.

Externe Beurteilungen

Relativ selten und vergleichsweise aufwendig ist das Einholen von externen Beurteilungen der Führungskraft, z. B. von Geschäftspartnern, Lieferanten oder Wettbewerbern.

360° Feedback oder Mitarbeiterbefragung

Kollegenbeurteilungen, sei es aus 360° Feedbacks oder Mitarbeiterbefragungen sind vor allem dann nützlich und sinnvoll, wenn die Zielsetzung des Audits Entwicklung ist. Dann erleben die meisten Führungskräfte die Erweiterung der Perspektive als hilfreich. Gleiches gilt für externe Beurteilungen. Abzuwägen ist jeweils der Nutzen im Verhältnis zum doch recht großen möglichen Aufwand.

Informationsverzicht bei Selektions-Audits

Im Falle von Selektion ist eher von diesen Informationen abzuraten, besonders dann wenn sie eigens aus Anlass des Audits eingeholt werden. Hier ist die Gefahr zu groß, dass über die Kollegenbeurteilung Positionsbesetzungen mit beeinflusst werden sollen, und Führungskräfte ihre eigene Ausgangsposition verbessern wollen.

Auch die Einschätzung der Führungskraft durch Externe wird im Fall von Selektion wenig hilfreich sein, da diese in der Regel nur einen kleinen Ausschnitt der Aktivitäten der Betroffenen mitbekommen und kaum fundierte Eindrücke über deren interne Wirksamkeit haben werden.

1.8 Wahl des Verfahrens

Eine der wichtigsten und schwierigsten Entscheidungen bei einem Management Audit ist die Wahl des richtigen Verfahrens. Da es mannigfache

Anlässe, unterschiedliche Zielsetzungen und Ressourcen, länder-, markt- und unternehmensspezifische Gepflogenheiten gibt, außerdem kein einheitliches Verständnis des Begriffs Management Audit existiert, sehen die in der Praxis realisierten Vorgehensweisen sehr unterschiedlich aus. Positiv gesehen bedeutet dies, dass eine hohe Anpassung an die unternehmensspezifischen Gegebenheiten möglich ist, negativ, dass damit selten ein einfacher und kostengünstiger Rückgriff auf standardisierte Methoden und Instrumente erfolgen kann.

Wichtige und schwierige Entscheidung

Das in Deutschland und anderen europäischen Ländern bevorzugte Verfahren ist nach wie vor das mehrstündige (in der Regel 3 bis 4 Stunden), teilstrukturierte Interview, entweder mit einem oder zwei Auditoren.

Interviews als bevorzugtes Verfahren

Die Schwachstellen des Interviews als diagnostischem Instrument sind in der Forschung ausreichend untersucht und dokumentiert worden. Dies soll an dieser Stelle nicht wiederholt werden. Zumindest sollte bei dem Einsatz dieser Methode sichergestellt werden, dass es einen klaren Interviewleitfaden sowie einheitlich geschulte und erfahrene Auditoren gibt.

Um sowohl für das Unternehmen als auch für die beteiligten Führungskräfte einen möglichst großen Nutzen aus einem Management Audit zu ziehen, empfiehlt es sich, das eingesetzte Methodenspektrum und die Betrachtungsebenen zu erweitern. Um nicht nur auf Interview und Vier-Augen-Prinzip beschränkt zu sein, sollten je nach Landes- und Unternehmensgepflogenheiten weitere Methoden eingesetzt werden, z. B.

Methodenspektrum und Betrachtungsebenen erweitern

▶ Fallstudien,
▶ Simulationen,
▶ Tests,
▶ Persönlichkeitsfragebögen,
▶ Präsentationen,
▶ Projektaufgaben,
▶ Rollenspiele.

Der wesentliche Vorteil dieser Methoden besteht darin, dass man die Ebene der Selbstreflexion eines Managers, über die das Interview nicht hinaus kommt, um Verhaltensbeobachtungen und objektive Ergebnisse erweitert. Die diagnostische Forschung zeigt, dass die Kombination unterschiedlicher Befragungs- und Beobachtungsmethoden die besten Ergebnisse bringt (vgl. dazu auch den Beitrag von Wottawa in diesem Band).

Verhaltensbeobachtungen und objektive Ergebnisse

Im Rahmen eines Management Audits lassen sich aber auch Informationen gewinnen und für die Entwicklung des Unternehmens nutzbar machen, die über das Individuum (Manager Competence Audit) hinaus gehen. Dazu gehören sowohl die Betrachtung des Management Teams (Management Team Audit) und seiner Zusammenarbeit als auch die Betrachtung der gesamten Organisation (Management Context Audit, vgl. dazu auch Wübbelmann, 2001). Fragestellungen können z. B. sein:

Management Team und Management Context Audit

- ▶ Wie gut haben die Führungskräfte eine neue Strategie verstanden und tragen sie mit?
- ▶ Im Falle einer Übernahme oder Fusion: Wie sehr unterscheiden sich die Kulturen der beiden Unternehmen, wo gibt es möglicherweise Konfliktpotenzial, das vorbeugend behandelt werden sollte?
- ▶ Wie ist die Zusammenarbeit im Management Team? Gibt es Reibungsverluste, wo ist Verbesserungspotenzial?
- ▶ Wenn man das Gesamt-Portfolio der Führungskräfte betrachtet: Gibt es Kompetenzfelder, die stark ausgeprägt sind? Wo sind, bezogen auf die Unternehmensstrategie, Defizite? Gibt es Unternehmensbereiche, die anderen voraus sind bzw. welche, die anderen hinterher hinken?
- ▶ Wo sind aus Sicht der Führungskräfte Schwachstellen und Gefahrenpotenziale im Unternehmen, die dem Vorstand oder der Geschäftsführung nicht bekannt oder nicht ausreichend bewusst sind?

Wesentliche Kriterien neben der Zielsetzung und den Betrachtungsebenen für die Wahl des Verfahrens sind:

Kriterien der Verfahrensauswahl

- ▶ Zur Verfügung stehende Ressourcen: Zeit, Budget, Methoden, Zahl der Auditoren.
- ▶ Kompetenz der Auditoren.
- ▶ Vertrautheit und Erfahrungen des Unternehmens mit bestimmten Methoden. Ein Unternehmen, in dem Assessment Center oder Potenzialanalyseverfahren schon lange etabliert sind, tut sich erfahrungsgemäß leichter mit dem Einsatz objektivierbarer Verfahren als eines, das diese Instrumente noch nicht kennt.
- ▶ Grad der Internationalität: Bei internationalen Management Audits muss man sich im Hinblick auf die Methoden häufig auf den kleinsten gemeinsamen Nenner einigen – und der ist meist das Interview.
- ▶ In welchem Umfang will man historische Informationen sowie Einschätzungen durch Mitarbeiter und Peer Groups in das Verfahren einbringen, um ein möglichst rundes Bild zu bekommen?

1.9 Auswahl der Auditoren

Externe oder interne Auditoren?

Die deutliche Mehrheit der heutzutage durchgeführten Management Audits wird durch externe Berater in Abstimmung mit der Geschäftsführung und der HR-Abteilung des Kunden umgesetzt. Gegen eine Durchführung mit Inhouse-Kräften spricht vor allem die fehlende Distanz und Unabhängigkeit der betroffenen Führungskräfte untereinander. Selbst wenn man in der Vergangenheit keine direkten persönlichen oder Arbeitsbeziehungen hatte, ist dies für die Zukunft nicht auszuschließen. Ebenso sollte man vermeiden, dass über ein Management Audit offene Rechnungen beglichen werden. Dennoch gibt es auch alternative Ansätze, in denen Management Audits rein intern durchgeführt werden (vgl. die Beiträge von Ringshausen und Batsching in diesem Band).

Bei der Auswahl der Berater für ein Management Audit hängen die Kriterien dafür, wie bei der Auswahl des Verfahrens, von der Zielsetzung und anderen Rahmenbedingungen ab. Ein länderübergreifendes Management Audit macht fast zwingend die Einschaltung eines international tätigen oder vernetzten Beraters notwendig, weil andernfalls der Steuerungsaufwand recht groß wird und die Gefahr von deutlichen Qualitätsunterschieden besteht. **Kriterien der Beraterauswahl**

Je nach Umfang des Management Audits kann die Zahl der beim Berater zur Verfügung stehenden Auditoren eine entscheidende Rolle spielen. Der Umfang variiert dabei sowohl im Hinblick auf die Zahl der involvierten Führungskräfte als auch im Hinblick auf die Dauer eines einzelnen Audits sowie die Zeitspanne, in der das Audit abgewickelt werden muss. Es macht einen großen Unterschied, ob ein einzelnes Audit 3 Stunden oder einen ganzen Tag dauert, da bei letzterem Vorgehen auch die Vor- und Nachbereitungszeiten in der Regel länger sind. **Anzahl der Auditoren**

Häufig erwarten die beauftragenden Unternehmen dezidierte Branchenerfahrung der beteiligten Berater. Aus unserer Sicht wird dieser Faktor aber aus verschiedenen Gründen überschätzt. Zum einen kann das Unternehmen in der Regel selbst gut einschätzen, wie gut die Branchen Erfahrung ihrer Führungskräfte ist, zum anderen erwartet man von Führungskräften, dass sie sich auch in einer anderen Branche behaupten können. Genauso sollten die fachlichen Kenntnisse schwerpunktmäßig durch das Unternehmen beurteilt werden können. **Branchenerfahrung der Berater**

Wichtiger sollte bei der Auswahl der beteiligten Auditoren sein, dass sie über eine gewisse Seniorität bezüglich Lebens- und Berufserfahrung verfügen, um auch auf Augenhöhe mit den Führungskräften im Audit kommunizieren können. Weiterhin sollten sie über Audit Erfahrung und einen gut sortierten methodischen Handwerkskasten verfügen. Nicht zu vernachlässigen ist weiterhin die ethische Grundhaltung der Auditoren: Bringen sie den Betroffenen, unabhängig von Hierarchie und Ergebnis, ausreichend Wertschätzung entgegen, oder spulen sie das Programm mechanistisch und einseitig im Unternehmensinteresse ab. Ersteres führt zur Erhöhung der Akzeptanz seitens der Auditierten, Letzteres wird eher Unbehagen und geringe Akzeptanz zur Folge haben. **Seniorität, Methoden-Know-how und ethische Grundhaltung**

2 Begleitende Kommunikation

Zentrales erfolgskritisches Handlungsfeld

In diesem zentralen Handlungsfeld im Kontext eines Management Audits werden die meisten Fehler gemacht bzw. Versäumnisse begangen. Eine frühzeitige, ehrliche, offene, konsistente und systematische Kommunikation zum Audit ist ein, wenn nicht *der* entscheidende Erfolgsfaktor. Sie entscheidet darüber, ob und wie viel unnötige Unruhe im Unternehmen entsteht, wie die Ergebnisse aufgenommen und akzeptiert werden, und ob selbst harte Entscheidungen von den Mitarbeitern verstanden und gebilligt werden, ohne zu Demotivation ganzer Führungsmannschaften, Belegschaften oder Mitarbeitergruppen zu führen.

Typische Fehler in der Kommunikation im Rahmen eines Management Audits sind:

Fehler und Versäumnisse

- ▶ Man diskutiert die Möglichkeit eines Management Audits im größeren Kreis, ohne dass die Wahrscheinlichkeit der Durchführung sehr hoch (> 80 %) ist. Folge: Unnötige Unruhe, Verunsicherung, Gerüchte, möglicherweise Verlust von Leistungsträgern.
- ▶ Man plant, sich von Führungskräften, die schlecht abgeschnitten haben, zu trennen, verneint dies aber in der öffentlichen Kommunikation. Erfahrungsgemäß bleibt so etwas nicht lange geheim, das Verfahren wird diskreditiert und das Vertrauen der Führungskräfte ins Top-Management sinkt.
- ▶ Man plant das Management Audit zum Zweck der Selektion, kommuniziert es aber als Maßnahme zur Potenzialentwicklung. Auch das funktioniert in der Regel nicht lange (Folgen siehe oben). Gerade wenn bekannt ist, wer die schwachen Führungskräfte sind, ist es billiger und schneller, sich direkt von diesen zu trennen als dafür ein Management Audit vorzuschieben.
- ▶ Man informiert nicht offen darüber, was die Inhalte des Audits sein werden. Meist entstehen dann die wildesten Gerüchte über vermeintliche Kriterien und dubiose Methoden, die eingesetzt werden. Dies kann nicht nur Folgen im Unternehmen selbst haben, sondern auch den Ruf des Unternehmens schädigen, wenn es im Markt bekannt wird.

Idealerweise sollte die Information der Betroffenen mehrstufig erfolgen:

Mehrstufige Information der Betroffenen

1. Information durch das Top-Management, dass ein Management Audit mit dem Ziel X für die Zielgruppe Y im Zeitraum Z geplant ist. Dies sollte möglichst persönlich, zum Beispiel im Rahmen einer Führungskräfte-Tagung oder in Form einer kaskadierenden Weitergabe erfolgen. Gleichzeitig sollte angekündigt werden, dass es in einem überschaubaren Zeitraum (1 bis 3 Wochen später) eine ausführ-

liche Informationsveranstaltung für die betroffenen Führungskräfte geben wird.

2. Informationsveranstaltung für die betroffenen Führungskräfte: Unter Beteiligung des Top-Managements sowie der designierten Auditoren (oder zumindest einer Auswahl davon) sollten die Führungskräfte Informationen bekommen über **Informationsveranstaltung**

    ▶ das Ziel des Management Audits,
    ▶ das zugrunde liegende Kompetenzmodell bzw. die verwendeten Kriterien zur Beurteilung, **Themen**
    ▶ den Ablauf des Audits für die einzelne Person,
    ▶ die eingesetzten Aufgaben und Methoden,
    ▶ die Form der Dokumentation und des Feedbacks,
    ▶ die Frage, was nach dem Audit in welchem Zeitplan geschieht.

    Außerdem sollte ausreichend Zeit für mögliche Fragen eingeplant werden. **Zeit für Fragen**

3. Vor Beginn des individuellen Audits sollte man jedem Teilnehmer noch einmal Ziel, Ablauf, Inhalt und die weiteren Schritte erläutern.

4. Am Ende des Audits sollten schon die wichtigsten Ergebnisse zurückgemeldet werden.

5. Wenige Tage nach dem Audit sollte der Teilnehmer zeitgleich mit dem Unternehmen einen Report mit den Ergebnissen bekommen.

6. Diese Ergebnisse sollten in einem Gespräch mit dem Vorgesetzten und Vertretern der HR-Abteilung besprochen und gemeinsam Maßnahmen daraus abgeleitet werden.

3 Umsetzung eines Management Audits

3.1 Nach dem Audit ist vor dem Audit

Einer der häufigsten und gravierenden Fehler besteht darin, Folgemaßnahmen erst nach der Durchführung des Management Audits zu konzipieren und umzusetzen. Dadurch vergehen oft Monate, bis etwas passiert. Solche Verzögerungen können die Aufbruchstimmung und Motivation, die durchaus mit einem Audit zu Entwicklungszwecken erzeugt werden können, erheblich beeinträchtigen oder gar abwürgen. Außerdem fällt dadurch schlechtes Licht auf das Top-Management und die HR-Abteilung, **Verzögerungen vermeiden** da der Eindruck entsteht, Versprechen würden nicht eingehalten bzw. sehr langsam umgesetzt.

Hinzu kommt, dass die betroffenen Führungskräfte erfahrungsgemäß schon vor dem Audit eine grobe Vorstellung davon haben wollen, was danach an Maßnahmen geplant ist.

Folgemaßnahmen von Beginn an planen

Aus diesem Grund sollte die Planung der Folgemaßnahmen schon mit der Planung des Audits beginnen oder nicht viel später. Natürlich ist klar, dass man noch keine Details planen kann, da diese auch abhängig von den Ergebnissen des Audits sind. Dennoch kann man z. B. bei Entwicklungsmaßnahmen schon Kontakt mit vertrauten Weiterbildungsanbietern aufnehmen und Termine und Kapazitäten reservieren oder Konzepte und Pläne für mögliche Projekte oder Job-Assignments entwickeln.

Im Falle der geplanten Trennung von Führungskräften kann man schon Abfindungsangebote und den Prozess des Ausscheidens sowie Unterstützung (Outplacement) für die Betroffenen organisieren.

3.2 Durchführung des Management Audits

Empfehlungen

Ist die Vorbereitung so sorgfältig und systematisch wie oben beschrieben verlaufen, treten in der Regel keine außergewöhnlichen Probleme in der Durchführung auf.

Einige Empfehlungen:

Ort

▶ *Ort des Audits:* Um die notwendige Ungestörtheit sowie Neutralität zu gewährleisten, sollten die einzelnen Audits nicht im Unternehmen, sondern entweder beim Berater oder in einem Hotel stattfinden. Die Wahl der Räume, deren Ausstattung und Zahl ist dabei zum einen von der Zahl der an einem Tag zu auditierenden Führungskräfte und zum anderen vom Programm abhängig.

Anzahl der Audits

▶ *Menge der Audits pro Tag:* Je nach Programm dauert ein Audit in der Regel zwischen 3 und 8 Stunden pro Teilnehmer, das heißt, ein Beraterpaar kann an einem Tag maximal 2 bzw. 4 Führungskräfte auditieren. Bei einer höheren Zahl ist zu befürchten, dass die durchgängige Qualität nicht mehr gewährleistet ist.

Beteiligung interner Auditoren

▶ *Teilnahme von Unternehmensvertretern:* Gelegentlich kommt es vor, dass Unternehmen, vor allem aus Kostengründen, gemischte Teams aus einem Berater plus hochrangigen Vertretern aus der Linie oder HR einsetzen wollen. Hier spricht vor allem dagegen, dass die meisten Führungskräfte das Verfahren dann nicht mehr als neutral erleben und sich weniger offen verhalten als in Abwesenheit von Unternehmensvertretern. Insgesamt erschwert es die Akzeptanz des Vorgehens und verringert mit hoher Wahrscheinlichkeit die Qualität der gewonnenen Informationen, gerade was Schwachstellen des Unternehmens angeht. Wenn trotzdem Vertreter des Unternehmens einbezogen werden sollen, sollte darauf geachtet werden, dass einer Führungskraft nicht mehr als zwei Auditoren gegenüber sitzen. Bei einer höheren Zahl werden die Synchronisation der Gesprächsführung und die Dokumentation der Ergebnisse schwieriger. Außerdem ist es nicht so einfach, alle Auditoren auf einen gemeinsamen Qualitätsstandard zu bringen. Insgesamt überwiegen die Argumente gegen eine Beteiligung interner Auditoren deutlich.

▶ *Informationsweitergabe unter den Führungskräften:* Erfahrungsgemäß tauschen sich Führungskräfte, die an einem Audit teilnehmen, untereinander aus. Insbesondere versuchen die späteren Teilnehmer von den frühen zu erfahren, was auf sie zukommt. Dies lässt sich auch durch Verbote, Drohungen oder Appelle nicht vermeiden und führt zu unterschiedlichen Effekten, je nachdem, wie die einzelnen Personen kommunizieren. Daher sollten die Verantwortlichen aufmerksam dafür sein, ob Gerüchte oder sogar Falschinformationen kursieren und ggf. bei Zeiten gegensteuern. Gleichzeitig sollten die Auditoren vor Beginn eines individuellen Audits kurz abfragen, welche Informationen die Führungskraft bisher erhalten hat, um diese ggf. berichtigen zu können. **Informationsweitergabe**

▶ *Qualitätssicherung:* Bei Management Audits mit größeren Teilnehmerzahlen sollte es nach jeweils 20 bis 30 Audits ein Qualitätssicherungsmeeting geben, in dem überprüft wird, ob die Prozesse reibungslos laufen, die Vergleichbarkeit der Ergebnisse gewährleistet ist, es neue Erkenntnisse bzw. Bedarfe aus den bisher gelaufenen Audits gibt. **Qualitätssicherung**

▶ *Reports:* Die Ergebnisberichte pro Teilnehmer sollten so zeitnah wie möglich, am besten am gleichen oder nächsten Tag, erstellt werden, um die Prägnanz der Eindrücke entsprechend aufnehmen zu können. Gerade bei größeren Management Audits, in denen eine große Anzahl an Führungskräften in kurzer Zeit auditiert werden soll, ist dies eine wesentliche Bedingung. Das bedeutet für die Planung, dass ein Auditor zwischen den einzelnen Audits ausreichend Zeit für die Reporterstellung einplanen muss. **Reports**

3.3 Aufbereitung der Ergebnisse

Die Aufbereitung der Ergebnisse erfolgt in der Regel durch die beteiligten Berater. Dies geschieht in unterschiedlicher Form und auf unterschiedlichen Ebenen.

Report

Der Ergebnisbericht ist das zentrale Element auf der Ebene der beteiligten Individuen. Er sollte folgende Bestandteile haben:

Aufbau des Ergebnisberichts

- Eine kurze Beschreibung des verwendeten Kompetenzmodells respektive der verwendeten Beurteilungskriterien/-dimensionen.
- Eine Beschreibung der wesentlichen Stärken und Schwächen. Dies kann in ausformulierten Sätzen oder in kurzen Statements erfolgen. Die Mehrheit der Führungskräfte, speziell auf der Auftraggeberseite, bevorzugt kürzere Versionen.
- Speziell bei Management Audits mit dem Ziel Entwicklung: Möglichst konkrete Empfehlungen für die Entwicklung der Führungskraft und das weitere Vorgehen.
- Wenn Ergebnisse auch in Form von Werten (z. B. Soll-/Ist-Profil) festgehalten werden, empfiehlt sich eine grafische Aufbereitung dieser Daten. Diese sollte aber nicht allein stehen, da sonst die Gefahr besteht, dass die Empfänger dieser Reports auf Auftraggeberseite die Wahrnehmung auf die quantitativen Ergebnisse, und dabei speziell die Abweichung vom Soll, reduzieren. Dies wird den Teilnehmern nicht gerecht und senkt die Akzeptanz.

Standardisiert und differenziert

Teilnehmer und Auftraggeber sollten den Report in gleicher Form und idealerweise auch zeitgleich erhalten. Unterschiedliche Versionen schüren nur Misstrauen. Genauso wenig akzeptabel ist, dass Teilnehmer überhaupt keine differenzierte Rückmeldung bekommen.

Feedbackgespräche

Das zweite zentrale Element der Informationsweitergabe ist das Feedbackgespräch.

Mündliches Feedback direkt am Ende des Audits

Ein erstes mündliches Feedback der wesentlichen Eindrücke sollten die Teilnehmer schon am Ende des Audits durch die Auditoren bekommen. Das hat den Vorteil, dass die Teilnehmer nicht wochenlang im Ungewissen gelassen werden und sich schon gewissermaßen „seelisch" auf den Report und mögliche Maßnahmen vorbereiten können. Außerdem erhöht es die Akzeptanz, da die Führungskräfte in diesem ersten Feedback Stellung nehmen und ggf. auch noch Dinge klar stellen können. Die Auditoren können dabei ebenfalls ihre Eindrücke ergänzen, indem sie sehen, wie die Führungskraft mit diesem ersten Feedback umgeht. Die Dauer eines solchen mündlichen Feedbacks liegt in der Regel zwischen 30 und 45 Minuten.

Idealerweise sollte, ein bis zwei Wochen nachdem der Teilnehmer sein Ergebnis bekommen hat, noch ein ausführliches Feedback- und Entwicklungsgespräch im Unternehmen stattfinden. Beteiligte sollten der Teilnehmer, sein Vorgesetzter (und/oder designierter Vorgesetzter) sowie ein Vertreter von HR sein. Letzterer sollte beteiligt sein, weil normalerweise die HR-Abteilung für einen großen Teil der umzusetzenden Maßnahmen operativ verantwortlich ist.

Entwicklungsgespräch nach 1 bis 2 Wochen

In diesem Gespräch sollten die Ergebnisse diskutiert, ggf. mit persönlichen Eindrücken und Erfahrungen der Vorgesetzten angereichert, und darauf basierend ein gemeinsam abgestimmter Plan der weiteren Maßnahmen erarbeitet werden. Als Zeitrahmen für ein solches Gespräch haben sich 1,5 bis 2 Stunden bewährt.

Da die Koordination der Termine der Beteiligten erfahrungsgemäß schwierig und aufwendig ist, empfiehlt es sich auch hier, dies möglichst schon im Vorfeld des eigentlichen Audits zu planen, um nicht unnötig Zeit aufgrund von Terminproblemen zu verlieren.

Rechtzeitige Terminierung

Management Summary

Das dritte wesentliche Element ist die Zusammenfassung und Präsentation der Ergebnisse für das Auftrag gebende Management. Je nach Ziel und Inhalt des Audits werden die Gesamtergebnisse unterschiedlich strukturiert sein. Einige wesentliche Elemente sollten aber in jedem Management Summary enthalten sein:

Ergebniszusammenfassung

▶ Darstellung der Stärken und Schwächen des Gesamt-Portfolios der untersuchten Führungskräfte, beispielsweise strategische Kompetenzen.
▶ Identifikation von Kompetenzlücken, gerade in Hinblick auf eine zukünftige strategische Ausrichtung.
▶ Benennung aktueller oder drohender Defizite des Unternehmens, die sich aus der Befragung der Führungskräfte im Audit ergeben haben.
▶ Beschreibung qualitativer Informationen oder Eindrücke wie Stimmung, Motivation, Verständnis und Mittragen der Unternehmensstrategie; Benennung kultureller Unterschiede, die deutlich wurden, sowie Skizzierung von Wegen, mit ihnen umzugehen.

Inhaltliche Struktur

4 Zusammenfassung

Je nach Zahl der betroffenen Führungskräfte, Internationalität und Tiefe des Verfahrens kann ein Management Audit ein sehr komplexes Projekt werden, das zudem mit viel Fingerspitzengefühl behandelt werden muss, damit die Motivation der Führungskräfte nicht Schaden leidet. Wesentli-

Fingerspitzengefühl

Erfolgsfaktoren che Erfolgsfaktoren liegen daher in einer frühzeitigen und systematischen Planung (auch schon der möglichen Folgemaßnahmen), einer offenen Kommunikation über die Absichten des Unternehmens mit dem Audit, ehrliches und differenziertes Feedback für die Teilnehmer und natürlich kompetenten Auditoren sowie verlässlichen Instrumenten der Beurteilung. Nicht zuletzt trägt eine, bei aller kritischen Beurteilung, wertschätzende Grundhaltung der Auditoren gegenüber den Führungskräften zur Akzeptanz des Management Audits bei.

Literatur

Wübbelmann, K. (2001). *Management Audit. Unternehmenskontext, Teams und Managerleistung systematisch analysieren.* Wiesbaden: Gabler.

Management Audit – eine Betrachtung aus rechtlicher Sicht

Cornelia Agel

1 Grundsätzliches und Gang der Darstellung

Die juristische Beschäftigung mit dem Thema Management Audit erfordert zunächst die Erläuterung einiger Begrifflichkeiten, um ein einheitliches Verständnis zu ermöglichen. Für diese Betrachtung interessiert der rechtliche Rahmen, in den ein Management Audit eingebunden ist. Dieser ergibt sich vor dem Hintergrund, dass der Manager als angestellter Arbeitnehmer für einen Arbeitgeber arbeitet und dieser im Rahmen des Arbeitsverhältnisses ein Management Audit durchführt. Dabei spielen alle in Frage kommenden individualarbeitsrechtlichen und kollektivarbeitsrechtlichen, aber auch allgemeine vertragliche und deliktische Regeln eine Rolle.

Notwendigkeit der Begriffsklärung

Der Einsatz eines Management Audits dient dem Arbeitgeber in erster Linie dazu, sich vertiefte Erkenntnisse über seinen Mitarbeiter, den Manager zu verschaffen, um auf deren Basis weitergehende Entscheidungen über mögliche Entwicklungsschritte, Beförderungen oder gar über eine Vertragsbeendigung zu treffen, wenn die Erkenntnisse seinen Vorstellungen von einem erfolgreichen Manager nicht entsprechen. Meist ist nicht nur ein Manager Adressat des Management Audits, vielmehr wird häufig eine ganze Gruppe von Managern einem Management Audit unterzogen, um den Arbeitgeber in die Lage zu versetzen, weitere Entscheidungen abzuleiten, z. B. für zukünftige Entwicklungsmaßnahmen oder konkrete Beförderungen auf die nächste Managementebene. In einigen Fällen dient ein Management Audit auch als Basis für eine Einstellungsentscheidung.

Vertiefte Erkenntnisse über Mitarbeiter als Entscheidungs-

Das Erkenntnisziel des Arbeitgebers richtet sich dabei in aller Regel weniger auf fachliche Kenntnisse, Fertigkeiten und Fähigkeiten als auf Informationen über die Persönlichkeit des Managers, d. h. seine allgemeine Managementqualifikation. Diese hat im Tagesgeschäft zwar prägnante Auswirkungen auf die Arbeit, ist jedoch wesentlich weniger transparent

Persönlichkeit des Managers

und greifbar, sie betrifft häufig Bereiche aus dem Unterbewusstsein des Arbeitnehmers, die sich Dritten auf den ersten Blick verschließen und sogar diesem selbst häufig nicht bewusst sind und daher aus der Sicht des Arbeitgebers einer zusätzlichen Detailanalyse und -bewertung bedürfen.

Sensibilität des Themas

Hierbei bewegt sich der Arbeitgeber nicht im rechtsfreien Raum. Die besondere Sensibilität des Themas hat vielmehr – wie in anderen Bereichen aus dem Beziehungsumfeld von Arbeitgeber und Arbeitnehmer auch – dazu geführt, dass für die Beschaffung von Informationen über die Person des Arbeitnehmers durch den Arbeitgeber von diesem eine Anzahl von Regeln zu beachten ist.

Schutz des Arbeitnehmers

Diese dienen allesamt dem Schutz des Arbeitnehmers, der im Wesentlichen vor willkürlichem, unachtsamem oder gar schädigendem Umgang mit intimen, sehr persönlichen Informationen über ihn bewahrt werden soll. Schließlich wird er im Rahmen eines Audits vor allem auch solche Informationen preisgeben, deren Konsequenzen ihm selbst verschlossen bleiben, deren eigentlicher Aussagekern sich gar erst durch die Verknüpfung mit weiteren Informationen erhellt und deren Auswirkungen beim Gebrauch durch Dritte oder eben durch den Arbeitgeber dem Manager nicht von vorneherein transparent und erkennbar sind.

Rechtliche Aspekte eines Management Audits

Die Betrachtung des Themas Management Audit im Arbeitsverhältnis aus der Blickrichtung der Juristen wird sich mit dem vertraglichen Rahmen beschäftigen, den Rechten und Pflichten aus dem Arbeitsverhältnis, die das Verhalten des Arbeitgebers bestimmen. Auf der anderen Seite sind die Rechte und Pflichten des Managers als Mitarbeiter darzustellen. Für ihn als dem unmittelbar persönlich am intensivsten Betroffenen, dessen aktuelle Lebensplanung ebenso wie seine zukünftige Karriere durchaus von den Ergebnissen und den Konsequenzen abhängen können, die aus einem Management Audit gezogen werden, kommt es darauf an, welche Rechtsposition er einnehmen kann. Zum Beispiel, wenn er den Eindruck hat, dass er ungerecht oder unsachgemäß beurteilt wurde und er sich gegen die gezogenen oder anstehenden negativen Konsequenzen wehren möchte.

Regeln für ein Management Audit

Wie der Schutz des Arbeitnehmers ausgestaltet ist und somit Regeln für ein Management Audit bestehen und welche Konsequenzen an eine Verletzung der Regeln geknüpft sind, soll im Folgenden praxisrelevant und pragmatisch dargestellt werden.

Inhalte des Kapitels

Die Darstellung befasst sich zunächst mit dem Themenbereich „Fragerecht des Arbeitgebers versus Interessen des Arbeitnehmers". Danach wendet sie sich der Beteiligung des Betriebsrats und dem Regelwerk des kollektiven Arbeitnehmerschutzes zu. Im Anschluss beleuchtet sie die vertragliche Situation zwischen dem Arbeitgeber und dem externen Dienstleister, der zur Durchführung des Management Audits eingeschaltet wird, und widmet sich am Ende der Situation des Managers bei der Verletzung der hier aufgezeigten allgemeinen und besonderen Regeln durch den Arbeitgeber oder den externen Dienstleister sowie den sich dadurch ergebenden möglichen Ansprüchen des Managers gegenüber diesen beiden Beteiligten. Der Leser wird feststellen, dass eine strikte Trennung der Gliederungspunkte nicht immer durchführbar ist, da sie tatsächlich eng miteinander verwoben sind.

Am Ende der Ausführungen findet der Leser einen Vertragsentwurf, der als Hilfestellung und Richtlinie beim Gestalten eines Vertrages dienen kann. **Mustervertrag im Anhang**

2 Management Audit und Fragerecht des Arbeitgebers

2.1 Freiwilligkeit der Teilnahme

Eine Eingangsvoraussetzung für die Durchführung eines Management Audits ist natürlich – daran wird niemand zweifeln – das Einverständnis des Kandidaten, d. h. seine Bereitwilligkeit mitzuarbeiten. Anders wäre die Durchführung eines Management Audits, das aus Fragen an den Manager, deren persönlicher Beantwortung durch ihn und der Bewertung beziehungsweise Auswertung seiner Antworten besteht, sicherlich auch nicht denkbar. Dabei geht es natürlich nicht immer nur um das Beantworten von Fragen, sondern auch um weitere auf durchaus vielfältige Art erhobene Informationen. Es kann sich im Einzelfall um Gruppenveranstaltungen wie etwa Rollenspiele, z. B. auf der Grundlage simulierter Arbeitssituationen handeln. Denkbar sind auch Erhebungen anhand mündlicher Befragungen oder durch schriftliche Fragebögen, eventuell auch in elektronischer Form, deren Ergebnisse vom Kandidaten oder einem Bearbeiter eingegeben und im Anschluss gespeichert und verarbeitet werden. **Einverständnis und Bereitwilligkeit des Managers**

Was geschieht aber, wenn der Manager, dessen Name der Arbeitgeber auf die aktuelle Liste derjenigen Manager setzt, die für das Management Audit nominiert wurden, sein Einverständnis nicht erteilt und damit nicht am Audit teilnimmt, z. B. weil er nicht möchte, dass der Arbeitgeber zu viele persönliche Informationen erhält oder weil er persönlich beispielsweise psychologische Begutachtungen für Unsinn hält. Natürlich ist eine solche Entscheidung des Managers möglich und auch zulässig. In der Praxis kann sie vorkommen, wird jedoch sehr selten sein. Das „Nein" eines Managers zu deren Durchführung entzieht ihn der näheren Analyse seiner Managementqualifikation durch den Arbeitgeber. Dieser wird dadurch **„Nein" eines Managers** ähnliche Schlüsse und Konsequenzen ziehen, wie er sie zieht, wenn ein Bewerber sich weigert, etwa das letzte Arbeitszeugnis oder ein gefordertes polizeiliches Führungszeugnis vorzulegen. Der Arbeitgeber wird dieses Verhalten negativ, allenfalls neutral bewerten und sicherlich bei der nächsten Personalentscheidung eher gegen den Kandidaten berücksichtigen. Dagegen wird der Manager kaum etwas unternehmen können. Er wird – wenn dahinter nicht Diskriminierung wegen Geschlecht, Glaube, Herkunft, etc. zu vermuten steht und bewiesen werden kann – seinen Wunsch nicht durchsetzen können, befördert zu werden, eine gewünschte andere Position zu bekommen oder etwa ins Ausland entsandt zu werden. Will er also nicht massive Nachteile hinnehmen, wird er sein Einverständnis erteilen und am Management Audit teilnehmen.

Schutzmechanismen für den Arbeitnehmer

Für den Arbeitnehmer ergeben sich bei seiner Einwilligung zur Teilnahme durch das Zusammenspiel der rechtlichen und gesetzlichen Regeln, insbesondere der kollektivrechtlichen Vorschriften, hinreichende Schutzmechanismen, so dass eine Einwilligung nicht per se Gefahren in sich birgt. Rechtliche Rahmenbedingungen stellen sicher, dass sich ein Management Audit in dem Rahmen der Interessenlagen bewegen muss, in den sich der Manager durch Abschluss eines Anstellungsvertrags begeben hat.

Zulässige und unzulässige Fragen

Das Vorliegen der Freiwilligkeit des Managers bei der Beantwortung von Fragen des Arbeitgebers bzw. der Überlassung von Informationen verschiedenster Art alleine lässt die Überlegungen zur Zulässigkeit der Befragung deswegen noch nicht verstummen. Es ist hier mit Blickrichtung auf den Arbeitgeber zwischen zulässigen und unzulässigen Fragen an den Manager beziehungsweise der Einholung von Informationen, die dem Arbeitgeber zustehen und solchen, die ihm nicht zustehen zu unterscheiden. Unzulässige Fragen werden auch nicht etwa dadurch zulässig, dass der Manager sie freiwillig beantwortet, vielmehr bleiben sie auch dann unzulässig. Zu unterscheiden sind hier mithin das zulässige Fragerecht des Arbeitgebers und die unzulässige Ausforschung. Die entscheidende Konsequenz: Bei ersterem besteht auf Seiten des Arbeitnehmers die Pflicht zur wahrheitsgemäßen Beantwortung, bei letzterem hat er das „Recht" der konsequenzlosen Lüge.

2.2 Was steht dem Arbeitgeber zu?

Das Fragerecht des Arbeitgebers ist hinlänglich analysiert worden im Zusammenhang mit Einstellungsinterviews, Personaldatenerfassung oder auch der Einholung psychologischer Gutachten. Die hierzu angestellten Überlegungen treffen sämtlich auch für die Durchführung eines Management Audits zu.

Fragerecht des Arbeitgebers

Grundsätzlich hat der juristische Bewerter in diesem Kontext die Frage nach dem objektiven, berechtigten Interesse des Arbeitgebers an einer Information zu stellen, also nach der objektiv nachvollziehbaren Notwendigkeit, diese zu erhalten. Die Antwort auf diese Frage ergibt sich aus dem Gegenspiel von Leistung und Gegenleistung, d. h. von Hauptleistungsverpflichtungen des Arbeitnehmers einerseits und Zahlungspflicht des Arbeitgebers andererseits, sowie der sich in diesem Zusammenhang ergebenden Beziehung beider zueinander, die jede Menge Nebenpflichten hervorruft.

Objektiv nachvollziehbare Notwendigkeit

Für Befragungen intensiverer, weitergehender Art wie z. B. im psychologischen Gutachten oder bei Intelligenztests, hat sich die klare Regel herausgebildet, dass für den Arbeitgeber Information über den Arbeitnehmer, die in diesem Rahmen gewonnen werden, tabu sind. Diese gehen ihn mit anderen Worten nichts an, weil sie nicht von unmittelbarem objektivem Interesse bei der Durchführung des Arbeitsverhältnisses sind.

Informationen, die tabu sind

Grundsätzlich kann ein Management Audit vom Arbeitgeber selbst oder auch durch externe Dienstleister durchgeführt werden. Je nachdem, welche Methode angewendet wird, kann sich der Leser vorstellen, dass die Befragung, die Ausforschung des Kandidaten, das Sammeln von Informationen durchaus Themen und Feinheiten streift, die auf den ersten Blick nichts mit einem Arbeitsverhältnis zu tun haben. Informationen werden im Rahmen eines Management Audits durchaus gesammelt, um erst in der späteren Zusammenschau die entscheidenden – für den Arbeitgeber maßgebenden Aussagen ableiten zu können. Für die Thematik des Fragerechts bedeutet dies, dass der Arbeitgeber hier sehr wohl ein Problem zu lösen hat.

Was für psychologische Gutachten und Intelligenztests gilt, hat gleiche Bedeutung für Management Audits. Bei der Durchführung eines Management Audits, das unter Zugrundelegung psychologischer Erkenntnisse unbewusste Aspekte einer Persönlichkeit analytisch aufbereiten und erhellen soll, werden mit Sicherheit auch solche Informationen erhoben, die unter dem Gesichtspunkt des arbeitgeberseitigen Fragerechts als unzulässig einzustufen wären. Das hätte grundsätzlich zur Folge, dass der Arbeitnehmer bei Falschbeantwortung nicht zur Verantwortung gezogen werden könnte.

Unzulässige Aspekte des arbeitgeberseitigen Fragerechts

Einschaltung externer Dienstleister

In der Praxis kann der Arbeitgeber dieses von Juristen angeführte Problem dadurch lösen, dass für die Durchführung von Management Audits mit psychologischem Hintergrund, bei deren Durchführung mehr als nur unmittelbar verständliche Fragen und Antworten aufeinander folgen, externe Dienstleister vom Arbeitgeber eingeschaltet werden. Der Arbeitgeber kann natürlich auch – bei Selbstdurchführung – den Weg gehen, dass er den Manager darum bittet, die so genannte Ausforschung zuzulassen, wissend, dass er keinen arbeitsrechtlich begründeten Anspruch auf die gewünschten Informationen hat. In diesem Fall würde der Manager, im Bewusstsein, dass er nicht rechtlich zur Weitergabe verpflichtet werden kann, freiwillig die gewünschten Informationen erteilen – was in der Praxis sicherlich vielfach problemlos geschieht. Das Recht des betroffenen Managers an seiner Persönlichkeit wird gegen unzulässige Neugier und Ausforschung wirksamer geschützt, indem der Arbeitgeber externe Dienstleister einsetzt. Diese Erkenntnis und die daraus gezogenen Konsequenzen führen gleichzeitig zum Schutz der Domäne der Psychologen im Umgang mit hochsensiblen Informationen über Persönlichkeitsaspekte.

Persönlichkeitsrechte des betroffenen Managers

Für die Durchführung eines Management Audits bedeutet dies folgendes: Was dem Arbeitgeber unter rein arbeitsrechtlicher Betrachtung zusteht, ist lediglich ein Exzerpt des Ergebnisses, mit zum Beispiel grundsätzlichen Aussagen zu Geeignetheit oder Ungeeignetheit für eine bestimmte Führungsposition, zu Führungsstärken oder -schwächen, wie zum Beispiel der Fähigkeit, Mitarbeiter zu motivieren, delegieren zu können, teamfähig oder teamunfähig zu sein und vieles mehr. An der Kenntnis der einzelnen Detailantworten hat der Arbeitgeber kein objektiv anerkanntes Interesse, hat mithin auch keinen Anspruch, sie zu Gesicht zu bekommen.

Stellenwert verschiedener Methoden

Bei der Durchführung eines Management Audits ist die Anwendung verschiedener Methoden denkbar, die die gesamte Bandbreite zwischen wissenschaftlich gestützter Befragung, psychologischer Analyse und eher willkürlicher Individualbefragung abdecken. Die Annahme, dass eine Befragung wissenschaftlicheren Ursprungs ist als eine andere, bedeutet keinen gravierenden Unterschied bei der Beurteilung des objektiven Interesses des Arbeitgebers an den Detailantworten bzw. Detailinformationen.

Sicherlich unterscheiden sich die verschiedenen auf dem Markt angebotenen Methoden in der Frage der Wissenschaftlichkeit der Persönlichkeitsanalyse sowie in der Art der Durchführung. Letztlich gemein ist jedoch den meisten Management Audits, dass der Kandidat selbst mit einer Vielzahl von Befragungs- und Beobachtungsverfahren konfrontiert wird, deren Ergebnisse erst in der Gesamtschau zur eigentlichen Aussage kondensiert werden. Die Verknüpfung verschiedener Teilergebnisse, häufig ergänzt durch den persönlichen Eindruck der Person, die für den externen Dienstleister das Management Audit durchführt, das Einbeziehen einer Vielzahl verschiedener Eindrücke anderer Personen, die von den durchführenden Dienstleistern abgefragt werden (zum Beispiel Befragungen von Mitarbeitern und Kollegen, etc.) gehen in das Gesamtergebnis ein.

Insgesamt ist festzuhalten, dass die einzelnen Antworten und Teilergebnisse für den Arbeitgeber tabu sind. Sein objektives Interesse und damit seine Berechtigung zur Kenntnisnahme beziehen sich alleine auf die Bewertung, die am Ende als Aussage die Persönlichkeit des Managers charakterisiert. Nur für diese Information hat der Arbeitgeber ein sich aus dem Kontext des Arbeitsverhältnisses ergebendes und rechtfertigendes arbeitsrechtlich definiertes Recht. Wohlgemerkt: Es geht hier nicht um strafrechtlich Verbotenes oder Erlaubtes, es geht um die Definition von Rechten, auf deren Einhaltung der Arbeitgeber bestehen oder nicht bestehen kann und auf die der Arbeitnehmer verzichtet oder nicht.

Antwortdetails und Teilergebnisse sind tabu

Fazit

Um sicher zu stellen, dass der Arbeitgeber in jedem Fall nur Kenntnis von dem erhält, was ihm zusteht, sollten Management Audits, die sehr detaillierte Befragungen vorsehen, ebenso wie psychologische Gutachten stets durch einen Außenstehenden, also im Verhältnis zu Arbeitgeber/Arbeitnehmer durch einen externen Dienstleister durchgeführt werden und nicht vom Arbeitgeber selbst. Wenn die gestellten Fragen und erhobenen Informationen sich ausschließlich auf Themen beziehen, die sich zweifellos aus dem Informationsrecht des Arbeitgebers ergeben, kann ein Management Audit problemlos durch den Arbeitgeber selbst durchgeführt werden.

Detailerhebungen durch externe Dienstleister

In der Regel erhält der Arbeitgeber am Ende von dem durch ihn beauftragten externen Dienstleister die von ihm gewünschte Aussage, ob es sich beispielsweise um einen förderungswürdigen Manager mit Entwicklungspotenzial handelt, der als Teil des Leitungsteams auf Dauer zum Erfolg des Unternehmens beitragen wird oder eben nicht. In dieser oder ähnlicher Form entsprechend dem Informationsziel und -interesse des Arbeitgebers, der die Durchführung des Management Audits veranlasst hatte, hat der externe Dienstleister das Ergebnis zusammenzufassen und zu kommunizieren.

Zulässige Informationen aus der Sicht des Arbeitgebers sind im Wesentlichen alle relevanten Informationen, die sich auf technische und fachliche Anforderungen, auf Management- und Führungsfähigkeiten sowie auf relevante persönliche oder Charaktereigenschaften beziehen.

Zulässige Informationen

Der externe Dienstleister hat sicher zu stellen, dass auf der Basis der Detailerhebung nur solche Ergebnisse der Auswertung an den Arbeitgeber weitergegeben werden, deren Kenntnisnahme ihm objektiv auf der Grundlage des Arbeitsverhältnisses zustehen. Durch die Einschaltung eines externen Dritten sichert sich der Arbeitgeber insoweit ab, als ein Vorwurf der unzulässigen Ausforschung ins Leere läuft.

3 Einbindung des Betriebsrats

3.1 Grundsätzliches

Rechte und Pflichten des Betriebsrats

Von großer Bedeutung ist im Kontext von Management Audits die Rolle des Betriebsrats. Die Tatsache, dass es sich um die Bewertung und letztlich um die Karrieren von Managern handelt, ändert nichts an der Tatsache, dass es sich um Mitarbeiter handelt. Diese werden, sofern es sich nicht um echte Leitende Angestellte handelt, vom Betriebsverfassungsgesetz (BetrVG) erfasst und fallen in den Geltungsbereich, mithin in den Anwendungsbereich der Rechte und Pflichten des Betriebsrats.

Geltungsbereich des BetrVG

In der Praxis begegnet man im Umgang mit Managern häufig der Einstellung und vor allem dem Selbstverständnis der Manager aber auch der Geschäftsführung, der Betriebsrat könne, auf diese Personengruppe bezogen, doch wohl keine Einflussrechte geltend machen. Verbreitet ist häufig die Meinung, Manager könnten sich schließlich selbst vertreten oder es handele sich ohnehin um so genannte „Leitende Angestellte", die aus dem Geltungsbereich des BetrVG heraus fielen.

Leitende Angestellte

Dies trifft jedoch nur für Leitende Angestellte zu, die so intensiv eingebunden sind in das Unternehmensgeschehen, dass sie andere Interessen wahrnehmen, als der „normale" Manager. In den allermeisten Fällen sind Manager jedoch keine Leitenden Angestellten, da es überwiegend an der echten Übernahme unternehmerischer Verantwortung und einem eigenen erheblichen Entscheidungsspielraum fehlen wird. Im Regelfall ist daher bei Management Audits davon aus zu gehen, dass die Zuständigkeit des Betriebsrats insoweit eher nicht beschränkt ist. In Bezug auf Management Audits hat der Betriebsrat vielmehr alle vom Gesetzgeber vorgesehenen Rechte, wie sie sich aus dem BetrVG ergeben.

Beteiligungsrecht des Betriebsrats

In der Praxis wird an der Zuständigkeit des Betriebsrats kein Zweifel bestehen, wenn es sich um Führungsnachwuchskräfte bzw. Manager aus der mittleren oder höheren Managementebene handelt, die einem Audit unterzogen werden sollen. Für den Fall, dass tatsächlich nur die alleroberste Ebene, z. B. die Geschäftsleitungsebene, betroffen ist, wird man sich mit dem Betriebsrat in der Regel einig sein, dass er für diese Personengruppe keine Zuständigkeit hat oder er zumindest nicht auf seiner Zuständigkeit besteht. Das Beteiligungsrecht des Betriebsrats besteht allerdings nur,

Management Audit – eine Betrachtung aus rechtlicher Sicht 175

wenn kollektive Sachverhalte anstehen. Falls in einem Einzelfall mit einem einzelnen Manager die Durchführung eines Management Audits vereinbart wird, fehlt es am kollektivrechtlichen Hintergrund, mithin greift dann kein Beteiligungsrecht des Betriebsrats.

Voraussetzungen

Voraussetzung für die Geltendmachung der Rechte des Betriebsrats ist zunächst die grundsätzliche, alleine beim Unternehmen bzw. Arbeitgeber liegende Entscheidung, ein Audit durchführen zu wollen. Erst danach setzen Beteiligungsrechte des Betriebsrats ein. Zu der Dreiseitigkeit Arbeitgeber – Manager – externer Dienstleister gesellt sich mithin durch die Einbindung des Betriebsrats eine vierte Seite.

Regeln der Zusammenarbeit

Nachdem der Arbeitgeber die grundsätzliche Entscheidung getroffen hat, dass er ein Management Audit durchführen möchte, sind die sich aus dem BetrVG ergebenden Regeln der Zusammenarbeit zwischen Arbeitgeber und dem Vertreter der betrieblichen Kollektivrechte, dem Betriebsrat, einzuhalten. Diese Rechte können am praktischsten in einer Dreistufigkeit dargestellt werden und gliedern sich abgestuft in

Dreistufigkeit der Rechte

▶ Informationsrechte,
▶ Mitwirkungsrechte,
▶ Echte Mitbestimmungsrechte.

Sofern der Betriebsrat Informationsrechte hat, steht ihm eine rechtzeitige und ausführliche Information und ggf. Vorlage schriftlicher Unterlagen zu. Mitwirkung bedeutet, dass er den Arbeitgeber berät und ein Mitspracherecht hat, dass der Arbeitgeber die Argumente des Betriebsrats zu bedenken hat, nicht jedoch dessen Zustimmung zu einer Entscheidung benötigt. In den Fällen, in denen das Gesetz dem Betriebsrat ein echtes Mitbestimmungsrecht zugesteht, darf der Arbeitgeber eine Entscheidung nur treffen, wenn er dazu ein Einverständnis mit dem Betriebsrat erzielt hat. Dieses Einverständnis geht in der Regel ein in einen schriftlichen Vertrag, die so genannte Betriebsvereinbarung. Dies hat unmittelbare Auswirkungen auf die Anstellungsverträge der Arbeitnehmer, sofern diese nicht Leitende Angestellte sind. Bei näherer Betrachtung des Management Audits kommen hier nur zwei der drei abgestuften Beteiligungsformen zum Greifen: Die abgeschwächteste und die stärkste Form. Die mittlere Form der Mitwirkung spielt keine Rolle und wird daher im Folgenden nicht betrachtet.

Betriebsvereinbarung

3.2 Informationsrechte

Ganz grundsätzlich ergibt sich die allgemeine Pflicht für den Repräsentanten und Wahrnehmer kollektiven Arbeitsrechts im Betrieb aus § 80 BetrVG. Diese Vorschrift macht den Betriebsrat zum Hüter der allgemei-

**Informations-
verpflichtung
des Arbeitgebers**

nen Gesetze, dem Wahrer der Gleichberechtigung, dem Beschützer der besonders Schützenswerten (wie z. B. Schwerbehinderten, Müttern, jugendlichen und älteren Arbeitnehmern, Ausländern) und vielem mehr. Damit der Betriebsrat diese grundsätzliche Aufgabe wahrnehmen kann, obliegt dem Arbeitgeber eine Informationsverpflichtung über alle hier in Bezug stehenden Entscheidungen, Maßnahmen und Planungen. Er hat dem Betriebsrat bei Bedarf Unterlagen zur Verfügung zu stellen.

**Grundregel:
Einbindung des
Betriebsrats von
Beginn an**

In Unternehmen, in denen ein Betriebsrat existiert, muss demnach grundsätzlich zunächst die Grundregel beachtet werden, dass die Einbindung des Betriebsrats – egal wie sie sich im Einzelnen ausgestaltet – immer bereits in der Planungsphase der Umsetzung des Audits zu geschehen hat. Dies bedeutet, dass der Betriebsrat umfangreich über die beabsichtigten Maßnahmen zu unterrichten ist. Sobald der Arbeitgeber im Rahmen seiner unternehmerischen Entscheidungsfreiheit grundsätzlich beschlossen hat, ein Management Audit durchzuführen und zwar bevor er sich für den einen oder anderen externen Dienstleister bzw. die Art der Durchführung entschieden oder gar weitergehende Schritte umgesetzt hat, muss er den Betriebsrat über seine Entscheidung, ein Management Audit durchführen zu wollen, informieren.

**Verletzung der
Grundregel**

Keinesfalls sollte diese Regel verletzt werden. Andernfalls würde nicht nur das Verhältnis von Geschäftsführung oder Vorstand zum Betriebsrat beeinträchtigt, sondern auch ggf. die Akzeptanz des Management Audits. Dies wiederum könnte negative Folgen auf Unternehmenskultur und die Anerkennung von Entscheidungen haben, die vom Arbeitgeber für oder auch gegen die betroffenen Manager auf Basis des Management Audits umgesetzt werden sollen.

3.3 Mitbestimmungsrechte

**Echtes Mitbe-
stimmungsrecht**

Abgesehen vom allgemeinen Informationsrecht besteht im Zusammenhang mit Management Audits nicht nur ein Mitwirkungsrecht des Betriebsrats, sondern ein echtes Mitbestimmungsrecht. Dieses lässt sich ableiten aus den Mitbestimmungsrechten des Betriebsrats bei der Einführung von Personalfragebögen (§ 94 Abs. 1 BetrVG), der Aufstellung allgemeiner Beurteilungsgrundsätze (§ 94 Abs. 2 BetrVG) und bei der Aufstellung von Auswahlrichtlinien über die personelle Auswahl bei Einstellungen, Versetzungen, Umgruppierungen und Kündigungen (§ 95 BetrVG).

**Personal-
fragebögen**

Personalfragebögen sind die formularmäßige Darstellung von Fragen über persönliche Verhältnisse des Managers. Dazu zählen Kenntnisse, Erfahrungen, Eignungen, Fähigkeiten, Fertigkeiten, die durch Befragung, schriftlich oder in elektronischer Form eingeholt werden. Personalfragebögen in diesem Sinne sind auch alle erdenklichen Testverfahren. Der Betriebsrat hat demnach mit zu bestimmen bei der Frage, welche Tests im Unternehmen eingesetzt werden und welche Merkmale der Testpersonen auf diese Weise ermittelt werden. Das Mitbestimmungsrecht bezieht sich nicht auf die einzelnen Fragen im Test oder deren individuelle Auswertung, wohl aber auf die Bestimmung der Methode, des Anbieters und des gesamten Kontextes.

Beurteilungsgrundsätze nach § 94 Abs. 2 BetrVG dienen nach Ansicht des Bundesarbeitsgerichts (BAG) der Beurteilung von Leistung und Verhalten von Arbeitnehmern, sie sind als Basis für Beurteilungen, Bewertungen, Entscheidungen des Arbeitgebers im Einzelfall gedacht. Beurteilungsgrundsätze sollen es mithin dem Arbeitgeber ermöglichen, strukturiert Unterschiede und Abstufungen zwischen Mitarbeitern herauszuarbeiten. Sie sind zum Beispiel Basis für die Durchführung des jährlichen Beurteilungsgesprächs, der Gehaltsrunde und ähnlichem. Auch hier besteht ein enger Bezug zum Management Audit, wie die folgenden Ausführungen zeigen. Zunächst setzt auch das Greifen dieses Mitbestimmungsrechts voraus, dass der Arbeitgeber grundsätzlich entscheidet, Beurteilungsgrundsätze einführen zu wollen. So lange er eine solche Entscheidung nicht trifft, sondern z. B. dem „Nasenfaktor" den Vorzug gibt, steht der Betriebsrat in Warteposition.

Beurteilungsgrundsätze nach § 94 Abs. 2 BetrVG

Beurteilungsgrundsätze dienen der Verobjektivierung von Verhalten und Leistung, sie sind allgemeine Kriterien wie Führungsrichtlinien, an denen sich die Beurteilung und Bewertung eines Managers aus Sicht des Arbeitgebers ausrichtet. Die Verbindung mit einem Management Audit ergibt sich dadurch, dass das Management Audit z. B. das Ziel hat, auf Basis eines möglichst allgemein für Manager angewendeten Verfahrens das Ist-Profil mit dem Soll-Profil des konkreten Managers zu vergleichen. Letztlich ist ein Management Audit eine standardisierte Beurteilung der Persönlichkeit, des individuellen Profils eines Managers. Diese Beurteilung soll immer in zukünftige Entscheidungen des Arbeitgebers eingehen, wie z. B. Stellenbesetzungen, Nachfolgeplanungen, Gehaltserhöhungen, Auslandsentsendungen und vieles mehr. Der Betriebsrat wird im Rahmen seiner Mitbestimmungsrechte, d. h. bei der Verhandlung über die Inhalte der Betriebsvereinbarung, Regelungen zum Verfahren, zum Verwendungszweck fordern.

Verobjektivierung von Verhalten und Leistung

Weitere Rechte des Betriebsrats ergeben sich aus § 95 BetrVG, der eine Zustimmung des Betriebsrats bei der Aufstellung von Auswahlrichtlinien für die personelle Auswahl bei Einstellungen, Versetzungen, Umgruppierungen und Kündigungen vorsieht. Auswahlrichtlinien sind Vorgaben, die der Arbeitgeber bei personellen Entscheidungen zu beachten hat. Sie benennen Kriterien, das Verhältnis von Kriterien zueinander und die Sachverhalte, d. h. Entscheidungssituationen, auf die diese Auswahlkriterien

Aufstellung von Auswahlrichtlinien

vom Arbeitgeber anzuwenden sind. Dieses Mitbestimmungsrecht bedeutet zunächst, dass der Betriebsrat bei der Aufstellung der Richtlinien zustimmen muss, bzw. der Arbeitgeber sich mit dem Betriebsrat einigen muss. Sollte der Arbeitgeber ein Management Audit im Rahmen von Beförderungsentscheidungen (z. B. Versetzungen) einführen wollen, bedarf er insofern ebenfalls der Zustimmung des Betriebsrats. Sollte er ein Management Audit berücksichtigen, ohne dass die Auswahlkriterien und das Management Audit zuvor Gegenstand einer Einigung waren, hätte der Betriebsrat das Recht, der Einzelentscheidung, z. B. der Beförderung oder Einstellung des Mitarbeiters, zu widersprechen. Dies führt nicht in jedem Fall zur Unwirksamkeit der Maßnahme, jedoch in jedem Fall zur Beeinträchtigung der Zusammenarbeit zwischen Arbeitgeber und Betriebsrat und ggf. zum Verbot, die Maßnahme umzusetzen – möglicherweise hat der eingestellte Mitarbeiter zwar einen wirksamen Vertrag, darf jedoch nicht eingesetzt werden, zumindest solange nicht, bis die Rechte des Betriebsrats nachgeholt wurden.

Beeinträchtigung der Zusammenarbeit

Wie ist nun das Mitbestimmungsrecht des Betriebsrats bei der Einführung eines Management Audits zu gewährleisten?

Einigung über Management Audit Methode

Eine der Festlegungen, auf die sich der Arbeitgeber mit dem Betriebsrat im Rahmen der Einigung auf Auswahlrichtlinien einigen muss, wäre die Anwendung einer bestimmten Management Audit Methode. Sofern zwischen dem Betriebsrat und dem Arbeitgeber Auswahlkriterien verhandelt und gemeinsam aufgestellt werden (Betriebszugehörigkeit, Ausbildung, Branchenkenntnis, Mitarbeiterbeurteilung, Sprachkenntnisse, Managementqualifikationen, etc.) wird die erforderliche Einigung in eine Betriebsvereinbarung einfließen. Darin würde dann auch das Management Audit mit der ihm zukommenden Rolle aufgenommen, sowie zum Beispiel Aussagen zum ausgewählten Anbieter oder zur angewendeten Methode, Durchführung grundsätzlicher Art, Bindungsvereinbarung als Voraussetzung für den zeitlichen und finanziellen Aufwand des Arbeitgebers und vieles mehr.

Abschluss einer Betriebsvereinbarung

Zu denken ist zum Beispiel an den Abschluss einer Betriebsvereinbarung darüber, dass für Manager auf der mittleren Führungsebene ein Beurteilungsprofil aufgestellt wird und bestimmte Auswahlkriterien definiert werden zu denen auch die Durchführung des Management Audits gehört. Bei der endgültigen Entscheidung über beispielsweise eine Beförderung wird der Arbeitgeber all diese Kriterien zu beachten haben, aber gleichwohl immer auch noch einen eigenen Entscheidungsspielraum haben. Ein rechnerisch ableitbares Ergebnis, das ihm einen solchen Spielraum nicht gäbe, wäre mit dem Sinn und Zweck des Mitbestimmungsrechts und der unternehmerischen Entscheidungsfreiheit nicht vereinbar.

Bei der Auswahl des Management Audits, bzw. der anzuwendenden Methode, des externen Anbieters oder ähnlichem endet aber auch das Mitbestimmungsrecht des Betriebsrats. Er hat nicht etwa das Recht, einzelne Fragen der Methode, des psychologisch aufgebauten Fragebogens oder Erhebungssystems zu hinterfragen, zu ändern oder gar abzulehnen. Ebenso wenig steht ihm ein Mitbestimmungsrecht bei der Durchführung der Auswertung des Management Audits zu oder Einflussnahme auf Einzelbewertungen. — **Grenzen des Mitbestimmungsrechts**

Inhaltlich werden sich Auswahlrichtlinien – gleich wer die Initiative ergriffen hat – mit der Aufstellung von Fähigkeits- und Eignungsprofilen beschäftigen, die sich auf die fachlichen Kenntnisse (zum Beispiel Ausbildung, Berufserfahrung, bestimmte Branchenkenntnisse) und persönlichen Daten (zum Beispiel Zuverlässigkeit, Teamfähigkeit, Führungsfähigkeit) gegebenenfalls auch auf soziale Gesichtspunkte (zum Beispiel Alter, Betriebszugehörigkeit, etc.) bei der Entscheidung über Einstellungen, Versetzungen, Beförderungen und mehr beziehen. Im Zusammenhang mit Management Audits wird es überwiegend um Kriterien für die Entscheidung über Beförderungen, insbesondere bei Nachwuchskräften, über die Aufnahme in Programme zur Managemententwicklung, für Besetzungsentscheidungen, Entscheidungen über Auslandsentsendungen oder für die Zuordnung zu Spezialisten- versus Managementlaufbahn und ähnliches gehen. — **Inhalte von Auswahlrichtlinien**

Vom Gesetzgeber wurde mit diesem Mitbestimmungsrecht bezweckt, bei der Aufstellung der Regeln Diskriminierung und willkürliche Ansatzpunkte bei der Auswahl, der Entscheidung über nächste Beförderungsschritte etc. zu vermeiden und sicherzustellen, dass in einem Auswahlverfahren faire, allgemein gültige Maßstäben angewendet werden. — **Vermeidung von Willkür und Diskriminierung**

Fazit

Die rechtzeitige Einbindung des Betriebsrats seitens des Arbeitgebers ist bei der Durchführung von Management Audits zwingend erforderlich. Die Einführung eines Management Audits fällt grundsätzlich unter das Mitbestimmungsrecht des Betriebsrats und setzt deshalb den Abschluss einer Betriebsvereinbarung voraus. Der Arbeitgeber muss sich mit dem Betriebsrat über die Methodik der Personalfragebogen einigen. Der Betriebsrat hat mitzubestimmen bei der Aufstellung von allgemeinen Beurteilungsgrundsätzen und bei den Inhalten der Auswahlrichtlinien. Das Management Audit wird immer eingebunden sein in einen mitbestimmungspflichtigen Kontext. — **Mitbestimmungspflichtiger Kontext des Management Audits**

Sollte eine Einigung zwischen Arbeitgeber und Betriebsrat nicht möglich sein, können Arbeitgeber und Betriebsrat die Einigungsstelle anrufen, deren Entscheidung die Einigung ersetzt. Üblicher Weise dürfte es jedoch nicht schwierig sein, im vorab beschriebenen Verfahren eine Einigung mit dem Betriebsrat herbeizuführen.

Rolle des Betriebsrats

Kein Mitbestimmungsrecht steht dem Betriebsrat bei Inhalten des Management Audits im Einzelnen zu oder bei der sich daraus ergebenden Bewertung eines Mitarbeiters im Einzelfall. Der Betriebsrat muss daher nicht dem Fragenkatalog des externen Dienstleisters im Einzelnen zustimmen. Er entscheidet mit über die Auswahl der Methode und des Verfahrens, in das eine Methode eingebunden wird, aber nicht auch über die Inhalte der Methode im Einzelnen oder gar über einzelne Fragen oder deren individuelle Beantwortung.

4 Vertragsgestaltung zwischen Arbeitgeber und externem Dienstleister

Sobald die Beteiligung des Betriebsrats im Rahmen der betriebsverfassungsgesetzlichen Vorschriften erfolgreich abgeschlossen ist, steht der Arbeitgeber vor der Aufgabe, mit dem ausgewählten externen Dienstleister einen Vertrag über die Durchführung des Management Audits abzuschließen.

Ein solcher Vertrag muss grundsätzlich unter anderem folgende Punkte regeln:

Vertragsbestandteile

▶ Vertragspartner, Personen, die auf der Seite des externen Dienstleisters das Management Audit durchführen,
▶ angewendete Methode,
▶ Modalitäten der Durchführung,
▶ Art der Aufbereitung und Kommunikation der Ergebnisse.

Regelungsnotwendigkeiten

Die Frage nach dem Vertragspartner und den handelnden Personen führt zur ersten Regelungsnotwendigkeit bei der Frage nach dem richtigen Vertrag. Die Vielzahl der Anbieter und ihre Heterogenität wird sicherlich von dem einen oder anderen Arbeitgeber als erschreckend empfunden, sie bietet aber jedenfalls für jeden Bedarf das richtige Management Audit. Bei der Auswahl des passenden Anbieters werden im wesentlichen zwei Dinge eine entscheidende Rolle spielen: Die Qualität der Methode und – ebenso wichtig – die Qualität des Anbieters, genauer gesagt, die Qualität derjenigen Personen, die vom Anbieter bei der Anwendung der Methode und damit bei der Durchführung des Management Audits eingesetzt werden und bei der Vertragserfüllung auf Seiten des externen Dienstleisters in den Dialog mit den beurteilten Managern und deren Vorgesetzten treten. Beide Aspekte, die Qualität der angewendeten Methode und die Qualität der eingesetzten Mitarbeiter des externen Dienstleisters, sollten bei der Vertragsausgestaltung die ihnen jeweils angemessene Beachtung finden.

Das Ergebnis eines Management Audits als solches ist nicht notwendigerweise deshalb gut, weil die Methode gut ist. Wie so häufig, wenn es um Personen und deren Bewertung geht, spielen die handelnden Personen, die Bewerter, eine entscheidende Rolle. Diese geht bei Management Audits sicherlich über die Methode hinaus, da gerade auch der subjektive Aspekt der handelnden Personen bei Management Audits in der Regel eine entscheidende Rolle spielt: Die beste Methode würde zu inakzeptablen Ergebnissen führen, wenn die Menschen, die die Methode anwenden, nicht die erforderliche Qualifikation für die Beurteilung von Managern sowie im Umgang mit diesen haben.

Qualität der Methode und der handelnden Personen

Andererseits wird der erste Ansatz für die Auswahl, für die erste Kontaktaufnahme mit einem Anbieter wohl eher die von diesem angewendete und empfohlene Methode sein, weniger die Menschen, die er dann erst kennen lernt. Die Methode ist das Werkzeug, mit dessen Hilfe die Beurteilung der fraglichen Manager am Ende durchgeführt wird. Sie sollte im Vertrag genau beschrieben werden, um damit diesen Teil der geschuldeten Leistung möglichst konkret zu erfassen und festzuhalten.

Genaue Methodenbeschreibung

Nur wenn diese beiden wesentlichen Aspekte der Durchführung des Management Audits – handelnde Personen und angewendete Methode – hinreichend klar festgehalten werden, wird der Vertrag insgesamt den grundsätzlichen Qualitätsanforderungen entsprechen.

Qualitätsanforderungen des Vertrags

Zur Frage, wie detailliert eine Methode zu beschreiben und ggf. zu charakterisieren ist, Folgendes:

Von Managern, die Kandidaten eines Management Audits waren, wird häufig die Frage nach der Wissenschaftlichkeit der Methode gestellt. Der Arbeitgeber wird sich vor diesem Hintergrund wohl auch die Frage stellen müssen, welche Bedeutung – auch in vertraglicher Hinsicht – die Frage der Wissenschaftlichkeit einer Methode und die Nichtwissenschaftlichkeit einer anderen Methode haben sollte.

Wissenschaftlichkeit einer Methode

Natürlich kann auch die Anwendung einer auf den ersten Blick wenig wissenschaftlich erscheinenden Methode zu akzeptierbaren und verwertbaren Ergebnissen führen, wenn nur die richtigen Handelnden bei der Anwendung und Auswertung eingesetzt werden. Es ist bekannt, dass einige Anbieter von Management Audits einen großen Namen haben und überwiegend mit ihrer Erfahrung, weniger mit der angewendeten Methode werben. Tragfähige Ergebnisse werden hier überwiegend durch den Einsatz integrer, erfahrener ehemaliger Manager erzielt. Ein Arbeitgeber, dem es wichtig erscheint, dass die Durchführung auf der Basis des Images des externen Dienstleister erfolgt, weil das seiner Ansicht nach zu einem Mehr an Akzeptanz führt, wird sich auf dieses Auswahlkriterium konzentrieren, dies aber auch hinreichend und ausführlich in der Vertragsgestaltung als wesentlichen Punkt berücksichtigen. Der Arbeitgeber, der eher Wert auf die Wissenschaftlichkeit einer Methode legt, weil er davon ausgeht, dass sich dadurch die Akzeptanz der Ergebnisse bei den Kandidaten erhöht, wird dieser eine Bevorzugung einräumen.

Fehlerhafte Formulierungen im Vertrag

Will sich der Arbeitgeber insofern absichern, wird er die Frage stellen, ob er über die Vertragsgestaltung eine gewisse Wissenschaftlichkeit festschreiben kann. Juristisch gesehen darf dies keinesfalls in den Vertrag aufgenommen werden. Es wäre fehlerhaft, wenn sich die Vertragsparteien zusicherten, die gewählte Methode entspräche in jedem Fall den „neuesten wissenschaftlichen Erkenntnissen" (z. B. sollte der Vertrag keine Formulierung enthalten wie: „Der Auftragnehmer sichert zu, bei der Durchführung des Management Audits die neuesten wissenschaftlichen Erkenntnisse anzuwenden. Er sichert weiter zu, dass die Ergebnisse der Beurteilung der interviewten Manager wissenschaftlich ableitbar und damit jederzeit für Dritte nachvollziehbar sind und nachvollziehbar dargestellt werden können.")

Ausschließlich objektive Beurteilung unmöglich

Eine solche Formulierung macht schlicht keinen Sinn, weshalb sich beide Seiten vor einer solchen Formulierung hüten sollten. Den Nachweis eindeutiger Wiederholbarkeit, also der unzweideutigen Abwesenheit subjektiver Aspekte zu erbringen, wird nicht gelingen können. Jeder Anbieter hat einen mehr oder weniger wissenschaftlichen Anspruch, jede Methode, die auf dem Markt angeboten wird, hat einen mehr oder weniger wissenschaftlichen Hintergrund. Letztlich ist jedoch keine der Beurteilungen im Ergebnis ausschließlich objektiv. Jede ist am Ende dort, wo die individualisierte Ableitung durch die handelnden Personen stattfindet, zugleich subjektiv. Die Beurteilung ist abhängig von der Person des Beurteilenden, und damit von demjenigen, der die Schlüsse aus dem erhobenen Ergebnis zieht, mag die Ergebnisermittlung auch noch so wissenschaftlich gesichert sein. Spätestens an dieser Stelle ist jede Methode auch subjektiv, was ganz gewiss keine Kritik sein soll, sondern in der Natur der Sache selbst liegt. Dies muss und wird nicht heißen, dass es sich um inakzeptable Ergebnisse handelt. Zunächst führt diese Feststellung jedoch dazu, dass die Leistungsbeschreibung jedenfalls nicht Bezug nehmen sollte auf die Zusicherung der Wissenschaftlichkeit als Eigenschaft einer Methode.

Die Methode ist es, die detailliert beschrieben werden sollte, damit sie unzweideutig identifizierbar ist. Die Zusicherung wird sich daher sehr wohl auf die Durchführung einer bestimmten Methode, wenn auch nicht auf deren Wissenschaftlichkeit beziehen.

Ebenso ist Vorsicht geboten bei Formulierungen zur Brauchbarkeit der Ergebnisse. Keinesfalls sollte etwa aufgenommen werden „Der Anbieter sichert zu, dass das Ergebnis den Arbeitgeber in die Lage versetzt, eine richtige Managemententscheidung für die Besetzung der Positionen X, Y und Z zu treffen." Für den Fall, dass sich die Entscheidung im Nachhinein als unrichtig erweist, weil etwa der Manager scheitert, würde sich daraus eine Haftung ergeben. Dies wäre wohl für den Arbeitgeber wünschenswert, nicht aber für den Anbieter und Durchführer des Management Audits. Auch hier muss Raum gelassen werden für die Akzeptanz, dass Teile der Durchführung und der Umsetzung der Ergebnisse eines Management Audits immer auch subjektiv sind, so dass dafür von Dritten keine uneingeschränkte Gewähr übernommen werden kann.

Brauchbarkeit der Ergebnisse

Für die Absicherung der Qualität des Management Audits ist der Arbeitgeber auf andere Dinge als die vertragliche Zusicherung angewiesen, wie zum Beispiel das Einholen von Referenzen, das Ausprobieren z. B. durch den Personalleiter oder eben seine eigene besondere Sorgfalt bei der Auswahl des Anbieters und der für diesen handelnden Personen (siehe dazu auch den Beitrag von Treichler über „Selektion und Professionalisierung – Trends im Umgang mit Beratern", der in diesem Buch enthalten ist).

Absicherung der Qualität des Management Audits

Wesentlich sind auch Modalitäten der Durchführung. Dazu gehören Zeitvorgaben, klare Zeitschienen für die Durchführung der einzelnen Schritte. Fragen zu Beistellungspflichten auf Seiten des Arbeitgebers. Der externe Dienstleister wird regeln wollen, dass es nicht zu seinen Lasten geht, wenn Manager nicht die Zeit erübrigen können, am Management Audit teilzunehmen, wie Änderungswünsche des Arbeitgebers zu behandeln sind und anderes mehr.

Durchführungsmodalitäten

Wichtig ist auch klar zu vereinbaren, in welcher Art und Weise die Details und Ergebnisse aufbewahrt werden, wie und welche Ergebnisse den Managern und der Geschäftsführung präsentiert werden, welche schriftlichen Unterlagen zur Verfügung gestellt werden und natürlich auch Preisgestaltung und Zahlungsmodalitäten.

Weitere Aspekte der Vertragsgestaltung werden die Situation des Managers, seine Rechte im Allgemeinen und im Besonderen sein. Der beurteilte Manager ist zwar am Vertrag nicht unmittelbar beteiligt, schließlich ist er ja nicht selbst Vertragspartner. Jeder Vertrag hat jedoch auf die eine oder andere Weise Auswirkungen zu seinen Gunsten oder Ungunsten. Dementsprechend kann es sich daher in Teilen um einen Vertrag zugunsten Dritter handeln, der z. B. regelt,

Rechte des Managers

▶ welches Einsichtsrecht/Informationsrecht dem Manager zusteht,
▶ wer Zugang zu den Unterlagen haben wird,
▶ wo Unterlagen aufbewahrt werden sollen,

▶ wie lange Unterlagen aufzubewahren und wann sie zu vernichten sind.

Werk- oder Dienstvertrag?

Bei der Vertragsgestaltung wird häufig die Frage gestellt, ob es sich um einen Werk- oder einen Dienstvertrag handelt. Der Jurist interessiert sich für diese Fragestellung, weil er wissen möchte, was genau geschuldet ist – ein Erfolg oder eine Dienstleistung. Die folgenden Ausführungen lassen erkennen, dass sowohl Aspekte eines Dienstvertrags als auch solche eines Werkvertrags enthalten sind. Die Ausführungen zu Leistungen lassen den Schluss zu, dass es sich um einen Werkvertrag handelt könnte, da in jedem Fall bestimmte Schritte im Rahmen der Durchführung des Management Audits geschuldet werden – Gespräche, Auswertung, Darstellung des Ergebnisses, Kommunikation des Ergebnisses, etc. Mithin sind dies solche Aspekte des Management Audits, die sich auf die Anwendung einer Methode, auf die Durchführung in einer ganz bestimmten Art und Weise, die keinen Spielraum lassen, beziehen.

Gemischter Vertrag

Grundsätzlich wird es sich bei dem abzuschließenden Vertrag um einen Werkvertrag mit festen Zusicherungen handeln, die sich auf die Art der Durchführung beziehen, die Zeitschiene, die Art der Berichterstattung und die Kommunikation der Ergebnisse, auf die Feedbackgestaltung und auf die Art der dem Arbeitgeber zur Verfügung gestellten Unterlagen sowie auf die vom externen Dienstleister eingesetzten Personen. Darüber hinaus wird der Vertrag keine Zusicherungen bzw. Garantien, insbesondere keine Erfolgszusicherungen qualitativer Art enthalten. Insofern wird nur eine Leistung jedoch kein Erfolg geschuldet.

Damit handelt es sich um einen gemischten Vertrag, der Elemente eines Dienstvertrags mit denen eines Werkvertrags verbindet. Für die Juristen ist letztlich die Frage nach der Vertragsart eher von untergeordneter Bedeutung, sie spielt jedoch häufig für die Finanzabteilung eine größere Rolle – insoweit sollte auf die Werkvertragsanteile abgestellt werden, weshalb der Vertrag insgesamt als Werkvertrag zu bewerten ist.

Maßgebliche Punkte, die bei der Vertragsgestaltung Berücksichtigung finden sollten, sind folgende:

Wesentliche Vertragsinhalte

▶ Durchführung des Management Audits zu einem definierten Zweck,
▶ durch Anwendung der von dem externen Dienstleister angebotenen Methode, die näher zu beschreiben ist,
▶ unter Einsatz von namentlich beziehungsweise qualitativ näher beschriebenen Personen.
▶ Weitergabe der Ergebnisse an den Arbeitgeber in der vereinbarten Form,
▶ die ebenfalls näher definiert werden sollte.
▶ Information/Feedback an die Kandidaten in bestimmter, näher beschriebener Form.

- Klare Vereinbarung bestimmter Zeitvorgaben,
- Regelungen für den Fall der Nichteinhaltung der zwischen den Vertragspartnern vorgesehenen Zeiten,
- gegebenenfalls Vereinbarung ergänzender Maßnahmen wie Follow-up zu einem definierten späteren Zeitpunkt.
- Erstellung von Entwicklungsplänen, wie auf den Management Audits aufsetzendes Teamtraining, etc.
- Verwahrung der Unterlagen,
- Vertraulichkeit von Durchführung und Ergebnissen,
- Verfahrensregelungen bzgl. der Vernichtung der Unterlagen, z. B. bei Weggang des Mitarbeiters, etc.

Wesentliche Vertragsinhalte

5 Rechtsstellung des Managers

Werden Rechte des Managers nicht ausdrücklich geregelt, bedeutet dies nicht notwendigerweise, dass er gegenüber seinem Arbeitgeber und dem externen Dienstleister rechtlos gestellt ist. Seine Rechtsposition wird über die allgemeinen Regeln, die sich aus dem Bürgerlichen Recht ergeben, dem Grunde nach geschützt.

Bürgerliches Recht

Im Anschluss an die Feststellung, dass dem Arbeitgeber bei den meisten Management Audits nur die Kenntnisnahme eines Exzerpts der Ergebnisse zusteht und die Durchführung eines Management Audits aus Gründen des beschränkten Fragerechts des Arbeitgebers grundsätzlich am Besten durch einen externen Dienstleister erfolgt, stellen sich weitere Fragen über den rechtlichen Schutz des Managers. Sofern sich nicht weitere Rechte aus dem Vertrag ergeben, bestehen aus den allgemeinen Gesetzen im Wesentlichen folgende Rechte:

- Datenschutzrechte,
- Recht auf Unterlassung/Abwehranspruch,
- Recht auf Schadenersatz.

Rechte des Managers

Inwiefern der Manager durch die allgemeinen Rechtsregeln gegen Verwendung falscher oder negativer Ergebnisse eines Management Audits geschützt ist und er z. B. die Möglichkeit hat, zu verhindern, dass ein Management Audit, dessen Inhalt ihm nicht gefällt, nicht weiter verwendet wird oder ein Gegengutachten erstellt wird, oder ob und wie er sich absichern kann, dass kein unbefugter Dritter Zugriff auf persönliche Daten hat, soll im folgenden dargestellt werden. Ausführlich wird auch das Thema behandelt, welche Ansprüche auf finanzielle Entschädigung oder Wiedergutmachung der Manager hat, wenn durch Maßnahmen in Folge des Management Audits für ihn ein Schaden entstanden ist, z. B. wenn eine Beförderung in die nächsthöhere, bessere bezahlte Managementebene unterblieben ist.

Der Manager wird sich in jedem Fall fragen, wo und wie die Details und das Ergebnis des Management Audits aufbewahrt werden, wer die Details des Management Audits aufbewahrt und welche Personen zu den Fragebogen beziehungsweise zur Auswertung des Einzelprofils Zugang haben und damit Kenntnis erlangen könnten.

Angenommen der Fall, in dem der externe Dienstleister Daten, insbesondere persönliche Detailinformationen an Unbefugte weitergibt, womit der Manager nie einverstanden gewesen wäre, oder nehmen wir den anderen Fall an, dass der Manager der Auffassung ist, dass die Ergebnisse des Management Audits – also zum Beispiel die Einschätzung seiner Managementfähigkeiten – grob falsch sind. In diesen Fällen ist zu fragen, welche Möglichkeit er hat, die Weitergabe der Unterlagen zu stoppen, die Verwendung der Ergebnisse zu verhindern oder gar auf der Erstellung eines Gegengutachtens zu bestehen.

5.1 Datenschutz

Sparsame Datenerhebung	Die erste Hürde des Bundesdatenschutzgesetzes (BDSG) ist die Grundregel der sparsamen Datenerhebung, damit hat der Arbeitgeber grundsätzlich die Verpflichtung, nur diejenigen Daten zu erheben, die nötig sind. Diese Regel korrespondiert vom Prinzip her mit den Beschränkungen des Fragerechts des Arbeitgebers und ist durch die Aufteilung von Durchführung und Ergebniskommunikation auf den externen Dienstleister und den Arbeitgeber abgedeckt.
Geheimhaltungspflicht	Grundsätzlich gilt für den externen Dienstleister ebenso wie für den Arbeitgeber eine Geheimhaltungspflicht, die sich in Anlehnung an den Datenschutz und – für den Arbeitgeber – aus der arbeitsrechtlichen Fürsorgepflicht ergibt.
Standesrecht	Für Berufsgruppen wie Psychologen und Ärzte sowie deren Assistenzpersonal ergeben sich aus deren Standesrecht zusätzliche besondere und weitergehende Verschwiegenheitsregeln, die es dieser Berufsgruppe strikt verbieten, personenbezogene Informationen unangemessen an unberechtigte Dritte weiterzugeben oder gegen die betroffenen Personen auszunutzen
Unzugängliche Aufbewahrung von Unterlagen	Wichtig für den betroffenen Manager ist die sich daraus ergebenden Verpflichtung, die Unterlagen, die sich aus dem Management Audit ergeben haben, für unbefugte Dritte – auch für den Arbeitgeber – unzugänglich aufzubewahren. Damit ist noch nichts darüber gesagt, wie lange solche Unterlagen aufzubewahren und wie und wann sie schlussendlich zu ver-

nichten sind, bzw. ob der Manager einen Anspruch auf Herausgabe oder Vernichtung hat.

Sofern es um ein Management Audit zur Unterstützung der Einstellungsentscheidung ging und ein Arbeitsverhältnis nicht zustande kommt, sind Fragebögen, die im Rahmen eines Bewerberauswahlverfahrens entstanden sind, nach ganz einhelliger Meinung der Juristen grundsätzlich zeitnah zu vernichten. Die erstellten Unterlagen können nach Auffassung des BAG alleine durch ihre Existenz das Persönlichkeitsrecht des Arbeitnehmers/Managers verletzen, wenn sie Angaben zu dessen persönlichen Verhältnissen enthalten. **Vernichtung von Fragebögen**

Weiteren Schutz bieten die sich unmittelbar aus dem BDSG ergebenden Vorgaben im Umgang mit der automatisierten Datenerfassung, z. B. im Rahmen eines elektronischen Fragebogens zu beachten (§ 28 BDSG). Das Informationelle Selbstbestimmungsrecht gebietet es, dass der Erheber und Verwender von Daten den Arbeitnehmer hinreichend darüber informiert, mit welcher Zielrichtung Daten erhoben und verarbeitet werden. Der Arbeitgeber hat darüber hinaus eine Verpflichtung, dem Arbeitnehmer eine Übersicht der über ihn gespeicherten Daten zur Verfügung zu stellen. Daten, die nicht mehr relevant sind, hat er zu löschen oder ggf. zu anonymisieren. Das Einholen des Einverständnisses des Arbeitnehmers bei der automatisierten Datenerfassung ist grundsätzlich erforderlich und muss in Schriftform vorliegen. **Umgang mit automatisierter Datenerfassung**

Der Betriebsrat hat grundsätzlich die Aufgabe, die Einhaltung der Gesetze zu überwachen (§ 80 BetrVG). Dazu zählt auch, die Einhaltung des BDSG. Dies gilt unabhängig von weitergehenden Rechten auf der Basis der Vorschriften des BetrVG. Die Vorschriften des BDSG werden daher sowohl grundsätzlich als natürlich auch bei der Ausgestaltung notwendiger Betriebsvereinbarungen im Rahmen von §§ 94, 95 BetrVG, Berücksichtigung finden. **Überwachungspflicht des Betriebsrats**

Betriebsrat und Arbeitgeber sollten zu diesen Themen klare Regeln in die jeweils abzuschließende Betriebsvereinbarung aufnehmen. **Klare Betriebsvereinbarung**

5.2 Recht auf Unterlassung/Abwehranspruch

Grundlage entsprechender Überlegungen ist § 1004 BGB, der vordergründig zunächst ausschließlich auf Eigentum Bezug nimmt, falls dessen Nutzung auf andere Art und Weise als durch Entziehung oder Vorenthaltung beeinträchtigt wird. Daraus wird von der ganz herrschenden Rechtsprechung abgeleitet, dass der Mensch einen Unterlassungsanspruch hat, wenn seine Rechte (Recht am eigenen Bild, an persönlichen Informationen, Besitz, etc.) verletzt werden oder eine Verletzung droht. **Unterlassungsanspruch**

Informationelle Selbstbestimmung	Dazu gehört auch das hier einschlägige Recht der Informationellen Selbstbestimmung. Dieses besteht darin, dass jeder Mensch das Recht hat, dass Informationen über seine Person grundsätzlich nur an Personen weitergegeben werden, die berechtigte Interessen an der Kenntnisnahme haben, bzw. zu deren Kenntnisnahme er sein Einverständnis gegeben hat.
Anspruch auf Vernichtung der Unterlagen	Aus diesem Recht abzuleiten ist ein allgemeiner Unterlassungs- bzw. Abwehranspruch (§ 1004 BGB) des Managers, der damit einen eigenen, durchsetzbaren Anspruch auf Vernichtung der Unterlagen gegen den potenziellen Arbeitgeber und den externen Dienstleister hat, es sei denn, dieser könnte sich auf ein berechtigtes Interesse an der Aufbewahrung berufen, was aber regelmäßig zu verneinen ist. In gleicher Weise ist zu entscheiden, wenn die Karriere des Managers bei diesem Arbeitgeber zu Ende geht und er aus dem Unternehmen ausscheidet. Hier ist im Analogieschluss davon auszugehen, dass er ebenso wie ein nicht berücksichtigter Bewerber, einen Anspruch auf Vernichtung entsprechender Unterlagen gegen den früheren Arbeitgeber sowie gegen den externen Dienstleister hat.
	Wird das Arbeitsverhältnis fortgeführt, wird sich die Detailanalyse beim externen Dienstleister befinden und ist dort unzugänglich für externe Dritte aufzubewahren. Das Ergebnis der Beurteilung jedoch darf sowohl beim externen Dienstleister als auch beim Arbeitgeber vorliegen.
Grenzen der Ansprüche und Rechte des Managers	Ganz grundsätzlich muss hier gesagt werden, dass der Manager bei Management Audits keinen Anspruch auf Korrektur, auf Wiederholung oder gar auf Erstellung eines Gegengutachtens hat. Für keine dieser Möglichkeiten existiert eine gesetzliche Grundlage, auf die er sich gegenüber seinem Arbeitgeber oder dem externen Dienstleister berufen könnte.
	Ebenso wenig besteht ein Recht am Arbeitsplatz oder ein Recht auf einen Arbeitsplatz im Sinne des § 1004 BGB. Ein solches Recht als absolutes, dem Eigentums- oder Besitzrecht gleichgestelltes Recht, existiert nicht. Aus juristischer Sicht sind diese Rechte wesentlich weniger schutzwürdig als das Recht am Eigentum, am Besitz oder das Informationelle Selbstbestimmungsrecht. Die Situation mag im öffentlichen Dienst ganz anders sein, für die Privatwirtschaft ist diese Bewertung zugrunde zu legen.
	Insofern ist der Manager durch das Recht auf Unterlassung nicht dagegen geschützt, einen angestrebten Arbeitsplatz nicht zu bekommen oder bei einer Beförderungsentscheidung nicht berücksichtigt zu werden.
Verletzung des Rechts auf informationelle Selbstbestimmung	Der Anspruch, der sich aus § 1004 BGB ergeben könnte, ist derjenige der Unterlassung der Verletzung seines Rechts auf informationelle Selbstbestimmung. Grundsätzlich bedeutet dies, dass der Manager, der plötzlich feststellt, dass ein Unbefugter im Besitz persönlicher Details aus dem Management Audit ist oder dass der externe Dienstleister im Begriff ist,

persönliche Details oder die Ergebnisse an Unbefugte weiterzugeben, aus der genannten Vorschrift gegen diese Personen einen Anspruch darauf hat, die Nutzung oder Verbreitung der Informationen sofort einzustellen. Diesen Anspruch kann er erforderlichenfalls per Gericht durchsetzen.

In der Praxis sind verschiedene Situationen und Variationen denkbar: Nehmen wir an, dass die Aussagen des Management Audits im Ergebnis falsch sind, jedenfalls ist der Manager davon überzeugt. Dann stellt sich die Frage, ob der Manager nun die Verwendung des Management Audits, quasi bevor es Eingang in eine Entscheidung gefunden hat und es zu für ihn negativen Entscheidungen gekommen ist, verhindern kann.

Mögliche Fälle aus Managersicht

Nehmen wir als nächstes an, dass der Manager wegen eines ungünstigen Management Audits befürchtet, dass er nicht befördert wird und ihm dadurch ein deutlicher finanzieller Schaden entstehen könnte, da er auf der angestrebten Position erheblich höhere Bezüge erhalten würde. Eindeutig würde § 1004 BGB dem Manager einen Anspruch darauf geben, die Verwertung, Weitergabe oder Veröffentlichung des Ergebnisses des Management Audits zu unterlassen, wenn diese falsch ist.

Wenn das Ergebnis richtig ist und der Manager der Durchführung des Management Audits zugestimmt hat, hat er keine Handhabe, die Einbeziehung des Ergebnisses, auch wenn dieses für ihn negativ ausgefallen ist, zu verhindern. Anders sieht es aus, wenn das Ergebnis falsch ist. Auf die Verwendung eines falschen Ergebnisses eines Management Audits bezieht sich seine Zustimmung sicherlich nicht.

Keine Handhabe des Managers

Den Nachweis, dass das Ergebnis des Management Audits falsch ist, hat der Manager zu führen. Dieser Nachweis ist sicherlich nicht leicht zu erbringen. Nehmen wir einmal den einfachen Fall an, dass zwei Manager namentlich verwechselt wurden. Einer der Manager bemerkt die Verwechslung, legt sie dar und belegt eindeutig, dass das negative Management Audit auf seinen Kollegen und nicht für ihn zutrifft. Der Arbeitgeber wird das sofort verstehen und sich entsprechend verhalten.

Nachweispflicht des Managers

Sollte die Sachlage nicht so einfach und eindeutig sein, hat der Manager wesentlich schwierigere Hürden bei der Durchsetzung eines Unterlassungsanspruchs zu überwinden. Natürlich könnte der Manager auf eigene Kosten ein Gegengutachten einholen. Nehmen wir an, dieses – von einem anderen Anbieter erstellt – fällt höchst positiv für ihn aus. Der Manager wird damit noch nicht die Hürde nehmen können, nachzuweisen, dass das erste Gutachten und damit das Ergebnis des ersten Management Audits falsch und deshalb nicht verwertbar sind. Aber auch wenn dem Manager dieser Nachweis gelänge, ergäbe sich daraus kein Anspruch, nun doch befördert zu werden, wie bereits dargelegt. Sein Unterlassungsanspruch bezöge sich auf die Verwertung des falschen Management Audits, nicht jedoch auf die positive Entscheidung zu seinen Gunsten. Der Arbeitgeber bliebe weiterhin frei in seiner Entscheidung.

Kontext der unternehmerischen Entscheidungsfreiheit

Hier wird deutlich, dass Management Audits und ihre Ergebnisse im Kontext der unternehmerischen Entscheidungsfreiheit zu sehen sind, die jeglicher Entscheidung auch subjektive Züge belässt, gegen die auf diese Weise mit dem Ansatz „richtig" oder „falsch" seitens des Managers nicht allzu viel auszurichten ist. Diese Entscheidungsfreiheit wird auch deutlich, wenn man sich noch einmal ganz an den Beginn des Prozesses des Management Audits zurückversetzt und sich vorstellt, dass der Manager sein Freiwilligkeitsrecht in Anspruch nimmt und nicht teilnimmt. Wie sieht es rechtlich aus und was heißt das in der Regel pragmatisch gesehen?

Praktische Konsequenzen

Konsequenz wird in der Praxis sein, dass der Arbeitgeber diesen Manager bei der nächsten Beförderungsrunde nicht berücksichtigt. Dagegen kann der Manager kaum etwas tun, auf Beförderungen besteht für den Manager kein Anspruch, den er in einer solchen Situation durchsetzen könnte. Die Versetzungsentscheidung des Arbeitgebers ist nach wie vor, ob mit oder ohne Management Audit, dessen freie Entscheidung.

Nehmen wir als nächstes an, dem Manager gelingt der Nachweis, dass die negative Bewertung definitiv falsch ist, zum Beispiel, indem er ein Gegengutachten auf eigene Rechnung durch den gleichen externen Dienstleister hat anfertigen lassen und die Abweichungen so drastisch sind, dass an der Falschheit des ersten Gutachtens kein Zweifel bestehen kann. In diesem Fall steht zu prüfen, wie er sich gegen eine negative Bewertung wehren, deren Verwertung verhindern oder gar Schadensersatz verlangen kann.

Schadensersatz

Natürlich stellen sich diese Fragen auch bei positivem Ergebnis, aber die Praxis zeigt – nur allzu natürlich – dass der Manager sehr gut und unproblematisch mit guten Bewertungen leben kann, auch wenn er deren Basis nicht versteht oder nicht weiß, wo sich die Ergebnisse oder die Detailanalysen befinden.

Nach Maßgabe des § 1004 BGB hat der Manager jedenfalls in diesen Fällen einen Anspruch auf Unterlassung der Verwendung der falschen Management Audit Ergebnisse. Er hat dadurch keinen Anspruch auf Verwendung des positiven, richtigen Ergebnisses oder gar auf positive Versetzungs- oder Beförderungsentscheidung des Arbeitgebers.

Fazit

Bei drohendem Missbrauch der gewonnenen Informationen, Weitergabe an Unberechtigte und gegen die Verwendung eines falschen Management

Audits kann der Manager nach den Regeln des § 1004 BGB vorgehen und die Unterlassung der Verwertung verlangen.

Kann er nicht den Nachweis erbringen, dass die Ableitungen aus dem Management Audit falsch sind, fehlt ein Ansatzpunkt gegen den Arbeitgeber, diese zu seinen ungunsten zu verwenden. Die Verwendung des negativen Ergebnissen, das nicht erweislich falsch ist, muss der Manager hinnehmen, ebenso die Entscheidung des Arbeitgebers, ihn beispielsweise bei der Beförderung oder Besetzung einer angestrebten Position nicht zu berücksichtigen.

5.3 Recht auf Schadensersatz

§ 823 Abs. 1 BGB (Bürgerliches Gesetzbuch) gewährt einem Menschen einen Schadensersatzanspruch, wenn ein Dritter ein „sonstiges Recht" widerrechtlich verletzt hat. Das Persönlichkeitsrecht, ein umfassendes Recht auf Achtung und Entfaltung der Persönlichkeit in verschiedenen Ausgestaltungen, gilt insoweit als anerkanntes sonstiges Recht. Nicht als sonstiges Recht anerkannt sind Dinge wie „Recht auf den Arbeitsplatz", „Recht auf Beförderung" und ähnliches. *Persönlichkeitsrecht*

Bei Ansprüchen, die sich aus § 823 Abs. 1 BGB ergeben, kann der Verletzte unterschiedliche Ansprüche haben, so zum Beispiel einen Anspruch auf Beseitigung (Widerruf, Berichtigung, Ergänzung) oder auf Gegendarstellung, je nachdem worin die Verletzung des Persönlichkeitsrechts besteht. In Ausnahmefällen kann der Geschädigte auch eine finanzielle Entschädigung beanspruchen, entweder, wenn der Schaden finanziell messbar ist, aber auch wenn ein immaterieller Schaden entstanden ist (z. B. eine Beleidigung durch den Arbeitgeber, eine Herabsetzung in den Augen der Kollegen, etc.). In diesen Fällen muss die Verletzung jedoch so schwerwiegend sein, dass die Schädigung keinesfalls befriedigend in anderer Weise (z. B. durch Gegendarstellung) ausgeglichen werden kann. Eine ungünstige Beurteilung durch den Vorgesetzten gibt dem betroffenen Arbeitnehmer noch keinen Anspruch auf eine finanzielle Entschädigung. *Unterschiedliche Ansprüche*

Sofern aus der Sicht des Managers ein materieller Schaden entstanden ist, zum Beispiel, weil er wegen einer unstreitig falschen, ungünstigen Beurteilung nicht befördert oder gar eingestellt wurde, kann er Ersatz geltend machen. Dabei richtet sich sein Anspruch auf Ersatz des so genannten negativen Interesses. Mit anderen Worten: Er ist vom Schädiger so zu stellen, wie er stehen würde, wenn das schädigende Ereignis nicht eingetreten wäre und nicht etwa so wie er stehen würde, wenn ein positives Ereignis statt dessen eingetreten wäre. Wer daher aus amerikanischen Sachverhalten die dort genannten Schadensersatzansprüche kennt, wird an dieser *Materieller Schaden*

Stelle große Unterschiede zum deutschen Recht feststellen müssen. Darüber hinaus hat der Geschädigte den unmittelbaren Zusammenhang der Verletzungshandlung – vorsätzliche oder fahrlässige Falschbeurteilung und der Entscheidung des Arbeitgebers oder unrechtmäßige Weitergabe von persönlichen Daten – und dem eingetretenen Schaden darzulegen und gegebenenfalls zu beweisen. Diese Verbindung herzustellen und unzweideutig nachzuweisen, fällt sicherlich häufig schwer.

Bei der Betrachtung des Schadensersatzanspruchs stellt man fest, dass dieser eher ins Leere läuft. Dazu folgendes: Der Arbeitgeber, der den Manager, der wegen eines falschen negativen Management Audits nicht befördert wurde, so stellt, als wäre das negative Ergebnis nicht eingetreten, muss diesen jedenfalls nicht doch noch befördern. Dies genau wäre jedoch der Wunsch des Managers. Einem solchen Wunsch entspricht jedoch kein Recht des Managers, dass er auf Basis des Gesetzes durchsetzen könnte. Es ergibt sich dadurch auch nicht etwa der Anspruch des Managers gegen seinen Arbeitgeber, ihm die Differenz zwischen seinem derzeitigen niedrigeren Gehalt und dem höheren Gehalt aus der Position, auf die er gerne befördert worden wäre, auszuzahlen.

Geringer Nutzen für Manager

Mit anderen Worten, die Vorschrift des § 823 BGB bringt dem Manager nicht viel. Sie schützt ihn zwar gegen Verletzung seiner Rechte, führt jedoch nicht dazu, dass er erlittene Nachteile gegen die angestrebten Vorteile tauschen kann.

Verstoß gegen gute Sitten

Einschlägig bei der Prüfung von Rechten, bei deren Verletzung der Manager Ansprüche geltend machen kann, gegebenenfalls auch § 826 BGB sein. Diese Vorschrift gesteht einen Schadensersatzanspruch zu, wenn in einer gegen die guten Sitten verstoßenden Weise einem anderen vorsätzlich Schaden zugefügt wurde. Schon die Formulierung lässt den Schluss zu, dass im Einzelfall sehr hohe Anforderungen an die Art und die Umstände der Verletzungshandlung gestellt werden. Hier müsste der in Anspruch Genommene tatsächlich in gemeinster Weise bewusst falsche Informationen über den Manager verbreitet haben, um z. B. zu verhindern, dass dieser eingestellt wird. Zudem müsste feststehen, dass der Manager gerade deswegen eine Position nicht bekommen hat.

Positive Vertragsverletzung

Wird das Persönlichkeitsrecht durch Überschreiten der Grenzen des Fragerechts verletzt, ist der Arbeitgeber wegen positiver Vertragsverletzung (§ 280 BGB) oder – vor Begründung des Arbeitsverhältnisses – nach den Grundsätzen der culpa in contrahendo (vgl. §§ 311 BGB) schadensersatzpflichtig.

Schaden durch fehlerhafte Beurteilung

Diesen Schadensersatzanspruch setzt er direkt im Verhältnis zum externen Dritten durch. Der Manager kann den Schaden ersetzt verlangen, der ihm durch die fehlerhafte Beurteilung entstanden ist. Insoweit sind sowohl die Hürde der Kausalität zwischen Fehler und Schaden zu nehmen als auch die Schwierigkeit der Berechnung des materiellen Schadens, zumal auch hier nur der negative Schaden ersetzt wird. Sofern die Verletzungshandlung durch den Arbeitgeber erfolgt, ist dieser der Anspruchsgegner des Unterlassungsanspruchs bzw. Schadensersatzanspruchs.

6 Ergebnis

Dem Arbeitgeber stehen bei rein arbeitsrechtlicher Betrachtung nur begrenzte Informationsrechte zu, die sich ausschließlich auf Informationen beziehen, an deren Erhalt er ein objektives berechtigtes Interesse hat. Um dennoch die für ihn notwendigen, häufig durch detaillierte psychologische Befragung gewonnenen Erkenntnisse über die Person eines Managers zu erhalten, sollte er in der Regel einen externen Dienstleister beauftragen, der auch persönliche Informationen sammelt, aber nicht als solche weitergibt, sondern zusammen mit Werdegangsinformationen und Testergebnissen zu einer Empfehlung integriert. Andernfalls ist der Arbeitgeber darauf angewiesen, dass der Manager bewusst einen Rechtsverzicht akzeptiert und bereitwillig auch solche Informationen an den Arbeitgeber weitergibt, die er nicht weitergeben müsste.

Begrenzte Informationsrechte des Arbeitgebers

Der Einsatz eines Management Audits fällt grundsätzlich unter die Mitbestimmung des Betriebsrats, die sich auf die Methodik der Einbindung bei Beurteilungsgrundsätzen oder Auswahlrichtlinien, nicht jedoch auf einzelne Inhalte einer Befragung oder gar auf die individuelle Bewertung eines Managers bezieht. Die Mitbestimmung findet statt durch rechtzeitige Vorabinformation, durch Verhandlung und Abschluss einer Betriebsvereinbarung, die in Form eines schriftlichen Vertrags Bedingungen des Management Audits wie Zugangsvoraussetzungen, Umgang mit personenbezogenen Daten u. Ä. festhalten wird.

Mitbestimmung des Betriebsrats

Bei der Vertragsgestaltung zwischen Arbeitgeber und Dienstleister sind vor allem methodische Fragen zu klären sowie die handelnden Personen festzulegen. Alle Modalitäten der Durchführung, wie Aufbereitung, Kommunikation und Speicherung der Ergebnisse sowie deren Rückmeldung sollten ebenfalls geregelt werden. Aspekte wie die Gewährleistung der Wissenschaftlichkeit einer Methode oder Zusagen zur Verwertbarkeit der Ergebnisse für ganz bestimmte Zielsetzungen sollten im Vertrag unterbleiben. Insgesamt wird es sich um einen Werkvertrag handeln, der Bestandteile eines Dienstleistungsvertrags enthält.

Vertragsgestaltung zwischen Arbeitgeber und Dienstleister

Auch bei positivem Ergebnis des Management Audits ergibt sich kein Anspruch eines Managers auf Beförderung oder Förderung. Der Arbeitgeber bleibt frei in seiner Entscheidung.

Freie Entscheidung

Schutz gegen Datenmissbrauch

Gegen den Missbrauch persönlicher, intimer Daten ist der Manager durch die allgemeinen Gesetze geschützt. Diese gestehen ihm einen Anspruch auf Unterlassung zu, wenn seine persönlichen Daten missbraucht werden oder ein Missbrauch droht. Gegen negative finanzielle Folgen aufgrund von Schlüssen aus einem fehlerhaften Management Audit in Form von Gehaltseinbußen besteht kein wirklich durchgreifender Schutz.

Anhang:
Mustervertrag Management Audit

VERTRAG

Zwischen

Unternehmer U – im folgenden U genannt

und

Dienstleister D – im folgenden D genannt

wird folgender Vertrag über die
Durchführung eines
Management Audits abgeschlossen

Inhalt

1. Ausgangssituation
2. Angebotsgegenstand
3. Projektdurchführung
4. Mitwirkungsleistungen von U
5. Vergütung
6. Leistungsübergabe/Übergabe schriftlicher Ergebnisse
7. Sonstige Rahmenbedingungen/Haftung/Vertraulichkeit
8. Schriftform/Salvatorische Klausel

1 Ausgangssituation

D wird eine Begutachtung der obersten Managementebene unter dem Vorstand bei U durchführen. U strebt an, die Führungsqualifikation der Manager auf dieser Ebene insgesamt an Beurteilungsgrundsätzen zu messen, die gemeinsam mit dem Betriebsrat aufgestellt wurden. Diese sind D bekannt. D soll auf Basis dieser Richtlinien eine Begutachtung der einzelnen Manager auf der genannten Ebene in Form eines Management Audits vornehmen. Es werden *[Anzahl]* namentlich benannte Personen am Management Audit teilnehmen. Auf Basis der dadurch gewonnenen Erkenntnisse soll U in die Lage versetzt werden, im Sinne einer Zukunftsplanung in Abstimmung mit den einzelnen Managern über Förderungs-

und Entwicklungsmaßnahmen zu entscheiden und diese gezielt durchzuführen. Im Einzelnen wurde die Zielsetzung von U in mehreren Gesprächen zwischen Herrn Müller, Vorstandsvorsitzender bei U, und den Herren Meier und Schulze, Partner von D, in der Zeit zwischen August und November 2003 erläutert. Die Ergebnisse der Gespräche wurden in Protokollen durch die Herren Meier und Schulze festgehalten. Sie liegen sowohl bei U als auch bei D vor.

[Hier sollte möglichst detailliert dargestellt werden:
▶ *Ist-Zustand und Gesamtzusammenhang beim Auftraggeber U.*
▶ *Zielsetzung des Management Audits und Soll-Zustand beim Auftraggeber U.*
▶ *Der Bezug auf schriftliche Unterlagen, Gespräche und Gesprächsprotokolle bietet sich an.*
Damit wird die Geschäftsgrundlage festgelegt oder zumindest präzisiert und es wird für den Fall der Fälle eine Basis für Change Requests gelegt.]

2 Angebotsgegenstand

D wird von jedem Manager auf der genannten Ebene eine Begutachtung vornehmen, die das individuelle Profil des Managers mit dem Führungsprofil vergleicht. Dieser Vergleich weist im Detail Passungen auf sowie eine Darstellung der Stärken/Schwächen bezogen auf das anzulegende Führungsprofil sowie im Einzelfall konkrete Hinweise auf den Entwicklungsbedarf. Diese Hinweise sollen dazu dienen, das Profil des Managers durch gezielte Entwicklungsmaßnahmen dem Sollprofil anzunähern. Die Ergebnisse der Begutachtung werden schriftlich festgehalten und U zur Verfügung gestellt.

Inhalt der Begutachtung ist es nicht, die Entscheidung bzw. Durchführung konkreter Beförderungsmaßnahmen oder die Beendigung von Arbeitsverhältnissen vorwegzunehmen. Solche Entscheidungen zu treffen, ist Sache von U.

[Die Darstellung dessen, was geschuldet ist und was nicht, ist extrem wichtig, damit auf beiden Seiten Klarheit besteht. Zu beachten ist dabei, dass Begriffe wie „Ergebnis der Begutachtung", „Darstellung" ja keine Termini Technici mit festen Inhalten sind, die Begriffe müssen vielmehr beschrieben werden.]

3 Projektdurchführung

3.1 Vorgehensweise

Das Management Audit wird in drei Phasen durchgeführt:

(1) Ausfüllen und Auswerten von Fragebögen und internetbasierten Testverfahren
(2) Interaktives Management Audit mit strukturiertem Interview, Fallstudie und Simulation
(3) Referenzen

Zunächst wird jeder Manager einige definierte Fragebögen und Testverfahren bearbeiten. Diese Verfahren werden von U und D gemeinsam festgelegt, von D zur Verfügung gestellt und auch von D ausgewertet. Die Auswertungen liegen zur Durchführung der zweiten Phase, dem interaktiven Management Audit, vor. Im Rahmen dieses interaktiven Teils des Audits werden zwei Berater von D ein etwa 1,5stündiges Interview mit jedem Teilnehmer führen. Außerdem wird jeder Teilnehmer eine Präsentation vorbereiten und halten sowie eine den Anforderungen angemessene Simulation bearbeiten. Die genauen Inhalte und Kriterien der Bewertung legen U und D gemeinsam fest. Sie werden formell verabschiedet, die Vereinbarung wird protokolliert. Für die dritte Phase benennt jeder Manager gegenüber D mindestens drei Personen, die als Referenz in Betracht kommen. Die Vertreter von D werden die Referenzen so rechtzeitig einholen, dass sie nach der Durchführung des interaktiven Management Appraisals vorliegen.

Im Anschluss wertet D alle Erkenntnisse aus, erstellt das Ergebnis des Management Audits für jeden Manager und formuliert einen Schlussbericht.

Zum internetgestützten Testverfahren sowie zu weitere Fragebögen im Einzelnen: *[Hier folgt eine detaillierte Beschreibung der eingesetzten Verfahren].*

Zum interaktiven Management Audit im Einzelnen: *[Hier folgt eine detaillierte Beschreibung der eingesetzten Verfahren bzw. des Prozesses ihrer Entwicklung].*

Zu den Referenzen im Einzelnen: *[Hier folgt eine detaillierte Beschreibung des Vorgehens und der einzuholenden Informationen].*

Zum Schlussbericht im Einzelnen: *[Hier wird detailliert dargestellt, was genau Inhalte des Schlussberichts sein soll, es könnte zur Erläuterung zum Beispiel auch Bezug genommen werden, auf einen von D bereits vorgelegten Musterbericht.]*

Mit jedem Teilnehmer wird ein ausführliches Follow-up-Gespräch durchgeführt, an dem einer der durchführenden Berater von D sowie der Vorgesetzte des Teilnehmers und ein Vertreter des Personalbereichs bzw. der Führungskräfteentwicklung von U teilnimmt. In diesem Gespräch erläutert D das Ergebnis und gibt ein ausführliches Feedback zu allen Bausteinen. U wird das weitere Vorgehen mit dem Teilnehmer klären und dabei sowohl auf ggf. anstehende oder schon getroffene Entscheidungen sowie auf individuelle Entwicklungsmaßnahmen eingehen. *[Hier folgen ggf. weitere Spezifizierungen zum Inhalt und zur Rollenverteilung des Gesprächs]*

3.2 Projektorganisation/Zeitaufwand

Die Gespräche mit den Managern und die Bearbeitung durch die einzelnen Manager betragen pro Manager ca. 6 Stunden. Bei der Planung der Gespräche wird durch Vertreter von U assistiert, damit der Reiseaufwand für die Manager möglichst gering bleibt. *[Hier können weitere organisatorische Aspekte wie Ort und Zeit, Anreise, Übernachtung etc für Teilnehmer und Berater festgelegt werden]*

3.3 Ansprechpartner bei D

Projektverantwortliche für die zu erbringende Dienstleistung bei D sind

[Namen und Kontaktdaten der verantwortlichen Berater]
Sollten die genannten Ansprechpartner verhindert sein, so werden sie von D durch adäquate Mitarbeiter ersetzt. Dazu benötigt D die Zustimmung von U. D stellt die Kontinuität bei der Durchführung der einzelnen Schritte sicher.

3.4 Projektablaufplanung

In der Zeit von ... bis ... bearbeiten die Teilnehmer die Fragebögen und internetbasierten Testverfahren. Parallel führt D mit den als Referenz genannten Personen Gespräche über jeden Kandidaten. Die interaktiven Management Appraisals finden von ... bis ... statt. Die Auswertung der Fragebögen sowie das Einholen der Referenzen sind bis ... abzuschließen. Am ... werden die Gesamtergebnisse dem Vorstand von U vorgestellt und ausführlich erläutert. In der Zeit von ... bis ... finden die Follow-up-Gespräche nach vereinbartem Modus statt (s. o.). Über ggf. erforderliche weitere Unterstützung durch D in der Umsetzung von Entwicklungsmaßnahmen wird gesondert verhandelt und ggf. eine entsprechende Vereinbarung rechtzeitig getroffen.

Projektmeetings finden generell in den Geschäftsräumen von U. statt, die Durchführung der interaktiven Management Appraisal findet in einem geeigneten Konferenzhotel statt, das D auswählt und nach Rücksprache mit U bucht. Projektarbeiten, die keine lokale Präsenz beim Auftraggeber erfordern, können in den Geschäftsräumen von D durchgeführt werden.

3.5 Qualitätsmanagement

D bietet seinen Auftraggebern besondere Qualitätssicherheit hinsichtlich der kompetenten Durchführung von Management, Organisations- und Systementwicklungsprojekten.

Das Qualitätsmanagementsystem von D ist seit 1999 nach DIN EN ISO 9001 zertifiziert. Die Wirksamkeit des Qualitätsmanagementsystems wird kontinuierlich durch die „Deutsche Gesellschaft zur Zertifizierung von Managementsystemen mbH" (DQS) überprüft.

4 Mitwirkungsleistungen von U

Allgemeine Leistungen

Die Durchführung der in diesem Angebot beschriebenen Leistungen erfordert eine enge und vertrauensvolle Zusammenarbeit beider Vertragspartner. U stellt rechtzeitig zum Projektbeginn Herrn X als Ansprechpartner zur Verfügung, der berechtigt ist, verbindliche Auskünfte zu geben und Entscheidungen zu treffen, als sein Stellvertreter steht Herr Y zur Verfügung. U stellt sicher, dass alle Kandidaten rechtzeitig über die Durchführung des Management Audits informiert und darauf vorbereitet werden. *[Es ist sehr ratsam, Details dieser Verantwortung vertraglich zu definieren: Zeitpunkt der Information, Art der Unterlagen, die Teilnehmer erhalten, ggf. Unterstützung durch D bei deren Erstellung, persönliche Beteiligung des Vorstands von U an einer Informationsveranstaltung etc.]*

U stellt weiter sicher, dass für die Manager eine Teilnahme zu den gewünschten und vereinbarten Zeiten, nach rechtzeitiger Absprache möglich ist und dass alle für die Erbringung der vereinbarten Leistung notwendigen Mitwirkungsleistungen rechtzeitig, vollständig und für D kostenlos erbracht werden.

Die von U zu erbringenden Leistungen sind eine Voraussetzung für die vertragsgemäße Leistungserbringung von D. Erfüllt U diese Leistungen nicht, so gehen sich daraus ergebende Entgelterhöhungen oder Terminverschiebungen zu seinen Lasten.

5 Vergütung

Die Vergütung für die angebotene Leistung beträgt:
[in der Regel pauschale Honorare für Entwicklungsarbeiten und Honorar pro Teilnehmer für alle Verfahrensschritte; separat: Sach- und Reisekosten]

5.1 Zahlungsplan

[in der Regel Abschlagzahlung zu Beginn und restliche Zahlung nach Durchführung aller Schritte, ggf. auch monatliche Abrechnung nach erbrachten Dienstleistungen]

5.2 Zusatzleistungen

Die Vergütung für zwischen den Vertragspartnern schriftlich vereinbarte und nicht im Festpreis angebotene zusätzliche Leistungen beträgt: *[Angabe eines Beratertagessatzes]*

5.3 Zahlungsbedingungen

Rechnungen sind nach Zugang zur Zahlung fällig und sind zahlbar ohne Abzug innerhalb von 30 Kalendertagen.

Soweit nicht ausdrücklich anders ausgewiesen, verstehen sich alle Preisangaben zuzüglich der jeweils gültigen Umsatzsteuer.

Wird innerhalb des Berechnungszeitraumes der Umsatzsteuersatz geändert, gelten die Zeiträume mit den jeweils geltenden Umsatzsteuersätzen als getrennte Berechnungszeiträume.

6 Leistungsübergabe

D übergibt U das Ergebnis aller Management Audits am Tag der Präsentation des Vorstands an diesen persönlich.

7 Sonstige Rahmenbedingungen

Change-Request-Verfahren

Sollte es zu Änderungswünschen von U kommen, gelten folgende Voraussetzungen. U wird seinen Änderungswunsch schriftlich kommunizieren. Ein Änderungswunsch gilt als vereinbart, wenn D auf dem Schriftstück die Zustimmung dokumentiert oder nicht innerhalb von 10 Arbeitstagen dem Wunsch schriftlich widerspricht. Soweit sich hierdurch der Aufwand erhöht oder Termine beeinflusst werden, hat D Anspruch auf eine angemessene Erhöhung der Vergütung bzw. Verschiebung der Termine. Soweit sich dadurch der Aufwand verringert, kann U eine Kürzung der Vergütung verlangen. Jedoch steht D in diesem Fall eine angemessene Entschädigung für den Anteil der ursprünglich vereinbarten Vergütung zu, der bei der Vertragsdurchführung endgültig entfällt.

Haftung

D haftet im Falle von Arglist, Vorsatz oder grober Fahrlässigkeit nach Maßgabe der gesetzlichen Bestimmungen. Schäden, die durch leichte Fahrlässigkeit entstanden sind, werden nur ersetzt, wenn es sich dabei um die Verletzung einer wesentlichen Pflicht handelt. In Fällen einer leicht fahrlässigen Verletzung einer wesentlichen Pflicht ist die Haftung der Höhe nach beschränkt auf den bei vergleichbaren Aufträgen dieser Art typischen Schaden, der bei Beauftragung oder spätestens bei der Begehung der Pflichtverletzung vorhersehbar war, maximal jedoch auf die Höhe des Auftragswertes.

Schadenersatzansprüche nach dem Produkthaftungsgesetz und für Schäden aus der Verletzung des Lebens, des Körpers oder der Gesundheit bleiben durch die vorstehenden Haftungsbeschränkungen unberührt.

Haftungsansprüche verjähren nach einem Jahr.

Wird durch fahrlässiges Verhalten der Mitarbeiter von D Material aus der Durchführung des Management Audits für unbefugte Dritte zugänglich, zu deren Kenntnisnahme U zuvor nicht ausdrücklich schriftlich zugestimmt hat, wird pro Verletzung eine Vertragsstrafe fällig in Höhe von € 5.000,00 *(in Worten fünftausend)*, die D an den betroffenen Manager zahlt. Damit sind höhere individuelle Ansprüche eines Managers nicht ausgeschlossen.

Sorgfaltspflicht

D führt sämtliche Leistungen mit großer Sorgfalt nach den Grundsätzen ordnungsgemäßer Berufsausübung durch, die der Entwicklung der Branche und den Bedürfnissen des Auftraggebers in bester Weise gerecht werden.

Vertraulichkeit

D wird die Arbeitsergebnisse für Unbefugte unzugänglich archivieren. Eine schriftliche Fassung der Ergebnisse erhält jeder Kandidat. Dazu zählt auch die Auswertung von Fragebögen und internetbasierten Testverfahren. Eine weitere schriftliche Fassung der Ergebnisse geht an den Vorstand von U.

Die Unterlagen und Aufzeichnung über die Durchführung der Begutachtung im Einzelnen und die Darstellung der Detailerhebung werden U, den Kandidaten bzw. weiteren Dritten ebenso wenig zur Verfügung gestellt wie Fragen und individuelle Antworten aus Fragebögen und internetbasierten Testverfahren.

Die Vertragspartner werden personenbezogene Daten des jeweils anderen Vertragspartners unter Einhaltung der Bestimmungen der Datenschutzgesetze und nur für vertraglich vereinbarte Zwecke verarbeiten und nutzen. Sie werden diese Daten insbesondere gegen unbefugten Zugriff sichern und sie nur mit Zustimmung des anderen Vertragspartners bzw. der betroffenen Personen an Dritte weitergeben. Soweit es zur Auftragsdurchführung erforderlich ist, dass U den Vertretern von D Zugang zu personenbezogenen Daten gewährt, wird darauf hingewiesen, dass das eingesetzte Personal über seine datenschutzrechtlichen Verpflichtungen unterrichtet wurde und gemäß § 5 BDSG auf das Datengeheimnis verpflichtet ist.

Auf Wunsch von U sind Unterlagen, die bei D aufbewahrt werden, zu vernichten. Dieser Wunsch ist schriftlich von U einzureichen. Sofern D diesem Wunsch nicht nachkommt, wird eine Vertragsstrafe fällig. Dazu gelten die obigen Ausführungen analog. *[Hier könnten auch unmittelbare Herausgabe- oder Vernichtungsansprüche der einzelnen Manager beschrieben werden, es könnten auch Fristen aufgenommen werden, nach denen automatisch eine Vernichtung der Unterlagen erfolgt.]*

8 Schriftform/Salvatorische Klausel

Dieses Angebot regelt den Angebotsgegenstand abschließend. Nebenabreden bestehen nicht. Änderungen und Ergänzungen dieses Angebotes sowie des auf seiner Basis abgeschlossenen Vertrages bedürfen der Schriftform. Dies gilt auch für die Aufhebung dieses Schriftformerfordernisses.

Sollte eine Bestimmung dieses Vertrages nichtig oder anfechtbar oder aus einem sonstigen Grunde unwirksam sein oder werden, so bleibt der Vertrag im Übrigen wirksam. Die Vertragsparteien verpflichten sich, in einem solchen Fall statt der nichtigen, anfechtbaren oder unwirksamen Bestimmung eine solche zu vereinbaren, die ihrem angestrebten Zweck möglichst nahe kommt und einen entsprechenden wirtschaftlichen Erfolg gewährleistet.

Ort, den

_____   _____

Vertreter von U   Vertreter von D

Kompetenzmodelle als Basis von Management Audits

Heinrich Wottawa

1 Konzeptuelle Grundlagen der Management-Diagnostik

1.1 Der „Glaube" an Verfahren als Basis für die Gestaltung von Audits

In der Vergangenheit war die Managementdiagnostik oft durch „Schulen" geprägt, die sich durch das Verwenden spezieller „Instrumente" unterschieden haben. Man verwendete *nur* Interviews, oder *nur* Assessments, oder *nur* einen speziellen „Wundertest". Manchmal gab es auch die Überzeugung, dass unabhängig von den Instrumenten nur ein mit einer einzigartigen Begabung ausgestatteter spezieller Diagnostik-Experte die Grundlage eines aussagekräftigen Audits sein könne. Vor diesem Hintergrund waren viele Audits mono-methodisch konzipiert, überwiegend wurden nur mehr oder weniger gut strukturierte Interviews dabei durchgeführt.

Mono-methodische Audit-Konzepte

Die Gründe für diese Konzentration der Instrumenten-Auswahl sind sicher vielfältig und liegen zu einem erheblichen Teil auch in der fachlichen Herkunft der Personen, die Audits durchführen. Gestandene Praktiker mit z. B. einer betriebswirtschaftlichen Vorbildung werden das Instrument „Interview" bevorzugen, weil man dafür (scheinbar) nur ein geringes theoretisches Hintergrundwissen über das „Funktionieren" von Menschen benötigt. Für Psychologen liegt es näher, standardisierte Instrumente wie Testverfahren einzusetzen, weil man diese (scheinbar) allein auf der Basis von theoretischen Kenntnissen ohne umfangreiche Praxiserfahrungen im jeweiligen Tätigkeitsfeld interpretieren kann. Auch Marketingaspekte können in dem umkämpften Markt der Audits eine Rolle spielen, und wenn jemand seine Kompetenz vor allem durch langjährige Führungserfahrung im jeweiligen Feld erworben hat, will er diesen

Gründe für die Präferenz bestimmter Methoden

USP vielleicht nicht durch Einsatz von Instrumenten verwässern, die auch Mitbewerber ohne diese spezielle Erfahrung nutzen können.

DIN 33430

Auch berufsständische Aspekte und wechselseitige Abgrenzungen, etwa die sehr skeptische Haltung des Arbeitskreises Assessment Center gegenüber Testverfahren oder die Behinderung des Einsatzes fundierter psychologischer Testverfahren durch Personen ohne ein Diplom in Psychologie durch den Berufsverband Deutscher Psychologen mögen früher dazu beigetragen haben. Spätestens seit Vorliegen der DIN 33430 sollten allerdings solche irrationalen Vorbehalte überwunden sein. Der Zeittrend geht ganz generell dahin, die internen Gräben zwischen „Expertenschulen" zu überwinden und solche Abgrenzungen durch eine an der tatsächlichen Leistungsfähigkeit für den Kunden orientierten Vorgehensweise zu ersetzen. Der Grund dafür ist der zunehmende Effizienzdruck, wie er sich nicht nur in Unternehmen, sondern in allen gesellschaftlichen Feldern zeigt. Dieser Druck zur Steigerung der Aussagekraft und Kostensenkung im Bereich der Managementdiagnostik ist für ein rationales Vorgehen sehr günstig.

1.2 Anforderungsanalysen als rationale Basis von Audits

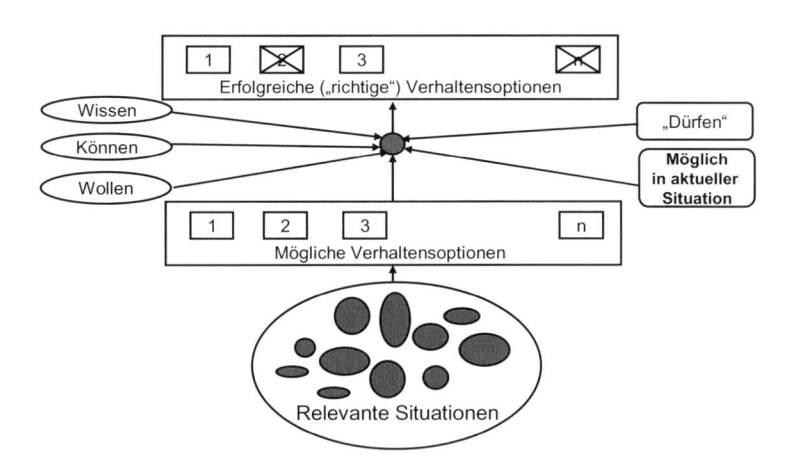

Abbildung 1: Grundlagen des richtigen Verhaltens einer Führungskraft (vgl. auch Comelli & Rosenstiel, 1995)

Als Ziel von Audits möchte man feststellen, wie gut eine Führungskraft entweder schon aktuell oder erst nach einer gewissen Entwicklungsphase bestimmte Aufgaben bewältigen wird. „Gut bewältigen" heißt konkret, dass die Führungskraft in möglichst vielen relevanten beruflichen Situationen aus der Vielzahl der möglichen Verhaltensoptionen eine der „richtigen" (etwa die 1. und 3. Option in Abb. 1) auswählt und erfolgreich umsetzt.

Dazu ist es erforderlich, dass die Führungskraft

▶ *weiß*, was eigentlich das richtige Verhalten wäre (also aus der Vielzahl der möglichen Verhaltensoptionen diejenige auswählen kann, die erfolgreich oder bei Vorliegen entsprechender Leitlinien für dieses Unternehmen als „richtig" einzuschätzen ist),

▶ von ihrer individuellen Persönlichkeit her zu dem „richtigen" Verhalten auch passt, dieses also tun *will* (in diesem Sinne „nicht wollen" betrifft die nicht perfekte emotionale Passung zwischen Persönlichkeit und dem in der jeweiligen Position richtigem Führungsverhalten, *nicht* eine „Verweigerungshaltung" gegenüber den Unternehmenswünschen!),

▶ das richtige Verhalten auch auf der „Skillebene" durchführen *kann* (also z. B. einen bestehenden Konflikt zwischen zwei Spitzenkräften nicht nur lösen möchte, und „theoretisch" die Konzepte dazu kennt, sondern auch über die praktische Umsetzungskompetenz verfügt),

▶ das richtige Verhalten auch *darf,* also dafür verstärkt oder zumindest nicht „bestraft" wird (man kann auch von einer starken Persönlichkeit nicht erwarten, dass sie auf Dauer das „richtige" Verhalten zeigt, wenn sie davon persönlich immer wieder nur Nachteile hat, etwa durch das Verhalten ihres Vorgesetzten),

▶ in der aktuellen Situation *die Möglichkeit hat*, das richtige Verhalten überhaupt umsetzen zu können.

Wissen, Wollen, Können, Dürfen, Möglichkeiten haben

Diese fünf Komponenten sind zwar nicht ganz, aber weitgehend voneinander unabhängig. Es gibt durchaus Personen, die zu speziellen Führungsaufgaben passen (also eine entsprechende Persönlichkeits- und Motivationsstruktur haben), aber nicht über das Wissen verfügen, was in einer etwas schwierigeren Führungssituation das langfristig beste Verhalten wäre. Oft kommt es vor, dass „Wissen", „Wollen" und „Dürfen" stimmen, aber die technischen Fertigkeiten fehlen (z. B. kommunikative Fähigkeiten oder die Beherrschung entsprechender Führungsmittel nicht im ausreichendem Maße gegeben sind), was manchmal auch als „Eunuchensyndrom" im Management bezeichnet wird. Und nicht selten kommt es vor, dass selbst hervorragende Führungskräfte aufgrund der konkreten Situation im Unternehmen (z. B. fehlende Ressourcen oder die Einmischung von anderen Personen) nicht in der Lage sind, das richtige Verhalten zu zeigen. Dieser Aspekt ist zwar ebenso wie das „Dürfen" nicht unmittelbar

„Eunuchensyndrom"

Bestandteil der individuellen Diagnostik, sondern eher der Stellenbeschreibung, spielt aber oft (etwa bei der Nachfolge in mittelständischen Unternehmen) eine ganz entscheidende Rolle für die richtige Stellenbesetzung (vgl. Abschnitt 4.4).

Erfolgsrelevanz aller Komponenten

Entscheidend für die auf den Ergebnissen des Audits aufbauenden Empfehlungen ist, dass *alle* diese 5 erfolgsrelevanten Komponenten annähernd ausreichend gegeben sein müssen, wenn „Erfolg" erreicht werden soll. Defizite in auch nur einem Teilbereich können nur sehr bedingt durch hervorragende Ausprägungen in den anderen Bereichen kompensiert werden. Eine tolle „Umsetzungstechnik" hilft wenig, wenn man nicht weiß, was man eigentlich zum Erreichen des Erfolges tun muss, und ein „Management-Eunuch" wird durch das Lesen von Fachbüchern oft nur sehr bedingt potenter. Mono-methodische Audits neigen dazu, den einen oder den anderen dieser Teilbereiche bei der Messung zu vernachlässigen.

1.3 Strukturierungshilfen

Komplexe Fragestellung

Für den Einsatz der eignungsdiagnostischen Instrumente im Rahmen eine Audits muss geklärt werden, wie sich zumindest die drei an der Person festzumachenden Komponenten (Wissen, Wollen, Können) besonders aussagekräftig und effizient erfassen lassen. Diese Fragestellung wird noch etwas komplexer, wenn es nicht nur um die Erfassung der bereits vorhandenen Ausprägungen geht, sondern um Potenzialaussagen, also um die Frage, ob jemand in der Lage sein wird, das erforderliche Wissen, Wollen und Können in absehbarer Zeit zu erwerben, obwohl er es aktuell noch nicht hat.

Vor- und Nachteile eines „Standard-Audits"

Manche Anbieter haben ein „festes" Audit, es werden immer die gleichen konzeptuellen Grundlagen und Instrumente eingesetzt. Der Vorteil dabei sind die geringeren Kosten (keine spezielle Planung und Gestaltung, Einschulung der Auditoren etc.). Der Nachteil ist, dass nur die Interpretation der Ergebnisse (Empfehlungen etc.) auf die spezielle Fragestellung (Anforderungen der Stelle etc.) abgestellt werden kann, nicht die Erhebung selbst. Informationen über die Führungskraft, die im „Standard-Audit" nicht enthalten sind, fehlen. Auch der Einbau der Ergebnisse in eine begrifflich anders aufgebaute „Kompetenzdatenbank" des Unternehmens macht Probleme, man muss dann „begriffliche Übersetzungen" leisten, die nicht immer exakt möglich sind.

Vor- und Nachteile eines maßgeschneiderten Vorgehens

Im Gegensatz dazu kann man im Prinzip in jedem Audit neu die speziell relevanten Situationen analysieren und darauf aufbauend die für die Messung und die Darstellung der Ergebnisse zu verwendenden Begriffe, Konstrukte und Erhebungsinstrumente bestimmen. Ein solches individuell „maßgeschneidertes" Vorgehen hat den großen Vorteil, ganz besonders auf die einzelne Person und/oder die in Aussicht stehende Position angepasst zu sein. Der große Nachteil (neben dem höheren Aufwand) ist, dass zumindest zum Teil die Vergleichbarkeit zwischen Personen verloren geht, die in anderen Unternehmen mit anderen konzeptuellen Grundlagen begutachtet wurden.

Es kann daher sinnvoll sein, zwar in Sonderfällen das eine oder das andere „extreme" Vorgehen zu wählen, aber meistens sind „Mischformen" angezeigt. Eine wichtige Hilfe dabei können die in vielen Unternehmen vorhandenen „Kompetenzmodelle" sein.

„Mischformen"

2 Kompetenzmodelle als Grundlage von Audits

Bei Kompetenzmodellen stehen sich zwei grundsätzliche Konzeptionen gegenüber:

- Kompetenzen werden als „Eigenschaften" gesehen, die einer Person zuzuordnen sind.
- Kompetenzen entsprechen „Clustern" von beruflich relevanten Situationen, und das „Haben der Kompetenz" liegt darin, dass man in den zugeordneten Situationen das „richtige" Verhalten zeigen kann.

„Eigenschaften"

„Cluster"

Die Leistung von Kompetenzmodellen für die Managementdiagnostik hängt stark davon ab, welcher dieser Ansätze als Grundlage gewählt wurde.

2.1 „Kompetenz = Eigenschaft"

Bei dieser Vorgehensweise wird ein System von Begriffen aufgebaut, das die relevanten Eigenschaften widerspiegeln soll. Dieses ist meist hierarchisch gegliedert (z. B. „Soziale Kompetenz" oder „Innovationskraft" als Oberbegriffe, „Teamfähigkeit" oder „Durchsetzungsstärke" auf der Ebene darunter). Für jeden Begriff wird (oft in Arbeitsgruppen mit sehr großem emotionalem Einsatz und zeitlichem Aufwand) eine ausführliche „Definition" oder Beschreibung angefertigt. Anhand dieser Eigenschaftsbeschreibung wird dann versucht, entsprechende Beobachtungen anzustellen, Messinstrumente auszuwählen oder Gutachten über Personen zu verfassen.

Hierarchisches System von Begriffen

Im Regelfall liegt einem solchen Konzept *keine* fundierte, auf empirischen Forschungsergebnissen aufbauende Konzeption menschlicher Eigenschaften zugrunde, sondern nur ein in sich logisch stimmig erscheinender Begriffsrahmen. Oft findet man dabei auch alle typischen Folgen

Keine **wissenschaftliche Fundierung**

von „Konsensbildungen" bei den Formulierungen in Arbeitsgruppen. Nicht selten entsteht der Eindruck, dass mit großem Aufwand ein nur in diesem Unternehmen gültiges hypothetisches „Eigenschaftssystem von Menschen" erstellt wurde, das in seiner Leistungsfähigkeit einen eindeutigen Rückschritt hinter den allgemein zugänglichen Stand der Differentiellen Psychologie darstellt. Die Psychologie kann zu diesem Punkt schließlich auf mehr als 120 Jahre systematisch aufbauende Forschung zurückgreifen, was aber leider von manchen Unternehmen und Beratungen überhaupt nicht rezipiert wird.

Probleme

Probleme mit diesem „Kompetenz = Eigenschaft"-Ansatz entstehen, wenn man anhand von so beschriebenen Kompetenzen versucht, Personen in eine Reihenfolge nach „größer" oder „geringer" ausgeprägter Kompetenz zu bringen.

Beispiel „Teamfähigkeit"

Nehmen wir dazu das Beispiel „Teamfähigkeit". Um in beruflich relevanten Situationen das Richtige zu tun, muss man über die Arbeit von Teams, ihre Steuerungsmöglichkeiten etc. sehr viel wissen, man muss zur Lösung der konkreten Situation einen entsprechenden „teamfähigen" Beitrag leisten wollen, und man muss die technischen Fertigkeiten dazu (z. B. Einsatz von konsensfördernden Argumentationsstrukturen in einer konfliktgeladenen Projektsitzung) beherrschen. Eine Unterscheidung von Personen nach *einer* höheren oder geringeren „Teamfähigkeit" ist damit aber sehr problematisch. Ist jemand teamfähiger, der „höheres Wollen" als der Kollege hat, aber ein geringeres „Können"? Mit wie viel mehr „Wollen" könnte man evtl. wie viel fehlendes „Können" kompensieren?

Nicht kompensierbare Aspekte

„Wissen", „Wollen" und „Können" sind im Regelfall *nicht* kompensierbare Aspekte (wenn ich nicht weiß, was ich tun soll, hilft mir das beste Wollen nichts etc.). Daher hat es wenig Sinn, Beobachtungen, die unterschiedliche Basis-Komponenten betreffen, mit „gewichteten Summen" o. Ä. zu einem einzigen Wert (etwa „Teamfähigkeit"), zusammen zu fassen, was man aber tun muss, wenn man im Kompetenzmodell eben nur einen Begriff „Teamfähigkeit" hat.

Was man auf der Basis solcher Kompetenzmodelle durchaus gut machen kann, sind Aussagen wie „ist erfüllt", bzw. „teilweise erfüllt" oder „nicht erfüllt". Für eine so strukturierte Aussage im Audit oder AC spielt es ja keine Rolle, *welche* speziellen Teilkomponenten nicht (vollständig) zufrieden stellend ausgeprägt sind. Problematisch wird es aber, wenn man auf solchen Informationen dann Empfehlungen z. B. für Personalentwicklungsmaßnahmen aufbauen soll. Was soll man bei einer zu „niedrigen Teamfähigkeit" tun, wenn man nicht weiß, ob das Wollen, das Wissen oder das Können defizitär sind? Die sinnvollen Optimierungsansätze sind natürlich je nach unzureichend gegebener Basiskomponente völlig verschieden. Die Konsequenzen in manchen Gutachten sind dann die oft sehr tautologisch anmutenden Empfehlungen nach den Audits („Herr Mayer hat eine nur teilweise ausreichend ausgeprägte Teamfähigkeit, daher empfehlen wir, Maßnahmen zur Stärkung seiner Teamfähigkeit einzuleiten…"). **Tautologische Empfehlungen**

Noch problematischer wird eine solche auf „Eigenschaften" aufbauende Definition von Kompetenzen dann, wenn Personen verglichen werden sollen, die (zumindest aktuell) unterschiedliche berufliche Aufgaben zu erledigen haben, z. B. um eine Prognose für den Erfolg nach einer Beförderung abzugeben oder eine langfristige Nachfolge- und Entwicklungsplanung zu erstellen.

Um es an einem extremen Beispiel zu demonstrieren: Die „Teamfähigkeit" eines Vorstands wird z. B. dadurch bestimmt, wie weit er über die *Fähigkeit zum Belohnungsaufschub* (Verzicht auf Durchsetzung eines Vorschlages zum aktuellen Zeitpunkt, um später die Zustimmung der Kollegen zu erhalten) oder über fundierte Kenntnisse der *subjektiven* „Zuständigkeitsbereiche" seiner Kollegen verfügt (*Perspektivenübernahme*), um daraus unter Beachtung der Perspektive der Kollegen seine eigene Strategie sorgfältig zu überlegen (*Tendenz zum geplanten im Gegensatz zum spontanen Handeln*) und konsensfähig gestalten zu können. Im Gegensatz dazu ist die „Teamfähigkeit" eines Pförtners viel stärker dadurch geprägt, dass er oft, gerne und vielleicht auch „kumpelhaft" mit Kollegen spricht (hohe *Anschlussmotivation*), und nicht dazu neigt, seine Stellung durch übertrieben „autoritäres Auftreten" in Misskredit zu bringen (es sollte also keine hohe *Machtmotivation* haben). Eine solche bei einem Pförtner evtl. für eine hohe Teamfähigkeit günstige Kombination von Eigenschaften würde bei einem Vorstand weder für eine hohe Teamfähigkeit, noch überhaupt für die Passung zu seinen Managementaufgaben sprechen. **Extrembeispiel**

Erfasst man jetzt mit für diese beiden Tätigkeiten sinnvoll zugeschnittenen Instrumenten die „Teamfähigkeit" der Stelleninhaber, ließen die damit erzielten Werte keinen sinnvollen Vergleich zwischen diesen zu, etwa für die Frage, wer von ihnen die für die Stelle eines Teamleiters erforderliche „Teamfähigkeit" in mehr oder weniger großem Maße hat. Nun ist es natürlich nicht die Aufgabe von Management Audits, wie in diesem Beispiel Pförtner und Vorstände zu vergleichen. Aber prinzipiell ähnlich, wenn auch nicht so plakativ darstellbar, sind die Unterschiede innerhalb der Führungsaufgaben durchaus, z. B. zwischen der operativen Ebene und den eher mit strategischen Aufgaben befassten Management-Levels. Ein Teamleiter benötigt nicht nur quantitativ, sondern auch *strukturell* andere Kompetenzen als ein Konzernvorstand (vgl. dazu auch den Beitrag von Heinßen in diesem Band). **Vergleichsproblematik**

Das Problem entsteht dadurch, dass den Konstrukteuren von „Eigenschafts-Kompetenzmodellen" nicht bewusst ist, dass aus der „Definition" einer Eigenschaft allein eben nicht folgt, dass sich Menschen danach auch sinnvoll nach einem „höheren" oder „geringeren" Ausprägungsgrad eindimensional vergleichen lassen. Schließlich hat auch die Psychologie lange gebraucht (etwa bis 1920), um dafür fundierte methodische Lösungen anbieten zu können, und die dafür erforderlichen Tools sind mit einem für die Praxis ausreichendem Komfort erst seit ca. 1970 allgemein verfügbar.

2.2 „Kompetenz = Richtiges Verhalten in Aufgabenclustern"

Aufgabencluster für homogene Positionsgruppen

Der fachlich bessere und heute auch in der überwiegenden Mehrzahl von großen Unternehmen realisierte Weg, Kompetenzmodelle zu erarbeiten, beruht auf der Bildung von Aufgabenclustern für annähernd homogene Positionsgruppen. Innerhalb jeder Positionsgruppe werden (ggf. beispielhaft) jene wichtigen Situationen zusammengefasst, die ähnliche Kompetenzen erfordern. Für den Bereich „mittleres Management" können das z. B. die in Abbildung 2 dargestellten Gruppen mit den sich daraus ergebenden fünf „Kompetenzen" sein. Jeden Oberbegriff kann man, wenn man eine feinere Differenzierung möchte, noch weiter unterteilen, z. B. „Verhalten bei Kollegen" in „Verhalten bei Konflikten mit Kollegen", „Motivation von Kollegen" oder „Koordination der gemeinsamen Arbeit".

Situationsspezifisches Verhalten

Für die einzelnen Situationen (etwa im Cluster „Kooperation mit Kollegen") gibt ein solches Kompetenzmodell an, welches Verhalten erwünscht und damit „kompetent" wäre. Es werden also nicht die Eigenschaften von Personen beschrieben, sondern die Art, in der in solchen Situationen gehandelt werden soll. Selbstverständlich ist bei einem solchen Vorgehen, dass die Situationscluster positionsspezifisch sind, sich also z. B. für Teamleiter und Vorstände zumindest zu einem erheblichen Teil unterscheiden.

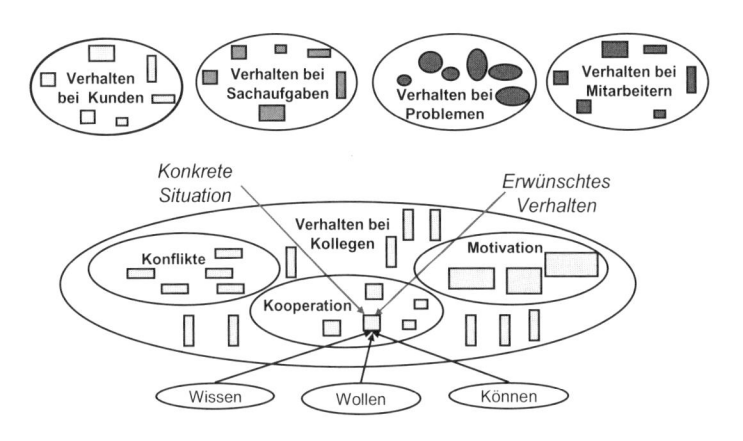

Abbildung 2: Grundlagen eines Kompetenzmodells auf der Basis von Aufgabenclustern

Man bekommt mit dieser Art von Kompetenzmodellen einen wichtigen Begriffsrahmen für die Strukturierung der Personalarbeit im Unternehmen, ist aber gleichzeitig ausreichend flexibel, um die konkrete Erfassung der Kompetenzen abhängig von der Hierarchieebene und ggf. auch von dem Tätigkeitsfeld („Kundenorientierung" betrifft für einen Mitarbeiter im Innendienst andere Situationen und Verhaltensweisen als für einen Vertriebler) zu erfassen.	**Strukturierung der Personalarbeit**
Ein auf der Basis von solchen „Verhaltensclustern" aufbauendes Kompetenzmodell kann eine sehr gute Grundlage eines aussagekräftigen Audits sein. Ein solches Kompetenzmodell kann von demjenigen in das Unternehmen eingebracht werden, der das Audit durchführt (also z. B. von einer Beratung). Besser ist es aber, das Kompetenzmodell des auftraggebenden Unternehmens zu nutzen und das diagnostische Vorgehen darauf abzustimmen.	**Aussagekräftiges Audit**

3 Auswahl der im Audit eingesetzten Instrumente

Leistungsfähigkeit der Instrumente

Das Ergebnis eines guten Audits bezieht sich immer explizit oder auch nur implizit auf die Komponenten „Wissen", „Wollen" und „Können" (unabhängig davon, welche genaue Begrifflichkeit dafür jeweils gewählt wird), gegliedert nach dem zugrunde gelegten Kompetenzmodell. Bei der Gestaltung des Audits stellt sich die Frage, mit welchen Instrumenten man am besten diese drei Komponenten erfasst, und in welcher Weise man bei der Erfassung zwischen dem erreichten Ist-Stand und dem Potenzial zu unterscheiden hat.

Tabelle 1: Erfassungsziele und Erhebungsinstrumente

Erhebungsinstrumente	Erfassungsziele						
	IST				POTENZIAL		
	Aktuelles Tun	Wissen	Wollen	Können	Wissen	Wollen	Können
Aktenanalyse	+	+	?	+	?	?	?
Vorgesetzten-Beurteilung	+	+	?	+	?	?	?
Interview (Fragen)	+	+	?	?	?	?	?
Interview („Arbeitsproben")		+	?	+	?	?	?
AC (Verhaltensübungen)		+	?	+	?	?	?
Leistungstests					+		+
Lerntests (incl. Übungen)					+		+
Situative Tests	+						
Tests (Persönlichkeit, Motivation u. Ä.)			+			+	
Tests (Arbeitsstile, Verhaltensgrundlagen)				+	+	+	+

+: besonderer Schwerpunkt, besser geeignet als viele andere Instrumente
?: oft versucht, aber in der Aussagekraft fraglich

Die Leistungsfähigkeit der in Audits oft eingesetzten Instrumente ist dabei sehr unterschiedlich. Eine Übersicht über die i. A. besonders wichtigen Informationsgrundlagen für die einzelnen Komponenten findet sich in Tabelle 1.

Aktenanalyse

Mit der Durcharbeitung der Fakten über den bisherigen Lebenslauf wird wertvolles Material für die Interviewführung erarbeitet. Man kann daraus auch unmittelbar diagnostisch sehr relevante Informationen entnehmen, vor allem zu dem „Wissen" (etwa Angaben zur Aus- und Weiterbildung), dem „Können" und der aktuell durchgeführten Tätigkeit. — **Lebenslauf**

Wesentlich schwächer sind aus dieser Quelle die Informationen zum „Wollen". Man kann z. B. aus den bisher durchgeführten Arbeiten (und dem relativen Erfolg dabei) nur sehr bedingt auf die emotionale Passung dazu schließen, Misserfolge können viele Ursachen haben, und Erfolge sind auch (mit entsprechender „Überwindung" und evtl. langfristig schädlicher psychischer Belastung) auch bei mangelnder Passung möglich. — **Informationen zum „Wollen"**

Ebenfalls problematisch sind alle Potenzialaussagen für *andere* als die bisher durchgeführten Aufgaben. Zwar kann ein guter Stand im Wissen und Können ein Indikator für den Erwerb auch neuer fachlicher Kompetenzen sein, aber gerade für anspruchsvolle Managementaufgaben stimmt das nicht mehr. So ist etwa eine hohes „Können" in den Techniken der operativen Führung keine ausreichende Basis für die Einschätzung des Erwerbs des später benötigten „Könnens" in einer strategischen Managementaufgabe. — **Potenzialaussagen für *andere* Aufgaben**

Vorgesetztenbeurteilung

Diese Quelle (erfasst im unmittelbaren Gespräch mit dem Vorgesetzten oder auf Basis von schriftlich vorliegenden Unterlagen) beruht so wie die Aktenanalyse vorwiegend auf dem bisher gezeigtem Verhalten, und hat damit ähnliche Stärken (Wissen und Können) und Schwächen (Wollen und Potenzialeinschätzung) wie diese. Zusätzlich stellen sich hier oft Probleme der Zuverlässigkeit, sei es durch „Beobachtungsfehler" oder gezielt strategisches Verhalten des Vorgesetzten. Dazu gehört etwa die Sicherung der freundlichen Kooperation des Mitarbeiters, das „Verstecken" von im eigenen Bereich zu haltenden Leistungsspitzen (also die Verhinderung von „Heldenklau"), und das Wegloben problematischer Mitarbeiter (oft als „Flaschenpost" bezeichnet). Das Erkennen solcher verzerrender Einflüsse fällt auch erfahrenen Beratern nicht immer leicht. — **„Beobachtungsfehler"**

Oft wird von den Vorgesetzen auch eine explizite Einschätzung des Potenzials verlangt. Hier stellt sich aber die Frage der Vergleichsbasis. Die meisten Führungskräfte hatten nur in wenigen Fällen Gelegenheit, bei Mitarbeitern zu erleben, dass diese die gleiche oder eine höhere Ebene erreicht haben als sie selbst. Die Erfahrungsgrundlage für Aussagen, ob ein unmittelbar unterstellter Mitarbeiter das Potenzial für höhere Hierarchiestufen hat, ist daher oft sehr dünn.

Interviews

In vielen Audits wird das Interview als „All-Erfassungs-Instrument" eingesetzt, im Extremfall bestehen manche sogar nur aus Interviews. Tatsächlich ist das Interview ein typisches Breitband-Diagnosticum, wodurch automatisch mit dem unvermeidlichen „Fidelitäts-Bandbreiten-Dilemma" zu rechnen ist (je breiter die Informationserhebung, umso geringer die Tiefe der Information zu den einzelnen Teilen).

„Fidelitäts-Bandbreiten-Dilemma"

Bezüglich der Aussagkraft ist hier zwischen den einzelnen Komponenten zu unterscheiden, wie sie in einem guten, strukturierten Interview eingesetzt werden:

Interviewkompontenten

▶ Unmittelbare Fragen (im weitesten Sinne) können das aktuelle Tun und das Wissen des Probanden erfassen. Weitergehende Aussagen über das „Wollen", das „Können" und Potenzialaussagen für neue Aufgaben sind mit allen Schwierigkeiten der Informationsquelle „Selbsteinschätzung" verbunden.

▶ Arbeitsproben im Rahmen des Interviews (z. B. kurze Rollenspiele) können ebenso wie die Verhaltensübungen im Assessment Center sehr gut das „Können", also die Beherrschung der entsprechenden Skills, erfassen, bei entsprechend freier Gestaltung der Übung auch noch die Wissenskomponente (weiß der Gesprächpartner, was er „richtigerweise" in dieser Situation tun sollte?).

▶ Potenzialeinschätzungen sind auf dieser Grundlage allein nicht bzw. nur mit sehr großen interpretativen „Umwegen" möglich, ähnlich wie bei den Einschätzungen durch den Vorgesetzten.

Testverfahren

Testverfahren können, ähnlich wie das Interview, je nach Ausgestaltung ganz unterschiedliche Bereiche erfassen:

Erfassungsbereiche

▶ Bei Leistungs- und Lerntests liegt die besondere Stärke in der Erfassung der generellen Leistungsgrundlagen (kognitive Fähigkeiten, Konzentration, kognitive Lernfähigkeit etc.) und damit in der Fundie-

rung von Potenzialaussagen. Ihre immanente Schwäche ist die mangelnde Erfassung des aktuellen „Könnens" und „Wissens".
- „Situative" Tests (s. Abschnitt 4.3) können gut das aktuelle Wissen z. B. zum richtigen Führungsverhalten erfassen, sind aber darüber hinaus nicht für Potenzialeinschätzungen geeignet.
- Tests für Motivation und Persönlichkeit haben ihre Stärke in der Erfassung des aktuellen und für die Zukunft vermutbaren „Wollens".
- Die Erfassung von bevorzugten Arbeitsstilen und Verhaltensgrundlagen ist eine gute Basis für Potenzialaussagen, aber weniger gut als andere Methoden für die Erfassung des Ist-Standes im Tun, Wissen und Können geeignet.

Stärken und Schwächen von Tests

Tabelle 2: Aussagekraft von Verfahren (nach Schmidt & Hunter, 1998)

Verfahren	Validität (gemessen am Berufserfolg)	
	Verfahren allein	Verfahren in Kombination mit Leistungstests
Leistungstests	0,51	
Biographische Daten	0,35	0,52
Assessment Center (Verhalten)	0,37	0,53
Berufserfahrung (Dauer)	0,18	0,54
Einstellungsgespräch, normal	0,38	0,55
Test für Persönlichkeit, Arbeitshaltung etc.	0,31	**0,60**
Einstellungsgespräch, strukturiert	0,51	**0,63**
Arbeitsproben	0,54	**0,63**

Diese nur rudimentäre Darstellung der differenziellen Leistungsfähigkeit von Erhebungsinstrumenten bezüglich der einzelnen Erfassungsziele in Tabelle 1 zeigt, dass sich die Stärken und Schwächen der einzelnen Instrumente gut ergänzen. So führt etwa eine Kombination von „Verhaltensübungen" (egal ob im Rahmen von strukturierten Interviews oder ACs) mit Testverfahren zu einer Abdeckung aller Teilbereiche. Dies passt

Kombination von Instrumenten

auch sehr gut zu den aktuellen Metaanalysen zur Vorhersage der beruflichen Erfolge mit verschiedenen Instrumenten (s. Tab. 2).

Assessment Center und Interviews Es fällt z. B. auf, dass sowohl wenig strukturierte Interviews als auch Assessment Center (Verhaltensübungen) für sich allein beide eine vergleichbare, relativ geringe Validität aufweisen, während strukturierte Interviews aufgrund ihres breiteren Ansatzes und vermutlich auch wegen der besseren Auswertungsmethodik einen deutlich höheren Informationsgewinn bringen.

Arbeitsproben Echte Arbeitsproben, also das Durchführen von wirklich der originalen Situationen entsprechende Tätigkeiten, sind bei der Erfassung des Führungspotenzials selten, da die entscheidende Komponente „Wollen" (also die emotionale Passung zur Aufgabe) in künstlichen Situationen letztlich nicht erhoben werden kann, am ehesten noch wegen der besonders hohen Realitätsnähe bei der Managementdisputation (Friedrichs, 1995).

Testverfahren Auffallend ist auch, dass Testverfahren, die insbesondere die Lernfähigkeit (aus dem kognitiven Bereich) erfassen, die Aussagekraft gerade jener Ansätze besonders erhöhen, deren Stärke der „Ist-Stand" im Können ist. So sind gerade Arbeitsproben und strukturierte Interviews durch Testverfahren gut zu ergänzen. Eine ähnlich gute Ergänzung für die Vorhersage als Folge sehr unterschiedlicher Leistungen liegt in einer Kombination aus den die Wollens-Komponente betreffenden Persönlichkeitstests einerseits und den Leistungsverfahren andererseits.

Gezielter Methodenmix Die Ergebnisse in Tabelle 2 zeigen jedenfalls eindeutig, dass *kein* einzelnes Verfahren bzw. keine einzelne Verfahrensklasse den Anspruch erheben kann, ein umfassendes Bild im Management Audit zu bieten. Nur der gezielte Methodenmix, der natürlich je nach Fragestellung und Gegebenheiten unterschiedlich zusammengestellt werden kann, bietet eine realistische Chance auf eine wirklich aussagekräftige Diagnostik.

4 Testverfahren in Führungskräfte-Audits?

Vor allem von Audit-Durchführenden ohne fachpsychologische Vorbildung hört man sehr oft das Argument, dass man mit Führungskräften nur Interviews durchführen könne, alles andere „ließen sich die ja gar nicht gefallen"; es möge ja stimmen, dass Testverfahren wirklich sehr aussagekräftig sowie zeit- und kosteneffizient seien, aber Führungskräfte würden so etwas ganz einfach nicht mitmachen.

Das Erstaunliche ist, dass es andererseits Berater gibt, die mit vielen hundert ranghohen Führungskräften (bei uns etwa bis einschließlich der Ebene unmittelbar unter dem Vorstand von Großkonzernen) auch Testverfahren ohne jedes Akzeptanzproblem in Audits und Einzel-ACs einsetzen.

Es stellt sich anhand dieser Fakten die Frage, ob die Skepsis gegenüber solchen Verfahren und damit die fehlende Akzeptanz bei den Führungskräften oder eher bei manchen Anwendern vorhanden sind. Es wäre ja psychologisch nur zu verständlich, wenn Personen, die sich bei der Anwendung eines bestimmten Instrumentes nicht wirklich sicher fühlen, die Teilnehmer an Audits anders informieren bzw. anders fragen, als jemand, der solche professionellen Instrumente tatsächlich beherrscht.

Skepsis bei Anwendern oder Führungskräften?

4.1 Berechtigte Argumente gegen den Einsatz von Tests in Audits

Allerdings gibt es auch sehr berechtigte Argumente gegen den Testeinsatz, vor allem dann, wenn man nicht speziell für den Managementbereich geeignete Verfahren einsetzt. Diese Probleme beziehen sich auf folgende Punkte:

▶ Werden „klinische" Verfahren verwendet, die z. B. allgemeine und nicht speziell berufsbezogene Persönlichkeitseigenschaften (oder gar „Störungen") erfassen, ist aufgrund der fehlenden Erkennbarkeit einer Verbindung von den Fragestellungen des Audits mit den Testskalen die Akzeptanz sicher beeinträchtigt.
▶ Die Durchführung von Testverfahren in konventioneller Form (also mit Papier und Bleistift) führt insbesondere im Leistungsbereich zu einer Arbeitssituation, die leicht an ein „Schüler-Lehrer"-Verhältnis bei Klassenarbeiten aus der Jugend der Führungskräfte erinnert. Ein solches asymmetrisches Rollenverhältnis ist einer Audit-Situation, wenn überhaupt jemals, nur sehr selten angemessen.
▶ Es fällt den Führungskräften verständlicherweise auch schwer, Verfahren zu akzeptieren, die für sie „undurchschaubar" bleiben (etwa so wie das Entstehen von Horoskopen in der Astrologie); dies gilt insbesondere dann, wenn die Ergebnisse ohne eine „Kontrollmöglichkeit" (also ein gemeinsames Gespräch zwischen der Führungskraft und dem das Audit Durchführenden darüber) weiter verwertet werden.

Problematische Aspekte von Tests

Diesen berechtigten Bedenken kann mit modernen Methoden der Testkonstruktion und Testanwendung adäquat begegnet werden. So wird z. B. der sinnvolle Einsatz von Testverfahren im Rahmen des Audits immer PC-gestützt erfolgen (wenn die Testung nicht schon vor dem Gesprächstermin im Internet abgewickelt wird), was eine ganz andere Arbeitssituation darstellt, als die konventionelle Papier/Bleistift-Bearbeitung. Darüber hinaus erlaubt der IT-Einsatz, dass den Führungskräften sofort unmittelbar nach der Testdurchführung ihr Ergebnisprofil gezeigt und gemeinsam mit ihnen besprochen wird, so dass eine „Kontrollmöglichkeit" besteht

Moderne Testkonstruktion und -anwendung

Soziale Validität	(die übrigens nicht nur aus Akzeptanzgründen, sondern auch zur Aufklärung von Missverständnissen aus fachlicher Sicht sehr angezeigt ist), was die soziale Validität des Testeinsatzes wesentlich steigert. Ganz entscheidend ist aber, dass heute im Gegensatz zu noch vor wenigen Jahren viele leistungsfähige Testverfahren (für eine Übersicht s. Sarges & Wottawa, 2001) gerade für den Managementbereich auch in IT-Form vorliegen, aus denen je nach spezieller Fragestellung des Audits die geeigneten Skalen ausgewählt werden können.
Abbau irrationaler Bedenken	Für den Abbau irrationaler Bedenken dürfte es auch sehr günstig sein, dass die früher durch den Berufsverband Deutscher Psychologen versuchten Zugangsbeschränkungen („Tests dürfen nur an Diplom-Psychologen verkauft werden") mit Einführung der DIN 33430 entfallen sind. In dieser DIN-Norm ist geregelt, dass der Testeinsatz nicht an einen speziellen Studienabschluss gebunden ist, sondern jeder, der die entsprechenden notwendigen Sachkenntnisse erworben hat, auch diese Verfahren normgerecht einsetzen kann. Es stehen für viele gerade für den Managementbereich geeignete Testverfahren entsprechende Trainingsangebote zur Verfügung, die mit einem vertretbaren Aufwand eine sachkundige Einarbeitung in das jeweilige Verfahren sicherstellen.

4.2 Zusammenhang von Testergebnissen und „subjektivem Eindruck"

Fehlende Akzeptanz aufgrund geringer Korrelation	Für die manchmal fehlende Akzeptanz von Testverfahren gerade bei Eignungsdiagnostikern kann auch das Faktum wichtig sein, dass die Testverfahren oft sehr wenig bis fast gar nicht mit den Beobachtungs-Scores in situativen Übungen (im Assessment oder im strukturierten Interview) korrelieren. Geht man im Sinne eines „Eigenschafts-Kompetenzmodells" vor, spricht ein solches Ergebnis natürlich subjektiv gegen den Testeinsatz. Wenn Tests, Interviews, Verhaltensübungen etc. alle die *gleiche* Eigenschaft (etwa „Teamfähigkeit") erfassen, müsste ja eine vernünftig hohe Korrelation zwischen diesen unterschiedlichen Instrumenten bestehen, und es ist verständlich, dass man dann dem eigenen „subjektiven Eindruck" z. B. aus einer Verhaltensübung eher „glaubt" als einem objektiven Verfahren.
Abbau irrationaler Bedenken	Bei dieser Argumentation übersieht man, dass die unterschiedlichen Instrumente schwerpunktmäßig ganz andere Aspekte von „Können-Wollen-Dürfen" erfassen (s. Tab. 1). Es kann jemand (besonders deutlich vor Übernahme der ersten Führungsposition) ohne weiteres hervorragende persönliche und motivationale Grundlagen für Managementaufgaben haben, die in den Verhaltensübungen verlangten Skills aber noch nicht in dem erforderlichen Ausmaß gelernt haben. Umgekehrt kann jemand z. B. durch

entsprechende Unterstützung mit Personalentwicklungsmaßnahmen das „Wissen" und „Können" fast perfekt erfüllen, ihm aber trotzdem des richtige „Wollen", die persönliche Passung, zu Führungsaufgaben fehlen (vgl. Abschnitt 2.1).

Aus diesem Grund ist es zwar schön, wenn sich in bestimmten Zielgruppen manchmal ein gewisser Zusammenhang zwischen Tests und dem Ergebnis von Verhaltensbeobachtungen zeigt, zu erwarten ist eine hohe Korrelation aber eher nicht. Deswegen sind auch die manchmal anzutreffenden Versuche, Testverfahren an den Verhaltenseindrücken im AC etc. zu validieren, nur unter „Machtgesichtspunkten" verständlich. Die Entscheidungen treffen oft die Beobachter, nicht die Test-Experten, und für Beobachter sind Tests verständlicher Weise dann subjektiv „gut", wenn die Ergebnisse dem eigenen Eindruck entsprechen. Tatsächlich wäre es aber schon wegen der dann entstehenden Redundanzen nicht zweckmäßig, Tests in Audits einzusetzen. Wenn man damit nur das misst, was man mit dem persönlichen Eindruck ohnedies schon erfasst hat, macht der zusätzliche Aufwand ja keinen Sinn. Aus diesem Grund sind Untersuchungen zur Übereinstimmung von Tests und Beobachter-Urteilen als Grundlage der Entscheidung für oder gegen den Einsatz von Tests kaum aussagekräftig (eine Ausnahme davon macht der Einsatz von Tests in der Vorselektion der Teilnehmer an Audits, ACs u. Ä., wenn nur die Anzahl der Teilnehmer durch die Auswahl der „besonders aussichtsreichen" zur Kostenersparnis reduziert werden soll). **„Machtgesichtspunkte"**

Entscheidend ist nicht die Übereinstimmung eines Instruments mit den anderen *innerhalb* der in einem Audit eingesetzten Instrumente, sondern seine Aussagekraft für die spätere Leistung. Wichtig in diesem Zusammenhang sind vor allem die Befunde über die langfristige Prognosefähigkeit von Tests für den Führungserfolg. So konnte z. B. Schiel (2004) zeigen, dass die Zusammenhänge zwischen den objektiven Verfahren und den Beobachter-Einschätzungen unmittelbar am Ende eines ACs zwar signifikant, aber eher gering waren. Im Gegensatz dazu war der Zusammenhang mit der Einschätzung der Führungskompetenz der ehemaligen AC-Teilnehmer durch ihren Vorgesetzten ein Jahr später weit höher. Bedenkt man, dass in Management Audits sehr häufig eine langfristige Prognose erwartet wird und die Aussagekraft von Testverfahren gerade bei einer langen Kenntnis des Mitarbeiters durch seinen Vorgesetzten besonders hoch ist (s. Abb. 3), ist der Verzicht auf den Einsatz gerade für den Managementbereich geeigneter Instrumente in Audits ein Defizit, das vermutlich im medizinischen Bereich als „Kunstfehler" gewertet werden müsste. **Prognostische Validität**

Testverzicht als „Kunstfehler"

Durchschnittliche Validität von Testverfahren

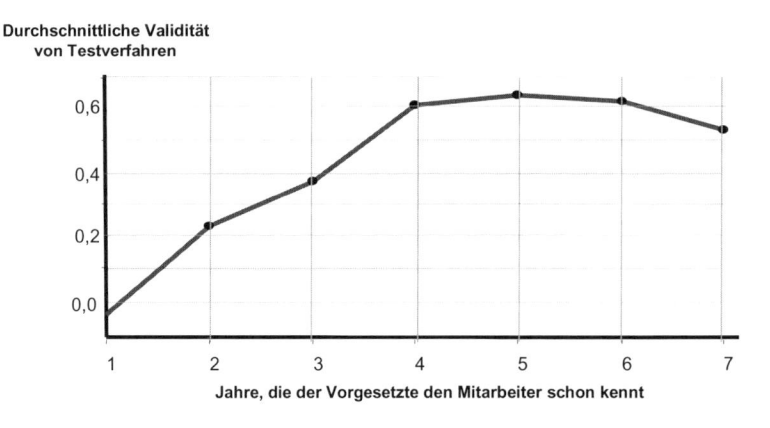

(Diagramm: x-Achse „Jahre, die der Vorgesetzte den Mitarbeiter schon kennt" von 1 bis 7; y-Achse von 0,0 bis 0,6)

Abbildung 3: Aussagekraft von Testverfahren in Abhängigkeit der Dauer der Kenntnis des Vorgesetzten über seinen Mitarbeiter (s. Schuler et. al. 1995)

Testnutzung wird zunehmen

Im Übrigen spricht die gerade im Führungskräftebereich 6- bis 10-mal häufigere Nutzung von Testverfahren in westeuropäischen Ländern im Gegensatz zu Deutschland (Schuler et al., 1990) vor dem Hintergrund der Angleichung der Lebensverhältnisse in Europa generell sehr dafür, dass das bisherige Defizit der Testnutzung in Deutschland in den nächsten Jahren verschwinden wird.

4.3 Der Sonderfall „situative Testverfahren" für Kompetenzmodelle und Leitlinien

Basis-Komponente „Wissen"

Bei Audits ist oft die Basis-Komponente „Wissen" ein kritischer Punkt, vor allem dann, wenn im auftraggebenden Unternehmen spezielle Leitlinien etc. vorliegen, die ja oft nicht wirklich gelebt werden. Zwar kann man ohne weiteres entsprechende Fragen im Interview stellen, oder mit kurzen Rollenspielen auch das Wissen um das „richtige" bzw. gewünschte Führungsverhalten prüfen. Beide Wege sind aber zeitaufwändig, was dazu führt, dass nur für sehr wenige ausgewählte Situationen dieses „Wissen" erfasst wird. Diese geringe Anzahl von Situationen führt methodisch aber zwingend zur Gefahr eines hohen, zufallsbedingten Messfehlers (hätte man zufällig einige andere Situationen gewählt, wäre ein anderes Ergebnis für diese Person entstanden).

Aus diesem Grund kann es sehr zweckmäßig sein, bei Vorliegen eines ausgearbeiteten situationsbezogenen Kompetenzmodells (oder von Führungsleitlinien) zur Erfassung der „Wissens"-Komponente mit so genannten „situativen Verfahren" zu arbeiten (s. Abb. 4).

Situation: „Die Präsentation"

Das von Ihnen geleitete Projektteam hat die Arbeit beendet und bereitet eine Präsentation der Ergebnisse für die Geschäftsleitung vor. Besondere Leistungen hat ein sehr junger Mitarbeiter, Herr Bertrand, gezeigt, der durch sein Engagement und seine Analysefähigkeit maßgeblich zum Erfolg des Projektes beigetragen hat. Deshalb halten Sie es für sinnvoll, dass dieser Mitarbeiter die Präsentation vor der Geschäftsführung hält. In einem vertraulichen Gespräch weist Ihr langjähriger Mitarbeiter, Herr Jordan, daraufhin, dass Herr Bertrand noch nie eine derartige Präsentation gehalten hat. Auch ist er sich sicher, dass die Ergebnisse zwar absolut richtig sind, sie aber der Geschäftsführung nicht gefallen werden und rät Ihnen, die Präsentation selbst zu halten.

Welche Reaktion halten Sie für angemessen?

a) Ich bin mir sicher, ... wird er das Management überzeugen.

überhaupt nicht passend 1 2 3 4 **5 6 7 8 9** 10 *ideal passend*

b) Ich nehme mir die Zeit, ... mit ihm gemeinsam die Präsentation zu halten.

überhaupt nicht passend **1 2 3 4** 5 6 7 8 9 10 *ideal passend*

c) Ich weise Herrn Jordan an, Herr Bertrand bei der Vorbereitung zu helfen.

überhaupt nicht passend 1 2 3 4 5 6 7 8 **9 10** *ideal passend*

d) Ich halte unter diesen Umständen die Präsentation lieber selber.

überhaupt nicht passend **1 2 3 4 5 6 7** 8 9 10 *ideal passend*

e) Ich sage: „Lassen Sie es uns ausprobieren, wie ein Newcomer damit umgeht."

überhaupt nicht passend 1 2 3 **4 5 6 7** 8 9 10 *ideal passend*

Abbildung 4: Beispiel eines Items für ein „situatives" Testverfahren (Details s. Kirbach et al., 2004)

Das Vorgehen ist dabei folgendes:

Vorgehen bei situativen Testverfahren
- Es werden besonders wichtige Situationen für jede Positionsgruppe erarbeitet und kurz beschrieben (vergleiche dazu die „Situation" in Abb. 4); für eine aussagekräftige Erfassung eines Kompetenzmodels benötigt man in der Endform des Verfahrens etwa doppelt so viele Situationen wie Kompetenzen, bei den üblichen 10-15 Kompetenzen also etwa bis zu 30 Situationen.
- Für jede Situation werden mehrere „Verhaltensoptionen" erarbeitet; für jede dieser Verhaltsoptionen wird auf der Basis des Kompetenzmodels (oder ggf. der Führungsleitlinien) des Unternehmens von einer verantwortlichen Stelle bestimmt, welches Ausmaß an Zustimmung zu der jeweiligen Verhaltensoptionen als „richtig" zu gelten hat (entsprechend den – rein fiktiven! – unterstrichenen Bereichen in Abb. 4).
- Für jede dieser Verhaltensoptionen wird festgelegt, welche Kompetenzen des Kompetenzmodells davon angesprochen werden; um eine gleichmäßige Auslastung sicherzustellen, ist einiges an konzeptueller Arbeit und ggf. eine empirische Voruntersuchung erforderlich.

Ergebnisse
Aufgrund der Antworten der Personen am Bildschirm ergeben sich für jede Person folgende Ergebnisse:
- Es wird ausgewertet, wie oft ihre Antworten in den als erwünscht festgelegten Bereichen liegen.

Normierung
- Diese „Trefferquote" bei den Antworten wird in Bezug gesetzt zu den Ergebnissen anderer Führungskräfte (Normierung).
- Für das gezielte Gespräch im Audit kann auch noch vom Programm mitgeteilt werden, bei welchen Situationen und Verhaltensoptionen „nicht passende" Antworten gegeben wurden, um die Gründe dafür dann im Gespräch aufzuklären.

EDV-Auswertung
Die Durchführung an der EDV ermöglicht eine entsprechend schnelle Auswertung und ggf. auch eine erste Interpretation und verbale Darstellung der Ergebnisse mit einem geeigneten Kommunikationsmanager. Eine ausführliche Beschreibung eines praktischen Projektes unter Nutzung dieses Ansatzes findet sich in Kirbach et al. (2004, Projektbeispiel 11).

Weitere Nutzungsaspekte situativer Tests
Ein solches Verfahren braucht aber keineswegs nur auf die „formalisierte" Testdurchführung beschränkt zu werden. Diese erlaubt es zwar, in sehr kurzer Zeit die „Wissenskomponente" über das richtige bzw. erwünschte Führungsverhalten zu messen, und zwar um vieles schneller und objektiver, als es im Interview oder mit AC- Situationen möglich wäre. Man kann aber Einzelsituationen daraus auch ausgezeichnet nutzen, um z. B. die Fragen im Interview konkret auf „kritische" Situationen im Führungsalltag des Gesprächspartners auszurichten oder kleine Rollenspiele im Rahmen des Audits anhand der so erstellten Situationen gezielt zu pla-

nen (etwa ein Vorgesetzten/Mitarbeitergespräch). Das Gleiche gilt für Einzel- und Gruppen-ACs, wo ebenfalls diese Situationen und Verhaltensoptionen eine wichtige Grundlage bei der Gestaltung der Übungen sein können.

In allen diesen Fällen bietet die gemeinsam mit den Verantwortlichen im Unternehmen erarbeitete Festlegung des Ausmaßes der Passung der verschiedenen Verhaltensoptionen zu der Situation eine objektive Möglichkeit zur Bewertung der Antworten bzw. des in den kurzen Rollenspielen gezeigten Verhaltens.

Besonders interessant sind den vorliegenden Erfahrungen nach „Widersprüche" zwischen den einzelnen Informationsquellen. Wenn z. B. ein Mitarbeiter bei dem „situativen" Test sehr gute Ergebnisse erbringt, die vorliegende Einschätzung des Vorgesetzten aber gegen ein sehr positives Verhalten in den zugeordneten Situationen in der Praxis spricht, kann das in der Praxis gezeigte Defizit nicht mehr an der Wissens-Komponente liegen. Man kann im Audit jetzt gezielt dem „Wollen" (z. B. auf der Basis von geeigneten Testverfahren dazu) und, getrennt davon, dem „Können" auf der Basis von kurzen Sequenzen von Verhaltensübungen im Interview nachgehen. Je nachdem, welche dieser beiden Bereiche die Erklärung für das Verhaltensdefizit in der Praxis trotz vorhandenem Wissen liefert, sind ganz andere Personalentwicklungsvorschläge und partiell auch Prognosemöglichkeiten für die Zukunft gegeben.

Widersprüche zwischen Informationsquellen

In ähnlicher Weise ist eine Bearbeitung aller anderen Konstellationen denkbarer Widersprüche möglich. Der Nutzen für die konkrete Planung der Personalentwicklung ist dadurch unvergleichlich höher, als wenn die in manchen Audits entstehenden Aussagen „Die Teamfähigkeit ist gering – es sollten Maßnahmen zur Erhöhung der Teamfähigkeit ergriffen werden" erfolgen (s. Abschnitt 2.1). Nur ein solcher Methodenmix mit der darauf begründeten Differenzierung zwischen Stärken und Schwächen im Wissen, Wollen und Können gestattet die gezielte Planung der den meisten Erfolg versprechenden Interventionsmaßnahmen.

Nutzen für PE

4.4 Liegt alles an der Person? Das Problem der Passung zur Management-Umgebung

Es gibt bei Management Audits zwei unterschiedliche Philosophien. Bei einer werden nur an der einzelnen Person feststellbare Beobachtungen berücksichtigt, bei der anderen betrachtet man gleichzeitig die „Passung" der Person zu ihrer Umgebung und ihren Aufgaben.

Zwei Philosophien

Beschränkt man sich auf das Feststellen von nur auf die Person bezogenen Befunden, erhält man je nach Qualität der Durchführenden ein mehr oder weniger umfassendes und zuverlässiges Bild über Eigenschaften bzw. Kompetenzen der Untersuchten. Das Problem ist dann die Frage der Bewertung, also ob die gezeigten individuellen Besonderheiten nun „gut" oder „schlecht", für die Arbeit hinderlich oder weiter zu fördern sind.

„Great Man Theory"

Es ist erstaunlich, dass sich trotz fast 80 Jahren systematischer Forschung zum Thema „Führung" in Unternehmen noch immer die Auffassung findet, es gäbe „die" Führungspersönlichkeit, die über eine hohe „Führungskompetenz" verfügt, und die unabhängig vom Kontext eben „führen kann" (diese „Great Man Theory" findet sich in der Fachliteratur eigentlich nur noch als historische Reminiszenz). Psychologisch ist dieser Irrtum gut begründbar, viele Führungskräfte ohne breiten Erfahrungshintergrund in mehreren *strukturell verschiedenen* Unternehmen kennen nur eine relativ homogene Arbeitsumgebung, und natürlich schmeichelt die Vorstellung, als „Führungskraft" eigentlich überall erfolgreich einsetzbar zu sein, dem subjektiven Selbstwertgefühl von Managern.

Wissenschaftliche Befunde und Alltagserfahrungen

Einer solchen „eindimensionalen" Auffassung der Führungskompetenz widersprechen aber nicht nur die wissenschaftlichen Befunde, sondern auch zahllose Alltagserfahrungen. Jeder kennt tolle Teamleiter, die in der operativen Führungsarbeit hervorragende Leistung erbringen, bei denen sich aber niemand vorstellen kann, sie je auf Vorstandsebene zu sehen. Und jeder kennt erfolgreiche Vorstände, die nicht in der Lage wären, als Leiter eines jungen Teams von Call-Center-Mitarbeitern diese täglich aufs Neue für die Arbeit zu begeistern.

Passungsprobleme

Diese Passungsprobleme betreffen aber nicht nur die verschiedenen Hierarchiestufen, sondern in gleicher Weise die Unternehmenskultur, die aktuell zu lösenden Kernprobleme (keineswegs jeder tolle Trouble-Shooter ist im Routinebetrieb eine gute Führungskraft!) und das soziale Umfeld, insbesondere die Persönlichkeit der Mitarbeiter (man denke an die unterschiedlichen Anforderungen an das Führungsverhalten in einer vornehmen Privatbank und einem Strukturvertrieb) und die des übergeordneten Vorgesetzten. Wer hat noch nicht erlebt, dass aus einer eher unauffälligen Person nach Wechsel des Chefs ganz plötzlich „etwas wurde" (und umgekehrt)?

„Dürfen" und „Möglich sein"

Erwartet man von einem Audit mehr als „Messwerte" allein, möchte man eine Bewertung oder Hinweise zur gezielten Personalentwicklung erarbeiten, müssen auch über die individuellen Eigenschaften der Person hinausgehende Aspekte beachtet werden (s. Abb. 1 im Abschnitt 1.1). Dies betrifft vor allem das „Dürfen", also die Analyse des *tatsächlich* vom Vorgesetzten oder der sozialen Umgebung verstärkten bzw. sanktionierten Verhaltens (die Fakten können hier im völligen Gegensatz zur offiziellen „Ideologie" des Unternehmens und der Stellenbeschreibung stehen). In gleicher Weise ist aber auch das „Möglich sein" zu beachten, so kann z. B. eine hohe Innovationsfreude äußerst schädlich sein, wenn sich das Unternehmen (endlich) in einer dringend benötigten Konsolidierungsphase befindet, in der weitere Innovation keinen Sinn machen.

Ein gutes, über das bloße Beschreiben hinausgehendes Audit sollte daher immer die soziale Einbettung und den aktuellen Kontext mit aufgreifen. Eine ausführliche Darstellung auf der Basis einer verwandten Konzeption gibt Wübbelmann (2001).

Bei einem solchen Verständnis von „Management Audit" werden natürlich die Grenzen zu anderen „Begriffen" aus dem Bereich der Eignungsdiagnostik unscharf, etwa zum „Einzel-AC". Tatsächlich sind die in der Wirtschaft gebräuchlichen „Labels" für unterschiedliche Varianten von Diagnostik oft irreführend, schon wegen der großen Heterogenität ihrer Verwendung. Es gibt in der Eignungsdiagnostik keine solchen klar definierten „Kästchen", die unabhängig und von einander fest abgegrenzt existieren. Fachlich gesehen wäre es sinnvoller, statt von einzelnen „Begriffen" gedanklich von einem einheitlichen Prozess der Eignungsdiagnostik auszugehen, der je nach den speziellen Fragestellungen des Auftraggebers spezifisch gestaltet werden kann, ähnlich so, wie ein Architekt bei der Planung von Gebäuden zwar grobe Kategorien unterscheidet, aber innerhalb jeder dieser Kategorien je nach dem Bedarf des Auftraggebers erhebliche Variationsmöglichkeiten vornehmen kann.

Heterogene Verwendung eignungsdiagnostischer Varianten

5   Ausblick: Leistungsstarke Managementdiagnostik im Methodenmix

Es ist zu hoffen, dass sich der Trend zu einer stärker sachbezogenen und weniger von „Schulen" geprägten Eignungsdiagnostik auch im Bereich der Management Audits durchsetzen wird. Es gibt, entsprechende Kompetenz der das Audit durchführenden Experten vorausgesetzt, keinen Grund, auf einen für die jeweilige Fragestellung hin zugeschnittenen „Methodenmix" zu verzichten.

Sachbezogenere Eignungsdiagnostik

Eine wertvolle Hilfe zur Arbeitserleichterung können dabei EDV-Programme sein, die aus einer Vielzahl von Informationen automatisch eine erste Auswertung vornehmen, Auffälligkeiten identifizieren, den Interviewführenden darauf hinweisen und ihm, wenn gewünscht, auch Tipps geben, mit welchen Fragen oder kurzen Übungssequenzen man der aufgezeigten Auffälligkeit näher nachgehen kann. Auch dazu finden sich konkrete Beispiele bei Kirbach et al. (2004).

EDV-Programme

Recrutierungsmechanismen der Führungseliten überdenken

Wenn eine entsprechende fachlich erweiterte Basis geschaffen wird, dürfte das Einsatzgebiet für die Managementdiagnostik allgemein und auch für den Spezialfall des Management Audits stark wachsen, da die frühere Selbstverständlichkeit bei deutschen Führungskräften, sie seien auch ohne professionelle Hilfe zu einer sachgerechten Einschätzung des „Nachwuchses" (auf jeder Ebene!) ausreichend kompetent, inzwischen erschüttert ist. Die aktuelle Situation der Bundesrepublik Deutschland legt es jedenfalls nahe, die Recruitierungsmechanismen der Führungseliten in allen Lebensbereichen zu überdenken, die dabei verwendeten Techniken vor dem Hintergrund der Erfahrungen in den anderen europäischen Länder zu überprüfen und stärker als bisher fachlich zu professionalisieren.

Literatur

Comelli, G. & v. Rosenstiel, L. (1995). *Führung durch Motivation: Mitarbeiter für Organisationsziele gewinnen.* München: Beck.

Friederichs, P. (1995). Manager-Disputation. In W. Sarges (Hrsg.), *Management-Diagnostik* (S. 627-635). Göttingen: Hogrefe.

Kirbach, Ch., Montel, Ch., Oenning, St. & Wottawa, H. (2004). *Recruiting und Assessment im Internet. Werkzeuge für eine optimierte Personalentwicklung.* Göttingen: Vandenhoeck & Ruprecht.

Sarges, W. & Wottawa, H. (2001). *Handbuch wirtschaftspsychologischer Testverfahren.* Lengerich: Pabst.

Schiel, F. (2004). „Sind auch testtheoretisch schwache Verfahren diagnostisch relevant? – Ein Beitrag zur Fundierung einer breiten Vorgehensweise in der Managementdiagnostik." Bochum: Ruhr-Universität: Unveröffentlichte Dissertation.

Schmidt, F. L. & Hunter, J. E. (1998). The validity and utility of selection methods in personnel psychology: Practical and theoretical implications of 85 years of research findings. *Psychological Bulletin, 124,* 262-274.

Schuler, H., Frier, D. & Kaufmann, M. (1990). *Personalauswahl im europäischen Vergleich.* Göttingen: Hogrefe.

Schuler, H., Funke, U. & Moser, K. (1995). *Personalauswahl in Forschung und Entwicklung.* Göttingen: Hogrefe.

Wübbelmann, K. (2001). *Management Audit. Unternehmenskontext, Teams und Managerleistung systematisch analysieren.* Wiesbaden: Gabler.

Hierarchischer Wandel von Management-Kompetenzen

Michael Heinßen

1 Ziel

Ein wesentlicher Meilenstein in der Konzeption und Durchführung von Management Audits ist die Definition der Kriterien und die Festlegung der Kompetenzen, die auf Grundlage der Unternehmenssituation als Markierungspunkt gewählt wurden. Sie sind die Qualitätsaspekte, anhand derer der einzelne Manager oder auch das Management Team auditiert werden sollen. Bei der Zusammenstellung des Kompetenzmodells stellen sich jedoch zwei grundsätzliche Fragen, für die in diesem Artikel Antworten entwickelt werden sollen.

- Welches sind die kritischen Kompetenzen, die dem Management Audit zugrunde liegen sollen und wie wähle ich diese aus der großen Zahl denkbarer Kompetenzen aus?
- Wie verändert sich das Kompetenzmodell, wenn obere Führungsebenen (das Senior Management) die Zielgruppe bilden?

Grundsätzliche Fragen

Bei der ersten Frage liegt die Herausforderung darin, die wirklich trennscharfen kritischen Kompetenzen zu identifizieren und diese dann auf eine operationale, sprich im Audit handhabbare Anzahl an Kompetenzen zu reduzieren. Dafür gibt es verschiedene Herangehensweisen. Grundsätzlich sollte eine gewählt werden, die auf einem theoretisch fundierten Modell basiert und die Entscheidung durch ein strukturiertes Vorgehen transparent macht.

Identifizierung kritischer Kompetenzen

Bei der zweiten Frage geht es entscheidend darum, ob bei höheren Hierarchiestufen sich lediglich die Ausprägung der erforderlichen Kompetenzen ändert oder eine gänzlich andere Zusammensetzung des Kompetenzmodells erforderlich ist. Wenn für einen Teamleiter die Teamfähigkeit als eine wesentliche Kompetenz identifiziert wurde, gilt dann dieses auch für den Vorstand, bloß in stärkerem Maße? Heißt dies also, wenn ein Team-

Veränderungen von Kompetenzen

Irrtümer

leiter in Teamfähigkeit den Wert drei erreichen muss, der Vorstand den Wert sechs erzielen muss? Hier ergeben sich gleich zwei Irrtümer: Erstens nimmt man an, dass die notwendigen Kompetenzen auch über verschiedene Hierarchiestufen hinweg konstant bleiben. Zweitens unterstellt man, dass der notwendige Ausprägungsgrad stetig ansteigt. Diese Annahmen verlieren beim Wechsel vom mittleren Management zum Top-Management definitiv ihre Gültigkeit. Spätestens an dieser Schwelle macht es Sinn, sich über wechselnde Kompetenzen Gedanken zu machen. Ein Ansatz in einem Kompetenzmodell, bei dem ein Vorstand mit seinen Bereichsleitern einfühlsamer kommunizieren muss als ein Gruppenleiter mit seinen Sachbearbeitern, stellt sich bei näherer Untersuchung als wenig angemessen heraus.

2 Strukturierungsmodell für Anforderungen im mittleren Management

Führungsmodell als Basis des Kompetenzmodells

Wie oben bereits erwähnt, sollte der Strukturierung der relevanten Kompetenzen ein Modell zugrunde liegen. Es ist leider nicht einfach damit getan, sich zusammenzusetzen und gemeinsam frei über Anforderungen zu räsonieren, aus denen man dann die notwendigen Kompetenzen ableitet. Es bietet sich jedoch an, zur Zusammensetzung der Kompetenzen das Führungsmodell des Unternehmens heranzuziehen, sofern eines existiert. Da es eine Vielzahl an Führungsmodellen gibt, die unterschiedliche Schwerpunkte setzen, soll an dieser Stelle kurz ein – vergleichsweise generisches – vorgestellt werden, das auf Positionen des mittleren Managements der unterschiedlichsten Unternehmen anwendbar ist.

Erwartungen an Manager

Die Erwartungen an die Manager der mittleren Führungsebene variieren nach Größe des Unternehmens, Branche und Funktionsbereich der jeweiligen Position. Grundsätzlich kann man aber sagen, dass es eine Haupterwartung an den jeweiligen Manager gibt, ein produktives Ergebnis (in seinem Verantwortungsbereich) zu erzielen. Also werden die essentiell benötigten Kompetenzen von den Faktoren bestimmt, die sein Produktivitätsmanagement nachhaltig beeinflussen. Sicherlich kann man über die unterschiedlichsten Einflüsse und Faktoren in verschiedenen Situationen und Funktionen diskutieren. In der Praxis hat sich das aber das nachstehende Modell bewährt. Ein Manager kann Produktivität sicherstellen, wenn er folgende Produktivitäts-Faktoren beherrscht:

Prozesse und Produkte

▶ Die Kerngeschäftsprozesse im Verantwortungsbereich sind strukturiert, systematisch, effizient und effektiv.
▶ Die Verantwortlichkeiten sind geklärt. Jede handelnde Person kennt das von ihr zu liefernde Arbeitsergebnis.
▶ Jeder Prozess hat einen Gesamtverantwortlichen, der Anfang und Ende sowie die Schnittstellen überblickt.
▶ Ein Produkt wird dabei als das Ergebnis eines Prozesses verstanden. Es kann ein Unternehmensprodukt, aber auch nur das Arbeitsergebnis einer einzelnen Organisationseinheit sein.

Faktoren zur Sicherstellung von Produktivität

Systeme

▶ Die im Verantwortungsbereich eingesetzten Systeme unterstützen die Prozesse und die eingesetzte Arbeitskraft zielführend.
▶ Alle Mitarbeiter beherrschen und verstehen die einzusetzenden Systeme und können diese bedarfsgerecht nutzen. System heißt nicht notwendigerweise EDV-System. Es kann sich auch um Führungsinstrumente, Kontrollsysteme, Steuerungs- oder Ordnungssysteme handeln (z. B. Vergütungssystem, Zielvereinbarungssystem etc.).

Finanzen

▶ Der verantwortliche Manager versteht die Finanzstrukturen seines Verantwortungsbereichs.
▶ Er kennt die wesentlichen Dynamiken, die sich kosten- und umsatzsteigernd oder -senkend auswirken.
▶ Er hat die Verantwortung über klar abgegrenzte Budgets und kontrolliert planvoll die Finanzaspekte und betrachtet sie in übergeordneten Zusammenhängen.

Mitarbeiter

▶ Alle Mitarbeiter im Verantwortungsbereich beherrschen kompetent die ihnen zugeordneten Aufgaben und führen diese motiviert, engagiert und verantwortlich aus.
▶ Sie verstehen die größeren Zusammenhänge und können flexibel auf Störungen reagieren.
▶ Der Kommunikationsfluss und die soziale Interaktion sind funktionstüchtig und ausbalanciert.
▶ Leistung wird anerkannt und gefördert, Fehlverhalten sanktioniert und korrigiert.

Wechselwirkungen der Produktivitätsfaktoren	Abbildung 1 veranschaulicht die Wechselwirkungen der Produktivitäts-Faktoren. Es wird deutlich, dass ein Manager ausschließlich durch die Nutzung hoch ausgeprägter Kompetenzen im Bereich der Mitarbeiterführung, keine Produktivitätsmaximierung erreichen wird. Man erkennt weiterhin, dass der Zielzustand „Hohe Produktivität" auch nicht allein durch die individuellen Fähigkeiten eines Managers erreicht werden kann, sondern ebenfalls strukturelle Veränderungen benötigt. Trotzdem lässt sich aus diesen Faktoren ein breites Spektrum notwendiger Kompetenzen ableiten. In einem entsprechenden Management-Kompetenz-Modell sollten alle einzelnen Punkte diesem Schema zuzuordnen sein. Grundsätzlich ist es möglich, auf dieser Basis branchen-, unternehmens-, funktions- oder positionsspezifische Schwerpunkte zu setzen und einzelne Aspekte zu priorisieren. Faktoren komplett zu vernachlässigen kann aber nicht sinnvoll und zielführend sein. Die Ergebnisse verschiedener Management Audits zeigen eindeutig, dass die nicht ausreichende Ausprägung von Kompetenzen, die aus den Produktivitätsfaktoren „Prozesse" und „Finanzen" abgeleitet werden, eine klare Vorhersage auf die wirtschaftliche Situation eines Unternehmens erlaubt. Je schlechter die kollektive Kompetenzen (über alle Manager gesehen) eines Unternehmens in diesen Bereichen eingeschätzt wurden, desto schlechter war die wirtschaftliche Situation des Unternehmens.

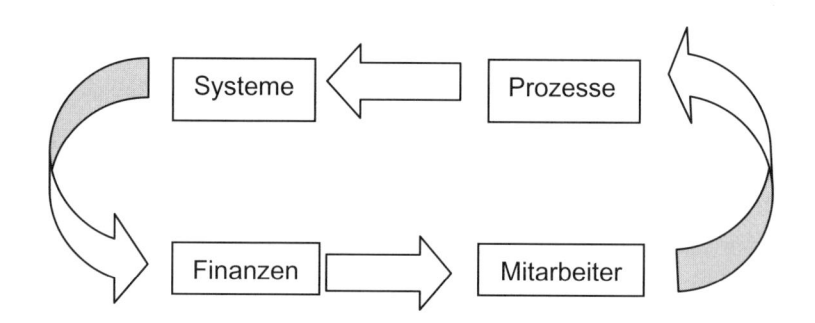

Abbildung 1: Regelkreis der Produktivitäts-Faktoren

Kompensatorisches Verhältnis	Die einzelnen Faktoren stehen in einem kompensatorischen Verhältnis zueinander. Dementsprechend kann eine hohe Ausprägung in mehreren Bereichen grundsätzlich eine niedrigere Ausprägung in einem Gebiet ausgleichen. Jeder kennt die Situation, dass grundsätzlich hochkompetente und motivierte Mitarbeiter mit ihrem Engagement uneffiziente Prozesse oder mangelhafte Systeme überbrücken können. Für ein Unternehmen wird es dann jedoch schwierig, wenn diese Mitarbeiter teuer sind und verschwenderisch mit Material oder Ressourcen (Kosten) umgehen. Es ist

auch ersichtlich, dass sich die einzelnen Faktoren untereinander beeinflussen. Ohne klar definierte Prozesse ist die Einführung von Systemen wenig sinnvoll – obwohl dieses häufig genug passiert.

3 Ableitung eines Management-Kompetenz-Modells

Grundsätzlich sind die aus den oben gezeigten vier Produktivitäts-Faktoren abzuleitenden Management-Kompetenzen keine neu definierten Fähigkeiten oder Fertigkeiten, sondern Anforderungen, die sich bereits in etlichen Modellen, die in den Unternehmen etabliert sind, finden. So wird der Faktor *Mitarbeiter* wahrscheinlich geprägt sein durch Kompetenzen wie Motivationsfähigkeit, Kritikfähigkeit, Kommunikation etc. Was ist also neu oder anders an dem hier vorgestellten Vier-Faktoren-Ansatz? Es werden neben den psycho-sozialen Aspekten einer Managementaufgabe auch die organisatorisch-strukturellen Dimensionen in den Fokus gerückt. Je nach Unternehmenssituation oder Nutzung eines Kompetenzmodells können spezielle Gewichtungen vorgenommen werden. Soll ein Kompetenzmodell im Rahmen eines Management Audits abgeleitet werden, bietet sich folgende Vorgehensweise an:

Neuigkeitswert des Vier-Faktoren-Ansatzes

Identifizierung kritischer Produktivitäts-Faktoren

Am Anfang steht eine analytische Betrachtung, ob es einzelne Faktoren gibt, die aufgrund der spezifischen Situation des Unternehmens besonders zu fokussieren sind. Hierzu sollte man betriebswirtschaftliche Kennwerte oder Ergebnisse von Organisationsanalysen heranziehen und daraus Hypothesen ableiten, welche der Produktivitäts-Faktoren in der Organisation besonders stark oder besonders schwach ausgeprägt sind. So kann man beispielsweise zur Erkenntnis kommen, dass in der Organisation XY die Produktivitäts-Faktoren „Finanzen" und „Mitarbeiter" durch das Management gut besetzt werden. Das bedeutet, dass durch den außergewöhnlichen Einsatz der Mitarbeiter angemessene wirtschaftliche Ergebnisse erzielt werden, Prozesse und Systeme aber nicht effizient arbeiten. Das wiederum hieße, dass die Führungskräfte zwar über Kompetenzen der Mitarbeiterführung und des Finanzmanagements verfügen, aber organisatorische Kompetenzen demgegenüber zurückstehen. Als Konsequenz daraus kann man zwei Strategien ableiten:

Analytische Betrachtung der Unternehmenssituation

2 Strategien

1. Ausbau der Stärken: „Finanzen" und „Mitarbeiter" werden fokussiert. Entsprechende Kompetenzen werden ausgebaut.

2. Überwindung der Schwächen: Kompetenzen der Produktivitäts-Faktoren „Prozesse" und „Systeme" stehen im Vordergrund eines Kompetenzmodells.

Ableiten der entsprechenden Kompetenzen

„Implizite" Erfolgskriterien

Danach wird ermittelt, welche Kompetenzen zu einer zielorientierten Erfüllung der einzelnen Produktivitäts-Faktoren führen. Hierbei kann und sollte auf das bestehende Kompetenzmodell des Unternehmens zurückgegriffen werden, sofern dies möglich ist. Dabei muss gezielt auf „implizite" Erfolgskriterien geachtet werden. Damit sind Kriterien gemeint, die auf die Bewertung der Kompetenzen von Managern einen stark moderierenden Einfluss haben, auch wenn diese Bewertung sehr häufig unbewusst erfolgt. Viele Studien belegen, dass z. B. physische Attraktivität, sprachliche Kompetenz etc. die Einschätzung der fachlichen und überfachlichen Leistungen stark beeinflussen. Fremdsprachenkenntnisse, dynamisches Auftreten, Vernetzung und Bekanntheit einer Person in einem Unternehmen haben oft eine enorme Bedeutung bei der Leistungsbeurteilung (implizit) ohne dass diese Kriterien (explizit) in einem Kompetenzmodell auftauchen.

Ermittlung „diskriminierender Kompetenzen"

Die Festlegung der notwendigen Kompetenzen muss nicht ausschließlich theoriebasiert erfolgen, sondern kann auch empirisch ermittelt werden. Sinnvollerweise können dazu auch bestehende Daten aus Beurteilungs- oder Feedbacksystemen benutzt werden. Diese Daten werden danach ausgewertet, welche der vorliegenden Beurteilungen besonders trennscharf die erfolgreichen von den weniger erfolgreichen Managern unterscheiden. Hierbei spielen sehr häufig Aspekte der Unternehmenskultur eine große Rolle. So kann beispielsweise eine hohe Zielorientierung in einem Unternehmen zu sehr guten Resultaten führen, während in einem anderen hohe taktische Kompetenz viel bedeutsamer ist. Bei der Ermittlung dieser „diskriminierenden Kompetenzen" können statistische Verfahren (z. B. Faktorenanalysen) behilflich sein, um die Daten systematisch zu untersuchen und zu interpretieren.

Analyseergebnisse

Die Ergebnisse dieser Analysen führen oft zu erstaunlichen Erkenntnissen. Bei einer groß angelegten Studie einer amerikanischen Organisation in Europa ergaben sich als einer der größten Prädiktoren für gute Beurteilungen von Managern deren englische Sprachkenntnisse. Das mag auf den ersten Blick verwundern, beim zweiten Hinsehen zeigt sich jedoch eine plausible Begründung. Im Management dieser Organisation wurde international und organisationsübergreifend gearbeitet und die oberste Leitungsebene war stark mit Amerikanern oder Engländern besetzt. Die Manager und ihre Vorgesetzten sahen sich oft nur in Meetings. Daher schlossen die Vorgesetzten stark von den sprachlichen Fähigkeiten ihrer unterstellten Mitarbeiter auf deren generelle Kompetenz. Diese impliziten Kriterien beeinflussen die Einschätzung von Mitarbeitern in besonderem Maße.

Stehen keine sinnvollen empirischen Daten zur Verfügung, erfolgt die Festlegung der Kompetenzen durch theoriegeleitete Überlegungen. Um in eine Organisation Strukturen einziehen zu können und entsprechende Prozesse zu analysieren und zu implementieren braucht es beispielsweise ein hohes Strukturierungsvermögen, eine entsprechende Prioritätensetzung und auch relevante fachliche Kenntnisse. Sollen technisch innovative Produkte entwickelt werden, benötigt ein Mitarbeiter neben dem technischen Know-how auch Kreativität und intellektuelle Fähigkeiten. Die Zuordnung zu den Produktivitäts-Faktoren hilft diesen Prozess der Ableitung zu strukturieren. **Theoriegeleitete Überlegungen bei der Definition von Kompetenzen**

Tabelle 1 veranschaulicht in Form einer Matrix ein generisches Kompetenzmodell eines Unternehmens. Für einzelne Organisationseinheiten, Funktionsbereiche oder Positionen können spezifische Schwerpunkte gesetzt werden. Dabei können einzelne Strukturierungsfaktoren wie *Prozesse* komplett als besonders wichtig herausgestellt oder auch nur einzelne Kompetenzen wie *Betriebswirtschaftliches Verständnis* als entscheidend für den Erfolg gekennzeichnet werden. **Generisches Kompetenzmodell**

Überprüfung der Kompetenzen

Im nächsten Schritt ist zu überprüfen, ob einzelne Faktoren durch die Anzahl an Kompetenzen und deren Mehrfachladungen über- oder unterbewertet sind. Grundsätzlich sollten die Faktoren und ihre zugeordneten Kompetenzen zunächst in etwa balanciert und nicht zu umfangreich sein. Sie können anschließend gewichtet und priorisiert werden (siehe Abschnitt 4.). Dies ist aus zwei pragmatischen Gründen sinnvoll: **Über- oder Unterbewertung**

Tabelle 1: Zuordnung der generischen Kompetenzen zu den Produktivitätfaktoren

	Kompetenz	Mitarbeiter	Prozesse	Finanzen	Systeme
1	Konfliktfähigkeit	■			
2	Durchsetzungsvermögen	■			
3	Kommunikationsfähigkeit	■			
4	Verantwortung	■			
5	Motivation	■			
6	Glaubwürdigkeit als Person	■			
7	Unabhängigkeit	■			
8	Planerische Fähigkeiten		■		
9	Umsetzungskompetenz		■		
10	Logisches Denken		■		
11	Strukturierungsvermögen		■		
12	Prioritätensetzung		■		
13	Zielorientierung		■		
14	Kundenorientierung		■		
15	Analytische Kompetenz			■	
16	Kostenmanagement			■	
17	Betriebswirtschaftliches Verständnis			■	
18	Strategisches Denken			■	
19	Veränderungsbereitschaft				■
20	Projektmanagementkompetenz				■
21	Konzeptionelles Denken				■
22	Kreativität				■

2 Gründe für die Überprüfung der Kompetenzen

Zum einen führt eine zu große Anzahl an Kompetenzen für die Weiterverwertung innerhalb von Personalentwicklungssystemen zu Schwierigkeiten bei der Umsetzung in ein Steuerungs- und Orientierungsinstrument. Es wird den meisten Mitarbeitern wahrscheinlich schwer fallen, ihr Verhalten nach 55 Kompetenzen auszurichten und alle gleichmäßig zu entwickeln.

Zum Zweiten bildet innerhalb eines Management Audits oder eines Auswahlverfahrens jede Kompetenz einen Filter im Entscheidungsprozess. Je mehr Kompetenzen im Verfahren beurteilt werden, umso schwieriger ist es für den Kandidaten die Auswahlschwelle („Cut Off Score") zu überschreiten. Zudem ist es für die Beobachter kompliziert die Ausprägung zu vieler Kompetenzen im Verfahren einzuschätzen und zu bewerten. Nimmt man ein Kompetenzmodell mit 24 Einzelkompetenzen an und stellt die Anforderung, dass jede Kompetenz innerhalb eines Verfahrens zweimal eingeschätzt und beurteilt werden soll, ergeben sich schon 48 Beurteilungspunkte. Wenn es in dem Verfahren vier Übungen oder Einschätzungssituationen gibt, müssen in jeder Situation 12 Kompetenzen eingeschätzt und beurteilt werden. Für ungeübte Beobachter sicherlich eine große Herausforderung. Hier wird die Informationsverarbeitung der Beobachter für eine „natürliche" allerdings unkontrollierte Reduktion auf weniger Kompetenzen sorgen. Daher ist dieser unkontrollierten Reduktion eine systematische Konsolidierung sicherlich vorzuziehen.

Sytematische Konsolidierung statt unkontrollierte Reduktion

Konsolidierung der Kompetenzen

Einerseits sollte dem Bedürfnis nach Differenzierung, andererseits den oben genannten pragmatischen Überlegungen Rechnung getragen werden. Daher ist es notwendig, die Kompetenzen inhaltlich zu konsolidieren. Zudem zeigt sich bei der Analyse von Beurteilungssystemen, dass der Erfolg in einer Managementposition später durch Vorgesetzte nicht so differenziert beurteilt wird und sich auf einige wenige Kompetenzen reduziert. Ein praktikables Kompetenzmodell für ein Management Audit sollte mit etwa 12 Kompetenzen auskommen. Zur kontrollierten Reduktion eines Kompetenzmodells sollte man inhaltliche Überschneidungen der einzelnen Kompetenzen herausfiltern und die differenzierte Bedeutung einzelner Aspekte auf mehr generische überführen.

Praktikabilität

Tabelle 2 zeigt eine Matrix, in der die Kompetenzen des Produktivitäts-Faktors „Mitarbeiter" sich inhaltlich gegenübergestellt werden. Die Matrix beschränkt sich aus Anschauungsgründen nur auf den Referenzfaktor *Mitarbeiter*. Wie man anhand der Matrix sehen kann, sind die einzelnen Kompetenzen nicht unabhängig voneinander, sondern beeinflussen sich gegenseitig. Die Konfliktfähigkeit einer Person wird beeinflusst von ihrem Durchsetzungsvermögen, ihrer Kommunikationsfähigkeit, ihrer Motivation und ihrer Glaubwürdigkeit. Hier wäre jetzt also zu überlegen, inwieweit es Sinn macht, auf einzelne Kompetenzen zu verzichten, da deren Ausprägung durch die Einschätzung der anderen Dimension mit erfasst wird. In unserem Beispiel steht beim Faktor *Mitarbeiter* die Kompetenz *Unabhängigkeit* allein fünf Mal mit anderen Kompetenzen im Zusammenhang. Man kann demzufolge überlegen, ob die Kompetenz *Unabhängigkeit* im Kompetenzmodell entfallen kann, um die Komplexität des Modells zu reduzieren und damit einfacher verständlich zu machen. Sie könnte beispielsweise in der *Konfliktfähigkeit* aufgehen. Die einzelnen Aspekte der Kompetenz *Unabhängigkeit* würden dann in den Verhaltensbeschreibungen der Kompetenz *Konfliktfähigkeit* integriert werden. Am Ende der Konsolidierung werden alle verbleibenden Kompetenzen abge-

Beispielhafter Referenzfaktor *Mitarbeiter*

Trennscharfes Modell

glichen und auf inhaltliche Redundanz überprüft. Es wird abschließend ermittelt, ob wesentliche Aspekte fehlen und ergänzt werden müssen oder überflüssige Information ermittelt wird. Mit dieser Methode kann sichergestellt werden, dass eine Reduzierung auf wesentliche Kompetenzen vorgenommen werden kann, ohne wertvolle Informationen unberücksichtigt zu lassen. Sie stellt eine breite Betrachtung von Management-Kompetenzen sicher und liefert ein trennscharfes Kompetenzmodell.

Tabelle 2: Inhaltliche Überschneidungen einzelner Kompetenzen

	Konfliktfähigkeit	Durchsetzungsvermögen	Kommunikationsfähigkeit	Verantwortung	Motivation	Glaubwürdigkeit als Person	Unabhängigkeit
Konfliktfähigkeit		■	■	■	■	■	■
Durchsetzungsvermögen	■		■	■	■	■	■
Kommunikationsfähigkeit	■	■		■	■	■	■
Verantwortung	■	■	■		■	■	■
Motivation	■	■	■	■		■	■
Glaubwürdigkeit als Person	■	■	■	■	■		■
Unabhängigkeit	■	■	■	■	■	■	

4 Der Einfluss von Hierarchie auf die Ausprägung von Management-Kompetenzen

Alle gängigen Entwicklungsmodelle für Management-Kompetenzen gehen davon aus, dass deren Ausprägung mit steigender Hierarchie linear wächst. Bei näherem Hinsehen ist diese Linearitätsannahme nicht zu halten. Die alte Erkenntnis, dass der beste Verkäufer nicht automatisch der beste Verkaufsleiter ist, wird mittlerweile anerkannt und der Rückschluss, dass ein guter Verkaufsleiter nicht die höchste verkäuferische Kompetenz braucht, scheint auch akzeptiert.

Unhaltbare Linearitätsannahme

Viel weiter sind die Konzepte aber bisher nicht gediehen. Man findet nach wie vor Kompetenz-Modelle, in denen Abteilungsleiter im Bereich Motivationsfähigkeit den Ausprägungswert drei und Bereichsleiter konsequenterweise den Ausprägungsgrad vier erzielen sollten. Spätestens bei der Überlegung, dass der Vorstand oder die Geschäftsführung dann den Wert fünf erreichen müssten, wird das Modell absurd. Die Feststellung, dass sich in Top-Management-Bereichen nicht immer sozial hochbegabte Mitmenschen aufhalten, hat sich über die Ebene des Kantinenwitzes hinausentwickelt. Offensichtlich sind hier andere Kompetenzen und Fähigkeiten für den Erfolg entscheidend.

Absurdes Modell

Was macht dann ein Kompetenzmodell für das Senior („Top") Management aus? Lässt sich das oben beschriebene Modell der Produktivität anwenden? Was spricht dagegen? Es macht Sinn, sich die wesentlichen Unterscheidungsmerkmale für Hierarchieebenen anzusehen. Zunächst sollte hier betrachtet werden, dass der direkte Einfluss auf die Produktivität in den höchsten Führungsebenen stark abnimmt und daher eine einfache Übertragung nicht sinnvoll ist. Daneben gibt es aber auch noch andere Unterscheidungsfaktoren, die wir uns ansehen wollen. Die meisten Strukturierungssysteme zum Vergütungsmanagement unterscheiden Hierarchiestufen anhand drei wesentlicher Komponenten:

Merkmale eines Senior Management-Modells

▶ Denkleistung – Komplexität der Problemlösungen,
▶ Wissen – Benötigtes Wissen um Aufgaben zu lösen,
▶ Verantwortung – Größenordnung der Auswirkung von Entscheidungen.

3 allgemein akzeptierte Dimensionen

Dieses sind grundsätzlich sinnvolle und auch allgemein akzeptierte Dimensionen, die allerdings auf der Annahme beruhen, dass mit steigender Hierarchiestufe alles komplizierter wird und sich dementsprechend alle Kompetenzen steigern müssen. Das generiert für die Management-Diagnostik aber folgende Problematiken:

Problematische Aspekte

1. Soziale Kompetenzen und Interaktionen bleiben weitgehend unberücksichtigt. Man konzentriert sich fast ausschließlich auf kognitive Kompetenzen wie intellektuelle Kompetenz oder Wissen.
2. Persönliche Kompetenzen werden nicht in ausreichender Tiefe angesprochen. Wenn persönliches Wissen ein wesentlicher Aspekt für die Leitung eines diversifizierten multinationalen Technologiekonzerns wäre, müsste dieser wahrscheinlich schon seit 20 Jahren von einem Computer geführt werden, weil ein einzelner Mensch nicht alle Details und deren millionenfache Verknüpfung einer solchen Organisation erfassen kann. Die oberste Führungsriege kompensiert „Wissenslücken" im Allgemeinen durch die Fähigkeit zur Multiplikation und Vernetzung des Wissens vieler Mitarbeiter.
3. Die unterstellten steigenden Anforderungen an die Denkleistung implizieren, dass die zu lösenden Probleme in höheren Hierarchiestufen komplexer werden. Gerade diese Annahme lässt sich für viele Senior-Management-Stufen nicht bestätigen. Meistens steigt nicht die Komplexität einer Fragestellung, sondern lediglich die Auswirkung einer Entscheidung auf die Gesamtsituation des Unternehmens. Aus Gesprächen mit Top Executives kann man entnehmen, dass sie sehr häufig gezwungen sind, Entscheidungen zu treffen, deren Tragweite sie in diesem Moment gar nicht abschätzen können, sondern sich auf die erarbeiteten Vorlagen anderer verlassen müssen. Viele Manager akzeptieren dabei, dass es zu Fehlentscheidungen kommen kann, weil sie wissen, dass sie für eine eigene ausführliche Analyse entweder nicht die Zeit oder die ausreichende Detailkenntnis haben.
4. Das Modell arbeitet mit linearen Beziehungen zwischen den Hierarchiestufen. Tatsächlich werden aber die Veränderungen bei einem Wechsel in Senior-Management-Positionen von den meisten Menschen als deutlich exponentiell wahrgenommen. Außerdem berichten Aufsteiger in die oberste Führungsebene nicht nur von sich verändernden sondern auch von völlig neuen Anforderungen.

In der Praxis des Management Audits bieten sich deshalb folgende Differenzierungsannahmen an: Mit steigender Hierarchie verändern sich diese Dimensionen am stärksten.

Praxisrelevante Differenzierungsannahmen

1. *Heterogenität versus Homogenität.* Mit steigender Hierarchie nimmt die Heterogenität der Ziele der durch die Führungskraft verantworteten Organisationsbereiche deutlich zu. Während ein Gruppen- oder Teamleiter mit seiner Gruppe oder seinem Team in den meisten Fällen sehr homogene Ziele verfolgt, muss ein Geschäftsführer viele heterogene Ziele koordinieren. Der Gruppenleiter erledigt mit seiner Gruppe sachbezogene Aufgaben, die sich inhaltlich kaum widersprechen und maximal in Bezug auf die eingesetzten Mitarbeiterkapazitäten oder Arbeitsmittel Prioritätensetzung erfordern. Der Ge-

schäftsführer muss dagegen für Organisationsbereiche Schwerpunkte festlegen, die in ihrer Ausrichtung unterschiedliche Interessen oder Strategien verfolgen. Man kann sich dieses am folgenden, etwas vereinfachten Beispiel klarmachen: Der Geschäftsführer steht zwischen den Vorschlägen des Finanzdirektors und des Marketingdirektors. Der eine möchte Kosten sparen, der andere Geld für Werbung ausgeben. Grundsätzlich einigt beide das Interesse am Geschäftserfolg. Sie setzen häufig aber verschiedene Schwerpunkte, die der Geschäftsführer abwägen und für seine abschließende Entscheidung bewerten muss.

2. *Umgehen mit Unschärfe.* Ein Teamleiter erhält – hoffentlich – für sich und sein Team klare Vorgaben, was er mit seinem Team, wie, bis wann und mit welchen Mitteln erreichen muss. In vielen Fällen sind nicht nur Ziele, sondern auch die Lösungen eindeutig definiert. Das schränkt zwar einerseits seinen Handlungsspielraum ein, reduziert aber andererseits auch seine Unsicherheit, wie er mit seiner Führungstätigkeit umzugehen hat und welche Aufgaben zu meistern sind. Ein Vorstand bekommt ihn aller Regel nur sehr unscharf definierte Ziele vom Aufsichtsrat oder den Gesellschaftern vorgegeben. Häufig genug sind selbst die Ziele nicht explizit festgelegt. Wenn ein Vorstand das Ziel bekommt, für eine Eigenkapitalrendite von 18 Prozent zu sorgen, ist er in der Umsetzung dieser Vorgabe völlig offen. Entscheidungen unter Unsicherheit sind somit an der Tagesordnung. Ein hohes Bedürfnis nach Sicherheit und Struktur steht solchen Rahmenbedingungen sicherlich im Wege. **Unscharf definierte Ziele**

3. *Anspruch auf Führung.* Während der Teamleiter und der Bereichsleiter, dieser allerdings in schon abgeschwächter Form, noch einen Anspruch auf Führung durch einen Vorgesetzten haben, hat der Vorstand oder der Geschäftsführer keinen Anspruch auf Führung. Er kann maximal eine faire Behandlung durch die Aufsichtsräte oder Gesellschafter erwarten. Leider wird ihm selbst dies häufig versagt. Das Prinzip *It's lonely at the top* lernen die meisten Aufsteiger in Top-Management-Positionen rasch kennen. Feedback, insbesondere Lob oder konstruktive Kritik, findet kaum statt. **It's lonely at the top**

Eine regelmäßige Standortbestimmung können Senior Executives nicht erwarten. Daher werden sie häufig vom Verlust ihres Arbeitsplatzes aus Gründen, die in ihrer Person liegen, überrascht. In vielen Fällen bleibt ihnen aufgrund der Teamsituation des Managements nicht einmal das konstruktive Gespräch mit Kollegen derselben Hierarchiestufe. Auch hier wird ein Bedürfnis nach hoher vertrauensvoller sozialer Interaktion selten Befriedigung finden. Ein Mitglied des Senior Managements braucht daher eine hohe Eigenmotivation oder einen starken inhaltlichen Antrieb durch die Aufgaben. Für viele Top-Manager sind die mit der Position verbundenen Macht- und **Hohes Macht-, geringes Anschlussmotiv**

Hohe Frustrationstoleranz

Statusmotivatoren von entscheidender Bedeutung. Psychologisch ausgedrückt spricht man von einem hohen Macht- verbunden mit einem geringen Anschlussmotiv.

Dementsprechend werden potenzielle Demotivatoren auch nicht durch irgendwelche Instanzen innerhalb der Organisation abgeschwächt oder weggeleitet. Senior Manager benötigen deshalb eine hohe Frustrationstoleranz oder auch eine ausgeprägte Fähigkeit zur selektiven Wahrnehmung. Ein Top-Manager muss seine eigene Rolle im Unternehmen selbst definieren, da diese nicht durch Stellenbeschreibungen vorgegeben wird. Es bedarf hier also eines sehr hohen Impetus der sozialen Gestaltung und der Eigeninitiative. Diese Kompetenzen sind kurzfristig nur sehr schwer zu entwickeln und müssen somit bei Kandidaten für das Top-Management schon vorher disponiert sein. Aus diesen Überlegungen und aufgrund der Erfahrungen aus Management Audits in oberen Führungsebenen, erscheinen die folgenden Aspekte als wesentlich differenzierende Kompetenzen für „Senior Executives" gegenüber „Mid Managers":

Senior Executives- Kompetenzen

Soziale Kompetenzen

- Unabhängigkeit,
- Umgang mit Unsicherheit – Zielorientierung,
- Machtstreben,
- Pragmatische Vernetzung.

Persönliche Kompetenzen

- Frustrationstoleranz,
- Eigenmotivation,
- Erfolgsorientierung – Siegeswillen,
- Antizipation.

Management-Methoden-Kompetenz

- Strukturierungsvermögen,
- Prioritätensetzung,
- Strategisches Denken – Informationsmanagement.

Zur näheren Erläuterung sollen diese Kompetenzen durch Verhaltensanker etwas detaillierter beschrieben werden:

Unabhängigkeit

▶ Äußert Positionen und Meinungen unabhängig von denen der Mehrheit.
▶ Lässt sich nicht so schnell vom eingeschlagenen Weg abbringen.
▶ Agiert unabhängig von der Anerkennung und Wertschätzung anderer.

Verhaltensanker für Senior Executives-Komptenzen

Umgang mit Unsicherheit

▶ Verliert auch in Momenten der Unklarheit das Ziel nicht aus den Augen.
▶ Übernimmt trotz eigener Unsicherheit Verantwortung für den einzuschlagenden Weg.
▶ Vermittelt anderen das Gefühl der Sicherheit.

Machtstreben

▶ Zeigt hohes Streben nach eigener Gestaltung seines Umfelds.
▶ Möchte Einfluss auf wichtige Entscheidungen nehmen.
▶ Möchte Einfluss auf Menschen ausüben.

Pragmatische Vernetzung

▶ Vernetzt sich mit anderen zu nützlichen Strukturen.
▶ Erkennt die Bedeutung anderer für die Umsetzung eigener Ziele.
▶ Baut schnell Kontakt zu Einfluss nehmenden Partnern auf.

Frustrationstoleranz

▶ Zeigt sich unbeeindruckt von Hindernissen.
▶ Überwindet Rückschläge schnell und sicher.
▶ Akzeptiert längere Durchhaltephasen ohne positive Ergebnisse.

Eigenmotivation

▶ Braucht wenig Motivatoren von außen.
▶ Begeistert sich für Inhalte und Aufgaben.
▶ Stachelt sich selbst zur Leistung an.

Trennscharfe Verhaltensanker für Senior Management Positionen

Erfolgsorientierung

▸ Strebt systematisch nach Erfolgen, will gewinnen.
▸ Tritt gern mit anderen in Wettbewerb.
▸ Gibt sich nicht mit Teilerfolgen zufrieden.

Antizipation

▸ Sammelt sinnvolle Informationen zur Abschätzung relevanter Entwicklungen.
▸ Reagiert angemessen auf spezifische Informationen.
▸ Entwickelt taktisch sinnvolle Überlegungen.

Strukturierungsvermögen

▸ Erkennt Zusammenhänge schnell und sicher.
▸ Reduziert Komplexität zu verständlichen Informationen.
▸ Leitet sinnvolle Schlussfolgerungen ab.

Prioritätensetzung

▸ Entwickelt sinnvolle Kriterien.
▸ Erkennt sinnvolle Prioritäten.
▸ Konzentriert sich auf relevante Punkte.

Strategisches Denken

▸ Entwickelt sinnvolle Ziele.
▸ Leitet angemessene Lösungswege ab.
▸ Nutzt die ihm zur Verfügung stehenden Informationen oder einen Informationsvorsprung systematisch.

Größte Eignungsunterschiede

Die hier vorgestellten Kriterien erheben nicht den Anspruch, eine Senior Management Position erschöpfend zu beschreiben. Es sind jedoch die Dimensionen, die sich bei den meisten Audits – insbesondere bei denjenigen, bei denen es um die Identifizierung von Senior Management Potenzial bei Managern der mittleren Führungsebene ging – als besonders trennscharf herausgestellt haben. D. h., dass hier bei der Einschätzung von Kandidaten die größten Eignungsunterschiede festgestellt wurden. Auffällig ist eben auch, dass die Kandidaten, die diese Kriterien hinreichend erfüllen, nicht diejenigen mit den höchsten sozialen Sympathiewerten waren. Wie man sieht, stellt sich die Aufteilung der Kompetenzen etwas anders dar als beim Vier-Faktoren-Modell der Produktivität. Man könnte jetzt überlegen, ob den genannten Kompetenzen noch die eine oder andere zur besseren Differenzierung hinzugefügt werden sollte. Wichtig ist jedoch, es sich bei der Übertragung eines Modells auf eine andere Hierarchiestufe nicht zu einfach zu machen und den Unterschieden gerecht zu werden.

Es ist in der betrieblichen Praxis sinnvoll, die Anforderung einzelner Top-Management-Positionen etwas spezifischer zu durchleuchten. Besonders bei der Entscheidung für einzelne Kandidaten in einem Management Audit, das zu Auswahlzwecken durchgeführt wird, benötigt man Entscheidungshilfen. Zur Bewertung oder Identifizierung besonders wichtiger Kompetenzen eignet sich eine Gegenüberstellung der Kompetenzen mit den drei Hierarchiedimensionen

Entscheidungshilfen

Tabelle 3 zeigt die Zuordnung der einzelnen Senior-Management-Kompetenzen zu den drei Differenzierungsdimensionen. Bei einer inhaltlichen Betrachtung zeigt sich die hohe Bedeutung der Kompetenz *Unabhängigkeit* für die Dimension *Heterogenität*. Für die Besetzung einer Managementposition in einem sehr heterogenen Umfeld wäre also die soziale Unabhängigkeit eines Kandidaten von entscheidendem Einfluss für die Auswahl. Zum professionellen Umgang mit heterogenen Zielen gehört eine große Portion Unabhängigkeit. Derjenige, der seine Meinung stark an der Meinung anderer orientiert, wird sich schwerer in der Handhabung heterogener Ziele tun als der, der sich unabhängiger positionieren kann.

Kompetenz *Unabhängigkeit* **und Dimension** *Heterogenität*

Tabelle 3: Zuordnung der Kompetenzen zu Hierarchieanforderungen

	Heterogenität	Umgehen mit Unschärfe	Eigener Führungsanspruch
Soziale Kompetenzen			
Unabhängigkeit	■		
Umgang mit Unsicherheit – Zielorientierung		■	
Machtstreben	■		
Pragmatische Vernetzung			■
Persönliche Kompetenzen			
Frustrationstoleranz			■
Eigenmotivation			■
Erfolgsorientierung	■		
Antizipation		■	
Management-Methoden-Kompetenz			
Strukturierungsvermögen			
Prioritätensetzung		■	
Strategisches Denken – Informationsmanagement		■	

Bedeutung einzelner Kompetenzen für bestimmte Positionen

Anhand dieser Matrix kann man nun die Bedeutung einzelner Kompetenzen für bestimmte Senior-Management-Positionen ermitteln: Je weniger Führung für eine Position bereitgestellt werden kann, desto höher müssen die Frustrationstoleranz, die Eigenmotivation und die Fähigkeit zur pragmatischen Vernetzung bei einem potenziellen Stelleninhaber gegeben sein. Je unschärfer das Umfeld und die Ziele, desto stärker sollte das Strukturierungsvermögen ausgeprägt sein.

Die Zuordnung der Kompetenzen ist natürlich etwas künstlich. Selbstverständlich lassen sich auch Argumente für eine andere Zuordnung finden. Um eine systematische und nachvollziehbare Entscheidung herbeizuführen, ist eine solche Matrix im Alltag jedoch brauchbar. Wichtig ist, dass die hier aufgeführten Kompetenzen sich auf wirkliche Top-Management-Positionen beziehen. Für niedrigere Führungsebenen ist die Matrix mit anderen Kompetenzen zu füllen.

Matrix für Top-Management

Generell ist – wie bei einem Management Audit – die Fragestellung oder die Nutzung des Kompetenzmodells wichtig. Sie bestimmt die Zusammenstellung der einzelnen Kompetenzen. Ein solches Modell ist für kritische Auswahl- oder Personalentwicklungsentscheidungen von essentieller Bedeutung, da ohne es eine strukturierte Entscheidung kaum stattfinden kann. Dabei steuert die Zusammenstellung des Kompetenzmodells die spätere Entscheidung bzw. das Ergebnis eines Management Audits. Daher sollte die Vorgehensweise vorab intensiv durchdacht werden. Dazu sollte man sich Vorgehensweisen bedienen, die die Kontrolle der Ladung einzelner Kompetenzen auf differenzierten Kontrolldimensionen ermöglichen. Wie bei allen Planungs- und Steuerungsprozessen zahlt sich auch in den hier beschriebenen Ableitungsprozessen der Aufwand, der im Vorfeld betrieben wird, in der späteren Nutzung aus.

Basis für strukturierte Entscheidung

5 Fazit

In dem Beitrag soll gezeigt werden, dass für die Zusammenstellung eines Kompetenzmodells eine systematische Betrachtung der zugrunde liegenden Anforderungskriterien von wesentlicher Bedeutung ist. Mit der Anwendung von Strukturierungsmodellen kann eine ausgewogene Zusammensetzung der Kompetenzen erreicht werden. Die Vorgehensweisen sollten für Positionen des mittleren Managements und des Top-Managements unterschiedlich sein, da die Anforderungen der Hierarchiestufen sich stark unterscheiden. Eine allzu generische Vorgehensweise ohne ausreichende Hypothesenbildung wird den Bedürfnissen und Gegebenheiten speziell des Senior Managements nicht gerecht und kann den Wert eines Audit-Ergebnisses stark mindern. Demzufolge lassen sich vier *goldene Regeln* ableiten:

Ausgewogene Zusammensetzung der Kompetenzen

▶ Wähle bei der Zusammenstellung von Kompetenzen für ein Management Audit eine strukturierte und systematische Vorgehensweise.
▶ Beachte eine breite Streuung von Kompetenzen über die einzelnen Faktoren eines Strukturierungsmodells hinaus.
▶ Betrachte die Entwicklung von Kompetenzen über verschiedene Hierarchiestufen differenziert. Senior-Management-Anforderungen sind separat zu berücksichtigen.
▶ Was immer du tust, beachte das Ende (in unserem Fall das Ergebnis).

4 *goldene Regeln*

Wünschenswerte Trends aus Sicht der Management-Diagnostik: Wohin sollte die Audit-Praxis gehen?

Werner Sarges

1 Einführung

Im inzwischen weltweiten Wettbewerb nicht nur der großen Unternehmen ist die permanente Verbesserung von Leistungsqualitäten, -quantitäten und -konditionen allein schon für das Überleben dieser Unternehmen notwendig geworden. Nachdem in vielen Wirtschaftszweigen die Rationalisierung soweit fortgeschritten ist, dass Produktivitätszuwächse durch den Einsatz neuer Maschinen, jüngster Technologien, prozessorientierter Organisationsformen etc. kaum mehr möglich bzw. allzu leicht und schnell nachahmbar sind, sucht man nunmehr Leistungssteigerungen vor allem (wieder) durch den Produktionsfaktor „menschliche Arbeit" (human factors, human capital) zu erreichen.

Produktionsfaktor „menschliche Arbeit"

Auch im Rahmen der neuen Wachstumstheorie stellt Humankapital die fundamentale Voraussetzung für ökonomische Effizienz und Effektivität dar (Rissiek, 1998). Und besonders in der Diskussion um das sog. Wissensmanagement, das seit den 90er Jahren als ein Kernbereich des strategischen Managements exzellenter Unternehmen angesehen wird, spielt das Humankapital die zentrale Rolle. Hatte man zuvor in der Betriebswirtschaftslehre – geblendet von dem Allgültigkeitsanspruch des Marketingdenkens – dem Umfeld des Unternehmens („environment based view") strategisch mehr Gewicht beigemessen als dem Unternehmen selbst, so verschob sich jetzt der Schwerpunkt der Betrachtung auf die vorhandenen (und evtl. noch benötigten) Ressourcen („resource based view"). Man möchte nicht mehr (allein) Wettbewerbsvorteile durch unterschiedliche Produkt-Markt-Positionen erreichen, sondern (vor allem) durch Unterschiede in der Ausstattung und Kombination von kritischen Unternehmensressourcen. Der Vorteil dieser Fokussierung liegt in der

Von „environment based view" zu „resource based view"

**Wissens-
ressourcen**

Nachhaltigkeit der erreichbaren Unterschiede: Ressourcen – insbesondere Wissensressourcen wichtiger Mitarbeiter – sind nicht uneingeschränkt mobil oder imitierbar (Krogh & Venzin, 1995). Mit Wissen ist gemeint: Technologien, Patente, Prozesse, Informationen über Kunden und Lieferanten, Datenbanken (kodiertes Wissen) oder Wissenstransfer und -erzeugung durch persönliche und organisatorische Netzwerke, vor allem aber auch Managementfähigkeiten, Problemlösepotenziale und erfolgskritische Berufserfahrungen.

**Qualität des
Humankapitals**

Um die Qualität des Humankapitals in diesen Hinsichten einzuschätzen, bedient man sich – in Analogie zur Qualitätseinschätzung im Bereich der Produktion oder der Finanzen etwa – so genannter Audits. Audits dienen der Unternehmensleitung als Kontrollinstrumente für diesen oder jenen Funktionsbereich (vgl. Bristow et al., o. J.; Furnham & Gunter, 1993). Endlich, so möchte man erleichtert konstatieren, kommt damit auch der bislang so stiefmütterlich behandelte Human Resources (HR)-Bereich in den Rang einer gleichberechtigten systematischen Betrachtung seitens der Unternehmensleitungen.

**Strategieorientierter Ist-/Soll-
Abgleich**

Gleichwohl: Audits des gesamten Humankapitals, also eine Qualitätseinschätzung aller Mitarbeiter einer Unternehmung, dürften höchst selten veranstaltet werden. Üblich ist die Beschränkung von HR-Audits auf das Management, weil man bei den Managern den größten und eigentlichen Einfluss auf das Wohl und Wehe der Firmengeschicke sieht. Unter Management Audit versteht man dabei die systematische Erfassung von Qualität und Potenzial des Managements eines Unternehmens oder eines Bereichs sowie den Abgleich von Ist mit Soll bezogen auf die verfolgte Geschäfts(feld)strategie. Solche Management Audits (von manchen Beratungsfirmen auch Management Appraisal, Management Assessment oder Evaluation, von auftraggebenden Firmen oft „Manager-Qualitäts-Check" oder „TÜV für Manager" genannt) haben nun seit gut einem Jahrzehnt ein enormes Wachstum erfahren. Zielgruppen sind mittlere und obere Manager, aber auch Professionals aus allen funktionalen Bereichen.

**Anlässe für ein
Management
Audit**

Am häufigsten liegen die Anlässe für ein Management Audit in einer drückenden Bedarfslage, hervorgerufen durch „gravierende unternehmerische Diskontinuitäten" (Wiegmann, 2002) wie

- Reorganisation,
- strategische Neuausrichtung,
- Integration nach Akquisition/Fusion,
- Wechsel an der Unternehmensspitze,
- Neue Markt-/Wettbewerbsbedingungen,
- Sanierung/Turnaround,
- Börsengang, Verkauf oder Wechsel in der Zusammensetzung der Shareholder.

Viel seltener werden Management Audits eingesetzt auch ohne Not oder größeren Druck, dafür prophylaktisch zum Zwecke der persönlichen Weiterentwicklung der vorhandenen Führungskräfte („Stärken-Schwächen-Analyse"). **Prophylaktische Audits**

Ziel eines Management Audits ist es, valide Informationen über die Güte des Managements zu erhalten, konkret: eine Manager-Bilanz aufzustellen, um Entscheidungen über Einsatz (Verbleib in der Position, Umplatzierung oder Trennung) und Entwicklung dieser Manager zu treffen. Manager-Bilanz meint, dass man die auditierten Manager am Ende in ein sog. Manager-Portfolio einsortiert, das nach den Dimensionen Potenzial für weiterführende Aufgaben (+/–) und Leistung bei derzeitigen Aufgaben (+/–) ein Vierfelder-Schema aufspannt mit den Typen „Stars" (P+, L+), Leistungsträger (P–, L+) Talente (P+, L–) und Problemfälle (P–, L–). Gelegentlich wird dieses Vierfelder-Schema aber auch noch feinstufiger unterteilt. **Manager-Bilanz**

Die Leistung eines Managers in seinen aktuellen Aufgaben zu erfassen ist in der Regel das kleinere Problem. Das größere liegt in der Abschätzung seines Potenzials für weiterführende Aufgaben; dabei gibt es 2 Problemfelder: **Problemfelder der Potenzialeinschätzung**

▶ Welche Anforderungsmerkmale sind zur Potenzialeinschätzung relevant?
▶ Welche Messinstrumente sind dafür tauglich?

2 Anforderungsmerkmale zur Potenzialeinschätzung

Angesichts großer Unbestimmtheiten in Bezug auf die künftigen Anforderungen von Jobs und beruflichen Weiterentwicklungen der Mitarbeiter sollte man vor allem auf die generalisierbaren Potenziale, d. h. auf die Basiskompetenzen im Leistungs- und Persönlichkeitsbereich setzen. Psychologische Merkmale, die relativ unabhängig von den spezifischen Anforderungen einer konkreten Führungsfunktion als erfolgsrelevant gelten können, sind nach dem heutigen Forschungsstand: allgemeine Intelligenz, Leistungsmotivation, Selbstvertrauen, Dominanz, soziale Kompetenz, Integrität und insbesondere Flexibilität und Lernpotenzial. **Generalisierbare Potenziale**

Gerade Lernpotenzial kann in seiner Bedeutsamkeit nicht hoch genug eingeschätzt werden: „The ability (and willingness) to learn from experience may prove to be more important in the long run than a high rating in a currently valued competency" (Spreitzer, McCall & Mahoney, 1997, S. 6; vgl. auch Sarges, 2000). Denn schließlich fordert der dauernde Erhalt sich wandelnder Handlungskompetenz lebenslanges Lernen, um die **Lernpotenzial**

„Employability"	„Employability" eines Mitarbeiters zu erhalten. Damit bestätigt sich aufs Neue eine alte Erkenntnis, die keiner anschaulicher formuliert hat als Benjamin Franklin: „Lernen ist wie das Rudern gegen den Strom, sobald man aufhört, treibt man zurück". Ähnliches sagt auch das ökologische Gesetz des Lernens: Eine Spezies wird nur dann überleben, wenn sie mindestens so schnell lernt, wie sich ihre Umwelt verändert – und dies gilt auch für Unternehmen und deren Mitarbeiter.
Spezifische Anforderungen	Natürlich gibt es außer den oben genannten Basisanforderungen auch noch besondere Anforderungskriterien, die je nach Branche (Industrie, Handel, Banken etc.), Unternehmen (Strategie, Größe, Internationalität etc.), funktionalem Bereich (Produktion, Vertrieb, Controlling etc.), Hierarchiestufe (Low, Middle, Top) u. a. variieren (vgl. hierzu auch Wübbelmann, 2001, S. 117ff.).
Kompetenz-modelle	Viele Unternehmen haben ihre eigenen Kompetenz-Modelle (neudeutsch oft: Competency Models) entwickelt bzw. Beratungsunternehmen bieten ihre vorgefertigten Modelle modifizierbar an. Diese enthalten Kompetenzen als Alltagsbezeichnungen für generische oder firmenspezifische Anforderungsmerkmale, z. B. Kundenorientierung, Anstoßen von Veränderungen, unternehmerisches Handeln etc. Derartige Kompetenz-Modelle können durchaus umfänglich sein, aber auch noch gut überschaubar, wie z. B. dieses: Fachliche Kompetenz (Tiefe vs. Breite), Intellektuelle Kompetenz (Kombinatorik vs. Analytik), Soziale Kompetenz (Durchsetzungsfähigkeit vs. Teamfähigkeit), Führungskompetenz (Zielorientierung vs. Mitarbeiterorientierung), Unternehmer-Kompetenz (Ergebnisorientierung vs. Strategie-/internationale Orientierung) (vgl. Lambsdorff & Tanneberger, 2001; Gerhardt & Ritter, 2004).
Multidimensionaler Komplex psychologischer Attribute	Alltagssprachlich formulierte Kompetenzen sind zwar in der Praxis leichter kommunizierbar als akademisch formulierte Anforderungsmerkmale, aber psychologisch gesehen sind sie nichts weiter als Kombinationen aus psychologischen Basisdimensionen. Wir wollen deshalb nicht weiter darauf eingehen (s. hierzu Sarges, 2001), hier nur so viel: Eine Kompetenz ist ein multidimensionaler Komplex von psychologischen Attributen, der Persönlichkeitsmerkmale und Fähigkeiten/Fertigkeiten mit Verhalten verknüpft. Und solche Kompetenzen gilt es systematisch und multimethodal zu erfassen.

3 Messinstrumente zur Potenzialeinschätzung

Kein wichtiges Merkmal beruflicher Eignung sollte man mit nur einer einzelnen diagnostischen Methode ermitteln, weshalb schon seit langem das Prinzip der Multimethodalität empfohlen wird, zumindest zur Erfassung der zentralen Anforderungskriterien. Schuler (2000) hat dazu ein geeignetes Bezugskonzept entwickelt, dessen Kern die Unterscheidung dreier methodischer Ansätze in der Berufseignungsdiagnostik ist, nämlich der Eigenschaftsansatz, der Verhaltensansatz und der Ergebnisansatz; diesen entsprechen als Methoden (in dieser Reihenfolge) (a) Tests, (b) Arbeitsproben (= Simulationen) und (c) biographische Informationen (aus schriftlichen Unterlagen und/oder dem Interview) (vgl. Abb. 1).

Multimethodalität

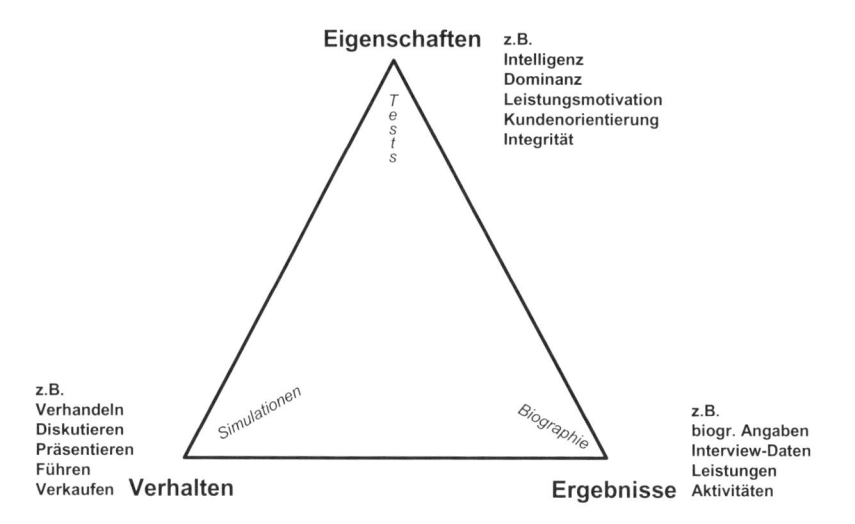

Abbildung 1: Die 3 Ansätze der Eignungsdiagnostik (nach Schuler, 2000)

Das Interview als Instrument des biographiebezogenen Ergebnisansatzes ist meist die einzige Methode bei Management Audits in der Praxis. Doch sollten Interviews – auch wenn sie psychologisch noch so professionell konzipiert sind und entsprechend gut geführt werden – zur Vermeidung von Mono-Methoden-Fehlern tunlichst durch andere Verfahren und/oder Informationsquellen ergänzt werden, nahe liegender Weise durch Tests. Denn umfangreichere Verhaltenssimulationen im Rahmen von Assessment Centern etwa sind der hier in Rede stehenden Klientel in dem gege-

Vermeidung von Mono-Methoden-Fehlern

benen Kontext nicht zumutbar: Assessment Center bieten per se wenig Diskretion oder Unbefangenheit gegenüber internen Kollegen.

360-Grad-Beurteilungen

Eine weitere viel versprechende Ergänzung zur Methode des Interviews, nämlich 360-Grad-Beurteilungen, werden wir weiter unten empfehlen; doch zunächst zu den Tests.

4 Psychometrische Tests als instrumentelle Ergänzung von Audit-Interviews

Informations-absicherung

Auch wenn bei höherrangigen Positionsträgern gewöhnlich schon mannigfaltige Lebenslauf- und Leistungs-Daten vorliegen, und selbst wenn das Interview viele weitere relevante Informationen zu Tage fördern kann, sollten wir angesichts des Risikos von Personalentscheidungen auf diesen Ebenen zur Absicherung der vorhandenen biographischen Informationen zusätzlich geeignete Testverfahren mit prognostischer Validität für wichtige Kompetenzfacetten heranziehen. Denn die Daten und Eindrücke aus Unterlagen und Interviews allein können auf das Potenzial bezogen durchaus trügerisch sein.

Messtechnisch anspruchsvoll

Immerhin sind Tests, die von Fachleuten nach psychometrischen Kriterien sorgfältig konstruiert wurden, das messtechnisch Anspruchsvollste, was die psychologische Eignungsdiagnostik zu bieten hat. Die Methodologie der Testkonstruktion ist weit entwickelt, und man hat in einer langen Tradition eine Fülle wertvoller Erfahrungen sammeln können. Schließlich haben Theorie und Praxis der Testkonstruktion sogar die methodischen Standards für die anderen diagnostischen Verfahren, wie Interview, Tätigkeitssimulationen oder Assessment Center, geliefert.

Steigende Akzeptanz von Testverfahren

Glücklicher Weise ist in den letzten 10 Jahren die Akzeptanz von Testverfahren in Deutschland (und in etlichen Ländern Europas noch stärker) gestiegen. Auch in den USA setzt man (wieder) verstärkt auf Persönlichkeits- und Leistungstests, sogar bis hin zur Besetzung oberster Management-Positionen: Carly Fiorina, Chefin von Hewlett-Packard, musste sich vor ihrer Nominierung einer zweistündigen Prüfung mit 900 Ja/Nein-Fragen unterziehen.

Persönlichkeits-tests

Von besonderer Bedeutung für Management Audits dürften Persönlichkeitstests sein. Manche hier besonders relevante Facetten beruflicher Leistung, wie Führung, Engagement oder Disziplin, lassen sich durch Persönlichkeitsmerkmale besser prognostizieren als durch kognitive oder andere Leistungsmerkmale. Experten schätzen sogar, dass über 90 % der Beschäftigungsverhältnisse, die scheitern, nicht aufgrund von fachlichen oder sonstigen Könnens-Kompetenzen des betreffenden Mitarbeiters beendet werden (die man offenbar leichter feststellen kann), sondern wegen Unstimmigkeiten von Merkmalen seiner Persönlichkeit mit den Anforderungsbedingungen der Position (was man bisher wohl nur unzureichend in Erfahrung bringen konnte). Einfaches Beispiel: Eine Führungskraft etwa, die das Führen anderer Personen nicht als wirklich reizvoll und motivierend erlebt, wird unter Umständen über lange Jahre hinweg genau diejenigen Situationen meiden, in denen aktiv geführt werden müsste. Welche Konsequenzen hieraus für ein Unternehmen erwachsen können, lässt sich leicht ausmalen. Die tatsächlichen Effekte solcher und vieler anderer zeitlich relativ stabiler Verhaltensdispositionen, die im Bereich der Persönlichkeit eines Mitarbeiters angesiedelt sind, werden noch vielfach unterschätzt.

Interessante Tests für den Bereich der Persönlichkeit (aber auch darüber hinaus) finden sich in dem Testhandbuch von Sarges und Wottawa (2004).   **Testhandbuch**

5 360-Grad-Beurteilungen als weitere Ergänzung von Audit-Interviews

360-Grad-Beurteilungen werden für das Personalmanagement sowohl eigenständig als auch und vor allem ergänzend zu anderen Potenzial-Einschätzungsinstrumenten wie Assessment Center und Management Audits ein zunehmend interessantes Feld (Scherm & Sarges, 2002; Scherm 2004). Denn bisher gab es praktisch nur drei Quellen für eignungsdiagnostische Informationen: Probanden selbst (bei Tests und bei Interviews), HR-Professionals und Vorgesetzte (jeweils als Beurteiler von Verhalten in Interviews, von (laborhaft) simuliertem Verhalten in Assessent Centern oder von Verhalten in realen Arbeitssituationen). Allerdings wird der Proband, wenn er schon eine Weile Führungskraft in einer Arbeitsorganisation ist, noch von anderen wichtigen Interaktionspartnern „on the job" erlebt und ist damit auch für diese beurteilbar, jedenfalls in vielen jobrelevanten Verhaltens- und Persönlichkeitsfacetten. Diese Anderen lassen sich gruppieren – außer in Vorgesetzte – in Kollegen auf der gleichen Hierarchiestufe und in unterstellte Mitarbeiter, wobei man manchmal zusätzlich noch weitere Gruppen wie Kunden und Lieferanten mit einbezieht.   **Interaktionspartner „on the job"**

Als man diese Quellen zu einem Beurteilerkreis für ein und dieselbe Fokusperson zusammenfügte und deren Urteile mit dem Selbsturteil der Fokusperson kontrastierte, war die bildlich einprägsame „360-Grad-Beur-

Vergleich Selbsturteil-Fremdurteil	teilung" geboren. Sie besteht aus dem Vergleich der Selbsturteile der Fokusperson mit den diversen Fremdurteilen in vielen einzelnen Verhaltens- oder Persönlichkeitsfacetten bzw. -dimensionen. Aus dem Selbsturteil lässt sich sehen, wo die Fokusperson sich überhaupt auf den einzelnen Skalen platziert, und aus Urteilsdiskrepanzen lässt sich dann leicht erkennen, wo die Fokusperson sich besser oder schlechter sieht als die diversen Fremdbeurteiler (sog. Over- resp. Underratings). Auf dieser Basis kann die Fokusperson kritische Reflexionsgespräche mit einem Berater oder Coach führen und über Ursachen, mögliche Änderungswünsche und -maßnahmen Entwicklungspotenziale erkennen und ausprobieren.
Multiperspektivität	Das der 360-Grad-Beurteilung zugrunde liegende Prinzip der *Multiperspektivität* ist eine ideale Ergänzung des oben empfohlenen Prinzips der *Multimethodalität*. Die folgende Erweiterung einer graphischen Darstellung von Schulers Modell mag die methodische Einordnung des 360-Grad-Ansatzes erleichtern (siehe Abb. 2). Das vordere Dreieck repräsentiert noch einmal das Modell der „3 Ansätze der Eignungsdiagnostik". Es zeigt, aus welchen *methodischen* Quellen die diagnostischen Informationen kommen (Tests, Simulationen, Interviews). Die hinteren Dreiecke zeigen auf, aus welchen weiteren *Beurteiler*-Quellen (Vorgesetzte, Kollegen, Mitarbeiter) solche methodisch unterschiedlichen Informationen auch noch kommen können.
Umfassendes Bild des Probanden	Legt man lediglich die Rubrizierung der 3 Ansätze (im vorderen Dreieck: Eigenschaften, Verhalten, Ergebnisse) zugrunde, so beziehen 2 der 3 Ansätze (Tests und Interviews) ihre Daten im Wesentlichen aus einer Quelle: vom Probanden selbst. Simuliertes Verhalten des Probanden dagegen (aber auch sein Verhalten im Interview) wird von Fremden, den Beobachtern, eingeschätzt. Nimmt man die Urteile von weiteren berufsrelevanten Fremden (Vorgesetzte, Kollegen, Mitarbeiter) mit Bezug auf wichtige Eigenschaften, Verhaltensweisen und Ergebnis-Bereiche „on the job" hinzu (hintere Dreiecke), eröffnet sich die Möglichkeit für ein deutlich umfassenderes Bild des Probanden.
Quer- und Längsschnittlichkeit	Zugleich wird in Abbildung 2 ein weiteres Kriterium für die Quellen diagnostischer Informationen erkennbar, nämlich Quer- vs. Längsschnittlichkeit. Im vorderen Dreieck stammen die diagnostischen Informationen „nur" aus querschnittlichen Arrangements mehr oder weniger laborartiger Situationen (= Test-Administration, Assessment Center, Interview), in den hinteren Dreiecken stammen die Informationen „sogar" aus längsschnittlichen Beobachtungsgelegenheiten und die auch noch von „on the job", also aus dem echten Arbeitsleben über einen größeren Zeitraum hinweg. Damit kann das implizit (= „versenkt") in der Organisation vorhandene Wissen über einen Probanden explizit gemacht („gehoben") werden.

Freilich muss konzediert werden, dass einer der querschnittlichen Ansätze – der Ergebnisansatz – auch Längsschnittliches enthält: biographische Informationen aus schriftlichen Unterlagen und dem Interview – quasi zur Rekonstruktion der Vita eines Probanden. Gleichwohl: Durch Rückgriff auf auch echte längsschnittliche und unterschiedliche Datenquellen „on the job" (Vorgesetzte, Kollegen, Mitarbeiter) dürfte nicht nur die ökologische Validität des Gesamtbildes eines Probanden steigerbar sein, sondern auch die prognostische.

Ergebnisansatz

Deshalb sollte das Heranziehen und Abgleichen der Urteile von auch anderen Personen als nur von den Beratern und vom Kandidaten selbst eine wünschenswerte Ergänzung der Daten und Urteile aus Interviews und Tests zum Standard avancieren.

Standards setzen

Nun ist es aber auch nicht so, dass dies alles in der Praxis noch überhaupt nicht getan würde. Tatsächlich werden von einzelnen Beratungsunternehmen durchaus auch Tests herangezogen und/oder Urteile Dritter. Wir plädieren aber dafür, dieses sehr viel häufiger – am besten standardmäßig – und auch systematischer in der oben empfohlenen Weise zu tun. Praktischer Engpass dafür scheint allerdings die wirksame Umsetzung zu sein, d. h. die geschickte Instrumentierung und Realisierung der Datenerhebung, die professionelle Auswertung und Interpretation der Daten sowie die angemessene und hinreichend detaillierte Berichterstattung und Rückmeldung der Befunde an Kandidaten und Auftraggeber. Dabei sind bislang noch erhebliche Qualitätsunterschiede zu beobachten, die in Unterschieden der (auch psychologischen) Professionalität, der akkumulierten Erfahrungen und der Persönlichkeiten der Berater ihre Ursache haben.

Praktischer Engpass und Qualitäts-unterschiede

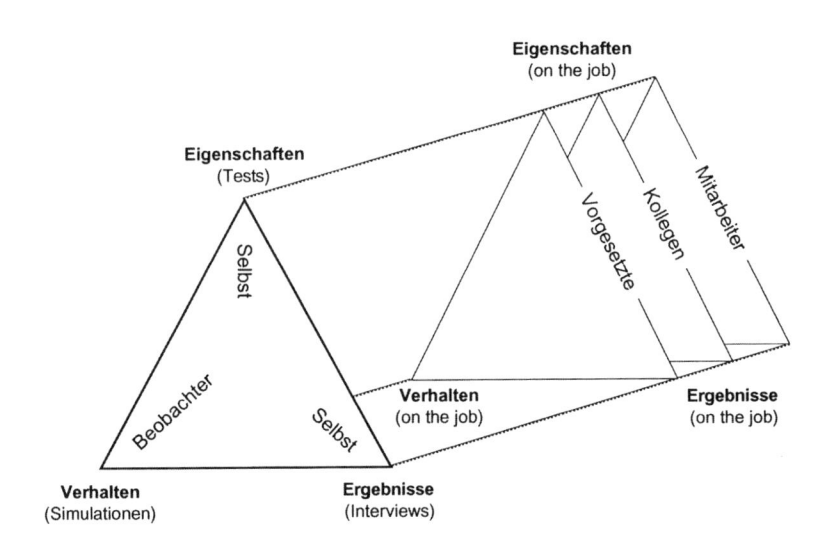

Abbildung 2: Ergänzung von Multimethodalität (= 3 Ansätze der Eignungsdiagnostik) durch Multiperspektivität (= 360-Grad-Beurteilung)

6 Was sollte nach einem Management Audit passieren?

Ähnlich wie man vor einem Audit dafür Sorge tragen muss, dass nicht nur die nötige Validität, sondern auch die wünschenswerte Akzeptanz erreicht wird, indem man die Betroffenen umfassend und ehrlich über Ziele und Verfahren aufklärt, sollte man auch bei der Nachsorge verfahren, d. h. mit ernsthafter Planung und Durchführung von folgerichtigen Maßnahmen nach einem Audit reagieren.

Dabei geht es um

Nachsorge mit folgerichtigen Maßnahmen
- ▸ die faire Behandlung der Problemfälle,
- ▸ die weitere Motivation der Leistungsträger,
- ▸ das erfolgreiche Halten der Stars sowie
- ▸ die geeignete Entwicklung der Talente.

Bei den als Problemfällen identifizierten Kandidaten („Verlierer") tun sich die Unternehmen eher leicht mit den nötigen Konsequenzen: Man stuft sie zurück bzw. um oder man trennt sich von ihnen (meist unter Einschaltung einer Outplacement-Agentur). Nicht selten auch dient in solchen Fällen das Audit – wiewohl kaum zugegeben – der Delegation kritischer Einschätzung einzelner Führungskräfte an externe Berater.

Umgang mit „Verlierern"

Bei Leistungsträgern, Stars und Talenten dagegen wird oft vieles unterlassen, was eigentlich recht einfach zu realisieren wäre:

- Für Leistungsträger empfiehlt es sich, schon im Feedbackgespräch mit Berater und Vorgesetztem einvernehmlich Entwicklungsmaßnahmen festzulegen.
- Für Stars sollte man individuelle Karrierepläne konzipieren. Zwar kann man ihnen nicht immer und sofort attraktive Alternativen zu ihren derzeitigen Positionen bieten, aber es gibt auch vorläufigen Ersatz, z. B. eine Summer School-Teilnahme für General Management. Auf keinen Fall sollte man sie leichtfertigerweise zur Konkurrenz abwandern und damit das Audit zum Bumerang werden lassen.
- Für Talente ist die Koppelung des diagnostizierten Potenzials mit angemessenen Entwicklungserfahrungen entscheidend. Wird dies versäumt, verlassen auch hier nicht wenige Hoffnungsträger nach einem Audit die Unternehmung – ein nicht minder teurer Verlust.

Leistungsträger, Stars und Talente

Wie aber können Unternehmen die Entwicklungserfordernisse ihrer „Gewinner" (Stars, Talente, aber auch Leistungsträger) unterstützen? Eigentlich sind die Mittel dazu wohl bekannt, doch noch allzu oft fehlt eine gezielte, planvolle und wirksame Umsetzung. Immerhin scheinen Unternehmen, denen ein besonders gutes Management nachgesagt wird, schon seit längerem mehr Gebrauch von wirksamer Entwicklung ihrer Potenzialträger zu machen als weniger gut geführte Unternehmen: Sie steigern die Verantwortung der Positionen, schaffen spezielle Arbeitsplätze, bieten betriebsinterne und -externe Trainingsprogramme an, versetzen Mitarbeiter zwischen den Funktionen, Divisionen und Ländern, weisen ihnen Mentoren und Trainer zu, geben ihnen häufig genug Feedback über ihre Entwicklungsfortschritte und zeigen auf, wie sie ihre Entwicklung selbst gestalten können.

Unterstützung der „Gewinner"

Derartige Bemühungen sollten für jedes Unternehmen zu einem unbedingten Muss nach einem Audit werden. Denn der durch die wachsende Globalisierung der Wirtschaft bedingte Zwang zu mehr Leistung wird immer stärker die wirklich effektiven Führungskräfte zu identifizieren und zu entwickeln verlangen. Doch auch viele Professionals avancieren zu einem ständig wachsenden Erfolgsfaktor, weil sich heutzutage praktisch alle Unternehmen immer stärker zu sog. People's Businesses entwickeln.

People's Businesses

7 Nachbemerkungen und Ausblick

Früher waren die wesentlichen Zielpersonen der Management-Diagnostik

Bisherige...
- Führungsnachwuchskräfte und jüngere Führungskräfte, deren Führungseignung und -entwicklungspotenzial bei Eintritt in die Firma bzw. nach einigen Jahren der Mitgliedschaft geprüft wurde (meist per Interviews, Tests und Assessment Center),
- erfahrene Führungskräfte unterschiedlicher Hierarchieebenen und Funktionszugehörigkeiten, deren Eignung und Potenzial fallweise für bestimmte Managementfunktionen im Rahmen von Einzel-Assessments eingeschätzt wurde.

...und aktuelle Zielpersonen
Seit gut einem Jahrzehnt nun haben sich die Zielpersonen der Management-Diagnostik deutlich vermehrt: Ganze Gruppen etablierter Manager bestimmter Ebenen und Funktionsbereiche werden ohne Ausnahme auf weiteres Managementpotenzial geprüft: in sog. Management Audits – einem noch jungen Instrumentarium der Management-Diagnostik.

Unterrepräsentanz von Psychologen
Bedauerlicherweise ist diese Entwicklung an vielen Psychologen der Wirschaftspraxis bislang vorbei gegangen – vergleichbar ihrer seinerzeitigen Unterrepräsentanz im Assessment Center-Markt. Der Löwenanteil des Audit-Aufkommens wurde abgewickelt von Executive Search- und Strategie-Beratungs-Firmen, bei denen professionelle Psychologen, wenn überhaupt vorhanden, nur eine Minderheit unter den Beratern stellen. Diese Firmen sahen in Management Audits schon frühzeitig ein leicht von ihnen besetzbares zusätzliches Geschäftsfeld mit lukrativen Einnahmequellen und – wenn auch gern bis heftig bestritten – mit beachtlichen Synergieeffekten für ihre traditionellen Geschäftsfelder.

Die Tatsache, dass vor allem diese Firmen bis dato die großen Audit-Aufträge erhielten, hat nahe liegende Gründe:

Gründe
- Sie haben durch ihre ursprünglichen Beratungsfelder ohnehin oder leicht Kontakt zu den problembedrängten und auftragsbefugten Entscheidern der obersten Ebene (Aufsichtsräte, Vorstände, Geschäftsführer).
- Ihre Berater sind im Umgang mit Führungskräften aller Couleur bestens vertraut.
- Sie verfügen für das kurzfristige Mengengeschäft über die genügend großen Beraterstäbe in wichtigen Industrieländern.

Immenser äußerer Druck
Es besteht meist ein immenser äußerer Druck aus Anlass von Fusionen, Reorganisationen, Sanierungen o. Ä., der für diese Beratungsfirmen ausgesprochen attraktive Preise ermöglicht. Daran wird sich zukünftig wohl auch nicht viel ändern. Die großen Search- und Strategieberatungen werden allein schon wegen ihrer Manpower und des oft sehr großen Drucks

durch abrupte Diskontinuitäten wie Fusionen, dringenden Sanierungen u. Ä. zur Produktion von in diesen Situationen unausweichlichen „Streichlisten" weiterhin die größeren Audits abwickeln. Dafür können sie natürlich leicht Spitzenpreise erzielen – wie immer und überall möglich bei drängenden Bedarfen und hoher Kaufkraft der Nachfrager.

In dem Maße aber, wie der zeitliche, selektive und/oder mengenmäßige Druck geringer ist und weniger massive Einschnitte zu erwarten sind, bestehen gute Gelegenheiten für eine umfangreichere Datensammlung pro Kandidat und eine aufwändigere Begutachtung, zum Vorteil differenzierterer Einsatz-, Coaching- und Weiterentwicklungsberatungen. Hier liegt die Chance auch für die kleineren, stärker an professionell-psychologischer Diagnostik orientierten Beratungsfirmen. Sie können qualitativ ergiebigere Management Audits sogar deutlich preiswerter anbieten, weil sie nicht unter dem Druck großer Margen stehen wie die in Hochpreissegmenten operierenden Search- und Strategie-Beratungen. Dies wäre aus Sicht der Management-Diagnostik eine durchaus wünschenswerte Entwicklung.

Chance für professionell-psychologische Diagnostik

Gleichermaßen aber wäre es wünschenswert, wenn auch die großen Beratungsfirmen dazu übergingen, die methodischen Standards von Management Audits den inzwischen strengeren Anforderungen an seriöse psychologische Diagnostik anzunähern, und zwar sowohl mit Bezug auf die Qualität der Instrumente als auch den gesamten Prozess der Eignungsbeurteilung (siehe dazu Heyse & Kersting, 2004; Kersting & Heyse, 2004).

Angleichung von Methodenstandards

Management Audits würden dann vermutlich nicht mehr so dominant für Auswahl-Zwecke, sondern vermehrt auch für den Bedarf im Entwicklungs-Bereich auf eine wachsende Nachfrage treffen. Der Markt für „nur" prophylaktische (= Entwicklungs-)Anliegen (wie bei Porsche z. B. alle 3 Jahre) oder auch für kleinere Gruppen von Managern, von denen die Auftraggeber sowie die Betroffenen selbst gern Detaillierteres wissen möchten als bei bislang gängigen Audits erhältlich, ist sehr groß – zumal etliche Entwicklungs- und Potenzialbeurteilungen mittels psychologisch-professionell konzipierter Audits kostengünstiger und breitenwirksamer sein könnten als mittels Assessment Center oder Einzel-Assessments.

Mehr Management Audits im Entwicklungs-Bereich

Literatur

Bristow, N., Buchner, K., Folkman, J. & McKinnon, P. (o. J.). *The leadership skills audit. A guide to measuring and improving the effectiveness of leaders at every level in your organization* (From the series: The portfolio of business and management audits). Cambridge (UK): Cambridge Strategy Publications.

Craig-Cooper, M. & de Backer, P. (1993). *The Management Audit – How to create an effective management team.* London: Pitman.

Furnham, A. & Gunter, B. (1993). *Coporate assessment – Auditing a company's personality.* London: Routledge.

Gerhardt, T. & Ritter, J. (2004). *Management Appraisal – Kompetenzen von Führungskräften bewerten und Potenziale erkennen.* Frankfurt/M.: Campus.

Heyse, H. & Kersting, M. (2004). Anforderungen an den Prozess der Eignungsbeurteilung. In L.F. Hornke & U. Winterfeld (Hrsg.), *Eignungsbeurteilungen auf dem Prüfstand: DIN 33430 zur Qualitätssicherung* (S. 29-41). Heidelberg: Spektrum.

Kersting, M. & Heyse, H. (2004). Anforderungen an die Qualität der Verfahren. In L.F. Hornke & U. Winterfeld (Hrsg.), *Eignungsbeurteilungen auf dem Prüfstand: DIN 33430 zur Qualitätssicherung* (S. 43-54). Heidelberg: Spektrum.

Krogh, G. von & Venzin, M. (1995). Anhaltende Wettbewerbsvorteile durch Wissensmanagement. Die Unternehmung – *Schweizerische Zeitschrift für betriebswirtschaftliche Forschung und Praxis, 49,* 417-436.

Lambsdorff, M. Graf & Tanneberger, J. (2002). Das Management Appraisal – Analyse- und Führungsinstrument im innovationsorientierten Management. In H.-C. Riekhof (Hrsg.), *Strategien der Personalentwicklung* (S. 239-251). Wiesbaden: Gabler.

Rissiek, J. (1998). *Investitionen in Humankapital.* Wiesbaden: Deutscher Universitätsverlag.

Samland, J. (Hrsg.). (2001). *Das Management Audit.* Frankfurt/M.: F.A.Z.-Institut.

Sarges, W. (2000). Diagnose von Managementpotenzial für eine sich immer schneller und unvorhersehbarer ändernde Wirtschaftswelt. In L. von Rosenstiel & T. Lang-von Wins (Hrsg.), *Perspektiven der Potentialbeurteilung* (S. 107-128). Göttingen: Hogrefe.

Sarges, W. (2001). Competencies statt Anforderungen – nur alter Wein in neuen Schläuchen? In H.-C. Riekhof (Hrsg.), *Strategien der Personalentwicklung* (5., überarb. u. erw. Aufl., S. 285-300). Wiesbaden: Gabler.

Sarges, W. & Wottawa, H. (Hrsg.). (2004). *Handbuch wirtschaftspsychologischer Testverfahren* (2., überarb. u. erw. Aufl.). Lengerich: Pabst.

Scherm, M. (Hrsg.). (2004). *360-Grad-Beurteilungen: Diagnose und Entwicklung von Führungskompetenzen.* Göttingen: Hogrefe.

Scherm, M. & Sarges, W. (2002). *360°-Feedback.* Göttingen: Hogrefe.

Schuler, H. (2000). Das Rätsel der Merkmals-Methoden-Effekte: Was ist „Potential" und wie läßt es sich messen? In L. von Rosenstiel & T. Lang-von Wins (Hrsg.), *Perspektiven der Potentialbeurteilung* (S. 27-71). Göttingen: Hogrefe.

Spreitzer, G.M., McCall, M.W., Jr. & Mahoney, J.D. (1997). Early identification of international executive potential. *Journal of Applied Psychology, 82,* 6-29.

Wiegmann, V.T. (2001). Das interaktive Management Audit – Schlüssel-Baustein systematischer Führungskräfte-Entwicklung. In J. Samland (Hrsg.), *Das Management Audit* (S. 215-227). Frankfurt/M.: F.A.Z.-Institut.

Wübbelmann, K. (2001). *Management Audit – Unternehmenskontext, Teams und Managerleistung systematisch analysieren.* Wiesbaden: Gabler.

Perspektiven für das Management Audit

Klaus Wübbelmann

1 Einleitung

Nicht nur die Moral von Top-Managern ist nach Skandalen bei Enron, MCI Worldcom, deutschen Immobilienfonds und anderen Unternehmen nachhaltig in Verruf geraten. Neben der Frage der persönlichen Integrität wird auch die Frage nach der Kompetenz von Managern immer häufiger öffentlich und im Zusammenhang mit spektakulären Unternehmensschieflagen gestellt, die die Arbeitsplätze tausender Mitarbeiter bedrohen oder vernichten. Und neben den Fällen, die die Medien beschäftigen, wird es viele öffentlich nicht beachtete Unternehmensniedergänge, Wertvernichtungen und ungenutzte Chancen geben, die (auch) auf persönliche Schwächen oder fehlende Kompetenzen von Managern, Konflikte im Management Team oder/und unzureichende Managementstrukturen zurückzuführen sind.

Corporate Governance und Managerhaftung sind Antworten auf diese Entwicklungen; diese Antworten zielen auf die Werte und Spielregeln, auf die Ethik im Unternehmen. Wie wird die Antwort auf das Kompetenzproblem lauten? Leugnen? Zugestehen, aber für nicht lösbar erklären? Investitionen in bessere Ausbildungen, Gelder für die Hochschulen? Weiterführende Managementqualifizierungen? Das alles ist vorstellbar, vielleicht sogar wahrscheinlich. Nahe liegend ist allerdings auch, dass gründlichere und wiederholte Prüfungen des Managements sich mehr und mehr etablieren. Eigentümer, Investoren, Aufsichtsgremien haben ein Interesse daran, dass funktionierende Management Teams aus integren und kompetenten Führungskräften den Wert ihrer Unternehmen steigern. Je mehr Managementfehler öffentliches Interesse genießen, desto größer wird der Druck auf diejenigen werden, die die Managementqualität in den Unternehmen zu sichern haben, dieser Aufgabe nachweislich nachzukommen. Ein Instrument dafür wird das systematische Management Audit sein. Neben den ohnehin geltenden Begründungen und Anlässen für den Ein-

Corporate Governance und Managerhaftung

satz von Management Audits, auf die in diesem Band viele Autoren hinweisen (vgl. beispielhaft den Beitrag von Fertsch-Röver in diesem Band), werden also die genannten Entwicklungen den Einsatz von Management Audits weiter forcieren. In einigen Thesen werden Entwicklungen skizziert, die sich im Zuge dieses verstärkten Einsatzes aller Voraussicht nach ergeben werden.

2 Thesen zur Entwicklung des Management Audits

1. These: Die Zielsetzungen für Management Audits werden sich weiter differenzieren.

Im Bewusstsein der meisten Verantwortlichen ist das Management Audit vorrangig ein Instrument, um Auswahl- bzw. Platzierungsentscheidungen zu optimieren. Der Kontext von Unternehmensrestrukturierungen und der Neuordnung von Managementstrukturen, in dem das Management Audit klassischer Weise eingesetzt wird, führt zu dieser Auswahlorientierung in der Zielsetzung. Inzwischen zeichnet sich jedoch klar ab, dass viele Unternehmen auch außerhalb dieses Kontexts von Management Audits sprechen, wenn sie eine Überprüfung des Managementpotenzials einzelner oder mehrerer Führungskräfte vornehmen. Dass man hier etwa vor zehn Jahren noch eher von Management-Potenzialanalysen gesprochen hat, ist eine reine Frage des Sprachgebrauchs und markiert keinen substanziellen Unterschied (vgl. dazu die Einleitung zu diesem Band).

Einbeziehung von Zielen der Managemententwicklung

Die verschiedenen Beiträge dieses Bandes zeigen auf, dass in vielen Audit-Projekten bereits weitere Zielsetzungen eine Rolle spielen. Vor allem die Einbeziehung von Zielen der Managemententwicklung ist offenkundig. Es werden individuelle Stärken und Schwächen festgehalten, Entwicklungsgespräche geführt und persönliche Entwicklungspläne erstellt. Die Mühe, die dafür eingesetzt wird, ist erheblich. Leider erfährt man nur selten etwas darüber, wie es mit der Umsetzung der Pläne voranging. In aller Regel werden die erforderlichen Platzierungsentscheidungen rasch gefällt und umgesetzt. Für die Glaubwürdigkeit behaupteter Entwicklungsziele ist es erforderlich, schon in der Planungsphase des Audits konkrete Angebote zur Managemententwicklung zu konzipieren und zu planen. Dann wird auch deren Umsetzung deutlich wahrscheinlicher. Es muss allerdings auf einen Punkt aufmerksam gemacht werden: Damit die Darstellung und Vereinbarung von Entwicklungszielen nicht zum Feigenblatt eines Prüfverfahrens verkommt, muss nicht nur klar sein, dass das Unternehmen solche Entwicklungen ernsthaft verfolgt, sondern auch hinterfragt werden, ob eine ausreichende Entwicklungsfähigkeit und Entwicklungsbereitschaft der Betroffenen vorliegt. Anders als in Orientierungscentern für Nachwuchskräfte sind die Teilnehmer an Management Audits in aller Regel Führungskräfte mit langjähriger Praxis und sehr viel Erfahrung in ihrem Fach- oder Funktionsbereich. Fachliche Qualifizierungen sind daher in aller Regel nicht mehr erforderlich oder anzustreben. Die in Frage kommenden Themen für eine Entwicklung sind in aller Regel entweder General Management Trainings bzw. Kurse an Business Schools oder Aspekte der Persönlichkeitsentwicklung: Feedbackfähigkeit, Konfliktfähigkeit, persönliche Wirkung und Ausstrahlung etc. Der Besuch von General Management Trainings und renommierten Business Schools ist häufig an Voraussetzungen geknüpft, die nicht jeder Manager erfüllt und zudem in der Regel sehr teuer. Daher werden nur Einzelne in ihren Genuss kommen. Eine Entwicklung von Aspekten der Persönlichkeit erscheint häufig nicht nur wünschenswert, sondern notwendig, muss sich allerdings mit der Tatsache auseinandersetzen, dass Persönlichkeit per definitionem als etwas Stabiles, sprich nicht so leicht zu Veränderndes, angesehen wird. In der Regel wird auch angenommen, dass ihre Stabilitätstendenz mit dem Alter zunimmt, so dass Persönlichkeitsentwicklung, einmal vorausgesetzt der Betroffene will sie überhaupt, ein mühsames Unterfangen mit nicht ganz zweifelsfreiem Ausgang darstellt. Es wird sinnvoller sein, auch in der Entwicklung von erfahrenen Managern einen verhaltensnahen Ansatz zu wählen, der beispielsweise Kompetenzen in der Analyse sozialer Dynamiken und politischer Strukturen im Unternehmen vermittelt und sich auf die Erarbeitung relevanter Verhaltensalternativen in zentralen Managementsituationen konzentriert.

Persönlichkeitsentwicklung

Verhaltensnaher Ansatz

Der Druck auf Eigentümer und Aufsichtsgremien und das Interesse von Investoren, rechtzeitig Managementfehlern vorzubeugen, wird Routinen der Managementüberprüfung befördern. Vorstände und Geschäftsführer werden sich diesen Routinen stellen und zugleich für das ihnen untergeordnete Management vergleichbare Prozesse installieren müssen. Darin zeichnet sich eine weitere zukünftig häufiger anzutreffende Zielsetzung von Management Audits ab: Sie werden dazu dienen, getroffene Platzierungsentscheidungen zu validieren, möglicherweise sogar regelmäßig. Eine solche Zielsetzung wird zur Individualisierung der jeweils gestellten Fragen führen. Vermutlich wird eine solche Überprüfung vor allem dann durchgeführt werden, wenn sich die Rahmenbedingungen, unter denen ein Manager oder ein Management Team agieren, ändern und neue Anforderungen an ihn oder es gestellt werden. Es wird erforderlich sein, die Zielsetzungen eines solchen Audits sehr genau zu definieren und auf die konkrete Situation und die konkreten Personen anzupassen, um die wesentlichen Fragen zu beantworten. Allgemeine Aussagen zum Managementpotenzial werden hier weniger gefordert sein.

Vorbeugung von Managementfehlern

2. These: Die Betrachtungsebene wird über das Individuum hinausgehen.

Systemische Perspektive

Die in der Einleitung zu diesem Band unter der Überschrift „Systemvergessenheit" angesprochene Zentrierung der Betrachtung auf die Person, auf individuelle Manager und ihre Stärken, Schwächen, Potenziale und Entwicklungsfelder wird um weitergehende Perspektiven ergänzt werden. Management Teams und der Management Kontext eines Unternehmens stellen Größen dar, deren Relevanz für die Managementleistung unbestreitbar ist. Dennoch finden sich – das zeigen auch die Praxisbeispiele dieses Bandes – bisher keine systematischen Ansätze, sie in gebührendem Ausmaß in Management Audits zur berücksichtigen. Die Gründe dafür sind nahe liegend: Zum einen beinhaltet der Bezugsrahmen darüber, wie man eine Managementleistung evaluiert, diese Aspekte bisher nicht. Das Bewusstsein für deren Relevanz ist bei weitem nicht so ausgeprägt wie das Bewusstsein darüber, was ein Manager leisten oder verderben kann. Zum zweiten kann sich dieses Bewusstsein auch nur sehr langsam bilden, da eine entsprechende Praxis, an der man sich ein Modell abgucken könnte, nicht existiert – ein sich selbst verstärkendes Innovationshemmnis. Zum dritten: Wo ein Interesse an der Erweiterung der Perspektive besteht, muss die Hürde zusätzlichen Aufwands und damit zusätzlicher Kosten genommen werden. Man wird sich also auf einen eher langwierigen Entwicklungsprozess einstellen müssen, in dessen Verlauf erste Schritte in die Richtung einer ganzheitlicheren Betrachtung der Bedingungen für Managementleistung im Rahmen von Management Audits gemacht werden. Vorrangig wird diese Entwicklung in den Feldern einsetzen, in denen die Ungewissheit über die Managementleistung am größten ist, beispielsweise im Kontext von Unternehmensübernahmen oder Investment Entscheidungen. Eine wesentliche Voraussetzung dafür ist die Entwicklung pragmatischer Methoden, die einen Einstieg in diese Perspektivenerweiterung ermöglichen (vgl. dazu These 8).

Entwicklung pragmatischer Methoden

3. These: Die Reife von Managern im Umgang mit Audits wird zunehmen.

Erfahrungszuwachs bei Managern

Derzeit trifft man in Management Audits noch überwiegend auf Manager, die ein solches Verfahren erstmalig bestreiten. Es liegt in der Natur der Entwicklung eines solchen Instruments, dass es mehr und mehr Manager geben wird, die eigene Erfahrungen in der Teilnahme an Management Audits haben oder sich auf andere Weise ein Bild davon machen konnten, sei es im Austausch mit Führungskräften, die ein Audit bestritten haben, sei es über Literatur oder das Internet. Aus verschiedenen Quellen ist es inzwischen möglich, Kriterien über die Qualität eines Management Audits aufzubauen, eine eigene Vorstellung davon zu entwickeln, was ein professionelles und seriöses Management Audit ausmacht. Nun ist – auch wenn ihnen in der Regel kaum eine andere Wahl bleibt – die Teilnahme an einem Management Audit eine freiwillige Angelegenheit. Es sollte mehr als die erlebte Unausweichlichkeit zur Teilnahme führen. Die wünschenswerte Akzeptanz wird zukünftig aber nur noch durch Audit-Prozesse erreichbar sein, die hohen und reflektierten Erwartungen an methodische Professionalität, aktive Diskussion über Ziele und Konsequenzen sowie konsequente Aufrichtigkeit gerecht werden. Zielsetzungen und Vorgehen sollten für betroffene Führungskräfte substanziell nachvollziehbar sein. Sie selbst sollten die Frage, ob die anstehenden Entscheidungen und Entwicklungen mit Hilfe eines Management Audits besser zu treffen und auszurichten sind als mit anderen Vorgehensmodellen, positiv beantworten.

Vertiefte Reflexion und größeres Selbstbewusstsein von Führungskräften dem Management Audit gegenüber müssen dazu führen, dass Auftraggeber und Berater ihre Prozesse und Methoden im Management Audit kritischer hinterfragen, professioneller gestalten und transparenter kommunizieren. Führungskräfte werden ihr eigenes Top-Management ebenso wie die operierenden Berater nicht mehr nur hinter vorgehaltener Hand, sondern in zunehmend offenen Diskussionen selbst daran bewerten, wie sorgfältig und überzeugend sie ein Management Audit umsetzen – und sie tun dies sehr zu Recht, schließlich wird in vielen Audits dann genau nach den standfesten, den Konflikt aktiv angehenden, ihre Meinung offen vertretenden Persönlichkeiten Ausschau gehalten. Man wird sie nicht unter denen finden, die sich wie Schafe zur Schlachtbank führen lassen. Zweifellos allerdings auch nicht unter denen, die sich verschließen und verweigern, die auch für eine offene Diskussion über Notwendigkeit und Bedingungen einer kritischen Bestandsaufnahme nicht zu gewinnen sind. Diese Gruppe von Führungskräften wird es weiterhin geben, aber die Zahl derjenigen, die im Umgang mit Management Audits reifer und differenzierter, zugleich aber anspruchsvoller werden, wird steigen. Mit ihr steigt der Anspruch an die Durchführenden.

Steigender Anspruch an Durchführende

4. These: Mit steigender Anbieterzahl wird eine Qualitätsdiskussion einsetzen und eine systematische Beraterauswahl an Bedeutung gewinnen.

Management Audits – übrigens ohne Unterschiede in der Sache häufig auch Management Appraisals genannt – sind als Premium- und damit Hochpreissegment für viele Beratungsunternehmen ein attraktives Geschäftsfeld. Renommierte und auch weniger bekannte Executive Search Firmen haben sich hier besonders etabliert, wohl vor allem aufgrund ihrer häufig guten Netzwerke in oberste Entscheidungsebenen hinein. HR-Consultants, die schon lange im personaldiagnostischen Feld tätig sind, ziehen nach und bieten eigene Lösungen an. Sie sind häufig mit psychologischer Methodenkompetenz ausgestattet. Inzwischen vertreiben auch Toolanbieter ihre häufig EDV-basierten Befragungsinstrumente unter dem Label „Management Audit". Parallel zum geschärften Bewusstsein für die Relevanz der Management Diagnostik in den Unternehmen werden auch weitere Anbieter diesen Markt erobern wollen.

Wahrnehmung neuer Anbieter

Wie in anderen Feldern, in denen wachsende Nachfrage und die Attraktivität der erzielbaren Konditionen viele Anbieter anziehen, wird sich schon sehr bald eine Qualitätsdiskussion ergeben. Kunden werden zum einen auch neue Anbieter wahrnehmen, die keinen Markennamen tragen, und werden sie als Alternative in Betracht ziehen wollen, wenn sie sich ihrer Prozess- und Methodenkompetenz sicher sein können. Entsprechend werden in den Markt eintretende Anbieter diese Kompetenz für sich in Anspruch nehmen. Ihre Evaluation freilich bleibt das Problem potenzieller Kunden.

Kundespezifische Qualitätskriterien

Möglicher Weise werden neue Anbieter auch versuchen, über attraktive Preise Marktanteile zu gewinnen und dadurch Aufmerksamkeit erzielen können. Aufgrund der Bedeutung und der Sensibilität des Themas allerdings wird die Entscheidung nicht anhand des Preises, sondern vor allem anhand von Qualitätskriterien fallen. Damit aber ist einmal mehr klar, welchen hohen Stellenwert die Qualität der angebotenen Management Audit-Leistungen haben werden. Kunden werden ihre Qualitätskriterien definieren und durchsetzen.

Meta-Consultants

Die komplementäre Perspektive für diejenigen, die in den Unternehmen die Managemententwicklung verantworten, wird in der nächsten These besprochen. Hier ist noch die Aufmerksamkeit darauf zu legen, dass bei komplexer werdenden Anbieterstrukturen die Notwendigkeit zur systematischen Anbieterevaluation und -auswahl, auch mit Hilfe von Meta-Consultants (vgl. den Beitrag von Treichler in diesem Band) zunimmt.

5. These: Die Kompetenz interner Managemententwickler wird mehr gefragt sein.

Unternehmensinterne Qualitätssicherer

Zunehmende Anbieterzahl und wachsendes Qualitätsbewusstsein werden dazu führen, dass interne Managemententwickler verstärkt in die Rolle kommen, Anbieter zu evaluieren, Prozess- und Qualitätserwartungen aufzustellen und maßgeblichen Einfluss auf die Gestaltung von Audit-Prozessen zu nehmen. Sie werden konzeptionelle Kompetenz aufbauen und ihre Vorstände oder Geschäftsführer in der Prozess- und Methodengestaltung sowie in der Beraterauswahl und -steuerung beraten.

Je mehr sie sich dabei als wirksame Qualitätssicherer erweisen und unternehmensspezifische Interessen durchsetzen, desto stärker wird ihre Meinung intern geschätzt und ihre intensive Beteiligung an der Steuerung von

Management Audits von Vorständen und Geschäftsführern gefragt werden. In der Folge werden ausschließlich auf persönlichen Beziehungen zwischen Entscheidern und Beratern basierende Vergaben abnehmen und die systematische Auswahl des passenden Partners aufgrund spezifischer, auf die konkreten Fragestellungen abzielende Kriterien sich durchsetzen.

Im Zuge der Kompetenzentwicklung interner Verantwortlicher wird sich das Bewusstsein für die Notwendigkeit entwickeln, internes Wissen über Audit-Teilnehmer und ihre oft lange Leistungsgeschichte im Unternehmen strukturiert in Management Audits einfließen zu lassen. Der Beitrag interner Managemententwickler wird dabei zunächst darin liegen, das Interesse an dieser Integration von Bewertung bisheriger Leistungen und Potenzialeinschätzungen zu vertreten. Sie können am ehesten dafür sorgen, dass bisherige Leistungen systematischer Bestandteil einer Auditierung werden. Weiterhin können sie wichtigen Input für die angemessene Gestaltung von Beurteilungsinstrumenten und -prozessen für diesen Zweck liefern, die dann im Audit umgesetzt werden. **Bisherige Leistungen als systematischer Auditierungsbestandteil**

Aber die Rolle interner Managemententwickler kann und wird auch in vielen Fällen weiter gehen. Sie werden auch zu Beteiligten an Potenzialeinschätzungen im Rahmen von Interviews, Case Studies oder Simulationen werden und in die Bewertung viele wichtige Aspekte aus dem Hintergrund des Unternehmens einbringen.

Sicher wird es auch weiterhin Konstellationen geben, in denen eine rein externe Durchführung angeraten ist, aber die gemeinsame Durchführung wird einen eigenen Platz und Stellenwert entwickeln. Dabei werden neben den Managemententwicklern auch Vertreter des Top-Management selbst sich einen unmittelbaren und persönlichen Eindruck von auditierten Führungskräften machen wollen und daher auch selbst als Beobachter teilnehmen. **Kooperative Durchführung**

6. These: Die Rolle des Beraters im Management Audit wird sich verändern: vom außen stehenden Begutachter zum integrierenden Prozess- und Methodenberater.

Im traditionellen Management Audit-Ansatz ist der Berater in einer sehr exklusiven Rolle tätig. Aufgrund eines Auftraggeberbriefings, in dem ihm Anliegen, Ziel- und Fragestellungen des Management Audits erläutert wurden, erfolgen ein, seltener zwei Treffen mit den einzuschätzenden Führungskräften. Die Gestaltung dieser Treffen, an denen auch keine weiteren Personen teilnehmen, liegt in der Hand der Berater. In aller Regel führen sie Interviews mit den Teilnehmern, ggf. ergänzt um die eine oder andere weitere Methode. So entsteht eine Beurteilung, die in einem schriftlichen Bericht dokumentiert wird. Neben diesem Bericht wird das Ergebnis des Verfahrens dem Auftraggeber persönlich zurückgemeldet.

Berichte und Rückmeldungen bilden dann die wesentliche, nicht selten auch einzige Grundlage für Entscheidungen und Maßnahmen. Das Audit ist häufig identisch mit der persönlichen Einschätzung durch einen oder zwei Berater, deren Rolle damit offenkundig nicht nur die des Befragungs- und Einschätzungsexperten, sondern auch des Entscheidungsmachers ist. Diese Dynamik ist sehr nachvollziehbar, denn es erschiene wenig sinnvoll, ein teures Audit zu veranstalten, um dann dessen Ergebnisse nicht ernst zu nehmen. Wenn und so lange die Einschätzungen aus dem beraterzentrierten Audit zu optimalen Entscheidungen und Maßnahmen führen, zumindest aber zu besseren, als man sie ohne den Einsatz dieses Audits erwarten könnte, ist dagegen auch kaum etwas einzuwenden. Allerdings ist hier die Alternative lediglich „kein Audit versus beraterzentriertes Audit". Interessanter ist die Betrachtung anderer Audit-Ansätze, deren Umsetzung zunehmend zu beobachten ist.

Veränderung der Beraterrolle — Je mehr die in These 4 angesprochenen Management Audit-Prozesse verfolgt werden, die eine gemeinsame Durchführung durch Berater und eigene Managemententwickler, ggf. auch unter Beteiligung des Auftraggebers selbst, beinhalten, wird sich die Beraterrolle deutlich verändern.

Anspruchsvolle Erwartungen — Management Audit-Prozesse werden komplexer, es kommen neue, für den/die Berater anspruchsvolle Erwartungen auf. Es müssen Wege gefunden werden, wie interne Beteiligte angemessen eingebunden werden können. Vermutlich werden sie eine stärker beobachtende, Eindrücke sammelnde und Einschätzungen aufbauende Rolle übernehmen, um weiterhin von der methodischen Expertise des Beraters zu profitieren, diese aber im Hinblick auf die Urteilsbildung um weitere profunde Meinungen zu ergänzen. Dazu müssen Methoden entwickelt werden, die eine solche Rolle sinnvoll erscheinen lassen. Ohne auf dieses Thema näher eingehen zu können: es wird schnell deutlich, dass Berater in diesem Kontext ihre Methoden anpassen, ein sensibles Feld der Beziehungen zwischen allen Beteiligten handhaben und moderieren sowie ihre eigene Kompetenz unter direkter Beobachtung beweisen müssen. Dazu kommt das Steuern von Beurteilungs- und Einschätzungsprozessen, insbesondere der Umgang mit Einschätzungsunterschieden, die ggf. auftreten. Im klassischen Ansatz gilt die Meinung des Beraters und wird nicht um andere Meinungen ergänzt oder korrigiert. Methodisch betrachtet ist zweifellos ein Multi-Perspektiven-Ansatz vorzuziehen, für die handelnden Berater freilich werden sich Selbstverständnis und Rollenbild deutlich verändern. Sie werden nicht nur mit Führungskräften zu tun haben, die im Umgang mit Audit-Situationen selbstbewusster sind, sondern zudem deutlich mehr soziale Steuerungskompetenz brauchen.

Mehr soziale Steuerungskompetenz

7. These: Follow-up-Prozesse werden wichtiger werden.

Manager, die sich einem Audit unterziehen, werden – insbesondere mit wachsendem Selbstbewusstsein dem Thema gegenüber – verstärkt im Modell von Leistung und Gegenleistung denken: Ich gebe dem Top-Management durch meine Teilnahme die Möglichkeit, sich ein Bild zu machen und wichtige Personalentscheidungen zu fällen und riskiere dabei, dass ich Schwächen klarer offenbare als es im Alltag geschieht. Was bekomme ich dafür? Die Erwartung einer „Gegenleistung" erscheint verständlich und ist wohl auch berechtigt. Je klarer der Nutzen auch für die teilnehmenden Führungskräfte ist, desto größer wird die Offenheit und Akzeptanz ausfallen. Dieser Nutzen wird im Wesentlichen in zwei Aspekten bestehen: In einem differenzierten und klaren Bild über die eigene Position und Perspektive aus Sicht des Top-Managements sowie in konkreten, im Dialog über die Einschätzungen entwickelten und auf die Individualität abgestimmten Maßnahmen zur Kompetenzentwicklung. Beides hat seinen Preis. Die Klarheit zu Position und Perspektiven bedeutet für das Top-Management eine rasche und sehr dezidierte Auseinandersetzung mit den Audit-Ergebnissen und den Eindrücken zur bisherigen Leistung. Für jeden Teilnehmer muss eine entsprechende Positionierung erarbeitet werden. Und diese Positionierung muss in persönlichen Gesprächen zwischen Top-Management und Teilnehmern des Audits vermittelt werden. Dabei müssen natürlich Konsequenzen, seien sie aus Sicht des Teilnehmers erfreulich oder unangenehm, klar heraus gestellt werden. Die Klarheit darüber, woran er im Unternehmen ist und wohin es auch längerfristig für ihn gehen kann, wird jeder Manager sehr wertschätzen und sie wird in den meisten Fällen die Leistungsfähigkeit und -bereitschaft positiv beeinflussen. Das Management Audit ist ein Anlass, der das ausführliche, offene und konstruktive Gespräch zwischen Top-Management und Führungskräften im Unternehmen geradezu einfordert und damit eine sehr gute Chance für eine Vertiefung von Kommunikation und Vertrauen bietet. Diese Chance allerdings wird zwangsläufig zur Verpflichtung. Wird dieser Dialog nicht geführt, sondern in Folge eines Management Audits intransparent und ohne persönliche und direkte Auseinandersetzung entschieden, sinkt das Vertrauen auf den Nullpunkt.

Neben der Klarheit über die eigene Position und Perspektive im Unternehmen besteht der zweite wesentliche Nutzen in einer differenzierten Analyse und Betrachtung der persönlichen Möglichkeiten zur Kompetenzentfaltung und -entwicklung. Dieser Aspekt wird in Zukunft noch wichtiger werden. Zum einen ergibt sich diese Entwicklung, weil Führungskräfte, die ein Management Audit bestritten haben, ihn stärker einfordern werden. Zum Zweiten wird die Bedeutung des entwicklungsorientierten Follow-ups zunehmen, weil Management Audits differenziertere Frage- und Zielstellungen aufgreifen müssen, die sehr konkrete Antwor-

Leistungs-Gegenleistungs-Modell

Rasche und dezidierte Auseinandersetzung mit Audit-Ergebnissen

Entwicklungsorientierte Follow-ups

ten im Hinblick auf notwendige und mögliche Kompetenz- und ggf. auch Persönlichkeitsentwicklungen verlangen. Es wird in vielen Fällen nicht mehr um die reine Besetzungs- oder Auswahlbetrachtung gehen, in deren Zusammenhang man entwicklungsbezogene Perspektiven ggf. nachrangig behandeln kann, sondern es wird darum gehen, mit den handelnden Personen Qualitäts- und Ergebnisverbesserungen zu erreichen.

Klare Kommunikation über Position und Perspektiven

Gerade dort, wo auf Erfahrungs- und Kompetenzträger gesetzt, von ihnen aber dennoch Lernbereitschaft und weitere Entwicklung erwartet wird, werden Follow-up-Prozesse deutlich wichtiger werden – sowohl im Hinblick auf eine klare Kommunikation über Position und Perspektiven als auch im Hinblick auf die Definition und Umsetzung Erfolg versprechender Wege der persönlichen und Kompetenzentwicklung.

8. These: Die Methoden im Management Audit werden komplexer werden.

Die verschiedenen Beiträge dieses Bandes machen eines mehr als deutlich: Die Reflexion über die methodischen Standards in Management Audits ist in vollem Gange. Der darin liegende Ruf nach mehr Qualität wendet sich vor allem gegen jede Form methodischer Simplifizierung und Naivität. Einfache und dennoch allumfassende Testtools werden angeboten, aber sich nicht durchsetzen. Einhergehend mit den Trends der Differenzierung von Zielsetzungen, der Kompetenzentwicklung auf Seiten interner Managemententwickler sowie der Entwicklung eines größeren Selbstbewusstseins auf Seiten der betroffenen Manager im Umgang mit Management Audits wird es notwendig werden, methodische Breite und Tiefe zu beweisen. Die dafür zur Verfügung stehenden Konzepte und Ansätze sollen an dieser Stelle nicht noch einmal wiederholt werden (vgl. den Beitrag von Wottawa in diesem Band sowie Wübbelmann, 2001). Insgesamt betrachtet sind die Methoden, die für eine belastbare Einschätzung von Managerleistungen zur Verfügung stehen, tief und sachkundig beschrieben und diskutiert. Es wird die eine oder andere neue Variante entstehen, aber eine grundsätzlich neue Entwicklung ist nicht zu erwarten. Der Stand des Wissens zu diesem Thema hat eine große Reife erreicht und in vielen praktischen Management Audits werden wesentliche methodische Grundsätze beachtet – wenngleich nach wie vor in vielen Fällen die Praxis dem Stand des Wissens hinterher hinkt.

Erfordernis methodischer Innovationen

Methodische Innovation ist vor allem im Hinblick auf die Bewertung von Management-Team- und Management-Kontext-Aspekten erforderlich und zu erwarten. Anknüpfend an die Aussagen in These 2 (s. o.) werden zunächst pragmatische Lösungen entstehen, damit bei entsprechendem Bewusstsein für den Nutzen einer solchen Betrachtung die Kostenhürde nicht zu groß wird. Zweifellos wird insgesamt die methodische Komplexität in solchen Management Audits steigen, in denen neben der individuellen Betrachtung methodische Ansätze für eine Betrachtung von Teamstrukturen und Teamprozessen sowie von Managementsystemen wie Zielvereinbarungs-, Beurteilungs-, Feedback- oder Entscheidungssystemen verfolgt werden. Es wird dabei um Befragungsinstrumente gehen, die im Hinblick auf Teamvariablen schriftlich oder als Interview bzw. Teaminterview umgesetzt werden. Im Hinblick auf Variablen des Management-Kontexts wird es um die schriftliche oder mündliche Befragung von Wissensträgern (Organisationsentwickler, Top-Manager) gehen (vgl. zu den Methoden für Management Team Audit und Management Context Audit Wübbelmann, 2001).

3   Zusammenfassung

Management Audits haben sich als Instrumente zur strategischen Unternehmensentwicklung etabliert und ihr Einsatzgebiet verbreitert sich zunehmend: Es werden nicht mehr nur Top-Führungskräfte mit ihrer Hilfe evaluiert, sondern auch mittleres Management. Es werden nicht mehr nur Platzierungsentscheidungen durch sie optimiert, sondern auch die Managemententwicklung vorangetrieben. Die methodische Breite und Tiefe hat zugenommen und wird weiter zunehmen, um spezifischer werdende Zielsetzungen und Fragestellungen bedienen zu können. Die Zukunft des Management Audits wird bestimmt sein von methodisch anspruchsvollen Herangehensweisen, hohen Anforderungen an Transparenz und Professionalität in der Diskussion mit Teilnehmern sowie komplexeren Anwendungssituationen unter Beteiligung interner Managemententwickler und Top-Manager. Berater werden systematischer evaluiert und ausgewählt werden und der Qualitätsanspruch wird insgesamt steigen. Es wird zudem eine engere Vernetzung zwischen Managemententwicklung und Organisationsentwicklung entstehen. Diese Vernetzung ist außerordentlich wünschenswert, um größere Spielräume zur Unterstützung der Leistungsentfaltung im Management zu erreichen.

Instrument zur strategischen Unternehmensentwicklung

Vernetzung zwischen Management- und Organisationsentwicklung

Literatur

Wübbelmann, K. (2001). *Management Audit. Unternehmenskontext, Teams und Managerleistung systematisch analysieren.* Wiesbaden: Gabler

Angaben zu den Autorinnen und Autoren

Dr. rer. pol. CORNELIA AGEL, Rechtsanwältin, Personaldirektorin (Director Human Resources Germany) bei British Telecom (BT (Germany) GmbH & Co. OHG).
Erfahrungs- und Themenschwerpunkte: Arbeitsrecht, individuelles und kollektives Internationales Arbeitsrecht, grenzüberschreitendes Arbeiten, Rechtsvergleich, Personalmanagement, Internationales Personalmanagement Personalentwicklung, Coaching, Management Assessment, Change Management, Intercultural Management, Mergers & Aquisitions, Outsourcing.
Veröffentlichungen zum Thema: Der internationale Geltungsbereich des Betriebsverfassungsgesetzes.

THOMAS BATSCHING, Diplom-Kaufmann, Assessor, Leiter Konzern-Personalwesen MANN+HUMMEL-Gruppe.
Erfahrungs- und Themenschwerpunkte: Operatives Personalmanagement, Management Development, Expatriation, Vergütung, Strategie, Internationalisierung.
Veröffentlichungen zu den Themen: Kundenorientiertes Personalmanagement, Strategische Personalplanung, Qualitätsmanagement im Personalwesen, Entwicklung Personalstrategie.

ROBERT HENDRIK BORNEMANN, Jurist, Studium der Rechtswissenschaften, Consultant Kienbaum Management Consultants.
Erfahrungs- und Themenschwerpunkte: Management Diagnostik (Management Audit, Potenzialanalysen in Gruppen sowie Einzelverfahren), Branchenerfahrung im Bereich Public, Automotive, Banken und Versicherungen.

CHRISTOF FERTSCH-RÖVER, Diplom-Psychologe, Unternehmensberater.
Erfahrungs- und Themenschwerpunkte: Management-Diagnostik, Change Management, Personalentwicklung, Coaching, Rekrutierung.
Veröffentlichungen zu den Themen: Assessment Center, Rekrutierungsprozesse.

MICHAEL HEINßEN, Diplom-Psychologe, Partner in der Human Performance Group, einer Beratung für HR-Consulting.
Erfahrungs- und Themenschwerpunkte: Human Resources Management, Management Audit, Management- und Organisationsentwicklung.

REINHOLD PETERMANN, Diplom-Betriebswirt, Zentralabteilungsleiter „Personalmanagement", Prokurist.
Erfahrungs- und Themenschwerpunkte: Strategisches Personalmanagement, Change Management, Operative Restrukturierungsumsetzung, Führungskräfteentwicklung, -recruitment.

INGO RICHTHOFF, Diplom-Kaufmann, Unternehmensberater.
Erfahrungs- und Themenschwerpunkte: Rekrutierung von Fach- und Führungskräften, Coaching, Management Audit, Assessment Center.
Veröffentlichungen zum Thema: Coaching.

Dr. phil. HAGEN RINGSHAUSEN, Diplom-Betriebspädagoge, Partner der Unternehmensberatung Entero AG.
Erfahrungs- und Themenschwerpunkte: seit 1990 branchenübergreifende internationale Beratungstätigkeiten mit den Schwerpunkten Change Management, Strategisches Personalmanagement (operativ als Personalleiter), Lernende Organisation/Kommunikation, Organisations-/Unternehmens-entwicklung, Post Merger Integration, Personalentwicklung, Konzeption und Einführung von Arbeitszeit- und Vergütungsmodelle, Coaching (Vorstände und Geschäftsführer).
Veröffentlichungen zu den Themen: Organisationsentwicklung, Personalentwicklung, Unternehmensstrategie, Unternehmensberatung, Situiertes Lernen, Multimediales Lernen.

Dr. rer. nat. BERND RUNDE, Diplom-Psychologe, Sozialwissenschaftlicher Dienst im Institut für Aus- und Fortbildung der Polizei NRW, Gesellschafter des Instituts für wirtschaftspsychologische Forschung und Beratung GmbH, Osnabrück (www.iwfb.de).
Erfahrungs- und Themenschwerpunkte: Coaching, Personalauswahl, Potenzialanalysen, Management Audit, Stakeholder-Analysen, Change Management.
Veröffentlichungen zu den Themen: Coaching, Change Management, Personalauswahl, Kundenzufriedenheit, 360-Grad-Feedback.

Prof. Dr. WERNER SARGES, Diplom-Psychologe, Diplom-Kaufmann, Universitätsprofessor an der Helmut-Schmidt-Universität (Universität der Bundeswehr), Hamburg, Leiter des Instituts für Management-Diagnostik in Barnitz (bei Hamburg) (www.sarges-partner.de).
Erfahrungs- und Themenschwerpunkte: Wissenschaftlich forschend und lehrend tätig sowie in der Wirtschaftspraxis beratend im Bereich der Management-Diagnostik und des umfassenderen HR-Managements.
Veröffentlichungen zu den Themen: Management-Diagnostik und -Weiterbildung.

FRANZ JOSEF SCHATZ, Diplom-Handelslehrer, Leiter Personalentwicklung und Personalbetreuung bfw – Unternehmen für Bildung, Zentralabteilung Personalmanagement.
Erfahrungs- und Themenschwerpunkte: Planung, Entwicklung, Organisation und Evaluierung zentraler und regionaler Programme der Mitarbeiter(innen)-Qualifizierung, Entwicklung und Implementierung konzernweiter Instrumente der Personalentwicklung und Personalbetreuung, Arbeits- und Gesundheitsschutzmanagement, Integration schwerbehinderter Menschen im Konzern bfw, Prozessbegleitung interner Changemanagement-Prozesse, wie z.B. Unternehmensleitbild, Restrukturierung der Auf- und Ablauforganisation etc.

CHRISTIAN STÖWE, Diplom-Psychologe, Berater und Managing Partner bei der Profil M Beratung für HRM (www.Profil-M.de).
Erfahrungs- und Themenschwerpunkte: Konzeption und Durchführung von Management-Audit-Projekten zur Potenzialanalyse von Top-Level-Führungskräften, Konzeption und Realisierung nationaler und internationaler Einzel- und Gruppen-Assessment-Center zur Auswahl und Förderung von Fach- und Führungskräften, Trainings zur Mitarbeiterführung (Personalauswahl, Gesprächsführung, Motivation, Führen mit Zielen, Mitarbeiterbeurteilung und Konfliktmanagement), Einzel-Coaching von Führungskräften, Entwicklung und Einführung von Mitarbeiterbeurteilungs- und Zielvereinbarungssystemen Konzeptionen zur Organisations- und Personalentwicklung, Entwicklung von Förderkonzepten, Beratung bei der Entwicklung und Einführung von Personalsuche- und Auswahlprozessen.
Veröffentlichungen zu den Themen: Management Diagnostik (vor allem Assessment Center), Mitarbeiterführung, Führen mit Zielen, Mitarbeiterbeurteilung, Führen ohne Hierarchie (z. B. als Projektleiter), Motivation und Motivationspraxis.

Dr. CHRISTOPH TREICHLER, Managing Partner, Cardea AG, Zürich.
Erfahrungs- und Themenschwerpunkte: Meta-Beratung; Fragen der Auswahl, des Einsatzes und des Managements externer Berater; Kadermitglied bei der Schweizer Privatbank Bank Leu AG in Zürich im Bereich Process- und Technologymanagement sowie Managementberater bei PricewaterhouseCoopers. Als Principal Consultant zeichnete er verantwortlich für diverse internationale Projekte im Bereich Strategie, Organisation, Prozess und IT für Finanzdienstleistungsunternehmen.
Veröffentlichungen zu den Themen: Corporate Governance und Managementberatung, Beratermanagement, Strategisches Management, Unternehmensführung, Unternehmenskultur.

PATRIZIA WESTERMANN, Leiterin Personalmarketing und Personalentwicklung Fresenius AG.
Erfahrungs- und Themenschwerpunkte: Potenzial-Audits, 360-Grad-Feedback, Organisationsentwicklung.
Veröffentlichungen zum Thema: Unternehmenskommunikation.

Dr. phil. HEINRICH WOTTAWA, Universitätsprofessor und Lehrstuhlinhaber an der Ruhr-Universität Bochum, Lehrstuhl für Methodenlehre, Diagnostik und Evaluation, Fakultät für Psychologie, 44780 Bochum.
Erfahrungs- und Themenschwerpunkte: Wirtschaftspsychologie, Eignungsdiagnostik, Personalentwicklung.
Veröffentlichungen zu den Themen: Wirtschaftspsychologie, Eignungsdiagnostik, Personalentwicklung, Statistische Probleme und Evaluationsfragen.

KLAUS WÜBBELMANN, Diplom-Psychologe, Diplom-Theologe, seit 10 Jahren in der Human Resources-Beratung tätig mit breitem Erfahrungsspektrum in der wirtschaftspsychologischen Unternehmensberatung; seit 2002 Inhaber von Level M, Münster; Beratung für Managemententwicklung (www.LevelM.de).
Erfahrungs- und Themenschwerpunkte: Management Audit, Assessment und Potenzialanalysen. Beurteilungs- und Feedbacksysteme, Coaching, Konfliktmoderation.
Veröffentlichungen zu den Themen: Management Audit, 360-Grad-Feedback und Coaching.

Stichwortverzeichnis

A

Abwehranspruch 185-188
Aktenanalyse 214-215
Akzeptanzproblem 219
Änderungswünsche 183, 256
Anerkennung 118, 176, 243
Anforderungs
  -bereich 144
  -dimensionen 142, 147
  -katalog 69, 74
  -merkmale 251-252
  -orientierung 117
  -profil 92-93, 96-97, 134, 140-141
  -spezifikation 69
Angebotsspektrum 57
Anreiz
  -bedingungen 81
  -systeme 39
  - und Vergütungssysteme 76
Anstellungsverträge 175
Anwendungshäufigkeit 48
Arbeitgeber 34, 89, 167-193
Arbeitnehmer 125, 167-175, 187, 191
Arbeits
  -abläufe 62
  -bereich 147
  -bericht 94
  -haltung 217
  -markt 81, 88, 115-116
  -proben 214-218, 253
  -recht 35, 277
  -situation 219
  -verhältnis 168, 171, 187-188

Assessment-Center 158, 206, 216-218, 253-256, 260-261, 277-279
Audit
  -Interviews 93, 97
  -Berater 31, 41, 74
  -Ergebnisse 73, 247, 273
  -Experten 24
  - externes 21, 105
  - individuenbezogenes 28
  -Leistung 26
  -Teams 26
  -Aufträge 260
  -Situationen 272
Auditierungs
  -ansatz 40
  -prozess 96, 100-102
Auditor(en) 23, 42, 52, 149, 154, 157-164, 166, 208
Aufgaben
  -beschreibung 119
  -komplexe 92
  -stellungen .23, 68, 116, 122, 127-128
  -zuordnungen 41
  - und Rollenteilung 77
  - und Verantwortungsträger 77
Aufsichtsrat 150, 241
Aufstiegsperspektive 118
Auftrag(s)
  -geber 31, 42, 45, 75-77, 150, 164, 197, 200, 257, 261, 269, 271
  -nehmer 76, 182
  -vergabe 65

-verständnis 72
Aus- und Weiterbildung 215
Ausbildung 58, 61, 76, 178-179
Ausforschung 170-172, 174
Ausgabenvolumen 61
Ausgangssituation 32, 68, 101-104, 196
Ausland(s) 82, 99, 145, 170
  -entsendungen 177, 179
Aussagekraft 206, 214, 217-218, 221-222
  - von Testverfahren 221-222
  - von Verfahren 217
Ausschreibung 63, 70
Auswahl
  -kriterium 66, 182
  -prozess 33, 63, 68, 117, 125, 128-129
  -richtlinien 176-179, 193
  - und Besetzungspraktiken 117
Auswertungskategorien 138
Auswertungsmethodik 218
Autoindustrie 43

B

Balanced Score Card 18
Banken/Finanzdienstleister 43
Basis
  -anforderungen 252
  -dimensionen 252
Bedarfs
  -ermittlung 69, 72, 74
  -prüfung 59, 68
  -spezifikation 62
  -strategien 60
  - und Lieferantenportfolio 61
  - und Anforderungsspezifikation 68
Beförderung(en) 18, 155, 167, 178-179, 186, 190-191, 193, 211
  -sentscheidungen 178
Befragung(s) 40-42, 51, 142, 165, 170-172, 176, 193, 275
  -instrumente 270, 275

- und Beobachtungsmethoden 157
-tool ask better 44, 53
Beistellungspflichten 183
Belastbarkeit 23, 120
Benchmarks 59, 73
Benchmark-Vergleiche 68
Beobachterkonferenz 123
Beobachtungskriterien 93
Berater
  -auswahl 55, 63-65, 69, 72, 77, 139, 159, 269-270
  -einsatz 62, 67-68
  -Know-how 80
  -kosten 68
  -leistungen 72
  -projekt 67
  -ressourcen 68
  -sicht 94
  -steuerung 55
  -Team 92, 94
  -vertrag 66, 71
  -wahl 64, 68
  -management 55, 77, 279
Beratungs
  -angebot 57
  -anlass 74
  -ansätze 65, 69
  -branche 55-56
  -dienstleistungen 57, 61-63, 74
  -felder 56, 260
  -firmen 58, 68, 70, 75, 77, 250, 260-261
  -gebiete 56
  -geschäft 55
  -häuser 77
  -management 60, 63
  -mandat 71
  -nachfrage 55, 56
  -themen 57, 70
  -umsätze 56
  -unternehmen 61, 63, 65, 67, 70-71, 77, 134, 252, 257, 269
  -unternehmung 59, 71
Bericht 271

-erstattung 184, 257
Berufserfahrung 179, 217
Berufsgruppen 186
Beschaffungs
  -strukturen 62
  -typen 62
Beschäftigtenzahl 43
Besetzungs
  -entscheidung 91
  -qualität 80, 81
  -vorschläge 86
Best-Practice-Beispiele 102
Bestandsaufnahme 18, 269
Beteiligungs
  -formen 175
  -recht des Betriebsrats 174
Betriebs
  -blindheit 59
  -rat 125-126, 134-135, 174-180, 187, 196
  -ratsarbeit 125
  -vereinbarung 175, 177-179, 187, 193
  -verfassungsgesetz (BetrVG) 174
  -zugehörigkeit 178-179
Betroffene 20, 23, 25, 27, 51, 76, 147, 153, 267
Beurteiler 52, 121, 255-256
Beurteiler-Quellen 256
Beurteilung
  - diachrone 23
  - synchrone 23
Beurteilungs
  -aufgabe 121, 123
  -fehler 85
  -grundsätze 176, 177
  -merkmal 75
  -profil 178
  -skala 121
  -system 23
  - und Feedbackkompetenzen 106
Bewerber/-innen 117-118, 120-128, 170, 188

Bewertungs
  -ergebnisse 71
  -kriterien 41, 102
  -methoden 71
  -system 51
Beziehungsumfeld 168
Bezugsrahmen 25, 121, 268
Bisherige Leistung 22-24, 106, 118, 120, 123, 271
Branche(n) 25, 43, 66, 151, 159, 203, 230, 252
  -breite 51
  -expertise 25
  -kenntnis 26, 178
  -kontakte 151
  -wissen 25
Budget 137, 158
  -überschreitungen 64
Bundesarbeitsgericht 177
Bundesdatenschutzgesetz 186
Business Unit 150

C

Case Studies 73, 271
Change Management 53, 60-61, 277-278
Coach 32, 34, 256
Coaching 41, 59, 261, 277-279
Commitment 18, 51, 106
Computergestützte Testverfahren 48
Computersimulation 23
Controlling 72, 119, 252
Corporate Governance 56, 67, 265, 279
Critical-Incident-Simulationen 123

D

Daten
  -basis 118
  -ebenen 52
  -erfassung 187

-erhebung 186, 257
-qualität 22
-quellen 52, 257
-sammlung 261
-schutz 186
-schutzrechte 185
- soziodemografische 44
-zugänge 52
Delegation 77, 259
Delegationsfähigkeit 84, 120
Detail
   -analyse 168, 188
   -antworten 172
   -informationen 172, 186
Diagnose 18, 45-46, 262
   -funktion 45
   -tools 40
   -verfahren 78
Diagnostik-Experte 205
Dialog 95, 180, 273
Dienstvertrag 184
Dimension(en) 20, 28, 93, 99, 119, 140, 233, 237, 239-240, 244-245, 251
   - dynamisierende 28-29
   - normative 28-29
   - unterstützende 28-29
Direktsuchaufträge 79
Diskretion 254
Diskriminierung 14, 170, 179
Diskussionsprozess 118
Dokumentation 73, 86, 89, 93-95, 161, 163
Dokumentenanalyse 48
Durchsetzungsfähigkeit 84, 252

E

e-auctioning 62
e-bidding 62
e-Diagnostik 51
Effekte 41, 89, 255, 262
Effizienz 18, 60, 137, 249
   -gewinne 72

-steigerungspotenziale 63
Ehrlichkeit 76
Eigeninitiative 93, 242
Eigenschaften 24, 209, 211-212, 226, 256
Eigenschaftsansatz 253
Eigenschaftsbeschreibung 209
Eigentums- oder Besitzrecht 188
Eignungs
   -beurteilung 261-262
   -diagnostik 93, 227, 253-256, 258, 279
   -diagnostische Beratungskompetenz 80
   -profile 93
Einkaufs
   -bündelungen 63
   -prozesse 61-62
Einsatzkoordination 63
Einschätzungsmängel 23
Einschätzungsunterschiede 272
Einsichtsrecht 183
Einsparungspotenziale 62
Einstellungen 25, 28, 176-177, 179
Einstellungs
   -entscheidung 167, 187
   -interviews 171
   -gespräch 217
Einverständnis 169, 175, 188
Einwilligung 170
Einzel
   -Assessment 13, 20, 260-261
   -bewertungen 84, 179
   -gespräche 134
   - und Gruppencoaching 136
Employability 252
Energie/Versorgung 43
Entscheidungs
   -freiheit 176, 178, 190
   -grundlage 88, 118, 167
   -grundsätze 124
   -helfer 73
   -prozess 66, 71, 236
   -spielraum 174, 178

-träger 76, 149
Entwicklungs
 -bedarf 133, 145, 148
 -empfehlungen 123
 -felder 268
 -fortschritte 259
 -gespräche 266
 -maßnahmen 82, 86, 88, 94, 104, 128, 133, 135, 137, 152-153, 162, 167, 196, 197, 199, 259
 -möglichkeiten 93, 107-108, 113
 -potenzial 107, 173
 -schritte 93, 167
 -trends 67
 -vereinbarung 87
 - und Qualifizierungsplanung 33, 113
 - und Fördermaßnahmen 87
e-Recruiting 79
Erfahrungs
 -lücken 93
 -profil 24
 -werte 68, 113, 152
Erfassungsziele 214, 217
Erfolgs
 -abhängigkeit 48
 -definition 41
 -einschätzung 44
 -faktoren 25, 27, 31-33, 40-42, 49, 50, 72, 102, 147, 149, 153, 166
 -kontrolle 66
 -kriterien 60, 93, 234
 -prognose 29
 -sicherung 67
 -voraussetzungen 75, 93, 95
 -zusicherungen 184
e-RFP 62
Ergebnis
 -ansatz 253, 257
 -berichte 103, 123, 144, 146, 153, 163
 -dokumentation 123
 -präsentation 95
 -verantwortungen 77

Erhebungsinstrumente 208, 214
Erkenntnis 27, 128, 146, 172, 233, 239, 252
Evaluation 31, 40-41, 62-63, 67-68, 70-72, 74, 250, 270, 279
Evaluations
 -aufwand 70
 -ergebnisse 71
 -kriterien 71, 74
 -methoden 70
Existenzängste 27
Experten 17-18, 20, 25, 40-42, 221, 227, 254
 -befragung 39, 41
 -gespräche 93
 -kreis 96
 -meinung 68, 71
 -operative 42
 -wissen 41, 59
Expertise 24, 75, 272

F

Fach
 -berater 73
 -kenntnisse 25, 66
 -kompetenz 59
Fach-, Methoden- u. Managementwissen 81
Fähigkeiten 23, 25, 84, 94, 120, 128, 136, 140, 167, 176, 207, 216, 232-236, 239, 252
Fähigkeits- und Eignungsprofile 179
Fall
 -bearbeitung 100
 -studien 48, 157
Falschbeantwortung 171
Feedback
 - 360-Grad 254-256, 258, 278
 -gespräche 101, 135, 153-154, 164
 -gestaltung 184
 -system 52
Fehlentscheidung 92
Fehler 24, 34, 110, 160-161, 192

Fehlervermeidung 103
Fertigkeiten 24-25, 136, 167, 176, 207, 210, 233, 252
Flexibilität 59, 98, 104, 251
Fokusperson 255
Folgemaßnahmen 161-162, 166
Follow-up-Prozesse 273-274
Fördermaßnahmen 86
Forschung 25, 31, 36, 46, 53, 157, 210, 226, 228, 262, 278
Fragearten 97-98
Fragebogen 44, 46, 93, 121, 186
Fragebögen 73, 169, 187, 198-199, 203
Fragenkatalog 180
Fragerecht des Arbeitsgebers 171
Freiwilligkeit 9, 169-170
Freiwilligkeitsrecht 190
Fremd
  -beurteilung 139
  -bild 95, 139, 144, 147
  -einschätzung 77, 135, 140, 142, 147
  -urteil 256
Führung im Team 28-29
Führungs
  -alltag 39
  -begriff 40
  -eigenschaften 127
  -eliten 228
  -erfahrung 75, 117, 205
  -erfolg 221
  -fähigkeiten 75, 77, 136, 173
  -feedback 45
  -grundsätze 30
  -instrumente 40, 49, 231
  -kompetenz 83-84, 99, 110, 221, 226, 252
  -kultur 88-89
  -leitbilder 30
  -leitlinien 45, 223-224
  -mannschaft 19, 27, 31, 118, 125, 128
  -mittel 207
  -person 39
  -perspektiven 123
  -population 18
  -position 172, 220
  -positionen 81, 91
  -qualifikation 196
  -ressourcen 117
  -richtlinien 177
  -stärken 127, 172
  -vakuum 101
  -verhalten 52, 207, 217, 222, 224, 226
  -verständnis 52
Führungskräfte
  -bereich 89, 222
  -entwicklungsprogramm 103
  -Markt 150-151
  -training 86
  -verteilungsstruktur 82
Funktionalität 52
Funktions
  -bereiche 52, 235, 260
  -wissen 25
Fürsorgepflicht 186
Fusionen 19, 72, 150, 260

G

Gegengutachten 185, 189-190
Gehalts
  -einbußen 194
  -erhöhungen 177
Geheimhaltungspflicht 186
Gerüchte 160, 163
Gesamt
  -eindruck 84, 94
  -einschätzung 83, 97
Geschäfts
  -ergebnisse 101
  -felder 32, 131, 260
  -führer 22, 96, 102, 240-241, 260, 267, 270, 278
  -führung 41, 101, 118, 122, 124, 126, 155, 158, 174, 176, 183, 223,

239
-möglichkeiten 57
-situation 18
Gesprächs
-eindrücke 94
-partner 95, 99-100, 144, 216
Gestaltungsprinzipien 25
Glaubwürdigkeit 27, 133, 236-238, 266
Gleichberechtigung 176
Globalisierung 259
Grundhaltungen 24
Gruppen-AC 20, 225
Gutachten 134-135, 138, 145, 171, 173, 189, 209-210

H

Handlungs
-bedarf 91, 94, 103
-empfehlungen 95
-kompetenz 251
Headhunter 79
Heuristik 22
Hidden agenda 105
Hierarchie 159, 216, 239-240, 279
-ebenen 145, 239, 260
-stufe 97, 155, 239, 241, 245, 252, 255
Hintergrundwissen 205
Honorarmodelle 70
HR-
-Consultant 35, 269
-Maßnahmen 43
-Portale 42
-Verantwortliche 18, 22
Human
-kapital 249, 262
-ressourcen 80

I

Identifikation 31-32, 63, 82, 94, 100, 138, 146-147, 165
Ideologieverdacht 26-27
Implementierung 33-34, 60, 136, 278
Implizite Annahmen 22
Impulsgeber 97
Individual
-befragung 172
-diagnostik 73
Informationelles
Selbstbestimmungsrecht 187-188
Informations
-geber 52
-gehalt 92
-gewinn 218
-grundlagen 215
-management 50, 62, 242, 246
-quelle 216
-recht 173, 176, 183
-recht des Arbeitgebers 173
-sammlung 62
-veranstaltung 161, 200
-verpflichtung 176
-weitergabe 163-164
-ziel und -interesse 173
Informelle Evaluationen 41
Innovation 227, 274
Instrumentalisierung 76
Integrität 27, 31, 76, 251, 265
Intelligenz 251
Interaktionsnormen 29
Interessen
-lagen 170
-vertretung 23, 26
Interferenz 76
Internationalisierungstendenzen 83
Internationalität 81, 111, 158, 165, 252
Internet 79, 219, 228, 268
-befragung 42
-jobbörsen 79
-nutzung 79
Interpretation 28, 134, 208, 224, 257

Interpretations
 -apparat 23
 -tendenzen 22
Interventionsmaßnahmen 225
Interview
 -führung 25, 215
 - halbstrukturiertes 93
 -kategorien 138
 -leitfaden 97, 143, 157
 -methoden 48
 -methodik 25, 26
 -phase 93, 100
 - strukturiertes 73, 205, 218
 - teilstrukturiertes 157
 -verfahren 51
Interviewer 25, 93, 99-100, 103
Intransparenz 63
Investitionen 14, 56, 95, 262, 265
Investitionsbudgets 88
Invoicing 62
Ist 15, 64, 71, 98, 109, 162, 164, 177, 197, 210, 214, 217-218, 250
IT/Telekommunikation 43
IT-Dienstleistungen 62

J

Job-
 -Enrichment 83
 -Rotation 82, 87
 -Assignment 162
Jurist(en) 168, 172, 184, 187, 277

K

Kandidaten 81, 94, 99, 169-171, 181-182, 184, 199-200, 203, 236, 242, 244-245, 257, 259
 -feedback 73
Karriere 82, 168, 188
 - und Nachfolgeplanung 82
 -entscheidungen 23
 -etappen 22

Karriere
 -optionen 81
 -perspektiven 101
 -pläne 259
Kategoriensystem 45
Kennzahlen 41, 52, 59
Kern
 -anforderungen 117
 -maßnahmen 97
 -themen 44
Kick-off 96, 102
Know-how 33, 59, 67, 69, 75, 81, 101, 117, 159, 235
 - methodisches 59
 -Transfer 67
Knowledge Management 60
Knowledge Sharing 67
Kohäsion 29
Kollegenbeurteilungen 156
Kollektivrechte 175
Kommunikations
 -fähigkeit 84, 237-238
 -manager 224
 -maßnahmen 152
 -modell 18
 -plattform 88
 -systeme 30
Kompetenz
 -analyse 45, 73
 -bereiche 83-84
 -entwicklung 271, 273-274
 -felder 119, 120, 158
 -kriterien 121
 -lücken 165
 -modell 52, 109-111, 140, 161, 210, 212-214, 229-230, 233-235, 237, 239
 -problem 265
 -träger 26, 274
Kompetenzen der Auditoren 49
Komplexität 39, 51-52, 61, 66, 71, 77, 146, 153, 237, 239-240, 244
Komplexitätsreduktion 52, 84

Konflikt
 -fähigkeit 84, 120, 236-238, 267
 -potenzial 158
Konflikte 26, 29, 110, 265
Konkurrenten 58
Konkurrenz 58, 259
Können 25, 207-208, 210, 214-218,
 220, 225
Konsensbildung 93
Konstruktbereich 52
Konstrukte 52, 208
Kontaktvermittlung 79
Kontextbezogene Facetten 45, 48
Kontrolle 39, 45, 61, 78, 247
Konzepte 26, 31, 162, 205, 207, 239,
 274
Kooperation 29, 85, 137, 145, 212,
 215
Kooperationsvereinbarungen 79
Koordination 60-62, 82, 165, 212
Kosten 44, 47, 55, 57, 59-60, 62, 69,
 71, 94, 105-106, 119, 154, 189, 208,
 232, 241, 268
 - und Zeitreduktionen 62
 -druck 58
 -ersparnis 221
 - investierte 47
 -senkungen 27
 -verteilung 47
 -vorteile 72, 113
Kriterien-Raster 93
Kritik 21-22, 25-27, 31, 105, 133, 138,
 182, 241
Kultur 66, 94, 105
Kunden 57-58, 60, 67, 75, 84, 106,
 111, 115, 119-120, 158, 206, 250,
 255, 270
 -, Ergebnis- und Zielorientierung 84
 - Erwartungen der 64
 -zufriedenheit 18, 278
Kündigungen 151, 176-177
Kunstfehler 29, 221

L

Länder 89, 228
Lebens
 - und Berufserfahrung 76, 159
 -planung 168
Legitimationsfunktion 59
Leistungs
 - und Lerntests 216
 -angebot 63, 77
 -ausweise 71
 -bereich 219
 -bereitschaft 27
 -beschreibung 182
 -beurteilung 23, 113, 234
 -eindrücke 85
 -entfaltung 29, 36, 275
 -fähigkeit 17, 22, 28-29, 31, 75,
  111, 206, 210, 214-215, 217, 273
 -geschichte 21, 24, 271
 -grundlagen 216
 -hemmnisse 29
 -maße 52
 -merkmale 254
 -motivation 251
 -normen 29
 -planung 113
 -potenzial 107
 -prognose 24
 -qualitäten, -quantitäten und
  -konditionen 249
 -steigerungen 249
 -verfahren 218
 -vermögen 82
 -voraussetzungen 28, 93
Leitfaden 86, 134
Lenkungsausschuss 155
Lern
 -erlebnisse 88
 -potenzial 251
Lieferanten
 -beurteilung 61
 -management 62
 -strategien 61

-zusammenarbeit 60
Linien und Führungserfahrung 76
Lösungs
   -ansätze 59, 61, 98
   -erarbeitung 64
   -spektrum 62

M

Management
   -Audit-Projekte 31-32, 55, 72-74, 77
   -Context Audit 73, 158, 275
   -Development 76, 101, 150, 277
   -Development Programm 76, 101
   -Kontext 28, 30, 40, 268, 274
   -Summary 165
   -Team 18, 28-30, 40, 73, 94, 149, 157-158, 229, 265, 267-268, 274-275
   -Team Audit 73, 157, 275
   -aufgaben 82, 211, 215, 220
   -beratung 62, 279
   -bereich 79, 88, 219-221
   -diagnostik 25, 205-206, 209, 227-228
   -disputation 218
   -ebene 167, 174, 186, 196
   -effektivität 92
   -entwicklung 17, 32-33, 36, 80-81, 118, 149, 179, 266, 270, 275, 279
   -erfahrungsaustausch 88
   -fähigkeiten 186, 250
   -fehler 265
   -funktion(en) 21, 24, 29, 81, 260
   -gruppen 27
   -konferenz 85-86
   -Konsens 92
   -leistung 268
   -planung 86
   -planungsprozess 32, 81, 88
   -position(en) 18, 138, 237
   -potenzial(e) 145-146, 260, 262, 267
   -qualifikation 167, 170
   -qualifizierungen 265
   -qualität 150, 265
   -report 88
   -Trainings 136
Manager
   -Competence Audit 73, 157
   -Bilanz 251
   -haftung 265
   -kompetenz 40
   - Person aus Zielgruppe der 42
Marketingaspekte 205
Markt
   -analyse 18, 65, 73
   -bedingungen 79
   -beobachtung 68
   -chancen 91
   -entwicklungen 57
   -erfordernisse 101
   -kenntnisse 68
   -konsolidierung 57
   -nischen 58
Märkte 58, 72, 94, 98
Maßnahmen
   -umsetzung 82, 87
   -vereinbarung 82, 86
Mediatoren 39
Mehrebenenansatz der Evaluation 41
Menschenkenntnis 75
Messinstrumente 11, 209, 251, 253
Metaanalysen 218
Meta-Consultant 60, 67-68, 70-71, 270
Methoden
   -berater 73, 271
   -experte 26
   -kompetenz 75, 270
   -lieferant 73
   -mix 75, 218, 225, 227
   -spektrum 48, 157
   -vielfalt 25-26
Methodische Einseitigkeit 26
Methodische Fragen 27, 193

Methodologie der Testkonstruktion 254
Missbrauch 138, 190, 194
Misserfolg 28, 31, 41-42, 49, 52
Mitarbeiter
 -befragungen 156
 -gespräch 97, 123, 225
 -gruppen 160
Mitbestimmungsrecht 176-180
Mitbewerber 206
Mitspracherecht 175
Mobilitätsanforderungen 83
Moderatoren 123
Momentaufnahme 75
Moral 14, 27, 265
Motivation 28, 94, 152, 161, 165, 212, 214, 217, 228, 236-238, 258, 279
Motive 25, 59
Motivstrukturen 24
Multi
 -methodalität 253, 256, 258
 -modalität 31, 51
 -perspektivität 136-137, 256, 258
 -plikatoren 100
Mut 27, 94
Muttersprache 153-154

N

Nachfolgeplanungen 86-87, 177
Nachhaltigkeit 33, 86, 133, 250
Nachsorge 258
Nachvollziehbarkeit 77
Naivität 26, 274
Netzwerke 42, 250, 269
Neue technologische Entwicklungen 62
Neustrukturierung 104
Neutralität 26, 59, 67, 162
Nichtakzeptanz 66

O

Offenheit 26, 273
Offensive 27
Öffentliche Verwaltung 43
Ökologische Ebene 52
Ökonomische Kennzahlen 52
Onlinebefragung 44, 142
Organisations
 -einheiten 116, 235
 -entwicklung 18, 32-33, 36, 81, 122, 275, 277-279
 -strukturen 39
Outplacement 155, 162, 259
Outsourcing 56, 62, 67-68, 277

P

Papiergestützte Testverfahren 48
Peer Groups 158
PE-Maßnahmen 45, 145
Personal
 -abteilung 77
 -beratung 77
 -beratungsbranche 79
 -besetzung 18, 92
 -datenerfassung 171
 -dienstleistungen 62
 -einsatz 81, 89, 101
 -entscheidungen 26, 33, 72, 254, 273
 -fragebögen 176
 -instrumente 131
 -politik 93
 -reduktionen 57
 -suchaktivitäten 79-80
 -suche 79, 279
 -systeme 88
 -Tools 131
 -wesen 112-113, 277
Personalentwicklung 18, 33, 81-82, 86, 89, 132, 135-138, 145-148, 225-226, 228, 262, 277-279

Personalentwicklungs
 -abteilungen 80
 -konzept 101
 -verantwortung 85
Personalmanagement 32, 35, 37, 39,
 78, 255, 277-278
Personalmanager 21
Personenkreis 96
Persönlichkeit 22-23, 28, 45, 71, 77,
 134, 167, 171-173, 177, 191, 207,
 214, 217, 226, 255, 267
Persönlichkeits
 -analyse 172
 -aspekte 172
 -diagnostik 25
 -eigenschaften 52, 219
 -fragebögen 157
 -inventare 73
 -merkmale 252, 254
 -profile 24
 -recht 187, 191, 192
Perspektive 106, 148, 154, 156, 211,
 268, 270, 273
Perspektivenerweiterung 268
Pflichten 168, 174
Pilotprojekt 138-139
Planungsphase 68, 176, 266
Platzierungs
 - und Entwicklungsentscheidungen
  106
 -empfehlung 73
Plausibilitätsprüfung 92, 94
Potenzial
 - und Bedarfsdeckungsquote 82
 - und Leistungsportfolio 86
 -analyse 33-34, 73, 81, 92, 105-107,
  112-113, 139-140, 144, 158, 279
 -aussage 73, 118, 120
 -beurteilung 80, 91
 -diagnose 97, 100
 -einschätzung 17-20, 32, 45, 82-85,
  87, 100, 112-113, 122-123, 128,
  215, 251, 253
 -einschätzungsverfahren 17, 21, 123

 -erhebung 133
 -erkennung 81
 -interviews 143-144, 146, 147
 -situation 85
 -stufen 112
 -träger 82, 86-87, 91, 103, 138-139,
  259
 -validierung 82, 85
Präsentationen 70, 127, 157
Praxiserfahrungen 205
Preferred Supplier-Strategien 61
Preis 58, 62, 68, 70, 183, 273
 - und Vertragsverhandlungen 62
Privatwirtschaft 188
Probanden 216, 255-257
Problem
 -definition 64
 -identifikation 64
 -stellungen 59
 -ursachen 64
Problemlöse
 -Fragen 98
 -potenziale 250
Pro-Contra-Fragen 99
Produkt
 - und Prozessinnovationen 56
 -entwicklung 119
Produktionsbereich 138-139
Professionalisierung 58, 60-61, 67,
 183
Professionalisierungsdruck 80
Professionalität 14, 36, 67, 75, 76,
 113, 118, 257, 269, 275
Prognose
 -fähigkeit 221
 -möglichkeiten 225
Projekt
 -abbruch 64
 -aufgaben 157
 -ausgangslage 68
 -definition 68, 72, 74, 77
 -durchführung 64, 196, 198
 -effektivität 63
 -erfolg 50

Stichwortverzeichnis 293

-gruppenmitglied 42
-ineffizienzen 78
-leiter 42, 45, 279
-management 67, 155, 236
-misserfolge 64
-team 96, 154-155, 223
-umfang 69, 73, 74
- und Bedarfsdefinition 63, 67
- und Linienfunktionen 82
-verantwortlicher 42
-verzögerungen 64
-voraussetzungen 68
-ziele 68
-zusammenarbeit 66
Projektmanagement-Methoden 67
Pro-Kopf-Kosten 47
Prozess
 -berater 73
 -erfahrung 104
 -kompetenz 31, 75
 -manager 73
 -qualität 33, 76-77
 -risiken 76
 - und Qualitätserwartungen 270
Prozessuale und methodische
 Unterstützung 77
Psychische Belastung 77, 215
Psychologen 172, 186, 205-206, 220, 260
Psychologische Diagnostik 25, 29, 261
Psychologische Eignungsdiagnostik 93, 254
Psychologisches Gutachten 171, 173

Q

Qualifikation(s) 61, 181
-einschätzung 97
-lücken 96
Qualifizierungsstandards 88
Qualitäts
 -anforderungen 181
 -bewusstsein 270

 -diskussion 269-270
 -einschätzung 250
 -garantie 68
 -kriterien 72, 270
 -management 58, 94, 119-200, 277
 -optimierung 18
 -sicherung 18, 163, 262
 -standards 81
 -unterschiede 257
 -verbesserungen 63

R

Rangreihe 118
Realitätsnähe 218
Recht
 - auf Schadensersatz 191
 - auf Unterlassung 185, 187-188
 -sprechung 187
Rechtliche Rahmenbedingungen 170
Rechts
 -position 168, 185
 -regeln 185
 -stellung 10, 185
Referenz(en) 65, 77, 183, 198-199
 -auskünfte 77
 -projekte 70
Reflexion 34, 93, 269, 274
Regeln 35, 61, 167-170, 175, 179, 185, 187, 191, 247
Regelwerk des kollektiven
 Arbeitnehmerschutzes 168
Regressionsanalysen 50
Rekrutierung 79, 277-278
Reorganisation 250
Report 154, 161, 164
Ressourcenplanung 68
Ressourcenübertragung 50
Restrukturierung 18, 94, 116, 125, 132, 150, 278
Review 82, 88
Reviewer 73
Risikofaktor 94
Rolle im Projekt 42, 47

Rollen
 -bündel 92
 -diskussionen 65, 78
 -erwartungen 76
 -klarheit 76
 -normen 29
 -spiele 73, 157, 169, 216, 224
 -träger 40, 45
 -verhältnis 219
 -verteilungen 62
Rückmeldegespräch 86
Rückmeldung 86, 164, 193, 257

S

Schaden(s) 165, 185, 189, 191-192, 202
 -ersatz 190
 -ersatzanspruch 191-192
Schlüssel
 -aufgaben 73
 -faktor 91
 -gruppen 41
 -kompetenzen 73, 75, 77
 -personen 41-42, 149
 -positionen 81, 92
Schulung 23, 103
Schutz
 -mechanismen 170
 - des Arbeitnehmers 168
Schwachstellen 15, 93-94, 157-158, 163
Screening 70
Selbst
 -beschreibung 142, 144
 -bewusstsein 269, 273
 -bild 95, 139
 -durchführung 172
 -einschätzung 86, 133-134, 138-139, 144, 216
 -hilfe 59
 -reflexion 84, 157
 -urteil 255-256
 -verständnis 76, 174, 272

 -vertrauen 251
 -wert 45
 -wertgefühl 226
Selektion(s) 45, 71, 96, 103, 134, 149, 151, 153, 156, 160, 183
 -empfehlung 73
 -entscheidungen 45
 -maßnahme 134
Sensibilität 76, 168, 270
Seriosität 75
Simulationen 48, 51, 73, 122, 127, 157, 253, 256, 271
Situative Fragen 99
Skepsis 21, 46, 102, 125, 134-136, 148, 219
Skillebene 207
Soll 133, 164, 177, 197, 233, 250
Sorgfalt 27, 183, 203
Sozial- und Führungskompetenz 100
Soziale
 - Kompetenz 84, 209, 240, 242, 246, 252
 - Konstruktion 41
 - Validität 220
Spezialisten 58-59, 80, 179
 -funktionen 89
 -wissen 59
Sponsoren 155
Sprachen 153-154
Stabs- und operative Funktionen 82
Staffing 58, 63
Stakeholder 66, 71, 278
Standardtools 85
Standortbestimmung 127, 149, 241
Stärken-Schwächen-
 -Analyse 26, 251
 -Profile 95
Stellen
 -beschreibungen 92, 242
 -besetzungen 139, 177
 -inhaber 211, 246
Stichprobe 42-45, 51
Strategie 18, 75, 92, 94, 98, 109, 158, 211, 250, 252, 260-261, 277, 279

Strategische Anforderungsanalyse 75
Struktur(en) 27-28, 67, 75, 92, 115-117, 127, 133, 155, 165, 235, 241-243
  -merkmale 42, 44
  -wandel 125
Strukturierung 23, 118-119, 213, 230
Studie 41-42, 93, 234
Subjektabhängigkeit 40
Subjektive Bewertungen 41
Subjektive Erfolgstheorien 39
Supply Chain 62
Synergieeffekt 260
Synergiepotenziale 63
Systematische Ergebnisanalysen 41
Systemvergessenheit 28, 30, 268

T

Tätigkeits
  -feld 205, 213
  -simulationen 254
Team
  -bezogene Facetten 45
  -dynamik 29
  -Einschätzung 95
  -fähigkeit 179, 209-211, 220, 225, 229, 252
  - Innovationsfähigkeit im 29
  - Kommunikation im 29
  - Konfliktlösung im 29
  -konstellationen 48
  -leistung 26
  -prozesse 29
  -strukturen 275
Technik 27
Technologien 62, 109, 249-250
Teilnehmerfeedback 123-124
Telekommunikationsbranche 80
Test 177, 217, 221, 225, 256
  -anwendung 219
  -durchführung 219, 224
  -einsatz 219-220
  -konstruktion 219, 254

  -personen 177
  - standardisierter 52
  -verfahren 37, 48, 177, 198-199, 203, 205-206, 216-225, 228, 254, 262
These 21, 266, 268-274
Top-Management 26-27, 31, 35, 60, 80, 89, 152, 230, 242, 245, 247, 269, 271, 273
  - Kandidaten 80
  - Positionen 80, 89
Top-Manager 27, 35-36, 241, 265, 275
Top-down-Prozess 61
Trainings
  -kapazitäten 88
  -maßnahme 88
Transfer-Fragen 99
Transparenz 36, 49, 67, 76, 103, 126, 275
Trends 53, 58, 78, 183, 249, 274

U

Übereinstimmung von Tests und Beobachter-Urteilen 221
Übungen 73, 214, 220, 225, 237
Umfeld
  -analyse 150
  -bedingungen 150
Umgruppierungen 176-177
Umsetzungs
  -begleiter 73
  -konzept 50, 52
Umstrukturierungen 57, 115, 150
Unbefangenheit 254
Unruhe 150-152, 160
Unterlassungsanspruch 187, 189
Unternehmens
  -berater 32, 56-78, 277-278
  -einheiten 19, 139
  -führung 27, 32, 35, 39, 91-92, 101-102, 279
  -käufe 19
  -kontext 37, 48, 51, 53, 166, 228,

263
-kultur 176, 226, 234, 279
-leitbild 96, 101, 104, 278
-leitbildentwicklung 96
-nachfolge 101
-ressourcen 249
-strategie 18, 93, 103, 147, 158, 165, 278
-vision 18
-ziele 39
Unternehmerkompetenz 83-84
Unzufriedenheit 64-65
Urteil(s) 27, 93, 95
-bildung 272
-perspektiven 52

V

Validierungsinstrumente 73
Validität 75, 77, 82, 217-218, 220-221, 254, 257-258
Variante 19, 26, 274
Veränderungs
 -bedarf 45
 -initiativen 18
 -prozess 97
 -vorhaben 58
Verantwortliche 22-23, 30, 151
Verantwortungsbewusstsein 120, 146
Verbesserungspotenzial 158
Verbindlichkeit 72, 85, 86
Verfahrens
 -konzeption 118
 -regelungen 185
 -schritte 126, 201
Vergleichbarkeit 65, 147, 163, 209
Vergleichsevaluation 70
Vergütungssystem 231
Verhaltens
 -alternativen 267
 -ansatz 253
 -beispiele 86
 -beobachtungen 157, 221
 -beschreibungen 108, 142, 237

-cluster 213
-defizit 225
-dispositionen 255
-eigenschaften 84
-grundlagen 214, 217
-normen 29
-optionen 207, 224-225
-spielraum 29
-übungen 214, 216-218, 220, 225
-weisen 213, 256
Verobjektivierung 177
Versetzungen 176-177, 179
Versetzungsentscheidung 190
Vertrag(s) 72, 175, 178, 180-185, 193, 196, 204
 -abschluss 62, 71
 -beendigung 167
 -bestandteile 71
 -entwurf 169
 -gestaltung 34, 63, 66, 72, 180, 182-184, 193
 -grundlage 66
 -partner 180, 183, 200, 203
 -verhandlungen 63, 67
 -verletzung 192
 -werk 72
Vertrauen(s) 29, 58, 160, 273
 -basis 93, 102
 -verlust 76
Vertraulichkeit 76, 135, 185, 196, 203
Verunsicherung 76, 160
Verwendungszweck 177
Vorbefragung 144
Vorbereitungs
 -aufwand 156
 -phase 97
 -zeit 156
Vorgesetztenbeurteilung 86, 215
Vorgespräche 70
Vorhersage 22-23, 75, 218, 232
Vorselektion 96, 221
Vorstand 22, 96, 98, 133, 135-136, 139-140, 144, 146, 149, 155, 158, 176, 196, 199, 203, 211-212, 219,

226, 229, 239, 241, 260, 267, 270, 278
Vorstands
 -bereich 150
 -mitglied 155
 -vorsitzender 149, 196

W

Wahrnehmung 23, 28, 164, 242, 270
 - und Verhaltensspielraum 29
 - und Interpretationstendenzen 22
Wandel 33, 55, 116, 229
Weiterbildungsprogramm 112
Weiterentwicklung 95, 98, 251
Werkvertrag 184, 193
Werte 24, 28, 39, 112, 113, 140, 211, 265
Wertschätzung 133, 159, 243
Wertschöpfungs
 -potenziale 80
 -sicherung 92
 -steigerung 92
Wettbewerber 22, 151
Wettbewerbs
 -fähigkeit 117, 119
 -faktor 58
Wirkmöglichkeit 28
Wirksamkeit 28, 156, 200
Wirkungsprofil 45
Wirtschaftlichkeit 58, 61, 119, 123
Wissen(s) 21-25, 75, 207-208, 210, 214-217, 221-222, 225, 239-240, 250, 256, 271
 -komponente 216, 224
 -management 58, 249, 262
 -ressourcen 250
 -schaftlichkeit 172, 181-182, 193
 -träger 24
 -transfer- und erzeugung 250
Wollen 25, 207-208, 210, 214-216, 218, 220, 225

Z

Zeit
 -planung 152-154
 -punkt 18, 23, 101, 109, 133, 137, 185, 200, 211
 -rahmen 152, 165
 -vorgaben 183, 185
Zertifizierung 18, 200
Ziel
 -aussagen 45
 -erreichungsgrad 44-47, 82
 -formulierung 42, 49-51, 151
 -formulierungen 45, 52
 -gerichtetheit 76
 -größen 40
 -gruppe 20, 51, 149, 160, 229
 -klärung 149, 151-152
 -person 28, 51
 -positionen 82, 86
 -setzung 29, 77, 117, 120, 132, 151, 156, 158-159, 196-197, 266-267
 -system 46
 -verpflichtungssysteme 30
 -vorstellungen 45-46
Zufriedenheit 64, 111, 127
Zukunft 14, 22-23, 27, 36, 135, 148, 159, 217, 225, 273, 275
Zusatzkriterien 71
Zweifel 27, 46, 174, 190
Zwischenstandsberichte 136

Christopher Rauen (Hrsg.)
Handbuch Coaching
(Reihe: »Innovatives Management«)
3., überarbeitete und erweiterte
Auflage 2005, 559 Seiten, geb.,
€ 49,95 / sFr. 86,–
ISBN 3-8017-1873-5

Siegfried Greif
Bernd Runde / Ilka Seeberg
Erfolge und Misserfolge beim Change Management
(Reihe: »Innovatives Management«)
2004, 384 Seiten, geb.,
€ 44,95 / sFr. 78,–
ISBN 3-8017-1887-5

Christopher Rauen
Coaching
Innovative Konzepte im Vergleich
(Reihe: »Innovatives Management«)
3., unveränderte Auflage 2003,
231 Seiten, geb.,
€ 36,95 / sFr. 62,–
ISBN 3-8017-1433-0

Stefan Etzel / Anja Küppers
Innovative Managementdiagnostik
(Reihe: »Innovatives Management«)
2002, 240 Seiten, geb.,
€ 34,95 / sFr. 59,–
ISBN 3-8017-1630-9

Uwe D. Wucknitz
Mitarbeiter-Marketing
(Reihe: »Innovatives Management«)
2000, 225 Seiten, geb.,
€ 36,95 / sFr. 60,–
ISBN 3-8017-1274-5

Annette Kluge
Erfahrungsmanagement in lernenden Organisationen
(Reihe: »Innovatives Management«)
1999, XII/265 Seiten, geb.,
€ 39,95 / sFr. 69,–
ISBN 3-8017-1174-9

Joachim Freimuth (Hrsg.)
Die Angst der Manager
(Reihe: »Innovatives Management«)
1999, 312 Seiten, geb.,
€ 36,95 / sFr. 69,–
ISBN 3-8017-0886-1

Eva Bamberg / Antje Ducki
Anne-Marie Metz (Hrsg.)
Handbuch Betriebliche Gesundheitsförderung
Arbeits- und organisationspsychologische Methoden und Konzepte
(Reihe: »Innovatives Management«)
1998, 534 Seiten, geb.,
€ 49,95 / sFr. 85,–
ISBN 3-8017-0980-9

HOGREFE

Hogrefe Verlag GmbH & Co. KG
Rohnsweg 25 · 37085 Göttingen · Tel. (0551) 49609-0 · Fax: -88
E-Mail: verlag@hogrefe.de · Internet: www.hogrefe.de

Praxis der Personalpsychologie

hrsg. von Heinz Schuler, Rüdiger Hossiep, Martin Kleinmann und Werner Sarges

Uwe Peter Kanning

Soziale Kompetenzen
Entstehung, Diagnose und Förderung

Band 10: 2005, VI/96 Seiten,
€ 19,95 / sFr. 34,90 (Im Reihenabonnement € 15,95 / sFr. 28,50)
ISBN 3-8017-1775-5

Neben fachlichen Kompetenzen sind soziale Kompetenzen zu einer Schlüsselvariablen der Personalauswahl und -platzierung geworden. Der Band beschäftigt sich mit der Entstehung sozial kompetenten Verhaltens und diskutiert die Ursachen für sozial inkompetentes Verhalten. Er stellt unterschiedliche Methoden zur Diagnose sowie zur Förderung sozialer Kompetenzen dar.

Rüdiger Hossiep / Oliver Mühlhaus

Personalauswahl und -entwicklung mit Persönlichkeitstests

Band 9: 2005, VI/127 Seiten,
€ 19,95 / sFr. 34,90 (Im Reihenabonnement € 15,95 / sFr. 28,50)
ISBN 3-8017-1490-X

Dieser Band führt in die vielfältigen Möglichkeiten der Nutzung persönlichkeitsorientierter Fragebogenverfahren im Personalmanagement ein. Insbesondere der interessierte Personalpraktiker erhält umsetzbare Entscheidungshilfen und Unterstützungen für den konkreten Einsatz von Persönlichkeitstests.

Rolf van Dick / Michael A. West

Teamwork, Teamdiagnose, Teamentwicklung

Band 8: 2005, VI/100 Seiten,
€ 19,95 / sFr. 34,90 (Im Reihenabonnement € 15,95 / sFr. 28,50)
ISBN 3-8017-1865-4

Der Band diskutiert die Vor- und Nachteile von Teamarbeit und stellt Fragebögen und Leitfäden vor, mit denen die Stärken und Schwächen der eigenen Organisation bzw. des eigenen Teams auf einfache Art und Weise analysiert werden können. Darauf aufbauend werden Methoden aufgezeigt, die dem Team dabei helfen, eine eigene Identität zu entwickeln, Visionen zu definieren und daraus konkrete Ziele abzuleiten.

Weitere Bände der Reihe:
Band 1 Scherm/Sarges: 360°-Feedback ISBN 3-8017-1483-7 · **Band 2** Rauen: Coaching ISBN 3-8017-1478-0 · **Band 3** Kleinmann: Assessment-Center ISBN 3-8017-1493-4 · **Band 4** Nerdinger: Kundenorientierung ISBN 3-8017-1476-4 · **Band 5** van Dick: Commitment und Identifikation mit Organisationen ISBN 3-8017-1713-5 · **Band 6** Kühlmann: Auslandseinsatz von Mitarbeitern ISBN 3-8017-1495-0 · **Band 7** Rummel/Rainer/Fuchs: Alkohol im Unternehmen ISBN 3-8017-1885-9

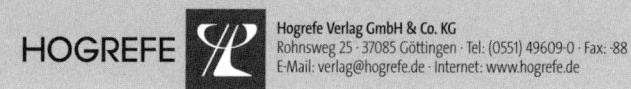

HOGREFE

Hogrefe Verlag GmbH & Co. KG
Rohnsweg 25 · 37085 Göttingen · Tel: (0551) 49609-0 · Fax: -88
E-Mail: verlag@hogrefe.de · Internet: www.hogrefe.de